HISTOIRE

DU

BAILLIAGE DE SAINT-OMER

1193 A 1790

Par M. PAGART D'HERMANSART

Correspondant du Ministère de l'Instruction publique, membre de la Société des Antiquaires de la Morinie, associé correspondant national de la Société des Antiquaires de France, de la Société des Études historiques de Paris et de diverses autres Sociétés savantes françaises et étrangères.

2

SAINT-OMER
IMPRIMERIE ET LITHOGRAPHIE H. D'HOMONT
14, rue des Clouteries, 14

1898

HISTOIRE

DU

BAILLIAGE DE SAINT-OMER

Extrait du tome XXV des Mémoires de la Société des Antiquaires de la Morinie.

HISTOIRE

DU

BAILLIAGE DE SAINT-OMER

1193 A 1790

Par M. PAGART d'HERMANSART

Correspondant du Ministère de l'Instruction publique, membre de la Société des Antiquaires de la Morinie, associé correspondant national de la Société des Antiquaires de France, de la Société des Études historiques de Paris et de diverses autres Sociétés savantes françaises et étrangères.

TOME SECOND
CONTENANT LA LISTE DES OFFICIERS DU BAILLIAGE
ET LES PIÈCES JUSTIFICATIVES

SAINT-OMER
IMPRIMERIE ET LITHOGRAPHIE H. D'HOMONT
14, rue des Clouteries, 14

1898

LIVRE IV

Juridiction ou Ressort de la cour du Bailliage de Saint-Omer

CHAPITRE I

ÉTENDUE DE LA JURIDICTION DE LA COUR DU BAILLIAGE

Localités comprises dans l'étendue du bailliage de Saint-Omer à diverses époques, notamment en ~~1579~~ 1679, 1659, 1741 et 1787.

Après avoir expliqué la constitution de la cour féodale du bailliage de Saint-Omer, le mode d'y rendre la justice et le nombre d'officiers qui la composaient, il nous reste à parler de sa juridiction ou de son ressort, c'est-à-dire de l'étendue de la circonscription territoriale où elle avait le pouvoir de juger ; ce sera l'objet du livre IV. Nous réservons pour le livre V la compétence, c'est-à-dire les matières qu'elle avait le droit de décider.

Nous avons indiqué déjà d'une manière sommaire

l'étendue successive de l'ancienne châtellenie et du bailliage[1]. Il y a lieu de désigner maintenant les localités soumises à la juridiction et au ressort de cette cour. Il n'est pas possible de faire ici l'histoire de toutes les châtellenies, comtés, marquisats, baronnies, pays, terres et seigneuries que comprenait le bailliage, et dont un certain nombre ont fait déjà l'objet de monographies particulières[2]. Ce serait déjà un très long travail de compilation si l'on ne tenait compte que des événements politiques, guerres ou traités qui, pendant tant de siècles, ont modifié si fréquemment cette partie de l'Artois, mais s'il fallait de plus essayer d'expliquer les différentes modifications survenues dans l'étendue des fiefs, par suite des arrangements privés intervenus entre leurs possesseurs, on arriverait à former un ouvrage considérable[3]. Nous nous bornerons à présenter quelques relevés de ces localités à diverses époques.

Le Recueil des ordonnances royaux du bailliage de Saint-Omer est terminé par une « déclaration « des villes, bourgs, villages, paroisses et hameaux « tenus et mouvans immédiatement et médiatement « du Roy à cause de son comté d'Artois au château « de St Omer, et qui sont de la jurisdiction et res- « sort du bailliage de la dite ville de St Omer,

---

1. Tome I, pages 15 et 19.
2. Voir aussi à cet égard d'une manière générale le *Dictionnaire historique du Pas-de-Calais, arrondissement de Saint-Omer*, t. III.
3. Les éléments d'un travail semblable existent dans les Archives de la Chambre des Comptes de Lille où on trouve : « *Mémoires des « fiefs tenus du château de St Omer. Etat des reliefs des fiefs « tenus du Roy à cause de son château de St Omer et des droits « seigneuriaux tirez des Comptes du Domaine de St Omer depuis « 1355 jusqu'en 1665* ».

« formée exactement sur les Procès-verbaux des
« limites des années 1660 et 1662, dressée par les
« commissaires des deux couronnes (de France et
« d'Espagne) en exécution du traité de paix du
« 7 novembre 1659 »[1].

Un extrait des coutumes générales du comté d'Artois, imprimé à Arras en 1679, donne le nom des villages, hameaux et censes suivants en ce qui concerne le bailliage de Saint-Omer[2] :

Les villages, hameaux et censes du Bailliage de S' Omer

Arcques
Auberbourg
Averoult
Audenthun lez S' Omer
Beauffort lez S' Omer
Beaussart lez Rumilly
Berques
Bilques
Blaringuehem
Blandecques
Blecquin
Bonnelinghem
Brimeu S' Pol[3]
Campagne lez le Noeuffosseu
Cauchie lez Esques
Cauchie Regnault

Chimeu
Cléty Dohem
Coieques
Couppelle
Coubronne
Dellettes
Dohem
Emvin
Esperlecques
Espinoy lez S' Omer
Esquerdes
Esques lez Westecques
Fasques
Faucquembergue
Guelmes
Hellefault

---

1. *Recueil des Ordonnances royaux, etc. touchant l'administration de la justice au bailliage royal de Saint-Omer.* Saint-Omer 1739, p. 225 à 232.

2. *Coustumes générales du comté d'Artois avec celles de l'échevinage d'Arras, des bailliages de S' Omer, Béthune, etc. et outre les ordonnances concernant l'institution, privilèges... de la Chambre du Conseil d'Artois... etc.* (Arras chez du Til MDCLXXIX in-12).

A la fin de cet ouvrage on trouve un avertissement au lecteur ainsi conçu : « Pour l'utilité et profit des praticiens, on a trouvé bon
« de joindre sur la fin de ce livre des coutumes et ordonnances,
« un dénombrement particulier et séparé des villages, hameaux et
« censes de chacun bailliage de ce Pays d'Artois, pour connaître le
« ressort d'iceux ».

3. Terre en dehors du bailliage, entre la Prévôté de Montreuil, l'enclave du bailliage d'Hesdin et le Boulonnais.

Hallinges	Remy S' Aubin
Herbelle	Rimboval[1]
Heuringhem	Rumilly le Comte
Hornettes	S' Momelin
Horninghem	Sapprevich
Lambres	Tatinghem
Longuenesse	Tilques
Lulinghem	Tournehem
Maisnil lez Cléry	Viez Coupelle en bailliage
Marques	Wavrans en partie
Merœula en partie	Werchocq
Neuve Coupelle	Werdresques
Noielles	Westercques
Œulle	Wiermes
Pihem	Willequin
Racquinghem	Wicgumghem
Razinghem	Wismes en partie
Relsughem	

Une carte de 1720 intitulée : « Artesia cum fini- « timis locis velut sedes ac Theatrum Belli curiosis « spectatoribus ob oculos positum et ad normam « Guilielmi de l'Isle », par T. C. Lotter[2], présente les diverses circonscriptions territoriales de l'Artois. On y voit le bailliage de Saint-Omer limité à l'est par la châtellenie de Bourbourg, au sud par le bailliage d'Aire, la régale de Térouane, l'extrémité du comté de Saint-Pol, à l'ouest par le Boulenois, et aboutissant au nord en pointe à la Manche. Deux parties détachées sont la seigneurie d'Embry qui comprend Enonville, Rimboval et Saint-Vandrille, et le pays de Brimen.

De Neufville, curé de l'église de Sainte-Aldegonde, auteur des *Annales de Saint-Omer,* et qui a écrit vers 1724 et 1725, dit dans le tome II de son ouvrage manuscrit[3] que « cette juridiction, une des

---

1. Voir la note p. 8 ci-après relative à Embry.
2. In-f° double, coloriée. *Bibl. des Antiq. de la Morinie.*
3. Le tome I est catalogué sous le n° 809, section des manuscrits à la *Bibl. de Saint-Omer,* il est daté de 1724 et 1725. — Le tome II appartient à un particulier qui n'habite point cette ville.

« plus belles de la province, contient ensemble plus
« de 84 paroisses, 140 hameaux, châteaux et sei-
« gneuries ».

Un certain nombre de cartes de 1700, 1704, 1711, 1720 et 1741 représentent l' « Artois et ses environs « où l'on voit le ressort du Conseil provincial d'Ar- « tois », et indiquent les diverses juridictions territoriales de la province dont les limites sont marquées par de légères lignes ponctuées.

Maillard, en tête des Coutumes générales d'Artois, donne parmi les listes alphabétiques des juridictions de ce pays, celle des localités comprises dans le bailliage de Saint-Omer hors de la banlieue de cette ville, telle qu'elle lui a été fournie en 1741 par le lieutenant général de ce siège, et une autre liste des terres sises dans la banlieue certifiée par le procureur syndic de l'échevinage[1].

Le Dictionnaire des Gaules d'Expilly, de 1762, dit que ce bailliage comprenait 65 paroisses, 4,857 feux, 24,285 âmes.

Il existe aussi une carte de l'Artois divisé en bailliages, et datée de 1764, qui peut donner d'utiles renseignements sur celui de Saint-Omer et ses enclaves au dehors[2].

Enfin en 1787 l'intendant de Flandre et d'Artois Esmangard fit dresser un état des villes, bourgs, villages et hameaux de la généralité de Flandre et d'Artois[3], dont nous avons extrait le tableau suivant

---

1. Maillard, *Coutumes générales d'Artois*, éd. in-f° 1739, p. 28 et 34.
2. Cette carte est signalée dans la *Bibliographie historique et topographique de France*, par Girault de Saint-Fargeau. Paris, Didot 1845, p. 68.
3. Imp. à Lille chez Peterinck, 1787.

des localités soumises à la juridiction du bailliage de Saint-Omer.

ÉTAT

PAR ORDRE ALPHABÉTIQUE

DES BOURGS, VILLAGES & HAMEAUX

DE LA SUBDÉLÉGATION DE SAINT-OMER

Soumis à la juridiction du Bailliage de Saint-Omer et par appel à celle du Conseil d'Artois.

NOMS des BOURGS, VILLES ET HAMEAUX		DIOCÈSE dans lequel chaque localité est située	PAROISSES dépendant DE LA PAROISSE DE	TRIBUNAUX existant dans chaque localité
A				
Acquembronne,	hameau	Boulogne	Lumbres	»
Acquin,	village	id.	une paroisse	échevinage
Arques,	village	St-Omer	une paroisse	id.
Arquingout,	hameau	Boulogne	Leulinghem	»
Assinghem,	hameau	id.	Wavrans	»
Assonval,	village	id.	une paroisse	échevinage
Attessoye,	hameau	id.	Zudausque	»
Audenfort,	hameau	id.	Clercq-lez-Tournehem	»
Audenthun,	hameau	id.	Zudausque	»
Audincton,	village	id.	une paroisse	échevinage
Audrehem,	village	id.	une paroisse	id.
Audruicq,	bourg[1]	id.	une paroisse	bailliage et échevinage
Avroult,	hameau	id.	Merk-St-Liévin	»
B				
Barbinghem,	hameau	Boulogne	Moringhem	»
Barlinghem,	hameau	id.	Moringhem	»
Bas-Cornet,	hameau	St-Omer	Serques	»
Baudringhem,	hameau	id.	Campagne-Wardrecques	»

1. Chef-lieu du pays de Brédenarde composé des paroisses d'Audruicq, Nortkerque, Zutkerque et Polincove. C'était en 1787 un domaine engagé à la famille de Laurétan.

NOMS des BOURGS, VILLES ET HAMEAUX		DIOCÈSE dans lequel chaque localité est situé	PAROISSES dépendant DE LA PAROISSE DE	TRIBUNAUX existant dans chaque localité
Bayenghem-au-Creen,	village[1]	Boulogne	une paroisse située en Picardie	échevinage
Bayenghem-lez-Éperlecques,	village	id.	une paroisse	id.
Bayenghem-lez-Seninghem,	village	id.	une paroisse	id.
Beaurepaire,	hameau	id.	Acquin	
Beaussart au-Bois,	hameau	id.	Renty	
Beaussart-à-l'eau,	hameau	id.	Renty	
Bellefontaine,	hameau	id.	Boidinghem	
Bienque,	hameau	id.	Pihem	
Bifque,	village	St-Omer	une paroisse	échevinage
Blaringhem (p' partie),	village[2]	id.	id.	justice seigneuriale ayant banc échevinal
BlenJecques,	village	id.	id.	échevinage
Bléquin,	village	Boulogne	id.	id.
Boidinghem,	village	id.	id.	id.
Bramelart,	hameau		Ecques	»

C

Cahem,	hameau	Boulogne	Clercq-lez-Tournehem	
Campagne-lez-Boulonnais,	village	id.	une paroisse	échevinage
Campagne-lez-Wardrecques,	village	St-Omer	Wardrecques	id.
Campagniettes,	hameau	Boulogne	Wavrans	»
Cantemerle,	hameau	id.	Wismes	»
Cappelle-s-la-Lys,	village	id.	une paroisse	échevinage
Cauchy,	hameau	St-Omer	Ecque	»
Clairmarais,	village	id.	une paroisse	échevinage
Clercq-lez-Tournehem,	village	Boulogne	Audrehem	id.

1. Bailliage d'Ardres pour la partie située en Picardie, bailliage de Saint-Omer pour la partie située en Artois.
2. Pour la partie située en Artois, car cette paroisse faisait partie de l'Artois et de la Flandre maritime. Son territoire était soumis à l'administration de chacune de ces provinces.

NOMS des BOURGS, VILLES ET HAMEAUX		DIOCÈSE dans lequel chaque localité est située	PAROISSES dépendant DE LA PAROISSE DE	TRIBUNAUX existant dans chaque localité
Cléty,	village	Boulogne	Dohem	échevinage
Cloquette,	hameau	St-Omer	Clairmarais	»
Cœurois,	hameau	Boulogne	Renty	»
Cormette,	village	id.	une paroisse	échevinage
Coubronne-lez-Ecque,	hameau	St-Omer	Ecque	
Coubronne-lez-Racquinghem,	hameau	id.	Racquinghen	
Coulomby,	village	Boulogne	une paroisse	échevinage
Coupelle-Vieille,	village	id.	id.	id.
Coupelle-Neuve,	hameau	id.	Coupel-Vieille	
Coyecque,	village	id.	une paroisse	échevinage
Créhem,	hameau	id.	Remilly	
Crigny,	hameau	id.	Remilly	
Culem,	hameau	id.	Eperlecques	

D

Dennebrœucq,	village	Boulogne	Reclinghem	échevinage
Difque,	village	id.	Moringhem	id.
Dohem,	village	id.	id.	id.
Drionville,	hameau	id.	Vaudringhem	»

E

Ecœuille,	village	Boulogne	une paroisse	échevinage
Ecque,	village	St-Omer	id.	id.
Elne,	village	Boulogne	Wavrans	id.
Elvinghem,	hameau	id.	Bayenghem-lez-Éperlecques	»
Embry,	village[1]	id.	une paroisse	échevinage
Enonville,	hameau	id.	Embry	»
Eperlecques,	village	id.	une paroisse	échevinage
Esquerdes,	village	id.	id.	id.
Estrehem,	hameau	id.	Leulinghem	»

F

Fasques,	hameau	Boulogne	Assonval	»

1. Embry avec Enonville, Rimboval et St Vandrille, en dehors du bailliage, villages compris entre l'enclave du bailliage d'Hesdin, le comté de St Pol et le Boulonnais.

NOMS des BOURGS, VILLES ET HAMEAUX		DIOCÈSE dans lequel chaque localité est située	PAROISSES dépendant DE LA PAROISSE DE	TRIBUNAUX existant dans chaque localité
Fauquembergue,	bourg	Boulogne	une paroisse	bailliage et échevinage
Floyecque,	hameau	id.	Vaudringhem	»
Forestel,	hameau	id.	Mercq-St-Liévin	»
Fort-Duriety,	hameau	id.	Coupel-Vieille	»
Fourdebecque,	hameau	id.	Wavrans	»
Fressinghem,	hameau	id.	Esquerdes	»

G

Galopin,	hameau	Boulogne	Lédinghem	»
Ghémy,	village	id.	une paroisse	échevinage
Gleu,	hameau	id.	Dennebrœucq	»
Gondardennes,	hameau	St-Omer	Blendecques	»
Gournay,	hameau	Boulogne	Assonval	»
Grand et Petit Maniliot,	hameau	id.	Mercq-St-Liévin	»
Guzelinghem,	hameau	id.	Moringhem	»

H

Haffringues,	village	Boulogne	Coulomby	échevinage
Hallines,	village	St-Omer	une paroisse	id.
Hamel,	hameau	Boulogne	Coyecque	»
Hamelet,	hameau	id.	Mercq-St-Liévin	»
Happe,	hameau	id.	Campagne-lez-Boulonnais	
Hartelle,	hameau	id.	Coulomby	
Hellefaut,	village	St-Omer	une paroisse	échevinage
Herbelle,	village	Boulogne	id.	id.
Herbinghem,	village	id.	Hocquinghem	id.
Heuringhem,	village	St-Omer	une paroisse	id.
Hocquinghem,	village	Boulogne	id.	id.
Houlle,	village	St-Omer	id.	id.
Hudde,	hameau	id.	Serques	»

I

Inghiem,	village [1]	St-Omer	une paroisse	échevinage
Isselinghem,	hameau	id.	Ecque	

1. De la subdélégation d'Aire.

NOMS des BOURGS, VILLES ET HAMEAUX		DIOCÈSE dans lequel chaque localité est située	PAROISSES dépendant DE LA PAROISSE DE	TRIBUNAUX existant dans chaque localité
J				
Journy,	village	Boulogne	une paroisse	échevinage
L				
Laire,	hameau	Boulogne	Nielle-l-Bléquin	»
Lapanne,	hameau	id.	Nordausque	»
Larouville,	hameau	id.	Tournehem	»
Lawatine,	hameau	id.	Menque	»
Lédinghem,	village	id.	Bléquin	échevinage
Le grand Bois,	hameau	St-Omer	Hellefaut	»
Le Hamel,	hameau	Boulogne	Clercq-lez-Tournehem	»
Le Hamel,	hameau	id.	Fauquembergue	»
Lehégrie,	hameau	id.	Coyecque	»
Le Hocquet,	hameau	id.	Blendecque	»
Leplouy,	hameau	id.	Wavrans	»
Leronchoix,	hameau	id.	Lédinghem	»
Lespinoy,	hameau	id.	Pihem	»
Leuline,	hameau	id.	Tournehen	»
Leuline,	hameau	id.	Zudausque	»
Leulinghem-lez-Estrehem,	village	id.	Esquerdes	échevinage
Leulinghem-lez-Tournehem,	village	id.	Bayenghem-lez-Éperlecques	échevinage
Leval,	hameau	id.	Acquin	»
Leval,	hameau	id.	Mercq-St-Liévin	»
Leval,	hameau	id.	Clercq-lez-Tournehem	»
Leval,	hameau	id.	Lambre	»
Lieuze,	hameau	id.	Moringhem	»
Ligne,	hameau	St-Omer	Serques	»
Lillette,	hameau	Boulogne	Ennebrœucq	»
Linecque,	hameau	id.	Esquerdes	»
Longuenesse,	village	St-Omer	une paroisse	échevinage
Loostrat,	hameau	Boulogne	Esquerdes	»
Lumbres,	village	id.	une paroisse	échevinage
M				
Maire,	hameau	St-Omer	Serque	»
Maisnil,	hameau	Boulogne	Dohem	»
Maisnil,	hameau	id.	Waudringhem	»

NOMS des BOURGS, VILLES ET HAMEAUX		DIOCÈSE dans lequel chaque localité est situé	PAROISSES dépendant DE LA PAROISSE DE	TRIBUNAUX existant dans chaque localité
Malhove,	hameau	St-Omer	Arques	»
Menque-Nieurlet,	hameau	Boulogne	Polincove	»
Menque,	village	id.	une paroisse	échevinage
Mentea,	village	id.	Matringhem (Aire)	échevinage
Mercq-St-Liévin,	village	id.	une paroisse	id.
Milfaut,	hameau	id.	Enrebrœucq	»
Monecove,	hameau	id.	Bayenghem-lez-Éperlecques	»
Monille,	hameau	id.	Coupel-Vieille	»
Montifau,	hameau	id.	Mercq-St-Liévin	
Moringhem,	village	id.	une paroisse	échevinage
Morquine,	hameau	St-Omer	Serque	»
Moulle,	village	id.	une paroisse	échevinage
Mussem,	village[1]	id.	id.	id.
Mussem,	hameau	Boulogne	West-Ecque	»

N

Neufmanoir,	hameau	Boulogne	Bléquin	»
Nielles-lez-Bléquin,	village	id.	une paroisse	échevinage
Nordausque,	village	id.	id.	id.
Nortbécourt,	village	id.	Mentque	id.
Nortdale,	hameau	id.	Acquin	»
Nortquerque,	village	St-Omer	une paroisse	échevinage
Nouneauville,	hameau	Boulogne	Coyecque	»

O

Ouve,	village	Boulogne	Remilly	échevinage

P

Pauvre,	hameau	St-Omer	Arques	»
Petit-bois,	hameau	Boulogne	Pihem	»
Petit-Disque,	hameau	id.	Disque	»
Petit-Hollande,	hameau	id.	Eperlecque	»
Picquendat,	hameau	id.	Mercq-St-Liévin	
Pihem,	village	id.	une paroisse	échevinage
Poirier,	hameau	id.	Audrehem	»
Ponches,	hameau	id.	Coyecques	»

1. Subdélégation d'Aire.

NOMS des BOURGS, VILLES ET HAMEAUX		DIOCÈSE dans lequel chaque localité est située	PAROISSES dépendant DE LA PAROISSE DE	TRIBUNAUX existant dans chaque localité
Q				
Quelmes,	village	Boulogne	une paroisse	échevinage
Quembergue,	hameau	id.	id.	id.
Quercamp,	hameau	id.	Mentque	»
Quiestède,	village [1]	id.	une paroisse	échevinage
R				
Racquinghem,	village	St-Omer	une paroisse	échevinage
Reclinghem,	village	Boulogne	id.	id.
Recques,	village	id.	Polincove	id.
Remilly,	village	id.	une paroisse	id.
Renty,	village	id.	id.	id.
Rimboval,	village [2]	id.	Embry	id.
Rimeux,	hameau	id.	Assonval	»
Riole,	hameau	id.	Reclinghem	»
Rollet,	hameau	id.	Assonval	»
Rond,	hameau	St-Omer	Ecque	»
Rudimont,	hameau	Boulogne	Bléquin	»
S				
Saint-Folquin,	village [3]	St-Omer	une paroisse	échevinage et bailliage
St-Laurent,	hameau	Boulogne	Renty	»
Ste-Mariequerque,	village	St-Omer	une paroisse	échevinage
St-Martin-au-Laërt,	village	id.	id.	id.
St-Martin-d'Ardinghem,	village	Boulogne	Fauquembergue	id.
St-Momelin,	village	St-Omer	une paroisse	id.
St-Nicolas,	village	id.	id.	id.
St-Omer-Cappel,	village	id.	id.	id.
St-Pierre-à-Saint,	village	id.	Wismes	id.
St-Vandril (le),	hameau [4]	Boulogne	Embry	»
Salperwick,	village	St-Omer	une paroisse	échevinage
Salvecque,	hameau	Boulogne	Wismes	»
Samette,	hameau	id.	Lumbres	»

1. Subdélégation d'Aire.
2. Voir la note ci-dessus p. 8 concernant Embry.
3. Chef-lieu du pays de Langle qui était composé de St Folquin, St Nicolas, Ste Marie Kerque et St Omer Cappel.
4. Voir la note ci-dessus p. 8 concernant Embry.

NOMS des BOURGS, VILLES ET HAMEAUX		DIOCÈSE dans lequel chaque localité est située	PAROISSES dépendant DE LA PAROISSE DE	TRIBUNAUX existant dans chaque localité
Scoubronck,	hameau	St-Omer	Clairmarais	»
Samblethun (grand et petit),	hameau	Boulogne	Coyecque	»
Séninghem,	village	id.	Bayenghem	échevinage
Serques,	village	St-Omer	une paroisse	id.
Setque,	village	Boulogne	Lumbres	id.

T

Tatinghem,	village	St-Omer	une paroisse	échevinage
Tilques,	village	id.	id.	id.

V

Verchoque,	village	Boulogne	une paroisse	échevinage
Vindal,	hameau	id.	Nortbécourt	»
Vrolant,	hameau	id.	Recques	»

W

Wailly,	hameau	Boulogne	Coupel-Vieille	»
Waltincheux,	hameau	id.	Renty	»
Wardrecques,	village	St-Omer	une paroisse	échevinage
Warmecque,	hameau	Boulogne	Mercq-St-Liévin	»
Waterdal,	hameau	id.	Seninghem	»
Waudringhem,	village	id.	Nielles-l-Bléquin	échevinage
Wavrans,	village	id.	une paroisse	id.
Wavrans,	village [1]	id.	id.	id.
Wels,	hameau	id.	Tournehem	»
West-Bécourt,	village	id.	une paroisse	échevinage
West-Ecque,	village	id.	id.	id.
Wildingue,	hameau	id.	Wavrans	»
Willametz,	hameau	id.	Mercq-St-Liévin	»
Wincq,	hameau	St-Omer	Houlle	»
Windrehem,	hameau	Boulogne	Wavrans	»
Wins,	hameau	St-Omer	Blendecques	»
Wirquin,	village	Boulogne	Remilly	échevinage
Wismes,	village	id.	une paroisse	id.
Wisques,	hameau	St-Omer	Longuenesse	»
Wissocq,	hameau	Boulogne	Audrehem	»
Wizernes,	village	St-Omer	une paroisse	échevinage

1. Subdélégation de Saint-Pol.

NOMS des VILLES, BOURGS ET HAMEAUX	DIOCÈSE dans lequel chaque localité est située	PAROISSES dépendant DE LA PAROISSE DE	TRIBUNAUX existant dans chaque localité
Z			
Zeltun, hameau	Boulogne	Recques	»
Zouafques, village [1]	id.	Ghémy	échevinage
Zudausque, village	id.	Cormettes	id.
Zutquerque, village	id.	une paroisse	id.
Zudrove, hameau	id.	Serques	»
Zutove, hameau	id.	Boidinghem	»

Ce qui ferait 2 bourgs, 95 villages et 125 hameaux.

Dans ce relevé, on ne retrouve plus Brimeux, qui était en dehors du bailliage de Saint-Omer. Cette localité est indiquée comme relevant du bailliage d'Hesdin où elle avait sans doute été rattachée [2].

M. Berode, dans son *Histoire du droit usuel* [3], a donné à son tour une liste annotée des localités du bailliage de Saint-Omer rattachées aux cantons actuels.

---

1. L'église de Zouafques était située en Picardie. Il n'y avait que quelques enclaves qui étaient en Artois.
2. La subdélégation de Saint-Omer correspondait donc à peu près à la circonscription judiciaire du bailliage, il faut en déduire cependant les quelques villages et hameaux que nous avons signalés en note qui faisaient partie d'autres subdélégations.
3. Lille, Lefebvre-Ducrocq 1865, t. I, p. 378.

CHAPITRE II

JURIDICTION SUR LES FIEFS

Les diverses natures de tenures dans l'étendue du bailliage de Saint-Omer. — Différentes justices attachées à ces possessions. — Les officiers du bailliage n'ont le plus souvent que la justice d'appel sur les fiefs. — Compétence des diverses justices. — Obligations des propriétaires de fiefs. Droits de relief, cambellage, aide, franc fief. — Les fiefs relevant du château de Saint-Omer en 1474. — Analyse du registre aux fiefs dressé de 1623 à 1631 : Possesseurs de fiefs ayant la haute justice. Possesseurs de fiefs ayant la moyenne justice ou la basse. Gens de main-morte. Offices inféodés. — Indication des fiefs en 1728. Ceux de la ville et de la banlieue en 1739. — Principaux fiefs en dehors de ces limites. — Autres fiefs tenus du château et non soumis à la justice du bailliage.
Inconvénients des justices seigneuriales. Prévention. — Installation des baillis et des lieutenants des justices seigneuriales ou royales relevant du château, des seigneurs ayant acquis à titre d'engagement des droits de haute justice.

Dans toute cette étendue de territoire, les posses-

sions étaient différentes : « Au bailliage et chatelle-
« nie (de St Omer), porte l'art. 7 de la Coutume [1], il
« y a de trois natures de biens ou tenures, les uns
« tenus en fiefs, d'autres tenus en roture vulgaire-
« ment dites cotteries, et les troisièmes qui sont
« terres franches improprement nommées frans-
« aleux... ».

Nous parlerons plus loin des francs-alleux qui
relevaient médiatement du bailliage, et qui étaient
rattachés à une justice spéciale [2]. A part ceux-ci, et
en vertu de la maxime : nulle terre sans seigneur,
admise et conservée en Artois, presque toute l'étendue du territoire du bailliage était divisée en seigneuries d'où dépendaient diverses terres, soit féodales
tenues en arrière-fiefs, soit roturières appelées aussi
cottières. Les mouvances féodales étaient celles qui
astreignaient les vassaux à tous les devoirs des fiefs ;
les mouvances roturières ou censuelles obligeaient
seulement les possesseurs des domaines qui y étaient
sujets, au paiement de certaines redevances en
argent, grain, volaille, etc. Ces seigneuries possédaient, les unes la haute justice, les autres la
moyenne appelée vicomtière, ou simplement la basse
qualifiée aussi de foncière ; quelques-unes étaient
sans justice. En traitant dans le tome I, chap. VIII
du mode de rendre la justice en Artois, nous avons
rappelé que la juridiction y était réglée par la mou-

1. Homologuée en 1743.
2. L'ancien coutumier d'Artois rédigé à la fin du XIIIe siècle ne
reconnaissait dans ce comté que deux espèces de biens immeubles,
les héritages féodaux et les héritages roturiers. Les francs-alleux
avaient disparu de bonne heure ; il en subsista à Saint-Omer dans
des conditions particulières que nous exposerons plus loin en traitant livre IV, chap. V, du fief spécial de la châtellenie dont ils dépendaient.

vance, parce que la seigneurie et la justice étaient inséparables ; nous avons indiqué comment ces juridictions patrimoniales étaient constituées et comment s'étaient établis les droits de justice des officiers du bailliage en première instance sur les terres qui n'avaient ni seigneurie ni justice, et leur droit de ressort sur les juridictions féodales relevant du château. Il nous reste à mentionner sommairement la compétence des diverses justices.

Le seigneur foncier n'avait connaissance et judicature par ses hommes cottiers que de ce qui concernait les saisines et dessaisines des héritages mouvans de sa seigneurie, la correction des délits jusqu'à 5 sols seulement, sauf pour l'infraction de sa justice (art. 1 et 2. Coutumes générales d'Artois). Quand il n'y avait aucun héritage cottier dans la seigneurie foncière il n'y avait pas non plus de justice.

D'après les articles 4 et 35 de la Coutume d'Artois, le seigneur vicomtier, outre les droits du seigneur foncier, avait, par ses hommes féodaux, connaissance en première instance des actions civiles, réelles, personnelles et mixtes, et des actions criminelles lorsqu'elles ne donnaient point lieu à une amende supérieure à soixante sous, il pouvait faire pendre et avoir fourches patibulaires, mais non pilori et carcan, et n'avait point le droit de bannir. Suivant l'art. 5, sa justice s'étendait encore « ès flots « et flégards, chemins et voieries étant en son fief », et, d'après l'art. 9, sur les biens vacants situés dans les limites de sa justice. Il avait encore le droit d'épaves (art. 3), celui d'afforer les boissons et denrées [1] et d'inspecter les poids et mesures (art. 6), le

1. L'afforage était la faculté de fixer le prix de certaines denrées, à

droit de faire les bans d'août et de mars (art. 48), et toute la police rurale et la vicinalité étaient entre ses mains (art. 48 à 51 et 54 à 59).

Le seigneur haut justicier, par ses hommes féodaux, avait la connaissance de toutes les matières civiles et criminelles et le droit de prononcer des condamnations à mort, à la réserve des cas royaux [1].

Sans entrer dans les détails de la législation de cette époque sur les fiefs, nous rappellerons, pour l'intelligence des détails que nous donnons plus loin sur ceux relevant du bailliage, que leurs propriétaires étaient assujettis, outre la foi et l'hommage, l'aveu et le dénombrement, le service militaire et celui des plaids, à divers droits seigneuriaux, tels que le relief ou rachat, le chambellage ou cambellage et l'aide. Le relief était la reconnaissance due à son seigneur par l'héritier d'un fief, le droit féodal exigeant que le nouveau propriétaire relevât ou rachetât le fief tombé fictivement par une espèce de commise dans le fisc du seigneur au moment de la mort du propriétaire. Presque partout le montant du droit de relief était fixé au revenu d'un an de la chose tenue en fief, mais en Artois il n'était pas déterminé par la coutume et pour le connaître il fallait avoir recours aux titres [2]. En général on payait pour les hautes justices 10 livres parisis.

A ce droit principal il fallait ajouter le cambellage qui était ordinairement du tiers du droit de relief ; autant pour aide dans certains cas déterminés.

peine d'une amende de 60 sous p. contre quiconque vendrait à un prix supérieur.

1. Deux règlements distincts du 29 mars 1786 rendus par le Conseil d'Artois, visaient les tarifs des frais et vacations des officiers des justices seigneuriales en matière civile et criminelle (impr.).

2. Maillard : sur l'article 22 de la Coutume d'Artois, p. 420.

D'autres redevances consistaient encore en une paire d'éperons dorés, un fust de lance, une lance à rochet, un chapeau de roses couronné de romarin au premier jour de l'an, une paire de wans (gants), un chapeau de roses vermeilles, etc.; elles remplaçaient souvent le relief pour les fiefs simples.

On sait qu'à l'origine les roturiers ne pouvaient posséder de fiefs nobles, plus tard cette possession fut autorisée moyennant une compensation particulière qui se traduisait par un impôt proportionnel à l'importance et à la durée de la jouissance du roturier; cet impôt avait reçu le nom de *franc fief* ou *nouvel acquet*[1], et en Artois il se percevait tous les vingt ans au profit du comte d'Artois[2]. Les bourgeois de Saint-Omer, propriétaires de fiefs, prétendaient n'y être point soumis[3], mais ils furent plusieurs fois condamnés au paiement de ce droit, notamment par jugement du Conseil d'Artois du 2 mars 1584[4], et plus tard, après la réunion à la France, par une sentence de l'intendant du 19 décembre 1678[5].

---

1. G. de Sède de Liéonx, *Des francs fiefs et de l'anoblissement. Détails particuliers à l'Artois (Mémoires de l'Académie d'Arras,* t. XXXIV, p. 174). — Le cahier de doléances du tiers-état de Saint-Omer rédigé le 31 mars 1789, demanda (art. 37) la suppression du droit de franc fief *(Mém. des Antiq. de la Morinie,* t. XVIII, p. 214). Ce vœu fut reproduit dans le cahier des doléances du tiers-état du bailliage (art. 36). Loriquet, *Cahier de doléances de 1789 dans le département du Pas-de-Calais,* t. I. p. 116.

2. Art. 194 de la Coutume générale d'Artois.

3. Voir les diverses contestations soulevées par la ville aux *Arch. de Saint-Omer* CXLVIII, 3.

4. *Arch. de Saint-Omer* CXLVII, 14. — La ville appela de ce jugement, mais nous n'avons pas trouvé le résultat de son appel.

5. *Arch. de Saint-Omer* CXLVII, 3. — La décision porte que les habitants paieront le droit de franc-fief et de nouvel acquet ainsi qu'il se pratiquait pendant les années 1607 à 1627. — Nous avons

Depuis longtemps la division des fiefs était infinie et le caractère d'indivisibilité que le suzerain avait attaché aux premiers fiefs concédés était restreint à un village, une terre, un château, des bois, voire même à des maisons, des champs, des prairies, des étangs. Ce n'était même pas toujours des propriétés territoriales, mais des rentes hypothéquées sur des fiefs, puis des offices comme ceux de sergents à cheval, d'huissiers, et des droits de perception de certains impôts comme l'afforage, le gammage, le portage, etc. [1].

M. Hermand, dans ses *Recherches sur la question d'antériorité et de paternité entre les deux monastères primitifs de Saint-Omer* [2] a déjà indiqué quelques fiefs importants relevant du château de cette ville au moyen-âge. M. Deschamps de Pas en a publié en 1863 une liste moins ancienne mais beaucoup plus complète, que nous avons déjà citée [3], sous le titre : *Les fiefz et arrière-fiefz tenus du chastel de Sainct-Omer qui doivent le service militaire au duc de Bourgogne en 1474* [4]. Elle indique le nom d'environ 138 divers seigneurs féodaux et celui de leurs 203 fiefs, mais sans préciser la nature de ces derniers ni mentionner la justice qui y était attachée.

En 1623, Valentin Taffin, procureur général au

---

traité, t. I, p. 100 et 101, des privilèges en matière militaire des bourgeois possédant des fiefs et arrière-fiefs.

1. A Saint-Omer spécialement le fief de la *gauge* ou de la *verghe*, du mot verge, instrument qui servait à jauger les tonneaux pleins. Ce droit de jauger avait été inféodé au s^r Coeulre (voir plus loin p. 32 l'analyse du registre aux fiefs du bailliage, 1623-1631).
2. *Mém. des Antiq. de la Morinie*, t. IX.
3. Tome I, p. 95.
4. *Bull. hist. des Antiq. de la Morinie*, t. III, p. 168.

bailliage, reçut le 23 janvier l'ordre de dresser un registre général de tous les « fiefz, seignouries, « homaiges et nobles tènements » tenus du roi d'Espagne, mouvans de son château et motte chatelaine de la ville de Saint-Omer, afin de rétablir l'ordre dans la perception des droits seigneuriaux et des reliefs appartenant au prince. Il termina son travail en 1631. Il en existe plusieurs exemplaires manuscrits [1].

Il permet de se rendre compte de la nature et du nombre de ces possessions au milieu du XVIIe siècle sous la domination espagnole, avant que le bailliage de Saint-Omer eût acquis toutefois toute l'étendue qu'il eut plus tard sous la domination française. Les obligations dont étaient tenus alors les propriétaires de fiefs sont celles que nous avons déjà indiquées sommairement, toutefois il n'est plus question à cette époque du service militaire, le service des plaids y est au contraire souvent mentionné, et ce registre désigne parfois la composition de quelques justices ou de quelques échevinages. Il est fait au point de vue de la seigneurie et de la justice d'hommage que nous avons déjà distinguée de la justice ordinaire [2] ; il en résulte que pour quelques fiefs la nature de celle-ci n'est pas indiquée. Il ne présente aucune division, sauf celles des fiefs enclavés et des fiefs d'offices, et il se termine par une table des prénoms et noms des vassaux. Pour plus de clarté, nous avons adopté, pour l'analyse

---

1. L'original de ce document est aux Archives de la Chambre des Comptes de Lille (Arch. départ. du Nord), in-f° 230 feuillets papier, couvert en parchemin. — La bibliothèque nationale en possède une copie en 229 feuilles, certifiée le 25 janvier 1673 par Denys Godefroy (Colbert Flandre 87). — Un duplicata non signé existe à Saint-Omer, AB. XII, 5, 191 p., et un autre, qui faisait partie des Archives du Bailliage, est aujourd'hui aux Archives du Pas-de-Calais.

2. Tome I, p. 124.

que nous allons en donner, la division suivante :
1° les possesseurs de fiefs ayant haute justice ;
2° ceux des fiefs ayant seulement justice vicomtière ou foncière, ou ne possédant pas de justice, autant du moins que nous avons pu l'indiquer ; 3° les gens de main-morte ; 4° les offices inféodés, sauf ceux des notaires qui n'y figurent point parce qu'ils n'étaient obligés qu'à la foi et à l'hommage [1] ; et nous avons classé le tout par lettre alphabétique des noms patronymiques des vassaux du bailliage.

A propos des enclavements, il faut rappeler que par le traité de Cambrai conclu en 1529 et autres subséquents, le roi de France avait renoncé expressément à tous enclavements en Artois au profit de l'empereur Charles-Quint et de ses successeurs.

On distinguait aussi les fiefs d'engagement, c'était des parties de domaine que le souverain avait concédées moyennant finance ; l'engagiste était considéré comme une espèce d'usufruitier dont le droit se transmettait à ses héritiers ou ayants-cause, mais il ne pouvait pas devenir propriétaire du domaine engagé, le roi ayant la faculté perpétuelle d'y rentrer en remboursant le prix de l'engagement. Telles étaient en 1623, la châtellenie d'Eperlecques engagée à la famille de Croy, et la sénéchaussée de Blendecques engagée à Robert de Lens.

Enfin, il y a lieu de remarquer que les abbayes de Saint-Bertin, de Clairmarais, de Sainte-Colombe à Blendecques, le chapitre de la collégiale, le couvent des chartreux du val de Sainte-Aldegonde et autres établissements religieux, ne figurent point parmi les seigneurs relevant du bailliage. C'est que leurs

---

1. Voir tome I, p. 403.

héritages, placés dans la mouvance immédiate du prince, avaient été amortis par lui, et qu'en conséquence les abbés, abbesse, prévôt et religieux n'étaient point obligés de faire foi et hommage, ni de payer les droits de reliefs, sauf pour quelques terres non amorties que nous indiquons sous le titre : gens de main-morte[1].

Nous avons comparé le manuscrit de Saint-Omer avec l'original déposé à Lille et avec sa copie à la bibliothèque nationale, et voici l'analyse du registre des fiefs dressé par Valentin Taffin de 1623 à 1631 ; on y trouvera les renseignements nécessaires pour apprécier l'importance de chaque fief, mais nous avons cru devoir donner sur ceux sis dans la ville et la banlieue et sur les amanies[2] plus de détails que sur les autres[3].

1° *Possesseurs de fiefs ayant la haute justice*[4].

ARENBERG (Eugène D'), comte de Seninghem, baron

---

1. Voir pour les possessions de l'abbaye de Saint-Bertin : *Synopsis chronologicus et alphabeticus archivi S^{ti} Bertini* (Ms. en 5 vol in-f°, n° 804 Bibl. de Saint-Omer). — *Inventaire sommaire des registres de l'abbaye de Saint-Bertin existant aux Archives départementales du Pas-de-Calais* (Bull. hist. des Antiq. de la Morinie, t. V, p. 221 à 248). — L'inventaire des biens de l'abbaye en 1763 (Id., t. VII, p. 711).

Pour l'abbaye de Sainte-Colombe : voir de Laplane, *Mém. de la Morinie*, t. XI, p. 155 — la *Chronique de l'abbaye de Sainte-Colombe*, publiée par M. Bonvarlet (Bull. de la Morinie, t. X, p. 81 et suiv.), — et Rapport fait au roi par l'abbesse de Sainte-Colombe (Id., t. VII, p. 313).

Pour le chapitre de la collégiale : Giry, *Hist. de Saint-Omer*, p. 139.

2. Voir plus loin chap. IV, *les Vierschaires*.

3. Dans cette analyse nous avons rectifié seulement les noms que l'orthographe employée n'aurait point permis de reconnaître.

4. Pour toutes ces hautes justices, le droit de relief était de 10 livres, comme nous l'avons dit plus haut p. 18.

de Sauselles et gentilhomme de la Chambre de leurs Altesses[1]. — Le *comté de Seninghem*[2], consistant en terres et redevances sur Seninghem, Coulomby, Watterdal, les bois et forêt de Seninghem et deux moulins banaux à Seninghem dont l'un appelé le moulin de Maubreuc.

Averhoult[3] (Antoine d'), chevalier, sieur de Helfaut. — La *terre et seigneurie d'Helfaut*.

Bethizy (Légier de), chevalier, sieur de Comigny, à cause de Marie de Massiet, sa femme. — *Terre et seigneurie de Buysscheure* enclavée au pays de Flandre[4]. Le gros du fief est le moulin à vent de Buysscheure et une maison avec motte et bassecour environnée d'eau et fossés, avec environ 180 mesures de jardin, pré et terres à labour. 18 fiefs en dépendaient dont un office d'aman à Buysscheure. Pour l'administration de la justice haute, moyenne et basse, il y avait un bailli et sept échevins.

Créquy (Louis de), vicomte de Vroland, baron d'Evin, qui tenait la *terre et seigneurie de Recques*[5].

---

1. Probablement Charles-Eugène duc d'Arenberg, d'Arschodt et de Croy.
2. V. t. I, p. 15 et Hermant : *Notice historique sur Seninghem.* (*Mém. des Antiq. de la Morinie*, t. VII, p. 61.)
3. Le registre aux fiefs porte *d'Averoult*, en 1474 on lit Daverhoud. La terre d'Avroult dont cette famille portait le nom était située en la paroisse de Mercq-Saint-Liévin. V. *Notice historique sur Avroult*, par l'abbé Robert, curé de Merck-Saint-Liévin. Saint-Omer, Van Elslandt, 1846, 34 p. in-8°.
4. V. t. I, p. 16. — La paroisse de Buysscheure faisait partie de la paroisse de Cassel. La mouvance de la terre de Buysscheure avait fait l'objet de contestations dès 1367. (*Annuaire du dép. du Nord 1834 : Notes historiques et statistiques sur les communes de l'arrondissement d'Hazebrouck*, p. 45.)
5. En 1517 Philippe de Créquy, seigneur de Recques et de Vrolant, déclare qu'il a toute justice dans ces deux domaines. (*Usages du comté de Guines* de Tailliar. *Préface* par Courtois, p. xxxix.) —

CROY (Jacques DE), chevalier. — *Châtellenie d'Eperlecques*[1] comprenant notamment l'ancien château, fossés, jardins, etc., occupant 10 mes. environ et la forêt de Beaulo d'une contenance de 1500 mesures. Cette châtellenie avait sept lieues de circonférence et comprenait 15 seigneuries et 23 fiefs. Elle avait été engagée par Charles-Quint, puis par Philippe III d'Espagne. D'après la coutume de l'an 1507, le seigneur d'Eperlecques avait « un bailli, des sergents, « des officiers et des hommes féodaux pour exercer « la justice, sept échevins qu'il crée quand il lui « plait pour juger à la conjure du bailli ».

CROY (Philippe DE), fils aîné et héritier de dame Anne de Croy, marquis de Renty. — Le *marquisat de Renty*[2], d'où dépendaient plusieurs fiefs.

CROY (Philippe-François DE), sieur de Turcoing, pour la *vicomté de Langle et châtellenie du dit pays* avec arrière-fiefs.

GUERNONVAL (Philippe DE), chevalier, baron d'Esclebecque[3], sieur dudit Guernonval, Conteuille, Rougemont, La Motte en Bayenghem, Bléquin, gouverneur et capitaine des ville et chasteau de Gravelines. — La *terre et seigneurie de Bléquin* avec château,

En vertu d'un arrêt du Conseil d'Artois du 28 juin 1757 Recques et Vrolant ressortirent définitivement au bailliage de Saint-Omer.

1. V. t. I, p. 20 et de Laplane : *Eperlecques, ses seigneurs, son ancien château, etc. (Mém. des Antiq. de la Morinie, t. XIV.)* — Comme domaine engagé cette châtellenie était rachetable moyennant un remboursement de 80,000 florins dont elle était grevée. *(Dict. historique du Pas-de-Calais, arrond. de Saint-Omer, t. I, p. 251).*

2. Cette terre est la première d'Artois qui fut érigée en marquisat. Cette érection date du mois d'avril 1532. V. de Laplane, *Renty en Artois, son vieux château et ses seigneurs. (Mém. des Antiq. de la Morinie, t. X, 1re partie.)*

3. Esquelbecq, forme flamande : Ekelsbecke *(Histoire d'Esquelbecq en Flandre, par MM. Bergerot et Diegerick. Bruges, 1857).* Cette baronnie relevait du comté de Fauquembergue ci-après mentionné (Ligne).

pourpris, motte, fossés, jardins et flégards occupant 16 mes., moulin et prés, 300 mes. de bois, tenue en deux fiefs.

Lens (Robert de), chevalier, sieur de Blendecques, Hallines, etc., tenait à titre d'engagement en date du 28 août 1628 la *senéchaussée de Blendecques*[1] consistant en préséance à l'église, droits de chasse, pêcherie, volerie, reliefs, plantis, amendes, confiscations et droits seigneuriaux[2].

Ligne (Claude-Lamorald de), comte de Fauquembergues, baron de Senet, seigneur de Lestrem, et fils mineur de feu messire Flourens de Ligne, prince du lieu d'Ambise et du Saint-Empire, chevalier de l'ordre du roi, gouverneur général du pays et comté d'Artois. — Le *comté de Fauquembergue* tenu en un seul fief avec château motte, fossés, courtils, pâturages comprenant 5 mesures, la forêt de Fauquembergue de 301 mesures et un grand nombre de terres, prés, bois et fiefs. En 1739, 17 terres à clocher, 4 baronnies, 12 autres seigneuries et 21 fiefs, relevaient immédiatement de ce comté[3].

Renty (Jean de), écuyer, sieur de Bouin, Upen,

---

1. Elle avait été adjugée moyennant 8700 florins à Robert de Lens pour être tenue en fief du château de Saint-Omer, à la reconnaissance annuelle d'un chapon et aux reliefs et droits seigneuriaux ordinaires. (*Dict. histor. du Pas-de-Calais, arrond. de Saint-Omer*, t. III, p. 66.)

2. En 1628, elle consistait en 8 florins 11 deniers en argent, 23 chapons et demi, 8 razières et demi-quartier de blé, 13 razières et 3 quartiers et 1/2 d'avoine, en rentes foncières, double cens à la mort, et le dixième denier lors de la vente des terres chargées de ces rentes, et en 8 fiefs relevant de Blendecques et devant le relief à la mort et cinquième denier à la vente. (*Id.*)

3. Abbé Robert, *Notice historique sur l'ancienne ville et comté de Fauquembergues.* — Saint-Omer, Van Elslandt, 1884, p. 84.

Pour indiquer l'importance des redevances dues par les terres cottières de ce comté, nous citerons le registre aux fiefs, p. 89. « A « cause de laquelle comté et fief de Faucquembergue sont tenus et

Delettes, le Poeul, le Hamel, la Court d'Aire. — *Fief et seigneurie de la Court d'Aire* situé au village de Delettes et pays à l'environ, consistant en rentes en argent et en nature sur divers héritages cottiers. Plusieurs fiefs en dépendaient.

SPINOLA (Bertin-Oudart DE), chevalier, comte de Brouay, baron d'Andre, sieur d'Embry, Coeurlu, mari et bail de dame Claire d'Arenberg, comtesse et dame desdits lieux, tenait la *seigneurie d'Embry*[1]. Le gros du fief consistait en une maison et cense, granges, étables et autres édifices, avec jardin contenant 12 mesures de terre à labour, moulin, bois. D'où divers fiefs.

WALLEHEY (Antoine DE), écuyer, s^r d'Escades, « à
« cause de damoiselle Agnès de Bersacques, tante et
« héritière universelle de Philippe de Bersacques,
« fils de Philippe, à son trespas sieur d'Arquingoult,
« tient ladite *terre et seigneurie a'Arquingoult*[2], en
« laquelle a toutte justice haulte, moyenne et basse,
« bailly, court et officiers pour exercer icelle
« s'extendant *en la banlieue de la ville de Sainct-*
« *Omer,* laquelle seigneurie d'Arquingoult, devant
« le traictié de paix, dépendoit de la conté de Guis-

« mouvans plusieurs héritages, masures, preys, jardins et terres
« cottières quy doibvent à la recepte dudit lieu les rentes cy après
« déclaré, sçavoir : « Les mannans et habitans dudit Faucquem-
« berque la somme de cent soixante huit livres dix nœuf solz dix
« deniers et cinquante sept setiers neuf botteaux de bled, ung septier
« d'avoine, demi septier de blé bragie, demy septier d'avoine bragie,
« deux cent soixante trois chapons, vingt trois pouilles, trois poul-
« letz, quatre paires et demie de gands, huit voirs, trois estœufs, une
« flèche, trois pains, deux chapeaux de roses vermeilles, huict hoyes,
« et six livres de cire. »

1. Voir la note de la page 8.
2. Aujourd'hui Arquingout, hameau de la commune de Leulinghem.

« nes[1] et se consiste en soixante dix noeuf mesures
« tant manoir amazé de maison, granges, estables,
« coulombier que jardins et terres à labeur tout en
« une seulle pièce tenue en domeine, aboutant
« d'amont aux terres des chartreux du val de
« Ste Aldegonde-lez-Sainct-Omer, et du sieur d'Oi-
« gnies, d'aval à Pierre de Haffringues et autres,
« listant vers mer aux terres de la Mecgdelaine et à
« Micquel Havelt, vers soleil ausdits chartreux et à
« la table des pauvres de Sainct-Sépulcre, à cause
« de laquelle seigneurie sont tenues plusieurs terres
« et héritages tant féodaux qui doibvent rellef, que
« cottiers qui doibvent rente au jour de St Miquel ».

La *châtellenie de Tournehem*[2] qui appartenait au roi d'Espagne; elle comprenait 17 paroisses et 37 fiefs avec arrière-fiefs. Il y avait bailli, lieutenant général, procureur du roi, 4 hommes de fiefs et un greffier.

2° *Possesseurs de fiefs ayant la justice moyenne et basse.*

AVERHOULT (Antoine D'), chevalier, s^r de Helfaut, pour 8 fiefs :

1° La *seigneurie vicomtière de Morquines*, paroisse de Serques, consistant en 646 mesures 14 verges ou environ de terres, marais et eaux à Serques, au relief

---

1. Le domaine d'Arquingoult était une des douze pairies de Guines en 987.
2. C'était la plus ancienne châtellenie du ressort du bailliage. — V. Courtois, *Rapports, déclarations et reliefs des fiefs, etc... mouvans des chasteau et chastellenie de Tournehem en 1542. (Bulletin des Antiq. de la Morinie,* t. I, p. 58.) — *Procès-verbal de revision de la coutume de Saint-Omer,* éd. 1744, p. 22. — Voir aussi ce que nous avons dit t. I, p. 20.

de 10 livres parisis, aide pareille quand le cas y échet, et cambellage coutumier, avec le droit de tenir sur cette terre quatre paires de cygnes en vertu d'un octroi du duc de Bourgogne du mois de mai 1428 [1]. Les tenants de la seigneurie doivent « comparoir « aux francqs plaids trois fois par an à paine de « trois sols parisis d'amende, et tous qui sont cou- « chant sur lad. terre et seigneurie de Morquines « sont tenus de comparoir aux francqs vérités [2] une « fois par an sur paine et amende de 60 s. p., sy « doibvent service de plaidz toutes et quantefois ils « seront sommés et requis. »

2°, 3°, 4° Trois fiefs nommés *Lenclure, Legregat* et « celui qui fut à Hieronisme *Duplatel* » comprenant toutes les terres et *seigneuries de Tilques ;* le gros du fief consiste en 37 mesures 1 quartier tant en prés que terres à labour. De ces fiefs dépendent 576 mesures 30 verges 1/2 de terres cottières ; le fief de Lenclure devait 10 l. p. de relief, 20 s. de cambellage, ceux de Legregat et du Platel 100 s. p. de relief et 10 s. de cambellage.

5° Un fief consistant dans le « droit de prendre et « lever les cygnes provenant de *quatre couples de* « *cygnes qu'il peut avoir en la garenne* avec les « autres cignes de Sa Majesté [3]. »

6° Autre fief de 2 mesures 1/2 de pré au village de Blendecques, relief à valeur.

---

1. Pagart d'Hermansart, *Les Cygnes de Saint-Omer. (Bull. histor. des Antiq. de la Morinie,* t. VIII, p. 29.)

2. Voir la juridiction des *Franches vérités,* livre V, chap. V § 2.

3. Pagart d'Hermansart, *Les Cygnes de Saint-Omer. (Bull. histor. des Antiq. de la Morinie,* t. VIII, p. 26 et 27.) Nous avons expliqué que cette garenne aux cygnes n'était pas établie spécialement dans un lieu déterminé, et que par ce mot il fallait entendre le droit du comte d'Artois d'avoir des cygnes dans toute l'étendue de la châtellenie.

7° Autre fief à Blendecques consistant en rentes foncière en argent, grains et plumes ; relief 100 s., camb. 10.

8° La *terre et seigneurie du Pont Dardenes* [1] consistant en rentes foncières en argent, blé, avoine et plumes, avec justice foncière et vicomtière ; d'où plusieurs fiefs ; relief 10 l.

Audenfort (Marie d'), pour 2 fiefs :

1° Un fief nommé le *Lavoir de Zutquerque,* enclavé au pays de Brédenarde, dépendant de la baronnie d'Ablinghem [2] au comté de Guines.

2° Un autre fief au village de Serques, en la baronnie de Zelthun [3] au comté de Guines ; aux reliefs chacun de 11 l. p.

Bacheler (Henri de), écuyer, seigneur de Coubronne, pensionnaire du roi, lieutenant général de la ville et bailliage d'Aire, pour le *fief de Heuchin,* village de Racquinghem, avec justice foncière et vicomtière, au relief de 10 l. p.

Baillet (Gilles), pour un fief nommé *le Tombe,* paroisses de Recques et Polincove au pays de Brédenarde, tenu de la baronnie de Zelthun, enclavé en ce pays appartenant maintenant au roi d'Espagne ; relief 10 l. p., camb. 20 s.

Biernes (Charles de), seigneur de Halles, à cause de demoiselle Françoise de Lens, sa femme, pour 2 fiefs :

1° L'un consistant en 26 mesures de terre hors

---

1. Aujourd'hui et par corruption : Gondardenne, commune de Blendecques.

2. Ablinghem d'après le texte du ms. de Saint-Omer, p. 191. — La copie à la bibl. nat. porte : Rubelinghem (Rodelinghem ?)

3. Zelthun ou Zeltun, paroisse de Polincove au pays de Brédenarde. Voir plus loin : Hocquinghem.

la porte Boulenisienne auprès de la croix du Long Jardin ; relief 10 l. p., camb. 20 s.

2° L'autre nommé *le Lieu à Hazebreucq* ou *Hasbroucq,* consistant en 27 mesures en la paroisse d'Hazebreucq, au lieu dit nommé le Creuil ; relief 100 s.

BOURDEL (Adrien), sr de la Litinière, demeurant à Ledinghem, un fief à Bléquin consistant en rentes sur divers héritages ; relief 10 l., camb. 20 s.

BRANDT (Godefroy DE), écuyer, sieur de la Camp, pour le fief *de la Couldrée,* 90 mesures de terre au terroir de Mentques, à 10 l. par. de relief.

CAIEUX (Gabriel DES), écuyer, sieur dudit lieu et de la grande porte de Hocquinghem, capitaine et sergeant-major au régiment du sr de la Cappe, mari et bail de demoiselle Jeanne de Casacques, résidant à Boulogne en la basse ville, deux fiefs :

1° La *terre et seigneurie de Hocquinghem* avec justice foncière et vicomtière, à 10 l. par. de relief, camb. 20 s.

2° Le fief *de l'Anneau d'or,* situé en la ville, consistant en une maison dite *l'Agneau d'or,* rues Sainte-Croix et de l'Ecusserie ; relief 28 s. p. et 4 chapons à la mort.

CALART (Jacques), bourgeois et brasseur de Saint-Omer, un fief de 5 mesures de pré hors la porte du Brûle près des fossés de la ville et de l'Hôpital de Saint-Jean ; relief 60 s. p., camb. 6 s. p.

CALONNE (Antoine DE), chevalier, sieur de Boncout, à cause de sa femme fille de Jacques Le Becgue et de demoiselle Jeanne La Barre, pour la *seigneurie de Leulinghem-les-Tournehem,* avec justice foncière et vicomtière[1] ; c'était alors un fief d'enclavement tenu autrefois de la comté de Guisnes.

1. Haute justice au XVIIIe siècle.

Camp (Rolland du), demeurant à Audenthum[1], un fief consistant en redevances sur des maisons sises à Audenthun; relief 60 s. p.

Canlers (Jean de), et Marie Thibaut, sa femme, à Embry, un fief consistant en rentes inféodées constituées à leur profit par Oudart de Renty, seigneur d'Embry, en 1507; relief 10 l. par., camb. 20 s.

Carré (Josse), licentié ès loix, sieur de Percheval, conseiller du roi au bailliage de Saint-Omer, 3 fiefs :

1° Un fief séant à Edequines, contenant neuf quartiers, « séant à Edequines en la vallée de Suamenda, « abouttant nort au fief Pierre Coppehem, zud aux « terres de la ville de S¹ Omer, listant d'oest aux « bruhières et communes de ladite ville, west au « sieur de Mussem. »

2° Un autre fief nommé la *seigneurie de Percheval*, hors la porte du Haut-Pont et du faubourg, avec justice foncière et vicomtière; relief non indiqué.

3° Un troisième fief consistant en cent livres de rentes inféodées sur les fiefs sis à Tilques, nommés *la Lenglure, le Gregat* et *le Platel,* appartenant à Antoine de Helfault; relief 10 l., camb. 20 s.

Cœulre (Pierre), géomètre, arpenteur et ingénieur du roi, fief consistant en *la Verge de la Gauge*[2] dont l'on use dans la ville et banlieue; relief 10 l. p., camb. 20 s.

Coppehem (Pierre de), notaire héréditaire de la ville de Saint-Omer, pour 4 fiefs :

1° et 2° Deux fiefs « se consistant en quinze me- « sures de terre à labour deseure les bruhières près « la justice de la ville de S¹ Omer, abouttant de nort « au chemin d'Esquerdres, zud à mons. de Nort-

---

1. Audencthun, commune de Zudausques.
2. Voir les *Communautés d'arts et métiers à Saint-Omer*, p. 189.

« quelmes, listant d'oest auxdits bruhières, west à
« Jan Liot, eschevin de ladite ville,.... qui doibvent de
« recognoissance, sçavoir : l'un contenant nœuf me-
« sures, un fust de lance et un rochet, et l'autre
« contenant six mesures, une paire de cousteau ; si
« doivent chacun d'iceux, reliefs à valeur du louage
« des terres pour un an et autant d'aide quand le
« cas y échet. »

3° Le fief de *Hem*, consistant en rentes sur divers héritages situés au village de Reclinghem, Donnebrœucq et pays à l'entour ;

4° Le fief de *le Nieppe,* au village de Tilques, consistant aussi en rentes ;

chacun dix l. p. de relief.

Cossé (François de), duc de Brissac[1], 3 fiefs :

1° La *terre et seigneurie de Quercamp et de Mentques*, avec justice vicomtière ; 10 l. p. de relief.

2° Un autre fief nommé *le Balinghem*, consistant en rentes en argent dues par quatre maisons de la rue Sainte-Croix ; relief à valeur.

3° Un fief consistant en plusieurs rentes en la ville sur diverses maisons, au relief de 4 s. parisis, valeur d'un fût de lance.

Ayant à cause de ces deux fiefs « aman que l'on
« nomme *l'aman des fiefs de Sepoix en ceste ville.* »

Cornille (Antoine), licencié ès droits, fief de « cinq
« quartiers de terres à labour séans entre les portes
« de Ste Croix et Boulenisienne ».

Couvelaire (Jacques de), écuyer, s^r de Turnes, un fief consistant en rentes assignées sur le fief du *Petit Querquin* appartenant à la ville de Saint-Omer et sur

---

1. L'article du registre aux fiefs est au nom de Louise d'Oignies, comtesse de Brissac, veuve de Robert de Sepoix ; mais la dite dame étant décédée en 1627 les fiefs ont passé à François de Brissac.

les droits de halle des cordewaniers; relief 60 s. p.; camb. 6 s.

Couvreur (Edmond), prêtre, curé de Cormettes, un fief à Zudausques; relief 20 s. p., 2 s. p. cambellage.

Créquy (Flourent de), fils mineur de messire Louis de Créquy, chevalier, 2 fiefs :

1° Le *fief d'Artois*, à Audinthum, consistant en rentes; à relief de 100 s. p. et 10 s. de camb.

2° Celui *du Plouy*, à Nordausques, « relief d'une « lance et de reconnaissance d'icelle lance par cha- « cun an en valeur de 4 s. parisis ».

Créquy (Hector de), chevalier, seigneur de Houlle, Mametz, Frohem, etc., demeurant à Mametz. — La *seigneurie et viscomté de Houlle*. Le gros du fief est un domaine de cent mesures avec maison, divers édifices, jardin et prés, avec justice foncière et vicomtière; au relief de 10 l. p., d'où plusieurs fiefs.

Crocq (François du), bourgeois, marchand à Saint-Omer et sa femme Isabeau Cousture, un fief nommé le *Valcoustre* dans la banlieue du côté de la Chartreuse de Sainte-Aldegonde [1], consistant en 4 m. 1/2 terre; relief 100 s. p., camb. 10 s.

Croix (Jacques de), écuyer, seigneur d'Estraselles, Herbinghen, Lamotte, etc., lieutenant général de la ville et bailliage de Saint-Omer, sept fiefs :

1° Un moulin à vent à blé à Serques (1/2 mes.); relief 5 s. p.;

2° La *seigneurie de la Motte*, à Moulle, avec maison et autres édifices, terres et prés, contenant 23 à 24 mesures qui forment le chef-lieu du fief, d'où sont tenues et mouvantes 30 mesures d'héritages à Moulle.

1. Voir ci-après la Vigne (Melchior de), qui avait un fief nommé le Velcoultre désigné sous le nom de Valcoustre dans l'inventaire qui suit le Registre aux fiefs.

A cause de cette seigneurie le sʳ d'Estraselles avait droit de tenir une paire de cygnes en la garenne du roi avec leurs jeunes[1]. La seigneurie de la Motte était tenue en fief à dix livres parisis de relief ; la nature de la justice n'est pas indiquée[2].

3° Le fief *de la Harpe*[3], à Houlle (18 mes. de terre à labour); relief 10 l. p., camb. 20 s.

4° Un troisième au *Bremeht*, territoire de Quelmes (8 mes. terre à labour); relief 60 s. p., camb. 6 s.

5° Le quatrième fief « nommé le *fief des Parcous-*
« *tres*, lequel se comprend en anciennes rentes fon-
« cières sur maisons et héritages au Collof de
« Sᵗ Omer, à cause duquel fief appartient en cas
« d'estraiures et escheances soixante sols parisis
« d'afforaiges, cammaiges, ayant droit de commettre
« un aman qui use et besoigne avecq les eschevins
« des vierschaires dedans la ville en tous points de
« justice » ; relief de 4 livres parisis, ayde pareil aud. relief quant le cas y eschet, et 8 s. p. de camb.

6° Le cinquième fief nommé le *fief de le Bricque*, à Quercamps, 21 mesures 1/2 terre à labour. « Ledit
« fief doit de rente et reconnaissance au roy une
« lance prisée quatre sols et relief pareil à la
« rente ».

7° Le sixième fief « nommé le *fief d'Avroult* se
« consiste en plusieurs rentes sur maison et héri-
« tages en la rue du Brusle et celles devant les
« escolles des pères Jésuistes et sur la place de
« l'Estat. A cause du quel fief ledit sʳ d'Estracelles

---

1. Pagart d'Hermansart, *Les Cygnes de Saint-Omer*. (*Bull. hist. des Antiq. de la Morinie*, t. VIII, p. 27.)

2. Le comte de Croix avait à Moulle la haute justice vers 1728 (arch. du B.) à cette date la justice attachée à la terre de la Motte et Moulle n'est pas non plus spécifiée.

3. Ou peut-être plus exactement le Hap.

« a droict de commettre un aman lequel, comme
« tous autres amans des autres fiefs estant en ladicte
« ville, faist touttes exécutions de justice ès mectes
« dudit fief, ouvre court avecq les eschevins des
« vierscaires de ladicte ville, et sy prend les
« amendes de soixante sols à cause des faux clains
« et mauvaises appellations et pareillement es biens
« eslaues et espaves. Ledit fief doibt de redebvence
« ou rente à Mons. le Comte de Sainte Aldegonde
« dix livres cinq solz paris. et une paire de gands,
« et au roy dix livres paris., vingt sols de cambel-
« laige, et autant d'ayde quant le cas y eschest »[1].

CROIX (Rolland DE), escuier, sieur de la Maunan-
drie, mayeur de la ville de Saint-Omer, mari et bail
d'Adrienne de Croix sa femme, pour un fief « quy
« se comprend en *la franchise des afforaiges des
« celiers de la maison du Limozin, séant en la rue
« de St Bertin* au lez nort faisant le coing de la rue
« du Poirrier » ; au relief de 10 l. p.

CROY (Claude DE), chevalier, comte du Rœulx, seigneur de Crecques, Clarques, Robecque[2] et demoiselle Destournel, son épouse, pour 4 fiefs :

1° La *terre et seigneurie de Clarques*, avec château,
mottes et fossés comprenant 24 mes., plus 165 mes.
de terres à labour, justice foncière et vicomtière ; au
relief de 10 l. p.

2° Un autre fief consistant en *château et motte de
la Maison de Rebecque* et fossés, et en rentes sur les
maisons de la Nieulle et de l'Ange sur le marché à
Saint-Omer ; même relief.

---

1. *Registre aux fiefs*, p. 53 v°.
2. Abbé Robert. *Maison de Robecq*. (*Bull. histor. des Antiq. de la Morinie*, t. V, p. 119.) On écrit aujourd'hui Rebecque, canton d'Aire.

3° Un autre fief « qui se comprend en *la Maison de* « *Roiaulmont* et en la ville de Sainct-Omer, au devant « de l'église de Ste Aldegonde par derrière au rem- « part de la ville » ; relief 60 s. par.

4° Un autre fief *les Franchises des Afforaiges* des celliers de la dicte maison ; à relief de vingt sols par:

DAUSQUES (Antoine)[1]. Un fief consistant en un manoir de six quartiers gisans à l'est de l'église de Zudausque, 15 mes. de terre dessus le Langhedic et 9 mes. au Peerboem ; au relief 100 s. p.

DESCAMPS (François), eschevin de la ville d'Aire, mari et bail de Marie de Brigodde, 2 fiefs : un de 17 mes. terre, un de 9, à Monnecove, paroisse de Bayenghem-lez-Eperlecques.

DESGARDINS (Allard), procureur à Saint-Omer. Un fief de 22 mesures situé au village de Cormettes[2] ; au relief de 50 s. p. et une lance de reconnaissance valant 4 s. p.

DESPLANQUES (Jean), chevalier, seigneur de Tencques, Reclinghem, etc., mari et bail de Françoise de Fléchin. Fief et seigneurie *du Hem* à Dennebrœncq, rentes, terres et manoir, avec justice foncière, vicomtière ; au relief 10 l. paris., camb. 20 s.

DESTOURNEL (Jean), chevalier, sieur de Vendeuille, à cause de demoiselle Florence de la Viéville, 2 fiefs :

1° Le fief de *Fontaine*, à Wardrecques ; rel. 10 l. p.

2° Un autre fief paroisse de Campaigne, comprenant 31 mes. de terres et héritages ; même relief.

DORESMIEUX (Flour), écuyer, conseiller au bailliage

---

1. On trouve cette famille à Saint-Omer dès 1290. Raoul Dausque était échevin en 1292.

2. Sans indication de la justice. En 1543, d'après le terrier de la châtellenie de Tournehem, il y avait en cette terre, « court, bailly, hommes féodaux et officiers. » (Courtois, *Dict.*)

de Saint-Omer, *deux fiefs en rue de St-Bertin et du Filé,* consistant en parties de rentes sur une maison rue Saint-Bertin haute et cinq en la rue du Filé. « A « cause desquels fiefs le dict Doresmieulx at droit de « commectre aman qui, avec les eschevins des viers- « chaires, at droict et autorité d'exploiter les susdites « maisons et tels autres droits compétans à sembla- « bles fiefs estans ès mettes de cettedite ville tenus « du chasteau et motte chastellaine dudit S' O. »; relief 10 l. p. chaque fief, camb. 20 s.

Dusautoir (Ernest)[1], mari et bail de Jeanne Broutin, pour un fief consistant en 6 mes. 3 quartiers de terre à Lumbres.

Estiembecque (Jérôme d')[2], écuyer, sr de Difques, la Motte, échevin de Saint-Omer[3], 2 fiefs :

1° La *seigneurie de Difques*[4], au territoire de Boisdinghem, consistant en 200 mesures environ à Difques, Zuthove et Brouxelles, avec seigneurie foncière et vicomtière, bailli, officiers et cour d'hommes féodaux, plusieurs fiefs en dépendaient; relief 100 s. p., camb. 10 s. p. Cette seigneurie devait aussi chaque année au roi 9 rasières d'avoine payable à l'Ascen-

---

1. Ou *du Saultoir.*
2. Ainsi orthographié, *Coutumes de Saint-Omer,* éd. 1744, p. 13. Il y avait *Estiembecque* territoire de Clarques et *Estiembecque* territoire de Louches; nous pensons qu'il s'agit du seigneur du fief sis à Louches.
3. Son fils Edouard, écuyer, seigneur de Millemotte, lieutenant général de la gouvernance de Douai et Orchies, capitaine au régiment de Grodenbroucq, né à Saint-Omer, fut créé chevalier par lettres patentes de Philippe, roi d'Espagne, du 16 juillet 1642.
4. Le *Registre aux fiefs* indique plusieurs fiefs existant sur le territoire de Difques (V. Hocquinghem, la Motte, Marcotte, Pipemont, de Vincq), sans qu'on puisse discerner parmi les titulaires de ces fiefs, qui étaient ceux qui possédaient la véritable seigneurie de cette terre. En dernier lieu Difques était une commune qui fut réunie à celle de Moringhem par ordonnance du 11 février 1820.

sion, cette redevance s'appelait *chiens d'avoine*[1].

2° Le *fief de la Motte* en la paroisse d'Acquin, consistant en maison, granges, étables, jardin et terres ; relief 100 s. p., camb. 10 s. p.

FAY (Gizo DU), sieur du Fresnoy et du Long Jardin lez la ville de Sainct-Omer, fief « se consistant en
« cincquante sols parisis et deux chappons par an,
« sur trois quartiers de jardin séant au devant de la
« croix pélérine du long jardin, estans les trois
« quartiers de jardin, au jardin de la maison et
« seigneurie du long jardin, hors la porte bouli-
« zienne ».

FIENNES (Guislain DE), chevalier, vicomte de Fruges, baron d'Elnes, seigneur de Wavrans, Lumbres, Esquerdes, Bientques, Pihem, etc., lieutenant du roi, 4 fiefs :

1° *Terre et seigneurie de Bientques et Pihem*, avec justice foncière et vicomtière; 10 l. par., d'où fiefs.

2° Le fief d'*Esquerdes* en partie consistant en menues rentes en argent et en nature dues par diverses terres cottières, d'où dépendent plusieurs fiefs, avec justice foncière, vicomtière; même relief.

3° Le fief de *Tencques* en Lumbres, d'où dépendent

---

1. Redevance seigneuriale commune en Artois et en Boulenois. C'était une certaine quantité d'avoine due annuellement par les habitants et destinée à l'origine à la nourriture des chiens du seigneur, auxquels on faisait sans doute du pain avec cette avoine. Voir Guyot, *Répertoire de jurisprudence*, v° Chiens d'avoine ou Quienne-avoine. Cet auteur mentionne cette redevance due par le s^r de Difques-Boidinghem et achetée par les religieux de Saint-Bertin avec diverses autres de même nature. Le cahier des doléances du tiers-état du Bailliage de Saint-Omer demanda par l'art. 87 la suppression de ce droit « dont une partie est tenue à titre d'engagement par « l'abbaye de Saint-Bertin ». (Loriquet, *Cahier de doléances de 1789 dans le département du Pas-de-Calais*, t. I, p. 122).

plusieurs fiefs, avec justice foncière et vicomtière; même relief.

4° Le fief de *Pourchainte* séant au terroir d'Elnes (rentes), justice foncière seulement ; relief 60 s. p. et camb. 6 s.

Guillemain (Marie), un fief à Tatinghem auprès de la croix au devant la maison du Long Jardin (5 mes. en 3 pièces) ; relief 60 s. p.

Hanedouche (Sébastien de), chevalier, sieur de Hunctbun, lieutenant de la gouvernance de Douay et Orchies, fief dit le *Bois du Fay,* au terroir de Lumbres (34 mes.), avec justice foncière et vicomtière ; relief 60 s. p.

Hanon (Gabriel), à Saint-Omer, mari et bail de demoiselle Marie le Vray, un fief au village de Nordausques consistant en rentes en argent et en nature dues à cause des maison, terres et fiefs de la *Tour d'Ausques* par demoiselle Legay, veuve d'Anselme Mouiller ; relief 100 s. p.

Hanon (Jean), échevin de Saint-Omer, un fief « se
« consistant en huit florins sept sols sept deniers
« obole, que doibvent plusieurs maisons et héritages
« en ceste ville, doyans les susdites rentes au jour
« de St Jean Baptiste, scituées icelles maisons et
« héritages tant en la rue Ste Croix haute que en
« lieu claustral de St Omer et en la ruellette que
« l'on dit les Pieds de St Omer, auquel y at un
« aman pour faire tous expeditions et exploix de
« justice... Relief dix sols parisis, pareille ayde et
« cinq sols parisis de cambellage ».

Hanscotte (Chrestien), demeurant à Monnecove, paroisse de Bayenghem-lez-Eperlecques, un fief consistant en rentes sur terres sises à Monnecove.

Hegues (Charles de), écuyer, sieur dudit lieu, fief

de 20 sols parisis et un chapon de rente pour le droit d'afforage et amanschep nommé le *fief des Souffletz, alias le Pot,* due par une maison sise en la Grosse Rue en la ville, avec le droit d'avoir un aman pour exercer la justice ; relief 100 s. p., 10 s. camb.

Héricourt (Antoine de), chevalier, sʳ de Canlers, baron de Beaumetz, le *fief de la Pierre* à Racquinghem, d'où dépendent divers fiefs ; relief 10 l. p.

Hézuaire (Jean de), chevalier, premier héraut d'armes de la Toison d'Or, le *fief et seigneurie de Zudrove,* territoire de Serques, avec justice foncière et vicomtière ; relief 100 s. p., camb. 10 s.

Hocquinghem (Léonard de), chevalier, baron de Zelthun, 3 fiefs : la *baronnie de Zelthun*[1], enclavement du comté de Guînes, en la paroisse de Polincove, au relief de 10 l., camb. 20 s. ; et deux autres fiefs, l'un au village de Difques (26 mes.), l'autre au village de Tilques (7 mes. jardin), le premier au relief de 5 l. p. et 10 s. de camb., le second au relief de 100 s. p. et 10 s. de camb.

Honvault (Nicolas de), sieur de la Salle, un fief consistant en deux maisons rue Sᵗᵉ Croix à Sᵗ Omer devant 15 s. p. de rente à la Noël.

Houchin (Louis de), fils de Charles, vivant chevalier, seigneur de Longastre, Mory, Annezin, pour 2 fiefs :

1° *Terre et seigneurie de la Wattines* consistant en rentes dues par plusieurs maisons et terres sises à Wattines, paroisses d'Acquin[2] et de Mentques, avec

---

1. La baronnie de Zelthun était une des 12 baronnies du comté de Guînes, nous n'avons pas trouvé l'indication de la justice qui y était attachée ; nous pensons qu'elle était vicomtière.

2. La Wattine, hameau des communes d'Acquin et de Mentque-Nortbécourt.

justice foncière et vicomtière ; relief 100 s. p., camb. 10 s.

2° Autre fief de 50 s. p., 2 chapons de rente pour l'arrentement de 3 quartiers de jardin étant de la maison et seigneurie nommé le Long Jardin, dehors la porte Boulizienne ; relief et camb 65 s. 6 den.

Houssoie (Antoine de la), écuyer, sr de Boisdinghem[1], Quercamps, la Rehaulde[2], pour le fief *de la Rehaulde* au village de Lumbres consistant en redevances foncières ; relief 10 l. p.

La Cornehuse (Philippe de), écuyer, sieur de Samblethun, ancien échevin de la ville de Saint-Omer, pour sa *terre et seigneurie de Samblethun* comprenant des terres à Samblethun, Coyecques et pays à l'entour, avec justice foncière et vicomtière ; relief 10 l. p.

Laben (Louis de), échevin à Saint-Omer, pour deux fiefs : 1° droit de portage à la porte du Brûle[3] ; relief 10 l. p., camb. 20 s. ; 2° l'autre appelé *la Table ronde* situé hors la porte Sainte-Croix, consistant en rentes en natures sur diverses terres ; relief et camb. le cas échéant 20 s. p.

Folie (Philippe de la), recteur de la Madeleine de la ville de Saint-Omer, un fief nommé *le Mecquen*, consistant en rentes foncières sur terres maraîchères hors la porte du Haut-Pont ; relief 18 s. p.

La Motte (Jean de), chevalier, seigneur de Difques, de la Bonnerie, des Ostaux, etc., 2 fiefs :

1° La *terre et seigneurie de Difques*, consistant en

---

1. Voir ci-dessus pour la seigneurie de Boidinghem avec haute justice.

2. *La Rahaulde (Coutun..es de Saint-Omer,* éd. 1744, p. v. de 1739, p. 10).

3. Pagart d'Hermansart, *Communautés d'arts et métiers à Saint-Omer,* p. 156).

manoir et terres, avec justice foncière et vicomtière, d'où sont tenus divers fiefs ; relief 100 s. p.

Un autre fief nommé *la Garenne* à Difques (6 m. 1/2 2 verg.); relief 100 s.

La Penne (Jean de), bourgeois de Saint-Omer, un fief à Saint-Martin-au-Laërt (7 mes. en 2 pièces) ; relief 100 s. p.

Lardeur (Philippe), un fief à Tatinghem, 7 mes. en 2 pièces; relief 100 s. p., camb. 10 s.

La Vigne (Melchior de), bourgeois de Saint-Omer, un fief de 4 mesures 1/2 entre les portes Boulizienne et Sainte-Croix, au val de Sainte-Aldegonde, nommé *le Velcoultre* (Valcoustre)[1] ; relief à valeur.

Le Coustre (Jean), demeurant à Alquines, un fief au village de Barlinghem (28 mes. labour); relief 100 s., camb. 10 s.

Le Gay (Jacqueline), veuve d'Anselme Mouiller, seigneur de Rabodingues, le fief *de la Tour d'Ausques,* paroisse de Zudausques, avec seigneurie foncière et vicomtière.

Le Maire (Marc), écuyer, sieur de Rond, Wardrecques, etc., 2 fiefs :

1° « Un fief qui se comprend en une fourque de la « dîme de Campaigne-les-Wardrecques »; relief 10 l. p.

2° Terre et *seigneurie de Wardrecques,* avec justice foncière et vicomtière, d'où divers fiefs et terres ; relief 10 l. p.

Le Merchier (Alphonse), pour le fief *de Morselede,* séant à Campagne-lez-Wardrecque (39 mes. et 1/2 et 1/2 quartier), d'où fiefs ; relief 10 l. p.

Lengaigne (Adrien de)[2], sieur du Chocquel, *seigneurie du Chocquel,* au village de Coulomby, maison,

---

1. Voir ci-dessus p. 34 Crocq (François du).
2. de L'Engaigne *(Coutumes de Saint-Omer,* p. v. de 1739, p. 11).

grange, étables, etc., et terres cottières devant rentes foncières en blé, avoine, argent, plumes et autres redevances, avec justice foncière et vicomtière; relief 10 l. p.

Le Nef ou Le Nefle (Christophe de), bourgeois de Furnes, fief à Blendecques, l. d. le Bamersch (5 mes.)

Lens (Guérard de), sieur de Hautgrue, Bilques, pour 4 fiefs :

1° Une paire de cignes en la garenne du roi[1]; relief 10 s. p.

2° Le second consistant en terre « près du bois de « la Loe dit à présent la malle assise » (9 quartiers).

3° Le troisième nommé *le fief de Neufrue,* sur la rue nommée la Neufrue, allant aux Bruyères; relief 10 l. p.

4° Le quatrième dit *de Wolfet* « séant dessus la « même rue » (11 mes. terre et pré), reconnaissance au roi une lance à rochet à la Pentecôte, 60 s. de relief, aide et camb.

Lens (Robert de), chevalier, seigneur de Hallines, Coubronne, etc., pour 5 fiefs :

1° Le *fief de la porte Boulizienne,* en la ville, consistant en 35 livres 8 sols 11 deniers de rente sur diverses maisons en la rue de ladite porte, et en 23 mesures 3 quartiers de terre à Blendecques, avec justice foncière et vicomtière; relief 10 l. p.

2° Un autre fief près l'ermitage de Wisques, nommé *le fief de Carlewicq* (40 m. terre et bocquet), et rentes sur la maison et cellier de la Motte sur le grand marché à Saint-Omer; relief 100 s. p.

3° Un autre à Blendecques esclissé du gros de la

---

1. Pagart d'Hermansart, *Les Cygnes de Saint-Omer (Bull. histor. des Antiq. de la Morinie,* t. VIII, p. 27).

seigneurie de Tatinghem (15 mes. 3 quartiers); relief 10 l. p.

4° Un autre à Tatinghem (15 mes.) ; relief 10 l. p.

5° Un autre à Tatinghem (10 mes.) ; relief 5 s. p., camb. 10 s.

Lens (D^{lles} Walburge de), deux fiefs :

1° Le premier 8 mesures terre à Blendecques ; relief 100 s. p., camb. 10 s. p.

2° Le second à Blendecques « qui est le quint « esclissé du fief précédent » (2 mes.); relief 100 s. p., camb. 10 s. p.

Licques (Philippe de). chevalier, baron dudit lieu, gouverneur de Bourbourg, pour sa terre et seigneurie d'Audincthun-lez-Zudausques comme enclavement du comté de Guînes, justice vicomtière.

Liot (Louis), notaire héréditaire et greffier du gros de la ville de Saint-Omer, *seigneurie de Beaulo,* au village de Guzelinghem, paroisse de Moringhem consistant en 120 mesures, tant en maison, grange et autres édifices que terres, d'où étaient tenus plusieurs fiefs ; avec justice foncière et vicomtière ; relief 5 l. p., camb. 10 s.

Mailly (Nicolas de), chevalier, à cause de sa femme Isabeau de Guistelle, pour 5 fiefs :

1° La *seigneurie de la Palme en la rue Ste-Croix,*
« se comprendant en dix-nœuf mesures de terres
« ahanables[1] gisans *hors la porte Ste Croix* près le
« mont où fust anchiennement l'esglise de St Michiel
« parmy lequel passe le grand chemin..... Duquel
« fief et seigneurie sont tenus plusieurs maisons,
« masures et tènement séantz en la rue de Ste Croix
« et aux environs... ayant aman qui, à la conjure des

---

1. Labourables.

« eschevins des verscaires, font clains, arretz et au-
« tres debvoirs de justice ès mectes de la dicte
« amanie en la dicte ville » ; relief 10 l. p.

2° Le second fief « qui se comprend en l'amanschep
« de la rue St Croix » où il y a aman ; relief 15 s. p.

3° Le troisième fief « *se comprendant en afforaiges*
« *sur les celiers et maisons de la Harpe en ceste ville* de
« St Omer » ; relief 100 s. p.

4° Le quatrième fief « se comprend en cent solz
« parisis par an, nommé le *fief des Vantiers*, sur deux
« fondz et propriété de deux maisons et eschopes,
« estaux sur le grand marchié au boult des halles
« entre les boucheries » ; rel. 100 s. p.

5° Le cinquième était le *fief de Mernes* ou *Merle*,
ou *Merlin*, « consistant en rentes sur héritages
« situés sur la Verde Place, la rue du Caltre, de
« l'Huille, partie de l'héritage des Cordeliers Scoen-
« denvicq devant les rues des Béguines et Vieux
« Brusle, valissant, quant tout se reçoit, la somme de
« quatre livres » ; relief 100 s. p.

MALLEBRANCQ (Jacques), prêtre de la Compagnie de
Jésus, un fief « se consistant en quatre fourques de
« la dîme qui se cueille au terroir de Mentques et
« pays environ... » Relief 100 s., camb. 10 s.

MAMETZ (Adrien DE), écuyer, sieur de Nielles,
Ledinghem, Cléty, Acquembronne, etc., pour sa
seigneurie de Ledinghem, avec justice foncière et
vicomtière ; de cette seigneurie sont tenus plusieurs
fiefs et terres cottières ; relief 10 l. p., autant d'aide
et de camb.

MANESSIER (Jacques), bourgeois de Saint-Omer, mari
et bail de Marie Villeron, pour le *fief de Crussemercq* [1]

---

1. Cruselmerck en Tilques (*Coutumes de Saint-Omer*, p. v. de
1739, p. 14).

au village de Tilques, consistant en rentes sur diverses terres ; relief 32 s. p., camb. 3 s.

Marcotte (François), seigneur de Lannoy, Samettes, etc., et demoiselle Adrienne de Gomicourt sa femme, pour 3 fiefs :

1° 36 mes. 1 quartier à Difques ; relief 100 s., camb. 10 s.

2° 5 mes. terre à Leulinghem-les-Tournehem ; relief à valeur.

3° Rente de 20 s. p. sur terres sises à Bayenghem-les-Eperlecques ; relief à valeur.

Massiet (Denys de), chevalier, baron de Raversberghe, seigneur de Staples, Moulle, etc., 3 fiefs :

1° *Seigneurie de Moulle ;* le chef-lieu du fief consiste en une motte et tour et plusieurs pièces de terres entourées de fossés, bâtiments, grange, étables, colombiers... contenant 125 mes. 2 verges, avec justice moyenne et basse[1], d'où dépendent plusieurs fiefs et terres cottières (217 mes. 1/2 quartier); relief 10 l. p.

2° Le second fief, nommé le *fief de l'Escusserie, alias l'Orphaverie,* consistant en rentes foncières que « doibvent plusieurs maisons et héritages séant en « cested. ville et rues de l'Escusserie, du Heaulme « et Sainte Croix... » notamment les maisons nommées le Chief St Louys, le Blancq Chapon, l'Hostellerie des Trois Roys, la Roche, A le Ca Sauvage, le Heaulme faisant le coin de la rue du Heaulme, l'Escole, la Bourse ; relief 10 l. p.

3° « Le troisième fief nommé le *fief du Bourcq,* « se consistant en rentes foncières deue à cause de

---

1. Haute justice au XVIIIe siècle quand elle appartint au comte de Croix *(Arch. du Bailliage* vers 1728). Il y avait un château à Moulle au XIVe siècle.

« quelques maisons en cesdite ville en la rue de
« Saincte Croix près la mote chastelaine et autres
« endroits en la ville et dehors » formant une
amanie qui comprend plusieurs maisons chargées
de rente, sises en les rues de l'Ecusserie, du Bourg,
S¹ᵉ Croix, de la Cleuterie, à l'Huile, sur la Placette à
Chevaux, etc. ; relief 6 l. p. « Ayant le dit baron de
« Ravesbercque, à cause des deuxd. fiefs en ceste
« ville, droit de commettre un aman quy at jurisdic-
« tion sur touttes les maisons et héritages cy-devant
« spécifiés qui luy doivent rentes, et sur plusieurs
« autres maisons despendantes desdits fiefz. Esquelles
« les dits amans ont droict de faire tous arrêtz
« exécutions et exploix de justice ès mectes desditz
« fiefz, d'ouvrir court avecq les eschevins des viers-
« caires de la ville de Saint-Omer, et sy prend à
« prouffût les amendes de soixante sols à cause des
« faux clains et mauvaises appellations, et pareille-
« ment ès biens estraiers et espaves quant le cas y
« eschest ».

MAYOUL (Gabriel), deux petits fiefs hors de la porte
du Brûle au Colhoof ; relief 8 s. p. et deux fûts de
lance pour reconnaissance au roi chaque année à la
Pentecôte.

MÉRODE (Philippe DE), chevalier, comte de Midel-
bourg, baron du Saint-Empire et de Fresne, vicomte
d'Ypres, sieur de Wattenes, Chasteleneau, 2 fiefs :

1° Le *fief de la Craye* à Nordausques (rentes) ;
relief 100 s. p., camb. 10 s.

2° Le *fief et seigneurie de Leulinghem-les-Etrehem*[1]
(40 mes. terres à labour), avec justice foncière et
vicomtière ; relief 10 l. p.

1. Commune du canton de Lumbres.

MICHIELS (Antoine), greffier des orphelins de la ville, pour deux fiefs tenus de Sa Majesté à cause de son château de la Montoire, 8 mesures et 1/2, sans indication de situation.

MONTMORENCY (Guillaume DE), chevalier, seigneur de Nœuville-Wittasse, deux fiefs consistant en rentes à prendre sur les grands afforages de la ville de Saint-Omer; relief dix livres p. chaque fief.

MORLET (Christophe), licencié ès droitz, chanoine et doyen de l'église cathédrale de Saint-Omer, pour le *fief des Afforaiges,* consistant en cinq livres de rente foncière sur des maisons sises en la rue du Brûle nommées la Fleur de Lys blanche, du Blancq Ange, Bleu Croix, etc.

NELLE (Georges DE), écuyer, bailli de Saint-Venant, pour le *fief de la Cousture,* au village de Racquinghem (2 mes. 2 verg. labour); relief 10 l. par.

NOCQUE (Pierre), conseiller et receveur des domaines du roi au quartier de Saint-Omer, Tournehem et pays de Brédenarde, 3 fiefs :

1° Le *général en Quelmes,* d'où étaient tenus sept fiefs à Quelmes et diverses terres cottières.

2° Dix livres parisis de rente sur les grands afforages appartenant à Sa Majesté en la ville de Saint-Omer; relief 10 l. p. camb. 20.

3° Le *fief de Saint-Nicolas,* consistant en dix livres de rente à prendre aussi sur les grands afforages. « A cause duquel fief il at droit d'avoir aman, camai-
« ges et afforaiges sur les maisons et héritaiges si-
« tués sur le Viel Marché de la dite ville de S¹ Omer
« commenchant à la maison nommée le Sarrazin
« faisant coing de l'Hostelerie du Chevalier au Cygne
« et finant à la ruelle nommé Vacquestraete en la
« rue de la Cleuterie. »; relief 10 l. p., camb. 20 s.

Nœufrue (Thomas de), bourgeois de la ville de Saint-Omer, fief « qui se comprend en *la franchise* « *des afforaiges des celiers de la maison de St Chris-* « *tophe de ceste ville, au coing de la rue Ste Croix,* « au devant de la Petite Pipette faisant frond au lez « nort sur la Grande Rue et tenant par devant à « héritage des religieuses Sœures Noires de ceste « ville » ; relief une lance évaluée à 4 s. 6 d.

Normant (D^lle Jeanne), et d^lle de Ligne, Hude, etc., sœur aisnée et héritière féodale de Louys Normand, s^r des dislieux, 2 fiefs :

1° Un fief « nommé vulgairement le *fief de la Mar-* « *lière* et par cy-devant *fief de la Séneschaussée se* « *comprendant en plusieurs maisons et héritages,* c'est « à sçavoir de toutes les maisons du lez west de la « rue du Brûle en ceste ville de St Omer, du lez de « l'Escotterie et l'autre lez de la rue à commencher en « la maison du Chevalet d'or.... Auquel fief et ès « mectes d'icelui a justice et seigneurie foncière et « vicomtière, et pour lad. justice exercer elle at « aman et eschevins qui font touttes clains, entrées « et exploix de justice, amende et estrayures de « soixante sols parisis et au dessoubs avecque les « droits de foraige de tous vins, cervoises .... « vendus aud. fief et amanie » ; relief 22 s. p. [1].

2° Le second nommé le *fief de Hude,* en la paroisse de Serques [2], avec justice foncière et vicomtière; relief 60 s. p., camb. 10 s.

---

1. Un « rapport et dénombrement de l'amanie appelée *Fief de la* « *Marlière* et par ci-devant le *Fief de la Sénéchaussée,* en date du « 3 janvier 1565, a été imprimé en 1770 à la suite du Mémoire pro- « duit en 1769 sur l'instance entre les amans et les notaires. »

2. Voir les difficultés qui surgirent au xviie siècle entre Robert le Normand, vicomte de Serques, et l'abbaye de Licques, au sujet de

Noyelle (Florent de), chevalier, seigneur de Torsy, mari et bail de de Christine de Berghues, un fief à Burques (27 mes.), *en la place de la Tour de Burques.*

Palmes (Philippe de), sieur de Campaignes et Campaigniettes, 2 fiefs :

1° Le *fief de Campaigne*, en la paroisse de Lumbres, avec seigneurie foncière et vicomtière ; 10 l. p. relief et 20 s. p. camb.

2° Le *fief de Campaigniette*, au terroir de Lumbres et pays d'environ, avec même justice ; relief 4 l. p., camb. 20 s.

Piers (Charles), seigneur de Monnecove, Velle, etc., pour la seigneurie de Monnecove[1], avec justice foncière et vicomtière ; relief 10 l. par., camb. 20 s.

Pipemont (Jacques de), écuyer, sieur dudit lieu, mari et bail de dlle de Fiennes, un fief au village de Difques (13 mes.) ; relief 100 s. p., camb. 10 s.

Poix (Vedast de), écuyer, sr de Scadenbourg, Campaigne, 3 fiefs :

1° Le *fief de Campaigne*, « situé et gisans *en la* « *rue de Saincte-Croix* en la ville de Sainct-Omer, en « valeur de vingt-sept livres parisis de rente ou « environ sur plusieurs maisons gisans en ladite rue « et héritages gisantes hors de la porte de Ste Croix, « à cause duquel fief il at aman » ; relief 10 l. p.

2° Un second fief « se comprendant en quarante « solz parisis, un chapeau de roses vermeilles et un « chapon assigné sur la maison du Pot lavoir en la « place Chastelin, appartenant à Mtre François Leleu, « chanoine, aboutant par derrière au Bourcq, par « devant à la plachette de la Pippette. »

---

droits honorifiques dans l'église de Serques. *(Dict. histor. du dép. Saint-Omer*, III, p. 41.)

1. Commune de Bayenghem-lez-Eperlecques.

3º « Le troisième dit fief se comprend en soixante « sols parisis de rente sur deux maisons et manoir « joindans enssamble en la rue Saincte-Croix. »

Reuverse (Barbe Mlle), veuve de feu Drincquem, sieur de Gastregat, un fief de 10 mesures de terre et pré dit *le Mont Yserin,* situé près le Mont Saint-Michel lez la ville de Saint-Omer ; relief 100 s. p., camb. 10 s.

Richebé (Jean), licencié ès droit, conseiller principal de la ville de Saint-Omer, un fief 16 mesures labour à Tatinghem ; relief 10 l. p., camb. 20 s.

Rincourt (Philippe de), écuyer, sieur dudit lieu, un fief à Nordausques au lieu dit *Moneconedalle* (5 mes. terre à labour) ; relief 60 s. p., camb. 6 s.

Sainte-Aldegonde (Maximilien de), chevalier, comte dudit lieu, baron de Norquelmes, vicomte de Bilques, Zudausques, sieur de Gemet, Bunicourt, etc., du Conseil d'Etat, maître d'hôtel de leurs Altesses Sérénissimes, gouverneur et capitaine général du pays et comté de Namur, deux fiefs :

1º Le *comté de Sainte-Aldegonde*[1], consistant en une maison et plusieurs édifices en la ville de Saint-Omer sur le Grand Marché, divers bois et terres à Zudausques, Wisques, Longuenesse, etc., la cense de Sainte-Aldegonde à Wisques, le château de Noircarmes, les viviers de Sainte-Aldegonde au faubourg de Lizel (94 mes. environ), autrefois en neuf fiefs, tenu en un seul fief, avec justice foncière et vicomtière[2], avec aman pour ce qui est compris dans la ville et la banlieue.

1. Erigé le 4 mai 1605.
2. Un rapport et dénombrement de la terre et seigneurie de Sainte-Aldegonde sise tant en dehors de la ville et banlieue qu'en dedans, en date du 27 mai 1542, a été imprimé en 1770. — V. la note 1 de la page 50.

2º Le *fief de Laires,* banlieue de Saint-Omer (28 mes.), entre Tatinghem et Arquingoult, enclavé comme étant du comté de Guînes.

Au relief de 10 l. p. chacun.

Val (François du), écuyer, demeurant à Lumbres, un fief consistant en rentes foncières : relief 10 l. p., camb. 20 s.

Valleux (Pierre), écuyer, sr de Bonninghem et de la Cressonnière, pour le *fief de la Cressonnière* au village de Racquinghem ; le gros du fief consiste en 3 mes. manoir et jardin « où il y a une motte « entourée d'eau amazé de maison », avec seigneurie foncière et vicomtière ; relief 10 l. p., camb. 20 s.

Van Outhoven [1] (Pierre), dit Vlaminch, pour un fief nommé *le Bois de Loë,* consistant en maison et dépendances hors la porte du Brusle de la ville de Saint-Omer ; relief 10 l. p., camb. 20 s.

Vincq (Guillaume de), fils de Guillaume, en son temps échevin de Saint-Omer, deux fiefs : l'un tenu du château de Saint-Omer à Difques (17 mes.) et l'autre du château de Tournehem aussi à Difques (16 mes. 3 quartiers).

Le premier à relief à valeur.

Le second au relief de 100 s. p.

Wailly (Jeanne), nièce et héritière de feu Simon Carluy, un fief à Bayenghem (8 mes. 1/2).

Wignacourt (Philippe de), chevalier, sieur de Fontaine et de Flêtre [2], tenait à cause de sa femme Anne Witz deux fiefs :

1. Ou van Houlthoven.
2. *Précis historique et statistique sur l'arrondissement d'Hazebrouck. — Flêtre,* p. 59, dans l'*Annuaire du département du Nord,* année 1834.

1° La *seigneurie de Campaigne-lez-Arques;* relief 10 l. p.

2° La *seigneurie du Triegal-le-Grand* à Campagne, avec justice foncière et vicomtière ;

et de son chef deux autres fiefs :

1° Le *fief de Saint-Omer* alias nommé le *fief de Tatinghem,* à 10 l. de rel., 20 s. de camb.

2° Le second nommé le *fief de Mernes;* même relief, avec justice foncière et vicomtière pour ces deux derniers.

Le dernier fief devait de reconnaissance annuelle à S. M., à la Toussaint et à l'Ascencion, 5 picotins de brais valant 25 sols parisis, et à la Chandeleur 9 s. parisis. De ces deux fiefs mouvaient onze fiefs et 920 mes. de terres tenues en cotterie.

3° *Gens de main-morte.*

Les fiefs appartenant aux établissements religieux et à la ville de Saint-Omer, qui ne mouraient jamais, n'échappaient point au relief lorsqu'ils n'avaient pas été amortis. On commettait un homme vivant et mourant qui était présenté au représentant du comte d'Artois afin qu'il lui fît hommage et qu'à sa mort le suzerain pût exercer ses droits de relief, retrait féodal, etc. Leurs acquisitions nouvelles, quelle qu'en fût la forme, vente, donation, legs, devaient être aussi soumises au droit de nouvel acquêt ou de franc fief[1], qui se prescrivait au bout de quarante ans[2].

---

1. *Coutumes du bailliage et châtellenie de St-Omer,* art. 12. — Voir ci-dessus le droit de relief, p. 19.

2. Art. 194 des *Coutumes générales d'Artois.* — Voir aussi Commission du 28 janvier 1395 donnée par le Bailly de Saint-Omer, en conséquence des lettres de Philippe, fils du roi de France, comte de Flandre et d'Artois, du 28 décembre précédent, à l'effet d'obliger les

Le registre aux fiefs mentionne les établissements suivants comme possédant des fiefs non amortis.

Abbayes

ABBAYE DE SAINT-BERTIN. — « Un fief qui se com-« prend en quatre paires de cignes avec les suivants « pour l'année, au lieu que l'on dit la Mere[1] » ; relief 66 s. parisis compris 6 sols de cambellage.

Un autre fief « qui se comprend en ung wart à « prendre poisson dans la rivière entre la ville de « Saint-Omer et Morquines » ; relief 66 s. parisis compris 6 sols parisis de cambellage.

ABBAYE DE SAINTE-COLOMBE à Blendecques. — « Un « fief se consistant en une cave francque d'afforage « estant en dehors la maison appartenant à la dicte « abbaye en la ville de S¹ Omer en la rue du Brusle « haulte » ; relief au roi le cas eschéant une lance, le 5ᵉ denier pour droits seigneuriaux en cas de vente.

Chapitres

LES CHANOINES DE LA VILLE D'AIRE. — Rentes sur deux fiefs à Lumbres tenus du château de S¹ Omer.

CHAPITRE (DOYEN ET) DE SAINT-FREMIN DE MONTREUIL. — Le *fief de Beaunille*; relief inconnu.

---

gens d'église, hôpitaux et non nobles, qui ont acheté des biens depuis 40 ans, de payer le droit de nouvel acquêt, sinon d'en faire la saisie au nom du prince (*Arch. de Saint-Omer*, CXLVII-4). — Voir les art. 35 et 36 du Cahier de doléances du Tiers-Etat de Saint-Omer rédigé le 31 mars 1789, relatif aux droits payés par les gens de mainmorte *(Mém. des Antiq. de la Morinie*, t. XVIII, p. 213 et 214) et l'art. 35 du Cahier des doléances du Tiers-Etat du bailliage (Loriquet, *loc. cit.*, t. I, p. 116).

1. La *Mere*, grande pièce d'eau entre l'ancien communal du Haut-Pont et Nieurlet, faisant partie du *fief de la Meer*, appartenant à l'abbaye de Saint-Bertin et comprenant plusieurs fiefs. — V. *Les Cygnes de Saint-Omer*, (*Bulletin histor. des Antiq. de la Morinie*, t. VIII, p. 31).

Le doyen et chapitre de l'église cathédrale de Saint-Omer. — Un fief consistant « en deux fourques de « dismes qu'ils recueillent en la paroisse de Difques « et pays environ, et se comprend ledit fief en cinq l. « 10 s. p. de rente foncière sur deux maisons en la « ville en la rue de l'Escusserie »; au relief de 10 l. p. et 20 s. de camb.

Chartreux

Les religieux, prieur et couvent des Chartreux au val Sainte-Aldegonde près Saint-Omer. — 4 fiefs :

1° Dix mesures trois quartiers 15 verges, terres, manoir, pré, séant au hameau de Quembergue, paroisse de Nordausques; relief 60 s. par. et 9. s. p. camb.

2° 34 mesures de terre, l. d. *le Laires*, territoire d'Arquingoult; relief 10 l. par. et 20 camb., 5ᵐᵉ denier en cas de vente.

3° 64 à 65 mes. à Tatinghem, séparées de la seigneurie de Tatinghem, terres acquises du comté de Flêtre.

4° Autre fief de 30 livres de rente sur les droits et afforages dus au roi par la ville de Saint-Omer.

Ces deux derniers fiefs à 10 liv. p. de relief.

Collège

Les Recteur et Pères du Collège de la Société de Jésus en la ville de Saint-Omer tenaient en arrentement 2 fiefs :

1° Un fief de 61 rasières de blé et 42 florins 12 sous par an dus par diverses terres à Tatinghem (61 mesures).

2° Le *fief de Campigny* en dehors de Tatinghem.

Tenus en cotteries, dixième denier en cas de vente, un chapon.

Hôpitaux

Hôpital de Saint-Louis dit l'Escoterie au Brûle. —

Un fief consistant en sept mesures et demie de terres sises à Lumbres ; relief 68 s. 8 den. p.

Hôpital de Saint-Louis et hôpital de Saint-Jean. — « Six vingt-cinq mesures de terre à Blendecques » ; relief 2 l. p.

Hôpital de Saint-Jean. — Un fief de 22 mesures de pré hors la porte Sainte-Croix tenant aux fossés de la ville ; relief 20 l. p.

Hôpital du Chevalet d'Or fondé pour « l'entrenement » des pauvres lépreux. — Un fief près du Viel Flot ; relief inconnu.

La ville de Saint-Omer[1]

Les 6 fiefs de la ville étaient :

1º La halle échevinale, « les Vaulsures (voûtes) et « masures desoubs icelle et les prisons ».

2º Les Boucheries et maisons faisant front sur la rue du Change du côté ouest et sur le desoubs de la chapelle sur le Grand Marché.

3º Le *fief du Gheerguin* (Querquin) situé au lieu nommé anciennement l'Eschepboutrie, consistant autrefois en rentes dues par plusieurs maisons sises hors de la porte du Haut-Pont, démolies depuis, et dont le terrain avait été incorporé dans les fortifications.

4º Droit de portage et de rouage qui se percevait sur les voitures aux portes de la ville.

5º 47 mesures « tant en prés que eaux » situées dans les marais et communes de cette ville ; on appelait ce fief Westerost ou West-vrede.

---

1. La ville fit de fréquents rapports et dénombrements de ces fiefs, notamment les 14 août 1562, 27 janvier 1626, 14 mai 1707 (non vérifié), le 25 septembre 1714 (vérifié avec modification), le 1ᵉʳ décembre 1738, le 23 décembre 1763 (minute non signée et dont copie sur parchemin fut envoyée au procureur au bureau des finances le 24 du même mois *(Arch. de Saint-Omer* AB. XII, 1). — V. ci-après p. 63 ce que devint le fief des boucheries en 1764.

6° Le *fief de l'Estocquaige* (estocage) ou *de la Treille*, droit qui se percevait aussi aux portes de la ville.

4° Offices inféodés [1].

Sergents à cheval

Diennovart (Marcq), bourgeois de Saint-Omer. — Un fief consistant en un état et office de sergent à cheval au bailliage en vertu des lettres patentes de Leurs Altesses Albert et Isabelle du 20 août 1613; à cinq livres de relief au changement d'hoir et sujet au 5ᵉ denier en cas de vente, don ou transport.

Tittelouze (Nicolas), bourgeois de Saint-Omer. — Un fief semblable; relief cinq livres.

La Fosse (Denis), à Saint-Omer; id.

Le Lay (Nicolas), à Saint-Omer.

Du Crocq (Pierre), à Saint-Omer.

Willeron (Pierre), à Saint-Omer [2].

Huissiers

Hermel (Pierre), huissier « des privé et grand con- « saulx de Sa Majesté », pour un état et office d'huissier d'armes érigé en fief par les archiducs; relief 100 s. p., 5ᵉ denier en cas de vente, don, transport.

Le Réant (Jean), huissier d'armes « des privé et « grand consaulx de S. M. », pour son office d'huissier d'armes érigé en fief par les archiducs; id.

Matissart (François), huissier du conseil provincial d'Artois, pour son office; id.

---

1. « Les offices des huissiers et sergens servans ès siège de justice « au bailliage de Sᵗ Omer » avaient été érigés en fiefs par lettres des archiducs Albert et Eugénie en date du 18 janvier 1613, adressées aux officiers du bailliage le 21 février suivant (p. 176 du *Registre aux fiefs*, Ms. de Saint-Omer).

2. La charge de Villeron ne lui fut inféodée que le 22 janvier 1625,

GIRARDOT (Etienne), huissier du conseil provincial d'Artois, pour son office ; id.

Soit 14 fiefs ayant la haute justice, 162 fiefs vicomtiers ou fonciers appartenant à 95 vassaux, 21 fiefs à des gens de main-morte et 10 offices inféodés, ce qui donne en totalité : 207 fiefs et 131 vassaux, état peu différent de celui de 1474 [1].

Tels étaient les fiefs relevant du bailliage vers le milieu du xvii° siècle. On trouve au siècle suivant d'autres renseignements sur ceux existant alors, dans un document intitulé : « *Indication des localités comprises dans l'étendue du Bailliage au commencement du XVIII° siècle* » (vers 1728) [2], dont nous avons retrouvé l'original informe sans date ni signature dans les anciennes archives du Bailliage. Il est divisé par paroisses et il présente en face du nom de plusieurs d'entre elles et de la désignation des hameaux un assez grand nombre d'indications relatives aux diverses natures de justices : haute, vicomtière ou foncière, mais il y a trop de lacunes pour qu'on puisse en extraire une liste suffisamment détaillée des fiefs classés par la nature de leurs justices.

Enfin, le procès-verbal du 23 septembre 1739 tenu lors de la révision de la Coutume, auquel comparait l'état de la noblesse sous la présidence du conseiller Severt, indique tous les fiefs relevant du château de Saint-Omer, mais sans résoudre de nombreuses questions de propriété ou d'hommage soulevées par les comparants, et sans indiquer non plus la qualité des

---

1. V. p. 20 ci-dessus.
2. Deschamps de Pas *(Bulletin histor. des Antiq. de la Morinie,* t. VI, p. 25).

différentes seigneuries [1]. Nous essaierons cependant d'utiliser ce procès-verbal imprimé pour préciser au moins les seigneuries existant dans la ville et la banlieue au milieu du xviiie siècle et relevant directement du château de Saint-Omer.

Dans la ville

Fief de La Marlière ou de *la Sénéchaussée,* en la rue du Brûle, appartenant à divers seigneurs.

Fief de Sainte-Aldegonde, comprenant l'hôtel de ce nom dont une partie avait été incorporée à la halle échevinale, ses dépendances et plusieurs maisons en ville.

Fief du comté de Clarques ou *du Marché,* sis sur la Grande-Place et ailleurs, qui avait été réuni au domaine du comte d'Artois.

Seigneurie d'Esquerdes, qui comprenait plusieurs maisons à Saint-Omer dans les rues du Vainquay, Sainte-Marguerite-Basse, Saint-Bertin et de l'Orpheverie et plusieurs seigneuries dans la banlieue.

Seigneurie des Chartreux du val de Sainte-Aldegonde, rue Sainte-Croix et environ.

Seigneurie de Carlui, appartenant à M. de Lens et s'étendant sur une maison sise Grande-Place, dite de *la Natte,* au coin de la rue Boulenisienne, et dont une partie avait été incorporée dans les fortifications du château.

Seigneurie de la porte Boullesienne, comprenant une maison dans la rue Boulenisienne et une autre

---

1. A chacune de ces justices étaient attachées non seulement des prépondérances seigneuriales, mais aussi des avantages fonciers résultant d'amendes variées, de droit de bâtardise, etc., de là l'importance qu'on mettait à conserver ou à acquérir surtout le droit de haute justice. Les unes avaient des titres, les autres se prévalaient d'un usage continu, d'autres avaient peu à peu exercé des empiètements que le temps semblait avoir consacrés. De là ces difficultés.

sur la Grande-Place, appartenant aussi à M. de Lens.

Seigneurie de Clarques ou *du Haut-Pont,* à laquelle était attachée l'*amanie du Haut-Pont,* appartenant aux abbés et religieux de Saint-Augustin-les-Térouanne, et s'étendant sur la place du Haut-Pont et dans le faubourg de ce nom.

Seigneuries de Rebecq et de Panaranda. — 2 fiefs vicomtiers.

Dans la banlieue

Fief ou *bois de Leloo* ou *Malassise.* — Lorsque le comte de Flandre Philippe d'Alsace donna en 1164 à la ville de Saint-Omer 2728 mesures provenant de son domaine, il avait réservé la *terre des Lazares,* qui n'est autre que le bois de Loo. Défriché dans la suite, ce bois fut remplacé par une ferme contenant 102 mesures, qui était sous le canon de la place et qui doit à cette circonstance son nom de *Malassise.* Ce fief dépendait de la seigneurie d'Edequines.

Fief du seigneur de Coteres, comprenait 9 fiefs en deçà de Blendecques.

Seigneurie du Choquel, s'étendait vers N.-D. de Soyecques [1] sur plusieurs maisons, manoirs, terres à labour contenant 33 mesures 1/2 et 21 verges.

Seigneurie Le Vinders, sise à Soyecques, comprenait plusieurs maisons sur l'ancien chemin de Saint-Omer à Aire.

Fief Fernague, s'étendait sur le même territoire.

Ces quatre fiefs relevaient de la seigneurie d'Esquerdes.

Chartreux. — Les R. P. Chartreux paraissent au procès-verbal de rédaction de la Coutume en 1739

---

1. A Blendecques. — On l'appelait ainsi parce qu'elle était très vénérée pour la guérison d'un mal qui attaque les enfants nommé *soyes.*

pour plusieurs fiefs qu'ils possédaient dans la banlieue et qui relevaient du roi, soit médiatement, soit immédiatement.

Wizernes. — Malgré les prétentions des échevins, une partie de ce village était tenue de l'abbaye de Saint-Bertin, une autre du comte du Rœulx, et cette dernière était mouvante du château de Saint-Omer comme l'avait déclaré un arrêt du Conseil de Malines de 1542. Les s^rs de Lens et de Blendecques y avaient aussi chacun une seigneurie.

Wisques. — Cette mouvance appartenait en 1739 aux enfants du s^r du Pan de Wisques. Le s^r de Lens y réclamait aussi plusieurs mouvances à cause de sa seigneurie de Carlui.

Le Val Sainte-Aldegonde. — La Chartreuse faisait partie du comté de Sainte-Aldegonde.

Saint-Martin-au-Laërt. — La seigneurie de Burques, appartenant à l'évêque comme prévost et au chapitre, comprenait presque toute la paroisse. Quelques seigneurs particuliers relevaient aussi soit immédiatement soit médiatement du château de Saint-Omer.

Tatinghem. — Le s^r de Hoston de Fontaines comparaît au procès-verbal de 1739 pour sa terre vicomtière de Tatinghem relevant du château de Saint-Omer.

Tilques. — On voit dans le même procès-verbal : le prince de Rubempré pour la seigneurie de Tilques qui comprenait encore Morquines et Pont d'Ardennes, le s^r Galliot possédant la seigneurie de la Jumelle, le s^r Taffin comme propriétaire de celle du Hocquet, et le s^r Deschamps de Lescade pour la seigneurie de Cruselmerck.

Salperwick. — L'église et le presbytère étaient

bâtis sur les francs-alleux ; puis il y avait des mouvances appartenant aux religieux de Saint-Bertin, et la seigneurie de Percheval possédée par la famille du Bois.

Scadembourg. — C'était un vieux château situé sur le petit chemin de Salperwick, il relevait médiatement du bailliage. La juridiction en avait été réclamée par la salle épiscopale [1].

Arquingoult et *Courcelles*. — Au procès-verbal de 1739 le marquis de Wamin comparait pour ces deux seigneuries relevant du roi ; elles sont situées, dit-il, contre la ville et touchent à ses remparts.

Edequines. — Château situé sur les Bruyères, où l'on tenait les grandes vérités.

Garenne aux Cygnes. — Droit exclusif d'avoir des cygnes qui avait été inféodé à divers seigneurs particuliers [2].

La juridiction du Bailliage s'étendait encore sur les places publiques, remparts, fortifications, châteaux et cimetières par la raison que ces biens étaient dans la directe du roi et étaient considérés comme faisant partie de son domaine et que les aliénations qu'il avait pu en faire avaient toujours été consenties sous la réserve *salvis feudis et eleemosinis*. En ce qui concerne les boucheries de la ville, elles étaient à l'origine tenues en fief du souverain [3], mais l'échevinage les avait rachetées, et en 1764 il prouva au Domaine que depuis qu'elles étaient entre ses mains elles n'avaient jamais été féodales [4].

1. *Arch. de Saint-Omer*, CCLVII-9. — Il existe une gravure assez rare de ce petit château.
2. Pagart d'Hermansart, *Les Cygnes de Saint-Omer*, ouv. déjà cité.
3. Voir ci-dessus p. 57.
4. Pagart d'Hermansart, *Les Anciennes Communautés d'arts et métiers à Saint-Omer*, p. 389 à 392.

Au dehors de la ville et de la banlieue les principaux fiefs sur lesquels s'étendait par voie d'appel la juridiction du bailliage étaient la châtellenie de Tournehem en vertu d'un arrêt du Conseil de Malines du 22 juin 1532, celle d'Audruicq et du pays de Brédenarde conformément à un arrêt du même Conseil du 12 décembre 1533 [1], la châtellenie d'Eperlecques, les comtés de Fauquembergues [2], d'Arques [3], de Seninghem et Sainte-Aldegonde, le marquisat de Renty, le pays de Langle [4], la baronnie de Noircarmes, et en vertu d'un arrêt du Conseil d'Artois du 28 juin 1757 les villages de Recques, Vroland et Saint-Omer-Capelle.

Après la destruction de Térouanne en 1553 et la division de sa régale [5], les faubourgs de Térouanne, la ferme de Saint-Jean [6], le hameau de Noyelles et

---

1. *Ordonnances royaux du Bailliage,* p. 68 et 64.

2. Le comté de Fauquembergues que nous avons mentionné p. 26 (Ligne) était la seule seigneurie qui n'appartenait pas au Domaine du roi dans le bailliage de Saint-Omer et qui jouissait de la prérogative d'avoir un bailliage et un échevinage séparé *(Almanach d'Artois, 1771,* p. 145.

3. La terre d'Arques, comté dont on ne trouve pas d'érection, appartenait à l'abbaye de Saint-Bertin et relevait du bailliage.

4. La Coutume du pays de Langle confirmée et décrétée le 25 juin 1586, soumet dans son article 2 les appellations des sentences rendues par les bailli, hommes de fiefs et échevins de ce pays, au bailliage de Saint-Omer *(Grand Cout.,* t. I, p. 298).

Le pays de Langle avait été réuni au Domaine du roi depuis 1350 à la suite de la confiscation qui en fut opérée sur Raoul de Nesle, comte d'Eu. Le roi y avait un bailli. — Mais la vicomté de Langle était un fief héréditaire que nous avons mentionné p. 25 comme appartenant en 1623-1631 à Philippe-François de Croy, et dont l'historique se trouve dans l'*Almanach d'Artois de 1771,* p. 142.

5. Voir abbé Bled, *Thérouanne. — Une ville disparue (Bull. hist. et philologique,* 1894).

6. Compris dans la « décl⁰ⁿ des villes, bourgs, etc., qui sont de la « juridiction du bailly de Saint-Omer... formée sur les procès-verbaux

l'abbaye de Saint-Augustin de l'ordre des Prémontrés avaient été réunis au bailliage de Saint-Omer. Mais le Conseil d'Artois prétendait que les biens de la régale de Térouanne ayant été amortis autrefois en 1156[1], la juridiction lui appartenait en première instance sur ces portions annexées au bailliage de Saint-Omer, comme sur tous les biens amortis[2].

La juridiction étant en Artois réglée par la mouvance, quelques autres localités auraient dû être encore du ressort du bailliage de Saint-Omer : tels étaient les villages d'Esquelbecq, Ledringhem, Pitgam, situés dans la Flandre maritime, qui dépendaient du comté de Fauquembergues et étaient par conséquent arrière-fiefs du château de Saint-Omer, mais les décisions de leurs échevinages allaient en appel au présidial de Bailleul et de là au parlement de Flandres.

Zuydcootte, village au delà de Dunkerque, bien que l'un des sept vasselages de la châtellenie de Bergues-Saint-Winoc, était tenu du château de Saint-Omer ; il dépendait néanmoins de l'échevinage de Dunkerque et en appel du Conseil d'Artois[3].

Le village de Ruminghem, enclavé de toutes parts en Artois, relevait du château d'Eperlecques sous le rapport de l'hommage ; et, depuis la suppression du bailliage de cette châtellenie, il avait toujours été

« des limites... dressés... en exécution du traité de paix du 7 novem-
« bre 1659. » *(Ordonnances royaux du bailliage de Saint-Omer,* p. 229).

1. Courtois, *Mém. des Ant. de la Morinie,* t. XIII, p. 262.
2. *Coustumes générales du comté d'Artois.* — Arras, du Til, 1679, *in fine : Avertissement au lecteur,* et plus loin : *Les Villages de la régale de Thérouanne, amortissement royal, ressortissant au Conseil d'Artois.*
3. Art. 1er de la Coutume homologuée avec celle de Bergues le 29 mai 1617. — *Almanach d'Artois,* 1770, p. 96.

pour la justice du ressort du bailliage de Saint-Omer[1], lorsqu'en 1691 les officiers du présidial de Bailleul en Flandre réclamèrent ce ressort parce que Ruminghem relevait de la cour féodale de Bailleul sous le rapport de la coutume. Le bailliage de Saint-Omer se prévalut d'une possession de plusieurs siècles, et porta la contestation devant le Conseil d'Etat qui accorda provision aux magistrats de Bailleul par arrêt du 12 juillet 1700, mais l'affaire resta pendante au fond, et ne fut pas décidée avant la Révolution[2].

L'application de cet ancien droit féodal permettant à des juridictions étrangères à une province de s'y exercer sur divers territoires était pleine d'inconvénients ; aussi voit-on en 1789 les députés du Tiers-Etat du bailliage les signaler à l'égard de deux autres villages, et demander que ceux d'Herbinghem et d'Hocquinghem situés dans le bailliage d'Ardres en Picardie et qui étaient dans la mouvance et ressort de celui de Saint-Omer, fussent de la province d'Artois « à tous effets »[3].

En ce qui regardait les justices foncières et vicomtières de la ville et de la banlieue, les mayeur et échevins prétendaient qu'aucun seigneur, même vicom-

---

[1]. Taille faite par le Bailliage le 28 mai 1652, autorisée par arrêt du 26 juin 1653, sur tous les villages du ressort du Bailliage de Saint-Omer et dans laquelle Ruminghem figure pour 20 florins. — Le village coopère aussi à l'acquisition de la maison de justice sur la Grande-Place en 1661.

[2]. Le comte d'Egmont, seigneur de Ruminghem, avait quelque intérêt à faire vider la question, car il voulait vendre cette terre, et il en eût tiré 12,000 livres de plus si il avait été décidé qu'elle était sise en Artois, c'était en effet une terre à clocher qui eût donné entrée aux Etats de la province. Sur les cartes d'Artois que nous avons indiquées p. 5, Ruminghem figure comme enclave de Bailleul.

[3]. Loriquet, *Cahiers des doléances de 1789 dans le département du Pas-de-Calais*, t. I, p. 121-122.

tier, n'avait le droit d'y faire exercer la justice, mais que l'exercice en appartenait à l'échevinage[1]; et nous verrons que ces juridictions étaient rattachées au siège des vierschaires sur lequel les mayeur et échevins soutenaient avoir le droit de ressort[2].

Au surplus, comme nous l'avons dit, beaucoup d'autres contestations avaient été élevées au sujet de la propriété et de l'hommage d'un certain nombre de ces fiefs, nous nous contenterons d'indiquer plus loin[3] les difficultés que les officiers du bailliage eurent avec l'échevinage à propos de la juridiction sur les fiefs sis dans la ville et la banlieue, sur le siège des vierschaires et sur la châtellenie.

Ces justices, comme toutes les justices territoriales d'Artois, avaient été maintenues successivement par des lettres patentes du roi Louis XI en 1481, par le placard de l'empereur Charles-Quint du 9 mars 1548, par l'article 1 du traité de Vervins en 1598 ; elles le furent ensuite par la capitulation d'Arras du 9 août 1640, par la réponse de Louis XIV au cahier des Etats d'Artois en 1661, par les déclarations du 23 août de la même année, du 15 juin 1687 et du 27 novembre 1708, par dix-neuf arrêts du Conseil depuis 1644 jusqu'en 1758, et nonobstant tous privilèges de *Committimus*, garde gardienne, et même nonobstant toutes évocations générales et particulières, et elles se perpétuèrent jusqu'à la Révolution.

On a vu dans le tableau que nous avons donné

---

1. *Procès-verbal de vérification des Coutumes en 1739*, p. 25.
2. Voir plus loin, livre IV, chap. IV.
3. Voir ci-après chap. III, IV et V.

des localités composant le ressort du bailliage en 1787[1] que beaucoup de villages avaient des échevinages. Ces cours échevinales, composées d'hommes cottiers, censitaires du seigneur au nom de qui ils rendaient la justice, et dont les membres étaient choisis par les habitants, avaient l'exercice de la basse justice ; dans d'autres localités les hommes cottiers n'avaient point la qualité d'échevins et siégeaient à la cour du seigneur censier dont ils relevaient pour y juger toutes les causes de leurs pairs et compagnons qui n'excédaient pas les bornes de leur compétence. Rappelons aussi qu'il y avait en outre dans les seigneuries la cour des francs-hommes, c'est-à-dire des possesseurs de fiefs [2].

La justice que ne cessèrent de rendre en Artois les hommes féodaux ou les hommes cottiers donna lieu aux mêmes abus et aux mêmes plaintes que celle rendue en France par les baillis seigneuriaux[3]. Ces hommes étaient presque tous pris parmi les fermiers des seigneurs, ce qui n'assurait point leur indépendance[4] ; et de plus ils étaient peu instruits. Pour remédier à ce défaut de capacité, l'édit perpétuel du 12 juillet 1611 [5] obligea les juges à prendre l'avis de gens sen-

1. T. II, p. 6.
2. T. I, p. 115.
3. Voir en dernier lieu sur ces abus l'*Introduction* de M. Flach à l'ouvrage intitulé : *Les justices seigneuriales du bailliage de Vermandois sous l'ancien régime,* par A. Combier (Paris, Fontemoing, s. d.) et cet ouvrage lui-même. (Loriquet, *loc. cit.,* t. I, p. 497 et 115.)
4. Le cahier des doléances du tiers-état du bailliage de Saint-Omer émit (art. 95) le vœu suivant à l'égard de ces fermiers chargés de la justice sur les terres de leurs propriétaires : « Demander l'exécution « des loix et réglemens qui défendent aux seigneurs d'établir pour « officiers de leurs justices leurs fermiers ou ceux des décimateurs « des paroisses ou autres personnes de leurs dépendances ». (Loriquet, *loc. cit.,* t. I, p. 123).
5. Ordonnance et édit perpétuel des Archiducs, princes souverains

sés et versés dans les affaires, et le placard du 30 juillet 1692 voulut que les juges rendissent leurs sentences conformément à l'avis des avocats consultés. « Dans « la pratique on avait fini par admettre en principe « que, quand un procès était instruit dans une jus- « tice hommagère, foncière ou échevinale, les hom- « mes de fief ou cottiers, ou les échevins devaient « l'envoyer *en avis,* c'est-à-dire qu'il était soumis à « quelque avocat qui n'avait pas connu de l'affaire. « Cet avocat donnait sa consultation écrite, en forme « de jugement. Quand l'affaire était grave, on con- « sultait plusieurs avocats, puis les juges rendaient « un jugement conforme à cet avis s'ils le trouvaient « juste [1]. » Cela se pratiquait sans doute dans le bailliage de Saint-Omer.

Le nombre des juges même était souvent insuffisant. La justice vicomtière ou moyenne s'exerçait par les hommes de fiefs et il en fallait au moins trois pour composer la cour plénière convoquée par le bailli de la seigneurie ; mais il y avait peu de seigneuries vicomtières où il y eut le nombre d'hommes nécessaire en état de rendre la justice, il s'en trouvait où il n'y en avait qu'un. L'art. 33 des Coutumes générales d'Artois autorisait alors le seigneur à emprunter un homme de fief à son suzerain. Cependant quand le vicomtier n'avait d'autre seigneur suzerain que les officiers du bailliage, il aurait pu obliger un ou deux de ceux-ci à aller siéger dans une seigneurie de village, et si ces réquisitions étaient venues à se multiplier, on n'aurait plus trouvé de juges au siège royal. Aussi ces derniers pouvaient-ils user du droit de prévention,

pour meilleure direction des affaires en leur pays de pardeçà, art. 43.
1. Lecesne, *Législation coutumière de l'Artois,* p. 121.

c'est-à-dire connaître de la cause de préférence aux juges subalternes qui en fait n'existaient pas. C'était, il est vrai, une usurpation sur les justices inférieures, mais le temps l'avait consacrée, et c'était pour les justiciables un moyen d'éviter un degré de juridiction [1].

Enfin souvent il n'y avait pas de prétoire convenable où la justice pût être rendue. C'est ce dont témoigne l'art. 89 du cahier des doléances du tiers-état du bailliage en 1789 qui porte : « Ordonner à « tous seigneurs justiciers d'établir une chambre de « justice dans le chef-lieu de leurs seigneuries, dans « laquelle s'administreroit la justice et se feroient « les adjudications de biens de fabriques et toutes « les assemblées de paroisses ; observant que la « plupart des chambres de justices seigneuriales se « trouvent dans les cabarets, où les officiers sont « souvent confondus avec les particuliers qui vien- « nent pour y boire, que de là il est résulté des « despects à justice et autres abus » [2].

A l'origine, les baillis et lieutenants des justices seigneuriales hautes, moyennes ou basses, relevant du bailliage, et à qui appartenait la conjure [3], n'étaient pas tenus de se faire recevoir à cette cour [4], mais ils devaient avoir une commission écrite de leurs seigneurs et enregistrée au greffe de

1. *Ms. Deschamps de Pas.*
2. Loriquet, *loc. cit.*, p. 122.
3. Voir t. I, p. 116.
4. On trouve cependant des exemples de l'intervention des baillis dans ces nominations : ainsi c'est devant Guillaume de Rabodenghes que Bernard de Chateauvilain constitue Jehan du Mont, bourgeois de Saint-Omer, procureur et bailli d'Esquerdes, le 6 janvier 1425, *(Charles de Saint-Bertin,* n° 3335.)

leur justice, afin que leur qualité ne pût être contestée. Plus tard, l'édit du mois de mars 1693, enregistré au Conseil d'Artois, ordonna aux premiers officiers de ces justices de se faire recevoir en la juridiction royale supérieure, et aux autres, c'est-à-dire aux procureurs, greffiers et sergents, de se faire installer dans les justices où ils devaient exercer, et de se faire immatriculer au greffe de la juridiction royale supérieure immédiate où ressortissaient les appels, à peine de nullité des procédures et de cinq cents livres d'amende. A la fin du xviii° siècle, les seigneurs qui voulaient établir un bailli dans leurs terres relevant du château de Saint-Omer présentaient requête au bailliage royal ; celui-ci faisait procéder à une enquête sur la personne proposée, puis la nomination avait lieu suivant un jugement rendu par quatre conseillers présidés par le lieutenant général ; le nouveau titulaire prêtait ensuite serment entre les mains de ce dernier officier [1].

Cependant ces prescriptions n'étaient malheureusement pas suivies très exactement. De plus ces officiers

---

1. Formalités suivies en 1787 pour la seigneurie de Carnoye en Blaringhem, appartenant à Edouard-Désiré Lefebvre, seigneur de Quembergue et où est nommé bailli le sr Guillaume Courtois, fermier — pour la seigneurie de Cœurlu, Haffringhes, Vaudringhem, Drionville et Watterdal appartenant à Paul Lenglart qui fait nommer bailli Pierre Bouvart, laboureur ; — pour la terre et seigneurie d'Inglebert, de la Loë en Quelmes, de la Wattine et de Bimont, où le seigneur Marc de St Pierre désigne pour bailli J.-B. Chrétien, laboureur ; — pour la seigneurie, haute moyenne et basse justice d'Inghem, appartenant à François-Joseph de Wazières, écuyer, sr de Mussem, Inguehem, Beauriez et autres lieux, demeurant à l'Epinoy, par. de Pihem, qui donne commission de prévôt à Jacques-Etienne-Joseph de Canler, laboureur à l'Epinoy ; — pour la seigneurie vicomtière du Clud, par. de Blendecques, qui a pour bailli Simon-Pierre Barrois, nommé par les gouverneurs et administrateurs de l'Hôpital de la Maladrerie à Saint-Omer, etc. *(Arch. du Bailliage.)*

ne résidaient pas sur les terres de leurs seigneurs et se faisaient remplacer dans leurs fonctions par toute personne commise à cet effet. Le Conseil d'Artois était intervenu plusieurs fois pour empêcher ce grave abus. C'est ainsi que le 23 septembre 1684, dans une difficulté survenue entre quelques habitants de Vimy et les bailli, lieutenant, hommes de fiefs, procureur d'office et greffier de la princesse d'Epinoy, cette cour ordonna, comme autrefois, au procureur d'office et greffier de Vimy et à « tous autres sembla-
« bles officiers des justices subalternes, de résider
« actuellement et continuellement sur les lieux,
« pour l'administration de la justice, à peine de pri-
« vation de leurs charges et offices, dépens, dom-
« mages et intérêts des parties », et enjoignit « aux
« baillis d'avoir un lieutenant actuellement et conti-
« nuellement résidant sur les lieux, à peine de
« concussion ». Plus tard, dans une affaire où deux procédures avaient été faites par les officiers de Courier et ceux de Lens à propos d'une querelle survenue dans un cabaret à Courier, il avait été constaté que les officiers de cette dernière justice n'y résidaient pas, et la cour, sur conclusions « plus amples » de l'avocat général, leur ordonna le 11 octobre 1703
« de résider sur les lieux à peine d'interdiction,
« nullité de procédures et d'y être pourvu par la
« cour. » Et ces arrêts avaient été transmis au bailliage de Saint-Omer pour servir de règle à ses officiers [1].

---

1. Ces deux jugements du Conseil d'Artois de 1684 et 1703 ont été imprimés à Saint-Omer chez Fertel, rue des Epéers, à l'enseigne *Saint-Bertin*. On les trouve à la suite du *Ms. 873* de la bibliothèque de cette ville.

Après la réunion complète de l'Artois à la France, l'intendant Bignon dans son mémoire sur l'Artois en 1698, avait déjà signalé à l'attention du gouvernement de Louis XIV les abus que présentait l'organisation judiciaire de l'Artois et l'anomalie de ce système aboli en France depuis longtemps. A la veille de la Révolution, du reste en Artois même, ces justices étaient condamnées : le cahier du Tiers-État de la ville de Saint-Omer en 1789 émit dans son art. 30 le vœu que les justices ne connussent d'aucune contestation soit au civil, soit au criminel, et qu'elles fussent réduites au droit d'accorder les saisines, dessaisines, d'apposer les scellés, de faire les inventaires, etc., et il fut reproduit dans le cahier du bailliage[1].

Les justices royales dépendant du bailliage et soumises à son ressort offraient plus de garanties : la nomination des baillis et des lieutenants y était faite après enquête et avis du Conseil d'Artois, même après la vénalité des charges en 1692, et suivant le mode que nous avons indiqué pour le grand bailli de Saint-Omer lui-même. Le Conseil désignait un commissaire pour instituer et mettre en possession de son siège le nouveau titulaire et c'était le plus souvent le grand bailli ou le lieutenant général qui était désigné. Les formalités de cette installation variaient suivant les diverses juridictions devant lesquelles il fallait faire reconnaître le magistrat.

Dans le bailliage d'Audruicq on présentait le nouveau bailli dans la maison de ville dite Lantshuus, en

---

1. P. d'Hermansart, *Mémoires des Antiq. de la Morinie*, t. XVIII, p. 213. — Loriquet, *loc. cit.*, t. I, p. 115.

la chambre où se trouvaient réunis les officiers du bailliage et de la châtellenie et les échevins du pays de Brédenarde : le lieutenant général ou le commissaire délégué [1] donnait lecture des lettres de provision et de l'arrêt du Conseil d'Artois, recevait du nouveau bailli le serment de remplir les fonctions de son office avec la justice et la fidélité requises, puis il l'instituait et le mettait en possession en lui faisant occuper la place due à cet office, enfin il ordonnait que les lettres de provision, le jugement et le procès-verbal d'installation fussent enregistrés aux greffes de ces deux sièges. De là le commissaire délégué et le nouveau bailli passaient dans la chambre de justice des mayeur, échevins et procureur du roi des ville et banlieue d'Audruicq où les mêmes cérémonies étaient recommencées [2].

A Tournehem il était installé en la chambre ordinaire de justice en présence des officiers de cette chambre et du peuple assemblés [3].

1. De 1692 à 1790 sous la domination française il y eut six grands baillis d'Audruicq et du pays de Brédenarde. Le second fut installé par le grand bailli, le troisième par le lieutenant général des ville et bailliage d'Audruicq, le quatrième et le cinquième par le procureur du roi ès ville et châtellenie d'Audruicq, le sixième par le lieutenant général du bailliage de Saint-Omer (Pagart d'Hermansart, *Les grands baillis d'Audruicq et du pays de Brédenarde sous la domination française 1692-1790.* (Mém. des Antiq. de la Morinie, t. XXIII.)

2. Procès-verbal en date du 8 avril 1788 de l'installation de Jean-Baptiste-Cyprien de Lauretan (id. p. 157) et installation le 13 juillet 1779 comme lieutenant général de Berthelot Jean-Nicolas-Louis-Marie avocat, par le lieutenant général du bailliage de Saint-Omer accompagné de Louis-Eugène Petit du Cocquel procureur du roi, de Dominique-Joseph Allart greffier civil et criminel, et assisté d'un sergent à cheval *(Arch. du Bailliage].*

3. Installation en date du 27 août 1787 du s^r Eustache-Antoine-Richard Béhague, écuier, avocat au parlement, comme lieutenant

Quant à l'installation du seigneur lui-même dans une localité dépendant du bailliage dont il avait acquis du roi à titre d'engagement la haute justice, c'était le lieutenant général qui procédait à cette cérémonie. Les hautes justices de Salperwick, de Moringhem et de Saint-Martin-au-Laërt furent ainsi aliénées en 1782 et 1783 au profit de M. François Titelouze, écuyer, seigneur de Gournay, de Jacques-Antoine-Léonard Dupont, conseiller secrétaire du roi[1], et de Gérard-François de Harchies, seigneur de Westhove et Eperlecques, ancien capitaine d'infanterie, chevalier de Saint-Louis, lieutenant des maréchaux de France au département de Saint-Omer, et mayeur en exercice. La cérémonie avait lieu dans l'église paroissiale où le lieutenant général assisté de son greffier et d'un huissier conduisait le nouveau seigneur et l'installait au banc seigneurial. Voici au surplus un extrait du procès-verbal dressé le 23 juillet 1783 pour la seigneurie de Saint-Martin-au-Laërt. « Où étans arrivé vers les dix heures du

---

général des ville et châtellenie de Tournehem *(Arch. du Bailliage).*
— La châtellenie de Tournehem qui comprenait 17 paroisses, avait deux juridictions : celle de la châtellenie qui se composait d'un grand bailli, un lieutenant général, un procureur du roi, un receveur et un greffier, etc., celle de la ville qui se composait d'un mayeur et de deux échevins dont les appellations se portaient devant les hommes de fiefs de la châtellenie *(Almanach d'Artois,* 1762).

1. Une fille de Jacques Dupont épousa Lazare-Nicolas-Marguerite Carnot le 17 mai 1791 (Voir Borel d'Hauterive, *Ann. de la noblesse,* année 1888, p. 208-209). Nous avons communiqué déjà pour diverses publications relatives à la famille Carnot le procès-verbal de l'installation de Jacques Dupont en qualité de seigneur haut justicier de Moringhem le 9 mars 1783 ; le lieutenant général le « conduisit dans « le chœur de l'église et lui fit prendre séance au côté gauche du « chœur entre le sanctuaire et le banc sur lequel sont apposées les « armes de l'abbaye de Licques, à l'endroit où le sr Dupont se propose « de faire placer un banc seigneurial » *(Arch. du Bailliage).*

« matin au moment qu'on alloit célébrer la messe
« paroissiale, après avoir fait faire lecture par le
« greffier, en présence de plusieurs habitans assem-
« blés, dudit contract d'aliénation, nous avons, en
« leurd. présence, ainsy que de celle du clergé, mis
« et institué en possession ledit sʳ Gérard-François-
« Adrien de Harchies, de la haute justice et seigneurie
« du village de Sᵗ Martin-au-Laërt, ainsi que des
« droits en dépendans, pour en jouir par luy pleine-
« ment et paisiblement, conformément audit contrat
« d'aliénation et aux exceptions y portées. A ces fins
« l'avons conduit dans le chœur de l'église dudit
« Sᵗ Martin-au-Laërt et luy avons fait prendre séance
« du côté de l'évangile à l'endroit où ledit sʳ de Har-
« chies se propose de faire placer un banc seigneu-
« rial[1]. »

---

[1]. *Arch. du Bailliage.* — Un arrêt du Conseil du 22 octobre 1782 avait autorisé les sʳˢ commissaires députés pour la vente et aliénation des domaines de S. Majesté à passer le contrat de vente, qui fut réalisé le 31 du même mois ; il comprenait « la dite haute justice à
« l'exception de l'exercice d'icelle, de la nomination aux offices, des
« droits de greffe et des droits seigneuriaux casuels réservés à S. Mᵗᵉ,
« pour jouir à titre d'engagement pendant le règne de S. Mᵗᵉ seule-
« ment, à charge de payer au Domaine une rente annuelle de 70 li-
« vres, de faire enregistrer ledit contrat au bureau des finances de
« Lille et d'en fournir une copie au chargé de la Régie et Adminis-
« tration des Domaines. »

CHAPITRE III

JURIDICTION SUR LA VILLE ET LA BANLIEUE

Exposé du procès commencé en 1680 relativement à la juridiction générale de l'échevinage sur la ville et la banlieue et conclusions du procureur général du Parlement de Paris du 5 juillet 1748. — L'échevinage a en matière personnelle et réelle la justice dans la ville et la banlieue sur les bourgeois, le bailliage exerce la sienne sur les fiefs, immeubles et héritages nobles situés dans la ville et la banlieue tenus du roi à cause de son château de Saint-Omer et sur les bourgeois domiciliés sur ces fiefs. — Les officiers du bailliage n'ont point à accorder de permission pour l'exécution des jugements de l'échevinage dans l'étendue de sa juridiction.

Les officiers du bailliage ne bornaient point leur droit de juridiction à ces différents fiefs. Nous avons montré quelles difficultés ils avaient suscitées pendant plusieurs siècles en matière judiciaire aux mayeurs et échevins. A partir de la conquête française en 1677, ils élevèrent des prétentions bien plus importantes et entamèrent une lutte, qui remplit la fin du xviie siècle et la plus grande partie du xviiie, contre l'échevinage et même contre le Conseil d'Artois.

A l'égard des mayeur et échevins, ils contestèrent d'abord d'une manière générale leur juridiction dans la ville et la banlieue, puis leur compétence dans une foule de matières. Ce fut à propos de la saisie faite par les officiers du bailliage d'une maison sise en la ville et appartenant à un bourgeois, que les premières difficultés éclatèrent ; les mayeur et échevins présentèrent le 7 avril 1680 au Conseil d'Artois une requête qui fut suivie d'une sentence rendue le dix septembre contre le lieutenant général et les hommes féodaux du bailliage, sans que le grand bailli, les conseillers ni le substitut du procureur du roi aient été appelés, et par laquelle les mayeur et échevins furent maintenus et gardés dans leurs anciens droits, et défense fut faite aux officiers du bailliage de prendre connaissance des causes, questions et procès civils et criminels des bourgeois, manans et habitans de la ville et banlieue, soit par voie d'ajournement, exécution, saisie, décret, mainassise, mise de fait et autres actes semblables, à peine de nullité, dépens, dommages et intérêts. Les officiers du bailliage interjetèrent appel de cette sentence devant le Parlement de Paris. Mais les échevins retournèrent en 1691 devant le Conseil d'Artois à propos de l'adjudication par décret faite devant le bailliage d'un manoir situé dans la banlieue, et demandèrent, outre la nullité de cette vente, qu'il fût ordonné qu'il serait passé outre à l'exécution de la sentence de 1680. en donnant caution ; le Conseil d'Artois se borna à décider le 31 juillet 1691 qu'ils se pourvoiraient sur l'appel en la cour du Parlement. Le 3 novembre suivant les échevins revinrent à la charge à propos d'une autre affaire, mais le Conseil, par sentence du 21 mai 1692, ordonna encore que les parties se pourvoiraient au Parlement sur l'appel de la sentence de 1680, et de plus, qu'en attendant la décision, les officiers du bailliage continneraient d'exercer la juridiction dans la ville et la banlieue de Saint-Omer. Cette attribution aux officiers du bailliage de l'exercice provisoire de la justice décida le Magistrat à faire le 4 mai 1693 une nouvelle tentative devant le Conseil d'Artois, mais il fut débouté de sa demande et condamné aux dépens. L'affaire reprit alors devant le Parlement au sujet de l'appel de la sentence de 1680.

Ce long procès n'était point terminé au moment où la Révolution éclata. Les conclusions du procureur général, en date du 5 juillet 1748[1], étaient en certains points favorables à l'échevinage, mais comme elles lui parurent insuffisantes, ses députés reçurent l'ordre de faire tout leur possible pour éloigner toute décision et pour attendre un moment plus propice afin d'obtenir plus largement gain de cause. Ils parvinrent en effet à enrayer complètement l'affaire et aucun arrêt ne fut rendu. Au surplus, si les conclusions avaient été adoptées, l'arrêt n'aurait pas mis fin à toutes les difficultés, son exécution en aurait suscité d'autres.

Quoiqu'il en soit, on peut, jusqu'à un certain point, considérer comme acquises les conclusions du procureur général ; et en passant sommairement en revue les principales difficultés survenues entre les deux justices du bailliage et de l'échevinage, nous pourrons indiquer la solution que faisaient présager ces conclusions.

1. *Pièce justificative* XVII.

Nous parlerons de suite de celle relative au droit de juridiction générale de l'échevinage sur la ville et la banlieue, parce que cette question domine toute la matière que nous allons traiter. Le bailliage soutenait que le prince ne s'était jamais dessaisi de la haute justice en faveur des mayeur et échevins, qu'on avait abusivement interprété la charte de 1127, et que les droits de commune que le comte de Flandre avait concédés aux habitants, n'impliquaient pas les droits de juridiction. Les diverses chartes confirmatives de la première n'avaient pas plus de valeur. Quant aux termes de la charte de délimitation de la banlieue du côté d'Arques en 1247, intervenue entre Robert Ier, comte d'Artois, et la communauté de Saint-Omer d'une part et les abbés et religieux de Saint-Bertin d'autre part : « ubi verò jus-« titia est comitis, est judicium scabinorum Sancti « Audomari »[1], on en avait forcé la signification : ils voulaient dire seulement que les échevins de la commune ne pouvaient exercer la juridiction que dans le territoire où le comte avait la haute justice, parce que les biens de Saint-Bertin dans le même territoire étaient aussi possédés en toute justice.

En outre l'échevinage n'avait pas de ministère public, et s'il était parvenu à éloigner de son siège le procureur du roi et à lui substituer un prétendu procureur de ville, c'était à la suite d'usurpations successives, tandis que toutes les commissions des procureurs du roi portaient qu'ils exerçaient à la ville et au bailliage[2]. Or il n'y avait pas de justice sans partie publique.

1. Citée t. I, p. 139.
2. Nous avons traité cette question dans les *Procureurs de ville à*

D'autre part, toutes les justices étaient patrimoniales et territoriales en Artois et il n'y avait que les hommes de la terre qui fussent compétents pour rendre la justice ; l'échevinage qui n'avait ni hommes de fiefs ni hommes cottiers ne pouvait donc exercer aucune justice.

Une autre preuve que les mayeurs et échevins n'avaient point de juridiction, c'est que le bailli leur accordait autrefois les franchises de la Chambre [1].

Enfin, il ne saurait y avoir deux hautes justices indépendantes l'une de l'autre sur un même territoire ; dès que les hautes justices étaient patrimoniales et annexées à la glèbe seigneuriale, il ne pouvait y avoir deux propriétaires différents d'une même seigneurie, on ne pouvait supposer deux hautes justices sur les mêmes personnes et sur les mêmes héritages.

Les mayeur et échevins répondaient en soutenant que les comtes d'Artois avaient précisément dérogé à l'ordre général des juridictions patrimoniales en partageant leur justice et en l'accordant à tous les degrés aux mayeur et échevins pour leur ville et la banlieue, tandis qu'ils la laissaient à leurs hommes féodaux ou vassaux pour le surplus du bailliage ; qu'assurément la commune avait subi les influences féodales dans sa constitution, mais que les officiers du roi poussaient les choses trop loin en l'assimilant à un fief et en voulant faire du Magistrat un espèce de seigneur obligé à tous les devoirs féodaux, et du territoire de l'échevinage une justice patrimoniale ; qu'en réalité le corps municipal, tout en restant vassal du

Saint-Omer 1302-1790 (Mém. des Antiq. de la Morinie, t. XXIII, p. 183).

1. V. t. I, p. 43.

seigneur, était substitué à lui dans l'exercice de ses droits vis-à-vis de chacun des membres de l'association.

Ils prouvaient ensuite leur longue possession du droit de juridiction par une série d'actes publics et particuliers que nous avons déjà rappelés dans le cours de ce travail [1]. Ils invoquaient en outre les diverses coutumes, soit du bailliage, soit de l'échevinage :

La Coutume particulière du bailliage rédigée en 1531, et qui était la reproduction de celle du 25 septembre 1507 [2] portait article 3 : « Item, pour sadicte
« justice et droix maintenir et garder, nostredict
« seigneur Empereur, comte d'Arthois, a bailly et
« sergens ausquels appartiennent les appréhensions
« et exécutions que à tels officiers appartiennent par
« tout ledict bailliage et chastellenye de Sainct-Omer,
« et congnoissance et judicature ; asscavoir, de celles
« faictes en la ville et banlieuwe des non subgectz
« dudict Bailliage, en appartient aux Mayeur et Echevins de ladicte ville de Sainct-Omer. » C'était bien là un témoignage que les mayeur et échevins avaient toujours été en possession de l'exercice de la justice ordinaire dans la ville et la banlieue ; et la nouvelle Coutume du bailliage rédigée en 1739 contenait en substance les mêmes dispositions.

Quant à la Coutume particulière de la ville et de la banlieue de 1509, l'art. 2 portait expressément que les mayeur et échevins avaient « de toute anchien-
« neté eu et accoustumé avoir, exercer et faire exer-

1. Tome I, livre I, chap. VIII, p. 138 et suiv.
2. Cette coutume de 1507 ne put être produite en 1739 lors de la revision des coutumes, le cahier en était égaré et ne fut retrouvé que postérieurement à la nouvelle rédaction arrêtée par le conseiller Severt.

« cer en ladicte ville et banlieue toute justice haulte,
« moyenne et basse » tant au civil qu'au criminel, et l'art. 5, que le bailli n'exerçait aucune juridiction en la ville et la banlieue sur les manans et habitants pour en connaître à son siège et auditoire, à moins que par lettres obligatoires et pour les dépendances d'icelles, il n'ait été élu à juge. Ces dispositions furent toutes deux reproduites dans la Coutume de 1531. Mais celle de 1612 ne mentionna plus l'ancien article 5 des précédentes Coutumes. Nous avons déjà dit [1] qu'en 1739 la dernière et définitive rédaction ne rappela point les articles concernant la juridiction, parce que les officiers du bailliage et ceux de l'échevinage étaient déjà en procès sur le fait de leur juridiction respective ; et M. Severt, dans son procès-verbal de la séance du 13 octobre, ordonna qu'ils demeureraient en suspens jusqu'à ce qu'il eût été décidé par la cour des contestations pendantes devant elle.

Les conclusions de 1748 admirent en principe le droit de juridiction de l'échevinage sur la ville et la banlieue, mais en y apportant quelques restrictions. L'article 1er proposa que les mayeur et échevins fussent « maintenus et gardés dans le droit et posses-
« sion de la justice ordinaire et de police dans
« l'étendue de la ville et banlieue de Saint-Omer, et
« de connaître de toutes causes personnelles, réelles
« et mixtes, tant civiles que criminelles des bour-
« geois, manans et habitants de la ditte ville et
« banlieue, sauf néanmoins les cas qui seront ci-
« après expliqués » [2].

D'autre part, si les officiers du bailliage voulaient

---

1. Tome I, p. 335, 336, 340, 341.
2. *Pièce justificative* XVII-I.

anéantir la juridiction ordinaire de l'échevinage, celui-ci prétendait réduire la compétence de la justice royale aux seules causes concernant la mouvance des fiefs relevant du château et soutenait qu'il devait avoir connaissance des causes des personnes qui demeuraient sur ces fiefs et sur les francs alleux et des causes réelles entre particuliers concernant ces mêmes fonds.

Les mayeur et échevins exagéraient l'importance de la concession des droits de justice qui leur avait été faite, et qui déjà plusieurs fois avait été ramenée à ses justes limites. Ainsi en l'année 1378, plusieurs contestations s'étaient élevées entre eux et les officiers du bailliage au sujet de leur juridiction respective, et Marguerite de France, comtesse de Flandre et d'Artois, avait terminé ces difficultés par un concordat suivi de lettres patentes du 3 décembre de la même année. L'article 2 décidait : « *Item* n est
« pas notre intention que par les choses dessusdites,
« la connaissance des causes et délits mouvans à
« cause de nos fiefs et des dépendances d'iceux,
« lesdits Mayeur et Echevins ayent aucunement
« connaissance, mais nous demeure entièrement
« comme paravant ce présent accord »[1], c'est-à-dire à ses hommes féodaux sous l'autorité de son bailli. Les articles 1 et 2 de la Coutume du Bailliage de 1531 que nous avons citée, prouvaient en outre que les officiers du bailliage avaient la connaissance exclusive des actions personnelles, réelles et mixtes de ceux qui demeuraient sur les fiefs relevant du roi à cause de son château de Saint-Omer et dépendances, sans distinction de réalité ni de personnalité,

---

1. *Arch. de Saint-Omer, grand registre en parchemin*, f. 235.

et que la ville de Saint-Omer était une dépendance du bailliage et de la châtellenie aussi bien que les autres pays, villes, châtellenies et seigneuries qui y étaient désignés. Il n'y avait donc aucune exception en faveur des mayeur et échevins. Quant à leur coutume particulière, elle ne leur attribuait pas non plus cette connaissance des actions personnelles de ceux qui demeuraient sur les fiefs sis dans la ville et la banlieue, qui dès lors devait appartenir régulièrement à la cour féodale du bailliage.

C'est en vertu de ces considérations qu'un arrêt du Parlement du 29 novembre 1729[1] avait ordonné par provision que les officiers du bailliage exerceraient la juridiction sur les immeubles et héritages tenus et relevant du roi à cause de son château de Saint-Omer, situés dans la ville et la banlieue.

Cet arrêt avait été confirmé par diverses décisions spéciales. Ainsi pour le fief vicomtier de Tatinghem un arrêt du 30 juin 1741 avait obligé les plaideurs à procéder devant le bailliage ; pour celui de Tilques, un arrêt du 29 août 1742 avait statué dans le même sens, et à propos d'un jugement rendu par défaut par le bailliage le 13 décembre de la même année contre un habitant de Tilques qui avait fait appel, la cour, par arrêt du 22 juin 1744, avait ordonné que celui du 29 novembre 1729 serait exécuté, et avait mis l'appellation à néant.

En 1748 le procureur général n'admit pas davantage que le partage de juridiction invoqué par l'échevinage eût dépossédé les hommes féodaux du droit de justice ordinaire sur les fiefs et terres nobles sises dans la ville et la banlieue, et l'article 2 des

---

1. Rendu sur les conclusions de l'avocat général Gilbert.

conclusions du 5 juillet reconnut d'une manière générale les droits du bailliage sur les terres féodales et sur ceux qui y demeuraient [1].

La distinction fondamentale que l'on proposait d'admettre était donc celle-ci : tout ce qui dans la ville et la banlieue était féodal était réservé au bailliage, le surplus à l'échevinage. Et de ce principe découlaient toutes les autres solutions proposées sur une grande partie des matières en litige entre les deux juridictions.

Ces conclusions, qui reconnaissaient les droits de juridiction de l'échevinage en les limitant, condamnèrent aussi la prétention des officiers du bailliage qui soutenaient que c'était à eux à accorder les permissions pour mettre à exécution dans la ville les sentences et jugements rendus entre les bourgeois par quelques juges que ce fût.

De tout temps les mayeur et échevins s'étaient opposés à ce que quelque jugement d'une autre justice que la leur fût exécuté dans la ville et la banlieue sans requérir l'assistance des sergents de l'échevinage. Mais malgré les droits si bien établis par le Magistrat qui avait lutté pendant tant de siècles pour faire consacrer ce privilège découlant de celui de la liberté individuelle de ses bourgeois [2], le bailliage soutint au XVIIIe siècle que c'était à ses officiers à accorder les permissions ou pareatis pour mettre à exécution les arrêts ou sentences ou pour faire autres exploits dans l'étendue de la ville. Il prétendait que les échevins étant de simples officiers muni-

---

1. *Pièce justificative* XVII, art. II.
2. Voir t. I, p. 146, 337.

cipaux étaient sans droit de justice, et que l'art. 13 de la Coutume d'Artois qui décidait que pour exploiter en seigneurie d'autrui, soit haute justice soit vicomtière, il fallait requérir congé ou assistance des officiers du seigneur, ne pouvait s'appliquer qu'aux officiers du bailliage ; suivant eux, l'art. 6 du titre 7 de l'ordonnance de 1667 qui voulait qu'on obtînt un pareatis du juge des lieux pour mettre les arrêts ou sentences à exécution avait le même sens.

Le procureur du Parlement reconnaissait dans ses conclusions (art. 1 et 2) que les mayeur et échevins avaient la justice dans l'étendue de la ville et de la banlieue sur tous les héritages autres que les terres nobles relevant du château, de la même manière que le bailliage l'exerçait sur ces fiefs. Ils remplissaient donc bien les conditions de la Coutume d'Artois et de l'ordonnance de 1667, ils étaient bien à la fois les juges du seigneur qui leur avait délégué sa justice, et les juges des lieux. Aussi l'art. 15 des conclusions mit complètement à néant la prétention du bailliage par la disposition suivante :

« Les pareatis nécessaires pour mettre à exécu-
« tion dans la ville de St Omer les sentences, juge-
« ments et commissions rendues par d'autres juges,
« même par les officiers du Bailliage, contre les
« bourgeois et habitans de laditte ville et banlieue
« seront accordés par les dits Mayeur et Echevins
« comme juges ordinaires de laditte ville et banlieue.

« Deffenses faites à tous huissiers et sergens de
« mettre à exécution aucune sentence et commis-
« sion et de faire aucun exploit de justice sous
« l'autorité du siège du bailliage et autres juges
« dans l'étendue de la juridiction desdits mayeur
« et échevins sans clause rogatoire et permission

« desd. mayeur et échevins, à peine de nullité et
« de trois livres parisis d'amende pour chaque
« contravention, conformément à l'art. 13 de la
« Coutume générale d'Artois ».

La juridiction de l'échevinage n'était pas seulement délimitée par le procureur général, l'ancien privilège qui en assurait l'exercice indépendant était de nouveau consacré.

CHAPITRE IV

LE SIÈGE DES VIERSCHAIRES

Seigneuries foncières et vicomtières dans la ville. Un officier appelé aman y administre la justice avec des échevins, d'où leurs noms d'amanies. — Leurs cours de justices s'appellent vierschaires. Leur énumération, leur composition. — Le Magistrat réunit en 1424 toutes ces justices en un seul siège, en y adjoignant les seigneuries foncières et vicomtières qui ont leur chef-lieu ou des mouvances féodales dans la banlieue. Les échevins en sont nommés par le corps municipal, chaque seigneur y conserve son aman. — Compétence spéciale de ces échevins. Leur serment. — Devoirs des amans. — Profits leur appartenant en général et spécialement dans quelques amanies. — Procédure. — Audiences. — Serment du greffier en 1589. — Empiétements de l'échevinage urbain. — Le greffe des vierschaires est réuni à la ville en 1693. — Aliénation des amanies royales du Marché et du Haut-Pont au profit de la ville en 1700. — Contestations entre les officiers des vierschaires et les notaires à propos des ventes de meubles et des inventaires. — Contestations avec les échevins à propos des saisines et dessaisines et hypothèques. — Le privilège d'arrêt. — Le ressort sur le siège des vierschaires appartient en droit à l'échevinage,

mais en fait l'appel des affaires relatives aux fiefs et mouvances féodales est porté devant le bailliage.
— *Composition du siège des vierschaires en* 1790.
— *Destruction d'une partie de ses archives en* 1794.

Cependant les juridictions des particuliers qui avaient quelque seigneurie foncière ou vicomtière dans la ville ou dans la banlieue étaient rattachées à un siège spécial pour certaines matières dont la connaissance lui était réservée.

Dans la ville les propriétaires de ces fiefs avaient anciennement, chacun dans leur territoire, leur aman ou bailli civil à la conjure duquel jugeaient des hommes de fiefs ou des échevins. Ce mot aman, dérivé du flamand : *ampt* office et *man* homme, signifiait ministre de l'office, ou officier créé pour desservir la justice. Les amans étaient encore appelés *vicomtes*[1], sans doute parce qu'ils conjuraient au nom d'un seigneur vicomtier. De là le nom d'amanies donné à la plupart de ces justices ; quelques-unes, telles que celles de la rue de Sainte-Croix et du Colhof, portaient aussi celui d'échevinages. Le tribunal composé de l'aman et des échevins s'appelait *vierschaëre, vierschaire* ou *vierscaire,* mot qui signifie assemblée de quatre personnes (l'aman, le juge, le demandeur et le défendeur).

Il y avait des amans dans un assez grand nombre de villes et communes de Flandre et des Pays-Bas[2],

1. L'art. 60 de la Coutume de la ville du 30 mars 1612 porte : « Les Ammans aultrement appellez *Viscontes.* »

2. La charte n° 135 des *Chartes de Saint-Bertin* fait mention dès 1119 de « S. Rodulfi amman de Sancti Folquinikerke, S. Alfgeri « amman de Sancto Georgio, S. Bernuldi amman de Brodlbure, « S. Regemari amman de Lo. »

mais leurs droits et leurs fonctions n'étaient pas les mêmes partout. Dans la plupart des villes c'étaient des officiers subalternes qui partageaient leurs fonctions avec les baillis et leur étaient même subordonnés [1], dans les campagnes ils descendaient jusqu'aux fonctions d'huissier et de sergent [2]. A Bruxelles, le mot aman était au contraire synonyme de bailli. Il en était de même à Saint-Omer, du moins dans les fiefs particuliers situés dans cette ville [3], et l'officier investi de ce titre représentait entièrement le seigneur dans l'administration de la justice.

De même, le mot *vierscaire* n'a pas la même signification dans toutes les coutumes : d'après Varnkœnig, on nommait ainsi les juridictions locales des échevins [4]; dans quelques localités des plus voisines de Saint-Omer, à Audruicq, dans le Pays de l'Angle, à Eperlecques, il signifiait en effet le mayeur et tous les échevins réunis en cour de justice [5]; ailleurs on appelait de ce nom les justices seigneuriales restées dans la main du roi ; à Saint-Omer, à l'origine, c'est la cour des seigneurs.

L'origine du fractionnement du territoire de la ville était antérieur à la naissance du lien communal, et la féodalité avait transformé en seigneuries ces diverses divisions du sol compris dans son enceinte.

1. *Coutumes à Gand*, rubrique 1 art. 6. — *Berghes*, rub. 12 art 35, et rubrique 13 art. 3.
2. *Coutumes : Châtellenie de Berghes*, rubr. 24 art. 1. — *Prévôté de Saint-Donat*, rub. 1 art. 3. — *Houtkerke*, rub. 2 art. 1 à 8. Ces deux coutumes sont locales de Berghes. — *Hontschote*, rub. 2 art. 5.
3. L'art. 5 de la Coutume de la ville et échevinage de 1612 porte : Tous les seigneurs ayant justice ou leurs Amans, Baillifs et Echevins.
4. *Histoire de Flandre*, éd. Gheldolf, t. II, p. 125.
5. *Coutumes d'Audruicq*, 20 août 1507, art. 24. — *Pays de l'Angle*, 17 septembre 1507, art. 16. — *Eperlecques, châtellenie*, 1507, art. 13.

Le nombre, comme la consistance de ces amanies, a varié avec le temps.

Les six fiefs de la ville[1] en formaient une : dont l'aman était le premier sergent à verge de l'échevinage.

Puis venaient les amanies ecclésiastiques : La plus importante était celle de l'abbaye de Saint-Bertin, puisqu'elle comprenait en 1753 environ 263 maisons, 3 jardins, 3 granges, 4 brasseries, 1 collège, 1 cimetière, 1 église, 3 refuges, 1 couvent, 1 blanchisserie dans la ville et divers immeubles dans les faubourgs[2]. La prévôté réunie plus tard à l'évêché et le chapitre, et hors la ville le monastère de Clairmarais et celui des Chartreux en formaient quatre autres.

Trois amanies firent partie de bonne heure du domaine du comte d'Artois, puis des souverains, on les désigna sous le nom d'amanies royales. C'étaient : celles du *Marché* ou *Comté de Clarques* dont le siège était autrefois dans une maison appelée les Bâtons royaux, elle s'étendait jusqu'auprès de l'église du Saint-Sépulcre, et avait sa prison particulière au XIIIe siècle[3] ;

Celle du *Haut-Pont,* qui avait aussi sa prison,

---

1. Voir leur désignation ci-dessus p. 57.
2. Pagart d'Hermansart, *l'Amanie de Saint-Bertin à Saint-Omer en 1753* (*Bulletin historique* des Antiquaires de la Morinie, t. VIII, p. 236 à 242). — On trouve dans les *Chartes de Saint-Bertin* divers amans de l'abbaye. Le plus ancien est Jehan Heister « ki adont estoit amman de ladite église » en janvier 1297, puis Omer le Croquemant en juin 1339, François Folke en 1364, Jehan Cratkmatre en 1372 (t. II, n°s 1381, 1586, 1724, 1826). On voit aussi en 1347 un aman de Saint-Bertin dont le nom n'est pas indiqué *(Id.* 1632). Les droits de l'aman des religieux sont exposés dans une charte datée du 1er mars 1497 *(Id.* t. IV, n° 3635).
3. Pierre le Pape, amman du marché, 20 février 1364 *(Chartes de Saint-Bertin,* t. II, n° 1724).

comprenait non seulement les faubourgs placés à l'est de Saint-Omer, mais, à l'intérieur de la ville, les paroisses de Sainte-Marguerite, Saint-Jean et Saint-Martin en l'Isle ; la place du Vainquay, voisine de l'abbaye de Saint-Bertin, était aussi dans sa dépendance [1];

L'amanie ou le *fief de la mairie du Brûle* situé à l'intérieur et à l'extérieur des murs, limitait l'île et la villa Sithiu au sud, et longeait une partie de la rue Saint-Bertin [2]. Elle fut réunie au XIVe siècle à l'amanie de *la Châtellenie,* et la motte châtelaine en devint le chef-lieu.

Comme tous les biens du domaine, ces seigneuries étaient affermées ; les baux en furent faits successivement devant les bureaux des finances de Bruxelles et de Lille ; celle du Marché était louée 160 florins en 1378, et 50 livres de 4 gros de Flandre en 1618. L'office d'aman du Haut-Pont fut engagé en 1603 par les archiducs à Charles Moraige [3].

On peut citer ensuite diverses seigneuries particulières qui existèrent à différentes époques et qui avaient leurs amans [4] :

---

1. Jehan le Barbieur « adont amans de la mayrie du Haut Pont » en juin 1399. — Nichole de Wissoc, échevin de la vierscaire du Haut Pont, 1er octobre 1364. — Christian le Wilde, ancien amman du Haut-Pont, 16 mai 1369. — Laurens le Cammacre, ancien amman du Haut-Pont, 16 mai 1369. — Jacques Cloet, amman de la comtesse d'Artois au Haut-Pont, le 9 janvier 1372 *(Chartes de Saint-Bertin,* t. II, nos 1586, 1722, 1771, 1772, 1826). — Limites des amanies du Haut-Pont et de Saint-Bertin, 23 février 1506 *(Id.* t. IV, n° 3789).

2. Jehan de le Helle, aman du Brulle en septembre 1361 *(Arch. de la ville de Saint-Omer, Registre au renouvellement de la Loy C,* p. 24 v°). — Jehan le Cocemare « adont aman du Brulle » 20 février 1364 *(Chartes de Saint-Bertin,* t. II, n° 1724).

3. *Inv. som. des Arch. du Nord, Ch. des C. de Lille,* t. II, n° 1638, p. 304.

4. M. Hermand, *Recherches sur la question d'antériorité et de*

La *seigneurie du Colhof,* mentionnée dès 1279 [1], sur laquelle était une des portes de la ville, consistait autrefois en un important faubourg, démoli lors du siège de 1477 et dont une partie fut incorporée dans la ville ; elle devint la seigneurie d'Ecoufflans.

Sous le nom de *rue Boulenisienne,* existait un échevinage signalé en 1284, et dont le ressort s'étendait tant dans la ville qu'à l'extérieur.

L'*échevinage de la rue Sainte-Croix* dépendait du domaine de la famille de Sainte-Aldegonde, et avait ses échevins en 1297.

La table des délibérations du Magistrat mentionne, v° aman, en 1555, le *fief du Bloc,* commençant depuis la porte de l'enclos du Chapitre du côté de la Motte Châtelaine en descendant jusqu'à la rue Sainte-Croix.

La *seigneurie d'Esquerdes,* dont l'aman fut admis à la ville en 1598 et le *fief de Coubronne,* qui eut le sien le 17 décembre 1618, étaient sans doute des espèces de refuges, comme le *fief de Robecques.*

En analysant le registre aux fiefs de 1623-1631, nous avons mentionné les amanies particulières existant dans la ville à cette époque. C'étaient les deux fiefs de François de Cossé-Brissac consistant en rentes ; le fief des Parcoustres et celui d'Avroult également en rentes, appartenant à Jacques de Croix ; les deux fiefs de Flour Doresmieulx ; celui de Jean Hanon ; le fief des Souffletz, en la Grosse-Rue, possédé par Charles de Hegues ; la seigneurie de la Palme, dans la rue Sainte-Croix hors des murs, à Nicolas de Mailly ; les

---

paternité entre les deux monastères primitifs de la ville de Saint-Omer (Mém. des Antiq. de la Morinie, t. IX).

1. Id. p. 142, note 1. — En 1371 échevins et aman du Colhof. *(Chartes de Saint-Bertin,* t. II, n° 1787).

fiefs de l'Ecusserie ou Orphèverie et celui du Bourcq [1], qui avaient un seul aman pour leurs justices, à Denys de Massiet ; le fief de Saint-Nicolas, à Pierre Nocque ; celui de la Marlière ou de la Sénéchaussée, à Mademoiselle Normand ; le fief de Campaigne, à Védast de Poix ; et la partie du Comté de Sainte-Aldegonde, située dans la ville, appartenant à Maximilien de Sainte-Aldegonde [2].

En réunissant à ces amanies particulières celle de la ville et celles des établissements religieux et du roi qui ne figurent pas dans le registre aux fiefs, on peut savoir à peu près combien il y avait dans la ville de seigneuries ou fiefs ainsi dénommés au commencement du XVIIe siècle.

Ces tribunaux avaient une origine très ancienne, puisque l'on avait conservé la formule du serment des vierschaires datant de l'an 1100 [3]. et qu'en 1378 la comtesse Marguerite, statuant le 3 décembre sur le différend qui s'était élevé entre son procureur et les mayeurs et échevins de Saint-Omer, avait maintenu les vierschaires en la plénitude de leurs droits et juridictions [4].

Chaque cour de vierscaires était composée d'un certain nombre d'échevins présidés par un aman ; en 1319 il y avait dans celle du Haut-Pont neuf échevins

---

1. Ils paraissent avoir remplacé les fiefs de la Heuzerie, de la Potterie et Heaulmerie (du Heaulme).
2. Voir ci-dessus l'analyse du registre aux fiefs de 1623-1631, p. 33, 35, 36, 38, 40, 41, 45, 47, 49, 50, 51 et 52.
3. Nous en donnons le texte plus loin.
4. *Arch. de Saint-Omer*, grand registre en parchemin, f. 225, art. 14 du règl^t de 1378. Les art. IX, XIV et XV de ce document ont été imprimés : *Pièce justificative*, n° 1, du *Mémoire présenté aux mayeur et échevins par le tabellion du siège des vierschaires en 1770 contre les notaires de la ville.*

et un aman, et autant au Brûle [1]. Des clercs, qui, en 1424, durent être nommés par la ville, assistaient ces magistrats [2]. Les amans portaient une verge en signe de leur pouvoir judiciaire ; en 1421 un clerc qui avait cassé la verge de celui du Brûle se soumit à aller en pèlerinage, au lieu de payer l'amende assez élevée due pour un pareil délit [3].

A l'origine, le Magistrat n'eut de droit dans ces amanies que sur les bourgeois ; mais comme les seigneurs, souvent à la guerre, s'occupaient peu d'y faire fonctionner la justice, l'échevinage avait profité de leur absence pour nommer des échevins aux vierscaires, et il avait pris cette mesure même pour les amanies ecclésiastiques [4]. Cette usurpation, qui sembla d'abord sans conséquence, fut le début d'une entreprise qui tendait à soumettre ces territoires au ressort et à la police des mayeur et échevins.

1. Giry, *Histoire de Saint-Omer*, p. 197, note 2.
2. Règlement de novembre 1424, art. 35. *Grand registre en parchemin*, f. 155 *(Arch. de Saint-Omer)*.
3. *Registre des Délib. du Magistrat* A, 1421, f. 120.
4. 1334. « L'an de grâce mil CCC et XXXIIII, le VIIe jour de jung, « présenta Colard Herans, bailleu de St Bertin souffizament fondes « pour che faire, Wille Darkes pour estre aman en lille en le signe- « rie labbé et fu rechut, et le fizent *(sic)* Maieur et eschevins jurer « par leur clerc en plaine halle ense que on la autres fois acos- « tumé ». — 1337. « Lan de grâce M CCC XXXVII, le XIXe jour de « novembre, présent sir Franchois Hangheboc, Jehan Aubert, Gille « Rancoel, Guilbert de Ste Audegonde, Denis Dubroet et Gilles de « Morcamp, mist sire Jehan Lescot en sen lieu Guérard Mainabourse « pour estre sen aman sur tout sen fief et de user sur ycelui comme « aman pour li dusques à sen rappel ». *(Arch. de Saint-Omer*, Reg. E, f. 60). François Hanghebouck était mayeur, Jehan Aubert et les autres étaient échevins. — 1367. « Echevin de le vierscare ou « Brulle furent fait sire Jehan de Linde et Clai de Wissoc — au « Haut-Pont sire Vinchent Bollard et Jehan Delattre drapier, le XVIIe « jour de janvier ». (Registre C, f. 34).

Au mois de novembre 1424, ils firent, de concert avec le bailli et un conseiller des domaines, de l'avis du procureur du comte d'Artois au bailliage, un règlement « adfin que le peuple soit maintenu « en bonne justice, et que ès vierscaires tant dedens « le ville comme dehors en le banlieue, ordre et « fourme soit bien entretenue et par bon stille à « l'abbréviation des causes des parties », et fixèrent les salaires des procédures devant le siège des vierschaires [1]. Et sur la réquisition des amans royaux du Haut-Pont et du Brûle, il leur fut assigné, ainsi qu'à l'aman nommé par la ville pour les six fiefs lui appartenant, un lieu de réunion commun provisoire à la halle aux merciers, pour y tenir leurs sièges et leurs audiences. Il fut facultatif à chaque seigneur ayant domaine ou mouvances dans la ville et la banlieue et possédant un aman, d'y tenir aussi ses plaids. C'est ainsi que fut établi le siège des vierschaires, installé peu après dans l'une des salles de l'hôtel de ville même [2]; ce fut l'assemblée de toutes les justices vicomtières et foncières qui avaient leur chef-lieu ou des mouvances féodales dans l'étendue de la ville et de la banlieue [3], réunies dans un même siège.

En 1525, une ordonnance du 15 septembre rendue

---

1. *Arch. de Saint-Omer, grand registre en parchemin,* f. 155 v°.
2. En dernier lieu les vierschaires tinrent leurs séances dans une maison appartenant à la ville appelée la Scelle, sur le Grand Marché, où était déjà le petit auditoire.
3. « C'était le siège commun des justices vicomtières de la ville et « de la banlieue », dit un greffier des vierschaires dans un mémoire manuscrit du XVIII siècle *(Arch. de Saint-Omer,* CL. 13). — Le conseiller Bultel, dans sa *Notice sur l'état ancien et moderne de la province et du comté d'Artois* (Paris 1748), dit aussi expressément p. 451 : « le siège des Vierschaires est composé d'officiers des sei- « gneurs vicomtiers ou fonciers tenus du Roi à cause de son château

par Charles-Quint, rendit la réunion de toutes les justices obligatoire, et n'en excepta que les quatre amanies ecclésiastiques de Saint-Bertin, de la prévôté, du chapitre et de Clairmarais, qui conservèrent leur indépendance.

Dès lors il n'y eut plus, pour les autres amanies, d'échevins spéciaux à chacune d'elles ; ceux qui composèrent le tribunal des vierschaires furent commis par le Magistrat, et communs à toutes les justices ; chaque seigneur y eut son aman particulier, c'était à sa demande que les échevins s'assemblaient, et à sa conjure qu'ils décidaient des cas survenus dans les limites de l'amanie ; mais dès 1436 ces amans, même ceux du roi et des seigneuries ecclésiastiques indépendantes, bien que déjà reçus au bailliage, furent présentés par les seigneurs à l'échevinage municipal, soumis à la formalité de l'admission par celui-ci, et astreints, ainsi que les échevins et le greffier, à prêter serment à la ville et à lui donner une caution fixée alors à 300 livres. Ceux du roi devaient avertir le lieutenant mayeur des droits d'issue[1] échus à la ville, par suite de la mort de quelque habitant dans leurs tènements.

C'est ainsi que la magistrature communale réunit sous sa direction les justices seigneuriales moyennes et basses existant sur le territoire soumis à sa juridiction dans la ville et la banlieue, et par l'organisation qui leur donnait des échevins communs, ces justices se trouvèrent placées sous l'empire de la même coutume et de la même manière de juger, ce

« de Saint-Omer, qui ont leurs Domaines ou des Mouvances dans la « ville et banlieue de St Omer ». Ce que répète M. Lecesne, *Législation coutumière de l'Artois*, p. 392, note a.

1. Voir pour le droit d'issue : les *Anciennes Communautés d'arts et métiers à Saint-Omer*, t. I, p. 90.

qui fut certainement un avantage considérable.

Toutefois la compétence de ces échevins était restreinte à certaines matières civiles et commerciales. Elle consistait à donner les saisines et dessaisines des biens sis dans les amanies relevant de leur siège et à y accorder les hypothèques, à apposer les scellés et à faire les inventaires dans les maisons mortuaires, à recevoir les actes d'appréhension de succession et de renonciation ; à arrêter à la loi privilégiée de Saint-Omer les personnes et les biens des débiteurs étrangers trouvés en cette ville et à connaître des contestations qui naissaient sur ces sortes d'arrêts[1] ; mais ils devaient être assistés de l'aman compétent, c'est-à-dire de l'aman de la seigneurie dans laquelle ils faisaient acte de juridiction, ou d'un troisième échevin à défaut de l'aman lorsqu'il s'agissait d'arrêts personnels. Ces échevins avaient le droit exclusif de procéder aux ventes et adjudications, soit volontaires, soit forcées, de meubles et effets, ils faisaient toutes celles des maisons mortuaires et les officiers du bailliage ne pouvaient faire de ventes publiques sans l'assistance des échevins des vierschaires, bien que les meubles vinssent d'une maison sise dans le ressort du bailliage. Le serment que ces échevins prêtaient à la ville en 1589 et qui était le même qu'en 1100, indique d'ailleurs d'une manière assez précise leurs attributions.

« *Serment des eschevins du siège des Vierschaires de
« la ville de Saint-Omer reposant au tableau dudit
« siège, daté de* 1100.

« Nous, vous et chacun de vous, jurez Dieu nostre

---

1. Nous parlerons plus loin de ce privilège d'arrêt.

« Père Créateur que en l'estat d'Eschevins des Vies-
« chares, où par Messieurs Mayeur et Eschevins de
« cette ville avez estés éluz et ordonnez, vous acquit-
« terez bien et fidellement, vous jrez et accompa-
« gnerez les Amans du Marchez, du Brusle, du Haut
« pont, des fiefs de cette ville et autres fiefs des sei-
« gneurs particuliers ayants Amanscheps en jcelle,
« ou les lieutenants d'jceux Amanz, et chacun d'eux,
« à tous juventoires, ventes, clains, arretz, exécu-
« tions, pandinghes [1], main-mises, significations et
« autres exploits dont requis serez, direz et décla-
« rerez selon droit, justice et vos consciences ce
« que en debvra estre fait, et relatterez deuement au
« clercq tenant les registres tous exploits faits en
« vos présences, lorsque de l'une ou des deux par-
« ties en serez requis, ferez au conjurement desdits
« Amans ou leurs lieutenants et de chacun d'eux,
« aux parties aiant jour et causes servant ès Viers-
« chares, bon droit et juste jugement, sans vouloir
« grever ou nuir aucuns pour raison de hayne, mal-
« entente et autres quelconcques causes que ce soit,
« entretennerez les ordonnances des Vieschares,
« célerez le secret de la Cour, et en toutes autres
« choses concernant le dit Eschevinage des Viescha-
« res vous acquitterez selon votre possible. Ainsy
« vous veuille Dieu ayder et tous ses saints [2]. »

Quant aux amans, le procureur de la comtesse
Marguerite, dans le concordat de 1378 avait ainsi
constaté leurs attributions : « qu'elle a dans la ville
« certains amans pour clams et respons et pour
« debtes et certaine loy que on nomme le viers-

---

1. *Pandinghes* : saisie de meubles pour arrérages de rente.
2. Bibliothèque de Saint-Omer, *Ms. n° 879*, t. I, p. 206-207.

« care »[1] ; ils mettaient à exécution les sentences des mayeur et échevins de Saint-Omer, ils procédaient aux saisies et exécutions de meubles et aux saisies réelles des immeubles situés dans la ville. Dans la banlieue, où les seigneurs n'avaient point d'aman[2], le petit bailli en faisait les fonctions. On obligea en 1621 ces officiers à se présenter devant le Magistrat après l'audience du premier vendredi de chaque mois afin de les entendre sur les plaintes qu'avaient pu faire naître leurs différents actes et les punir s'il y avait lieu ; cette comparution fut fixée plus tard, en 1642, au premier lundi de chaque mois[3].

Divers profits appartenaient aux amans. Chaque convocation d'une des seigneuries de la ville faite à la requête d'une partie était taxée à 12 deniers pariris. Lorsque quelqu'un voulait se porter héritier dans l'une des amanies, il était dû à l'aman, pour chaque appréhension de succession, cinq sols répartis entre les échevins du siège. A la mort d'un bourgeois, l'aman dans la circonscription duquel il habitait devait être averti, pour qu'il pût faire apposer les scellés et fixer le jour du partage, formalités taxées à six sols et douze deniers ; l'héritier qui s'était soustrait à cette obligation encourait une amende de soixante sols. Chaque jour de vacation pendant un partage rapportait cinq sols. L'aman qui arrêtait une

---

1. *Arch. de Saint-Omer, grand registre en parchemin*, f° 235.
2. On trouve peu d'amanies dans la banlieue : celles de Clairmarais et des Chartreux déjà citées, celle de Longuenesse (Jean, amman de Longuenesse : *Les Chartes de Saint-Bertin*, t. II, n° 1088), celle de Salperwick, en 1424. — Les seigneurs de la banlieue avaient en général pour officiers de justice des baillis.
3. *Arch. de Saint-Omer, Table des règlements politiques.*

personne en vertu de la loi privilégiée recevait trente-deux deniers parisis par jour tant que le détenu était maintenu en prison, à charge de lui fournir le pain, l'eau, le potage et la paille.

Quelques amans avaient en outre des redevances spéciales :

Celui du comté de Clarques ou du Marché [1] percevait de chaque boulanger, les jours et fêtes de saint Omer et de saint Michel, douze esterlins, excepté néanmoins dans les tènements de fiefs, pareil droit sur les brasseurs appelé *gamage* [2], un droit d'*afforage* pour dégustation des boissons vendues dans la circonscription du comté, soit un demi-pot de bière, une pinte de vin et un quart de pinte ou potée d'eau-de-vie par tonneau [3], et enfin un droit de prisée pour les laines blanches [4]. Le règlement rendu par les trois

1. Le nom de comté de Clarques vient sans doute à cette amanie, de celui de son ancien propriétaire ; on lit en effet dans le compte de Jacquemon le Muisne, bailli de Saint-Omer. Chandeleur 1302 « Re-« cettes : ... des rouages des portes de St Omer qui furent accaté « entour L ans à pau plus pau mains et en accata on adont L lb et en « dut li dame de Clarkes tenir tout le cours de sa vie xxv lb et sont « eskeu à monsgr par la mort de la dite dame... xxv lb. » *(Invent. som. du Pas-de-Calais* A, 176.) Ce droit de rouage ne resta pas d'ailleurs attaché à l'amanie et il fut racheté par la ville.

2. *Gamage* ou *gambage*, droit que les seigneurs levaient sur les bières qui se brassaient dans les tènements de leurs seigneuries.

3. Le *forage* perçu pour avoir le droit de forer un tonneau était dû au seigneur, c'étaient ordinairement deux pots de chaque tonneau ; l'*afforage* appartenait au contraire aux officiers du seigneur pour dégustation des liquides vendus.

4. Ces redevances résultent aussi des anciens comptes du bailliage : Poids des marchandises « de la comté de Clarkes et est un signerie « que mesires li quens a à St Aumer d'avoir la connissanche de « clains (arrêts) et de respens fais en la ville de S. Aumer si avant « que li mete de la comté s'estendent, et à tous les boulenghiers qui « vendent pain en ladite conté et en maisons non stans sur fief xii es-« terlins à cascune feste St Michiel, et as brasseurs de cervoise autre « teil achensi iii ans s'il plaist à madame à Henri le Crokematre pour

corps de l'échevinage le 23 septembre 1407 mentionne ces droits sur les boulangers et brasseurs et les qualifie de *Broet-ban* et *Bier-ban*. L'aman du marché, dit ce règlement, d'après l'analyse de la table alphabétique aux archives, prendra « doresnavant « broetban et bierban de chaque boulanger et de « chacun de ceux qui bouteraient hors de leurs mai- « sons aucunes perches ou enseignes pour vendre « cervoise, et qui seront demeurans en sadilte ama- « nie, chaque année au jour de St Michel, 12 ester- « lins et non plus. » Et le règlement du 28 octobre 1422 a soin de préciser que cette perception n'est régulière que s'il y a non seulement de la bière dans la maison, mais encore une perche au dehors. C'étaient donc aussi les débitants de bière qui étaient frappé de ce droit [1].

L'aman du Haut-Pont se faisait payer 12 deniers parisis par exploit fait dans l'intérieur de la ville,

---

« XL. lb l'an. De la poise et de la saie est une signerie que mesires li
« quens a à St Aumer de cascune blanke saie et ki soloit valoir à
« censse XL. par an, et est en la main madame, ele a valut puis l'As-
« cension que on conta X lb. » (Comptes de Jean de Vaudringhem Toussaint 1308. *Invent. som. du Pas-de-Calais* A, 239. — Voir aussi *ibid*. A, 253.)

En 1665 les revenus de cette amanie étaient toujours les mêmes, car l'affiche rédigée le 2 octobre de cette année afin de parvenir au bail par adjudication porte : « à connaissance de tous clains, réponses
« et droitures si avant qu'elle s'étend et tous les boulangers vendant
« pain à la fête de St Michel et St Omer ez maisons non fieffées et
« semblables droits sur les brasseurs de cervoise avec la priserie des
« serges blanches et droit de faire exactement tous et chacuns les
« devoirs, inventaires ez maisons mortuaires du distric de lad. ama-
« nie, sans en excepter aucune, pour la conservation des droits du
« Roy, des mineurs et des absents. »

1. La table alphabétique porte au mot *Bierban* cette définition : droit que les *débiteurs de bière avec enseigne à leur maison* payaient entre les mains de l'aman (Régl^t fait par les May. et Ech. et le Conseil le 10 may 1395).

et deux sous quand il devait le signifier hors des portes du Haut-Pont et de Lyzel. Il percevait le tiers des amendes de 60 sous parisis relatives aux pandinghes, calenges[1] et arrêts, et la totalité pour les autres amendes prononcées dans d'autres cas, privilège qui lui était commun avec les autres amans royaux. Tout bateau chargé de sel arrivant au Haut-Pont lui devait une « étouppe » ou petite pelle de bois remplie de sel, sans que cette redevance augmentât lorsque le bâtiment venant de Dunkerque ou de Gravelines ne pouvait remonter la rivière jusqu'à Saint-Omer, et que le sel en avait dû être déchargé dans différents petits bateaux[2]. Une sentence du bureau des finances de Lille du 29 novembre 1734 confirma ce dernier droit[3]. Quand un veuf ou une veuve vou-

---

1. *Calenge* : prise de corps.

2. Ce droit à une pelletée de sel donna lieu plus tard, en 1554, à un procès qui fut perdu par les bourgeois, et à d'autres difficultés en 1726 et 1736, qui furent portées dans le bureau des finances de Lille (Table des délib[ons] du Magistrat).

3. En voici le dispositif qui explique le mode de perception de la taxe :

« Les Présidens et trésoriers de France, généraux des finances,
« juges des domaines et grands voyers de la généralité de Lille.

« A tous ceux, etc...

« Nous avons maintenu et maintenons les demandeurs dans la
« possession de lever une pelé de sel avec la pele déposée en l'hostel
« de ville, sur tous vaissaux arrivans au Haut-pont, et attendu que par
« ordonnance du Roy les sels arrivent à St Omer dans des sacqs bo-
« binez et plombez, nous avons estimé la continence de ladite pelle
« à un quartier de sel, mesure de St Omer, qui sera payé en argent
« sur le pied de la valeur du sel au jour de la levée dudit droit. Dé-
« clarons cependant qu'il n'est dû qu'un seul droit sur tout les petits
« batteaux et bélandres qui auront pris leurs charges de sel pour
« St Omer bord à bord d'un mesme vaissau dans les ports de Grave-
« lines et de Dunkerke ; condamnons en conséquence les défendeurs
« au payement dudit droit, conformément à ce que dessus, de tous les
« sels qui sont entrés dans St Omer depuis le douze octobre mil sept
« cens vingt deux, jour de la requeste introductive d'instance, dépens

lait se remarier dans le territoire de l'amanie, on exigeait d'eux le serment de convenance, c'est-à-dire l'affirmation qu'ils avaient légitimement procédé au partage de la communnanté avec les intéressés ; pour ce serment l'aman percevait cinq sols, ou l'amende de 60 sous contre ceux qui s'étaient dispensés du serment[1]. Il en était de même dans l'amanie de Ste-Aldegonde en 1542 et dans celle de la Marlière ou de la Sénéchaussée en 1565[2].

La procédure devant la cour des vierschaires fit l'objet de nombreux règlements. Nous avons déjà cité celui de novembre 1424 qui contenait 42 articles ; des dispositions nouvelles y avaient été ajoutées en 1429, 1431, 1432[3], 1481 et 1503 ; une autre ordonnance en onze articles fut aussi rendue le 30 avril 1540[4], elle fut affichée dans la chambre échevinale, et dans « l'escriptoire de ladite vierscaire sous la cha-« pelle de N.-D. au Grand Marché », où se trouvait sans doute le greffe. Les audiences, au lieu de se tenir seulement tous les quinze jours, eurent lieu, à partir de cette époque chaque vendredi « incontinent « les plaids finis par devant mesdits seigneurs ». Comme on comptait alors 40 ou 43 échevins, on décida de ne plus en créer, jusqu'à ce qu'on fût revenu au nombre de 24 qui existait auparavant, douze seu-

---

« compensez et pour causes. Mandons et ordonnons... etc. — (Copie. — *Arch. de Saint-Omer* CXXXIII-1.)

1. *Droix de l'amanie du Haut-Pont à Saint-Omer.* Cette pièce a été imprimée en partie en 1770 dans le mémoire déjà cité de 1769. (*Arch. de Saint-Omer*, AB. XLI-2.)

2. *Rapport et dénombrement du fief de la Marlière ci-devant de la Sénéchaussée en 1565 et de la seigneurie de Sainte-Aldegonde en 1542*, cités t. II, p. 50 note 1 et 52 note 1.

3. *Arch. de Saint-Omer. Grand registre en parchemin*, f. 157.

4. *Bibliothèque de Saint-Omer*, *Ms.* n° 879, t. I, p. 286.

lement devaient être en exercice chaque mois comme autrefois [1]. Deux d'entre eux au moins devaient toujours être présents « en l'échoppe des vierscaires ». Les amans ne purent être en même temps échevins ; et ces derniers cessèrent de cumuler leurs fonctions avec celles de crieurs et priseurs de biens, receveurs et collecteurs de rentes.

En 1426 les avocats et procureurs qui exerçaient leurs fonctions devant les vierschaires avaient douze deniers par jour pour chaque cause, et s'ils plaidaient ils touchaient 2 sous comme devant les autres juridictions.

Le serment du greffier des vierschaires était le suivant :

« Vous jurez que l'estat de greffier des vierschaires de
« cette ville vous exercerez deubement et fidellement,
« sous les charges et conditions quy vous ont estés décla-
« rées, par vous entendues et acceptées, et de remettre
« vos clefs sur le bureau chacun an la veille des Roys,
« aux sallaires et honneurs et émoluments comme der-
« nièrement avoit vottre prédécesseur, garderez et tien-
« drez secret ce que sera à céler à cause dudit office, et
« ferez en effet tout ce qu'audit office appartient. Ainsy
« vous vœuille Dieu ayder [2]. »

Le Magistrat ne se contenta pas d'avoir placé le tribunal des vierschaires sous sa juridiction et d'en nommer les échevins, il chercha toujours à restreindre l'importance des fiefs sis sur le territoire de la ville, il les racheta, les démembra, chaque fois qu'il en trouva l'occasion, sans réussir cependant à rendre complète l'unification de son territoire. En 1500 il tenta ainsi de s'emparer de la vicomté de Clarques ou

---

1. Règlement du 8 février 1481.
2. Bibliothèque de Saint-Omer. Ms. 879, p. 208.

du Marché, ce qui donna lieu à un procès devant le Conseil de Malines ; le procureur du roi au bailliage, Jacques Wallart, y soutint les droits de la vierschaire, en prenant fait et cause pour l'aman, et l'affaire finit par un appointement en date du 20 décembre 1526, dans lequel les échevins, renonçant à leurs prétentions, se contentèrent d'obtenir un nouveau règlement relatif à l'exercice des droits de l'aman dans les maisons mortuaires.

L'échevinage saisit plus tard l'occasion de réunir le greffe à son siège, lorsque par le fait de l'édit de février 1692 il devint vénal. Un arrêt du Conseil du 15 décembre 1693 autorisa cette réunion [1].

Les amanies royales du Marché et du Haut-Pont avaient été aussi érigées en offices et créées héréditaires par le même édit [2] ; le 6 janvier 1693 les commissaires du roi adjugèrent, après cinq enchères, l'office de deux de ces amanies à Jean Marselot moyennant 5000 livres, 2 sous pour livre, et 54 livres pour le marc d'or. Il reçut des lettres de provision le 23 mai 1693. Mais le 16 juin 1699 survint une déclaration du roi aux termes de laquelle les propriétaires des offices achetés, qui voulaient être maintenus dans leur possession et jouissance, seraient tenus de payer par forme de supplément de finances, les sommes auxquelles ils seraient taxés par des rôles dressés à cet effet et arrêtés au Conseil, si mieux ils n'aimaient

1. *Arch. de Saint-Omer*, AB. XL-3. — La ville acheta ce greffe en même temps que le greffe civil du Magistrat et celui de la chambre des Orphelins.
2. Par l'édit de février 1692 le roi avait réuni à son domaine les offices de Bailli, Prévot, Mayeur, *Aman*, etc., et autres offices domaniaux.

être remboursés de la finance principale et 2 sous pour livre, 15 jours après la signification de ces rôles ; le sr Jean Marselot refusa de solder ce droit de confirmation, et se désista de l'office le 5 octobre. Le roi accepta alors les offres des mayeur et échevins de payer ce nouveau droit et de rembourser au sr Marselot la finance principale. Un arrêt du Conseil d'Etat du 28 décembre 1700 ordonna en conséquence que « les dits deux offices d'amanie seroient et demeure« roient pour toujours réunis au corps et commu« nauté de la dite ville de Saint-Omer, pour en dis« poser par les dits Mayeur et Echevins, ensemble « des revenus, droits, émolumens, privilèges, et « exemption y attribués, ainsi qu'il conviendra pour « le plus grand bien et avantage de la ville », et les autorisa à commettre telles personnes qu'ils jugeraient capables pour desservir ces offices, sans avoir besoin de prendre des lettres de provision du grand sceau [1].

La ville les afferma publiquement. Elles étaient louées 335 livres en 1736 au sr Delattre qui donnait une caution de 800 livres. Un procès-verbal d'adjudication du 13 juillet 1739, au profit d'un sr Lefebvre, pour une durée de trois ans, explique la juridiction qu'exerçaient alors les mayeur et échevins dans ces anciennes seigneuries ; le titulaire devait mettre à exécution dans l'étendue des deux amanies les sentences, jugements et commissions qui lui seraient « mises ès mains », achever les « exécutions pour « la vente des effets saisis dans le temps prescrit « par la sentence, mettre à exécution les rôles du « guet et de capitation... etc., « sinon serait permis

---

[1]. *Arch. de Saint-Omer*, AB. XLI-2, et *Invent. som. du Pas-de-Calais* C, *Arch. de l'intendance à Arras*, t. I, no 675, p. 348.

« au Magistrat d'autoriser tel autre aman qu'il juge-
« rait à propos pour achever les poursuites. »
L'aman adjudicataire de cet office paraît avoir conservé
seul le nom d'aman du roi, et ce fut le plus important des magistrats de ce nom à cause de l'étendue
territoriale de sa juridiction.

Une fois maître du greffe, le Magistrat réunit aux
fermes de la ville les droits utiles, et laissa à ses
préposés certains petits émoluments de justice, les
scellés, inventaires, prisées, etc.

En 1711, il organisa le greffe, interdit à son greffier, révocable à volonté, d'être en même temps procureur, notaire ou officier royal, l'obligea à se
trouver en tout temps au greffe pour y enregistrer
les arrêts, saisies et pandinghes et en délivrer copie,
à assister aux enquêtes et autres vacations et procès-
verbaux, à remettre au Magistrat l'état des causes
susceptibles d'être jugées, à marquer le montant de
ses salaires au pied des expéditions, et à faire exactement et discrètement les inventaires, ventes et
prisées de meubles avec les officiers du siège[1].
Divers tarifs furent décrétés en halle par messieurs
des deux années et les dix jurés les 25 juillet 1721 et
23 mars 1734, relativement aux émoluments des
greffiers et des amans[2].

Ainsi donc la justice spéciale des vierschaires était
complètement tombée entre les mains de l'échevinage, les amans en étaient devenus les officiers
subalternes soumis à la présentation, au serment et

---

1. Il dut aussi payer 300 livres pour se racheter du repas qu'il était
d'usage d'offrir aux officiers de ville en prenant possession de son
greffe.
2. *Arch. de Saint-Omer*, CXXXIII-3, tarif de 1721 imprimé.

à une caution ; les échevins furent choisis habituellement parmi des personnes de basse condition, dévouées aux intérêts communaux, et toutes ces mesures affermirent l'autorité du Magistrat.

En 1769 le siège des vierschaires comprenait huit amans qui tenaient leurs commissions des seigneurs, et douze échevins qui étaient communs à toutes les seigneuries [1].

Cependant au xviiie siècle, la compétence de ce siège commença à être discutée en certaines matières.

Diverses contestations avaient surgi, notamment entre les notaires et les officiers des vierschaires. Le 20 juillet 1716 un notaire s'avisa de vouloir procéder dans le village de Longuenesse, sis dans la banlieue, à la vente des effets délaissés par une veuve, à la requête de ses héritiers majeurs. Les officiers des vierschaires s'opposèrent à cette entreprise, ils présentèrent requête à l'échevinage pour faire ordonner que défense serait faite au notaire d'effectuer cette vente, et le Magistrat décida qu'elle serait faite en la forme ordinaire pardevant les amans et échevins des vierschaires. Tous les notaires se réunirent alors, ainsi que le s[r] de Lelès de la Taherie, propriétaire des greffes du gros de la province d'Artois [2], pour soutenir le notaire condamné, et conjointement ils portèrent l'affaire en appel devant le Conseil d'Artois, qui, par une sentence du 16 décembre 1718, maintint les officiers de la juridiction des vierschaires dans le droit de faire toutes

---

1. Mémoire de 1769, déjà cité, p. 3.
2. Voir les renseignements relatifs aux notaires et au gros, t. I, p. 401 et suiv.

les ventes des maisons mortuaires en la ville et la banlieue, et condamna les notaires aux dépens [1].

En 1737, ceux-ci soulevèrent un autre débat : s'assimilant à ceux de la capitale, ils prétendirent, bien qu'ils n'eussent pas fourni les mêmes finances, être admis à faire les inventaires concurremment avec les vierschaires. Un nouveau procès surgit, et le Conseil d'Artois, par une sentence du 14 janvier 1758 [2], accorda par provision aux notaires le droit exclusif de faire des inventaires dans la ville et la banlieue. Les vierschaires appelèrent de ce jugement devant le Parlement de Paris, mais l'échevinage ne les soutint pas, l'affaire languit et au bout de peu d'années la location annuelle du greffe par la ville, qui rapportait encore 335 livres en 1733 et en 1736, tomba à 200 livres. Cependant le public se plaignait de ce que les notaires étaient plus chers que les vierschaires, et chaque inventaire amenait des contestations ou des transactions à propos des honoraires ; on traitait même à forfait à l'avance [3]. L'assemblée des notables de Saint-Omer en 1765 émit le vœu qu'il fût libre aux parties de se servir des officiers des vierschaires ou des notaires, et elle autorisa les échevins à intervenir au procès pendant

---

1. *Arch. de Saint-Omer*, CL-10.
2. *Arch. de Saint-Omer*, LXXIV-33.
3. Il n'y avait pas, paraît-il, de juridiction dans laquelle les salaires fussent moindres que celle des vierschaires : un échevin avait en 1769 six deniers pour une vacation de trois heures, le greffier ne touchait pas davantage, et depuis un siècle on n'aurait pas trouvé au greffe un inventaire qui eût engendré cent livres de frais. Lorsque les successions ne produisaient pas au moins une somme de deux cents livres, les officiers procédaient gratuitement ; les notaires n'usaient pas de ces ménagements.

entre ces officiers [1]. Mais ce vœu n'eut pas de suite, et les notaires restèrent en possession du droit de faire les inventaires.

Les vierschaires faillirent perdre aussi les saisines, dessaisines et hypothèques.

On sait que le droit de les accorder appartenait, d'après la Coutume d'Artois [2], aux hommes de cour des seigneurs fonciers et vicomtiers ; pour les fiefs, les saisines et dessaisines s'opéraient en présence des hommes de fiefs, et pour les cotteries en présence des hommes cottiers. L'ancien droit coutumier avait un caractère spécial, il était réel et formaliste, et ce n'était pas le consentement des parties que créait seul les obligations, c'étaient des formes solennelles qui traduisaient la pensée des contractants. Maillard, nous a conservé dans les *Anciens usages d'Artois* qu'il a placés en tête de ses œuvres, le mode dont s'opérait la transmission de la propriété par la remise d'un bâton. « Et convient le vendeur rap-
« porter tout l'iretaige par raim et par baston en le
« main dou seigneur pour ahireter l'achateur » [3].
Ce symbolisme en usage au douzième siècle disparut insensiblement lorsqu'on prit l'habitude de rédiger les conventions par écrit, mais les officiers de la cour des seigneurs continuèrent, à la conjure de l'aman, à dessaisiner le vendeur et à ensaisiner l'acquéreur [4].

1. *Arch. de Saint-Omer, registre des notables* A, p. 36.
2. Art. 1 et 71 de la Coutume d'Artois.
3. *Anciens usages d'Artois*, XXIV, art. 5 à 12. — Nous renvoyons à ces textes qui ont été cités par tous les jurisconsultes qui se sont occupés du mode de transmission de la propriété.
4. Il en était ainsi pour tous les fiefs tenus du roi en Artois. L'arrêt du Conseil d'Etat rendu le 2 novembre 1700 entre les grands baillis,

Les échevins des vierschaires, comme représentant la cour des seigneurs fonciers et vicomtiers de la ville et de la banlieue, usaient de toute ancienneté de ce droit sans partage, lorsque les échevins municipaux s'avisèrent de vouloir être présents aux saisines, dessaisines et constitution d'hypothèques accordées par ce tribunal. C'était, prétendaient-ils, une conséquence de leur droit de commune, ils devaient veiller à ce qu'on n'admît pas un étranger comme propriétaire dans la ville, sans leur permission, et sans qu'il acquittât le droit d'issue. Ils intervinrent alors dans les *œuvres de loi*[1], sans qu'on mentionnât le motif de leur ingérence, ils signèrent ces différents actes, et l'on s'habitua à croire leur présence aussi nécessaire à la validité des actes que celle des échevins des vierschaires; en 1647 ils firent constater suivant acte notarié du 12 décembre, par divers anciens échevins des vierschaires, que « les saisines et dessaisines des maisons
« et terres et héritages tenues de Messieurs Maieur
« et Eschevins de cette ville de Saint-Omer, soit ès
« ville, changle ou banlieue, des ventes qui se font
« volontairement, se font par devant cinq eschevins,
« partie du Magistrat, partie desdits vierschaëres »
et constatèrent la formalité en usage qui était la suivante : Le vendeur ou son procureur était interrogé par l'échevin des vierschaires tenant en mains le contrat de saisine ou werp[2], pour savoir s'il se

---

les officiers des bailliages d'Artois, les principaux hommes de fiefs ou vassaux, et les états de la province, ordonnait, art. 17, que les saisines des fiefs mouvans du roi, comme comte d'Artois, seraient accordées par les lieutenants généraux et autres hommes de fiefs, à la conjure des grands baillis.

1. C'est sous ce nom, ou sous celui de *devoirs de loi,* qu'on désignait les saisines et dessaisines, appelées dans d'autres coutumes *nantissement.*

2. *Werp.* C'était en Flandre l'ensaisinement et la tradition de

dessaisissait ; sur sa réponse affirmative, l'échevin présentait l'acte à l'acheteur en déclarant qu'il lui donnait la saisine. Les échevins des vierschaires n'intervenaient point lorsqu'il s'agissait de ventes d'immeubles par décret ou exécution, cinq échevins de la halle agissant sur la conjure du petit bailli suffisaient alors pour transmettre régulièrement la propriété. Ce procès-verbal, curieux à cause des formalités qu'il relate, confondait à dessein tous les héritages sis dans la ville et la banlieue, sur lesquels le Magistrat prétendait avoir droit exclusif de justice, et ne distinguait point les fiefs relevant du roi, pour la saisine desquels l'intervention des vierscaires était seule nécessaire. Bientôt les échevins jugèrent inutile d'employer l'assistance de ceux-ci ; ils s'accoutumèrent à délivrer eux-mêmes toutes les saisines et à accomplir seuls toutes les autres œuvres de loi, et les intitulèrent comme leurs jugements : « Mayeur et Echevins, etc. » Cependant, au siècle dernier, une de ces saisines pour une terre sise dans une amanie fut attaquée par un particulier et déclarée nulle comme incompétemment rendue, alors le Magistrat se décida à faire de nouveau signer ces transmissions de propriété par les échevins des vierschaires [1].

---

l'héritage. Il y avait au xve siècle à Saint-Omer un greffe des werps. — Voir notre travail sur la *Ghisle de Merville en 1451*, *(Mém. des Antiq. de la Morinie*, t. XIX, p. 106 et suiv.).

1. Nous renvoyons en outre à l'article 13 du titre 3 de la Coutume de l'échevinage du 31 mars 1612 relatif aux « exécutions et « vente d'héritages », à l'art. 25 du titre 5, « comment hypothèque « se peut acquerre », aux articles 56 et 60 du titre 15, « comment on « peut exécuter pour rentes sur maisons et autres choses particu-« lières », où sont relatés diverses fonctions des amans et les solennités requises.

D'autre part le bailliage contesta le privilège d'arrêt dont jouissaient les bourgeois et prétendit en refuser l'exercice aux amans. Il est nécessaire d'entrer ici dans quelques détails sur ce droit particulier [1].

La plupart des villes de Flandre et d'Artois jouissaient du privilège d'arrêt, c'est-à-dire du droit d'arrêter la personne ou les biens d'un étranger, créancier d'un bourgeois, lorsqu'il se trouvait dans les limites de la cité. Mais, dans les unes, il fallait un titre pour appréhender le créancier, dans d'autres on pouvait agir sans titre.

Le privilège d'arrêt à Saint-Omer datait de l'existence même de la commune : « Si quis burgensium « Sancti Audomari », porte l'article 2 de la charte de Guillaume Cliton en 1127, « alicui pecuniam suam « crediderit, et ille cui credita est coràm legitimi « hominibus et in villa sua hereditariis sponte « concesserit, quod si, die constituta, pecuniam non « persolverit, ipse vel bona ejus, donec omnia reddat, « retineantur, si persolvere voluerit aut si negaverit « hanc conventionem et testimonio duorum scabino- « rum vel duorum juratorum indè convictus fuerit, « donec debitum solvat retineatur. » Il fut confirmé dans les mêmes termes par Thierry d'Alsace en 1128, Philippe d'Alsace en 1164, Philippe VI, roi de France en 1328, puis par lettres patentes de Charles VII en décembre 1440, et par Philippe-le-Bon, duc de Bourgogne et comte d'Artois, en 1447.

Cette loi ne faisait point à l'origine de distinction

---

1. Voir sur les Privilèges d'arrêt : *Etudes sur le droit coutumier dans le Nord de la France,* par J. Perin. Paris 1859. — *Les anciennes Communautés d'arts et métiers à Saint-Omer,* t. Ier, p. 23, 27, 121, 129, 138, 139.

entre les bourgeois et les forains ; mais insensiblement son application fut restreinte aux étrangers. On pouvait donc à Saint-Omer arrêter, sans produire de titre exécutoire, les effets ou la personne du débiteur non domicilié dans la cité. Toutefois il existait entre la ville de Saint-Omer et d'autres villes ou bourgs, des traités d'alliance en vertu desquels leurs habitants respectifs ne pouvaient être arrêtés à la requête des uns des autres, ces localités étaient Gravelines, Bourbourg, Watten, Aire, Nieurlet, Morbecque, Arques, Esquerdes, le Franc de Bruges, Fauquembergues, Buischœur[1], les sujets de la prévôté de Saint-Omer, du chapitre de Saint-Bertin et de Clairmarais ; mais sur un point spécial du territoire de la ville dans l'amanie du Colhof ou seigneurie d'Ecouflans, toute exception cessait et le débiteur était arrêtable de quelque lieu qu'il vint et en quelque temps que ce fût[2]. L'habitant de Saint-Omer pouvait être considéré comme étranger, et par conséquent arrêté, lorsqu'il avait perdu son droit de bourgeoisie, soit par le bannissement, soit après un an et un jour d'absence sans l'autorisation du Magistrat.

Toutefois, si la bourgeoisie de la ville qui se livrait au négoce traitait ainsi les débiteurs forains qu'elle connaissait peu, et si l'arrestation immédiate lui paraissait le moyen le plus expéditif et le plus simple de se garantir contre le non-paiement, ce rigoureux usage ne manquait pas de causer un certain préjudice au commerce. Aussi lorsque les échevins voulurent établir une foire à Saint-Omer, ils pensèrent

---

1. *Registre aux fiefs de 1623-1631*, p. LXII. — *Arch. mun.*, AB. XII-5.

2. Art. 41 de la Coutume de la ville revisée en 1739.

que leur privilège spécial en éloignerait bien des marchands et ils eurent recours aux premiers souverains, comtes d'Artois, pour faire suspendre ces arrêts pendant le temps des foires. Diverses lettres patentes de Robert d'Artois en 1269, de Charles V, roi de France, en novembre 1367, de Maximilien, roi des Romains et de son fils Charles, du 8 février 1507, de Charles, roi de Castille, du 4 octobre 1516 octroyèrent en conséquence l'affranchissement des arrêts au corps pendant quinze jours avant le carême et huit jours après les brandons pour la foire des caresmaulx [1], et pendant les neuf jours que durait celle de St Michel (29 septembre). Ceux qui y allaient ou en revenaient ne pouvaient être arrêtés pour dettes, mêmes privilégiées, celles foraines restant exceptées. Les débiteurs recevaient la libre faculté d'entrer dans la ville et d'y vaquer à leurs affaires sans que leurs créanciers pussent les faire arrêter. Ces lettres étaient adressées au bailli, et se terminaient par un mandement de les faire exécuter donné à divers officiers de justice parmi lesquels figure le bailli [2].

Il paraît qu'à l'origine le créancier n'avait point besoin d'officier de justice pour arrêter son débiteur, il le saisissait lui-même, et s'il rencontrait de la

---

1. Le dimanche des brandons est le premier dimanche de Carême. La foire des caresmaulx se tenait pendant le carnaval le lundi avant le lundi gras jusqu'au premier samedi de Carême inclusivement *(Les Anciennes Communautés d'arts et métiers à Saint-Omer*, p. 136 et 137).

2. Ita tamen quod statutum vel ordinatum nundinarum ipsarum fiat prout erit expediens et utile per *Baillivum nostrum* et gentes nostras quas pro terrà regendà dimiserimus principales una de consensu et assensu scabinorum prædictæ villæ nostræ (Lettres de Robert d'Artois de 1269).

résistance, il appelait à son aide les bourgeois en criant *haro* ou *bourgeoisie* [1] et tout bourgeois, comme associé à la commune, était obligé de prêter main-forte, sous peine d'amende.

Plus tard, ce furent les amans qui exercèrent exclusivement le droit d'arrêt [2], et le siège des vierschaires connut des contestations qui naissaient par suite de son application, mais les échevins des vierschaires devaient être assistés de l'aman compétent, c'est-à-dire de l'aman de la seigneurie dans laquelle ils faisaient acte de juridiction, ou d'un troisième échevin à défaut de l'aman. Nous avons vu déjà le tarif d'une arrestation. Ces arrêts au corps ou les saisies de biens devaient être enregistrés au greffe dans le délai de vingt-quatre heures [3].

Ce droit des amans était ainsi constaté par l'article 60 de la Coutume de la ville du 30 mars 1612 : « Les Ammans, aultrement appellez Viscontes, ès « mectes de leurs Ammanies, pœuvent à la requeste « de quelzconques parties qui soyent, tant de ladicte « ville que dehors, arrester au corps tous estran- « giers (réservés ceulx qui sont de la fœdération) « pour debtes, tant liquides que illiquides, cognues « que non cognues ».

L'ordonnance civile de 1667, par son art. 8, avait conservé aux foires, ports, étapes, marchés et villes d'arrêt leurs anciens privilèges. A cet égard il y a lieu de citer, en ce qui concerne l'Artois, le passage

---

1. La plupart des Coutumes des Pays-Bas nommaient *clain*, l'exercice du droit d'arrêt, et ce met est dérivé de *clamare*, crier.
2. « Au siège de l'échevinage, dit Maillard, *Liste de l'échevinage « de Saint-Omer*, p. 32, il y a quatre sergens à verge et deux escau- « wettes pour faire les actes et exploits de justice à la réserve des.... « arrêts personnels à la loi privilégiée qui se font par les Amans. »
3. Délib. du Magistrat de 1691.

suivant d'Hébert, conseiller au Conseil provincial d'Artois, mort en 1706, qui dans ses *Remarques faites sur plusieurs articles de la Coustume d'Artois et sur quelques questions de droit et de pratique*, s'exprime ainsi : Art. 19. « Au sujet des arrests, dit-il, il est
« bon de remarquer qu'il y a plusieurs villes, et
« autres lieux de cette province, et autres voisines,
« où la voye d'arrest a lieu pour dettes civiles
« contre les débiteurs, lesquels estant trouvés peu-
« vent estre arrestés au corps par les sergeans a ce
« commis, scavoir : .... et en celle (ville) de St Omer,
« et autres, pour toutes sommes et pretentions
« quelconques, liquides ou non, soit qu'il y ait titre
« ou point ; et ces arrest au corps qui se font à la
« loy privilegiée desdits lieux sont *conservés par*
« *l'ordonnance de* 1667 » [1].

Lors de la révision de la Coutume en 1739, les officiers du bailliage demandèrent la suppression de cet article, et ceux de la ville répondirent que le droit d'arrêt était attribué aux habitants de Saint-Omer par de très anciennes chartes, qu'il était relaté dans tous les baux des amanies que le roi avait dans la ville et dans tous les dénombrements des seigneurs particuliers. M. Severt, conseiller de la grand'chambre du Parlement de Paris, commissaire à la réformation de la coutume, hésita, en présence de ces contestations, à confirmer un droit qui permettait au premier bourgeois venu, présumé créancier, de faire arrêter sans titre un étranger, en ne s'exposant qu'à des dommages-intérêts, et il renvoya l'article à la décision du Parlement ; « et ce-
« pendant, ajouta-t-il, par provision et attendu

---

1. Bibl. com. d'Arras, *Ms. n° 50*, f. 97-100.

« l'usage universellement attesté, la nécessité et
« utilité du commerce, avons ordonné que, par pro-
« vision et jusqu'à ce qu'il en ait été autrement
« ordonné... il en sera usé quant au droit d'arrêt,
« comme ci-devant, avec cependant le plus d'exacti-
« tude quant à la forme, et de modération quant
« aux espèces particulières que faire se pourra, et
« que pour éviter à toutes difficultés sur la forme de
« procéder auxdits arrêts, et vu les contestations
« survenues à l'occasion de differens arrêts faits,
« soit par amman avec deux échevins, soit par trois
« échevins, en relatant à l'amman compétent, avons
« ordonné par provision que les arrêts faits, soit
« par l'amman avec deux échevins, soit par trois
« échevins en relatant à l'amman compétent, seront
« également valables »[1].

Le droit d'arrêt ne fut sans doute pas maintenu, car l'art. 69 du cahier des doléances du tiers-état de la ville en 1789 portait : « Demander le rétablisse-
« ment du privilège d'arrêt réel et personnel connu
« ci-devant en cette ville sous le nom de *loi privilé-
« giée*, pour ne pouvoir cependant avoir lieu qu'en
« faveur des habitants de cette ville contre les per-
« sonnes et biens des étrangers du royaume, pour
« dettes contractées en France »[2]. Et le cahier des doléances du tiers-état du bailliage réclamait le rétablissement de ce privilège dans les mêmes termes, mais au profit de tous les habitants de la province (art. 65)[3].

---

1. Procès-verbal de rédaction des Coutumes de Saint-Omer 1744, p. 103.
2. Pagart d'Hermansart, *Mém. des Antiq. de la Morinie*, t. XVIII, p. 218.
3. Loriquet, *loc. cit.*, t. I, p. 119.

Le Magistrat était en possession depuis un temps immémorial du droit de recevoir les appels des décisions des vierscaires. Les hommes de la cour du bailliage l'avaient reconnu le 20 janvier 1321-1322, par une sentence donnée sous le sceau de Pierre de Bouvringhem, garde de la baillie de Saint-Omer, à propos d'un jugement rendu par les échevins de la rue Sainte-Croix [1]. L'accord entre la comtesse d'Artois et la ville du 3 décembre 1378 avait décidé d'une manière plus générale que les échevins de la halle étaient juges d'appel et que de plus ils pouvaient évoquer devant leur tribunal les causes pendantes en vierscaires. Des lettres de Philippe-le-Bon, duc de Bourgogne et comte d'Artois, du 31 octobre 1424 [2], antérieures au règlement déjà cité du mois de novembre de la même année qui avait réuni les amanies en un seul siège, avaient déclaré également que les appels des jugements des amans et échevins des vierscaires seraient portés en halle, où ces officiers seraient tenus de soutenir leur sentence. Des lettres de Charles VII, roi de France, du 3 novembre 1439, décidèrent que les appels du siège des vierschaires auraient lieu, soit devant le Magistrat, soit devant le bailli d'Amiens ou son lieutenant à Montreuil [3]. Plus tard, en 1498, un arrêt du Parlement de Paris avait confirmé la décision de Philippe-le-Bon spécialement en ce qui concernait le « vierscare du

---

1. *Grand registre en parchemin*, f. 73 — et *Arch. de Saint-Omer*, CCLX-2. — Sentence rendue par douze hommes de fief ou vassaux du comte d'Artois.

2. *Arch. de Saint-Omer, grand registre en parchemin*, f. 156 v° et AB. XXX-1.

3. Un vidimus de ces lettres a été imprimé dans le Mémoire de 1770, déjà cité, p. 95, note 4.

« Colhof » [1]. Enfin une sentence du Conseil d'Artois du 21 janvier 1588 avait décidé que ces appels se porteraient en halle. A ces titres de l'échevinage urbain, il faut joindre l'ordonnance des archiducs rendue à Bruxelles le 4 octobre 1608 pour simplifier la procédure de ces appels [2].

Aussi, la Coutume de l'échevinage de Saint-Omer du 31 mars 1612 contenait-elle l'affirmation de ce droit de ressort : « Art. 5. Tous les seigneurs ayans justice
« ou leurs Amans, Baillifs et échevins ; les échevins
« du siège des vierschares de la dicte ville qui sont
« créés par les dicts Maieur et Echevins..... à cause
« des exploits, justice et jurisdiction qu'ils et
« chacun d'eulx en son regard, font et exercent en
« la dicte ville et banlieue, sont appellables, refor-
« mables, et ressortissent les appellations d'eulx
« émises de plain droict pardevant Mayeur et esche-
« vins de St Omer en leur halle et auditoire, à leurs
« prochains plaidz enssuyvans, le jour que les dictes
« appellations sont faictes et émises..... » ; et l'art. 60, déjà cité, relatif au privilège d'arrêt, se terminait également par ces mots : « et s'il y at opposition
« (sur les arrêts) les échevins des vierschaires en
« cognoissent et déterminent soubz le ressort des
« maieur et échevins ».

Lorsqu'on procéda en 1739 à la réformation de cette Coutume, les échevins demandèrent que l'article 5 y fut inséré. Le procureur du roi au bailliage s'y opposa, et après une longue contestation rappelée dans le procès-verbal tenu par le conseiller Severt, il intervint une ordonnance de ce Magistrat qui

---

1. *Arch. de Saint-Omer, grand registre en parchemin,* f. 73 v°.
2. *Arch. de Saint-Omer, grand registre en parchemin,* f. 210 v° et AB. XXX-2.

donna acte au procureur du roi de son opposition, renvoya les parties à la cour pour y faire droit, et cependant ordonna « par provision que les dits « mayeurs et échevins continueront de nommer les « échevins du siège des vierscaires, et de connaître « par appel des jugements rendus par ces éche- « vins »[1].

Le bailliage, pour contester ce droit de ressort des échevins, s'appuyait comme toujours sur le droit féodal de l'Artois qui voulait que la mouvance réglât la coutume, la juridiction et le ressort, or les seigneuries dont était composé le siège des vierschaires étant dans la directe immédiate du roi, il devait en être de même de la justice de ce siège.

Les conclusions du procureur général au Parlement en 1748 ne pouvaient pas ne pas tenir compte des titres de l'échevinage, elles portaient : « Mayeur et « Echevins maintenus et gardés dans le droit de juri- « diction et de ressort sur le siège des vierschaires »[2]. Mais, en fait, le bailliage, depuis la domination française, s'était attribué le ressort des affaires relatives aux fiefs et mouvances féodales, et on ne portait plus devant l'échevinage que les procès au sujet des fonds roturiers ou des héritages d'échevinage[3].

En 1789 ce siège comprenait six amans conjureurs, un aman du roi, un petit bailli pour la banlieue, divers autres amans pour les seigneurs particuliers, huit échevins, un greffier, et trois sergens vendeurs

---

1. *Procès-verbal de la rédaction des Coutumes de Saint-Omer* (Paris 1744), p. 81.
2. *Pièce justificative* XVII-IV.
3. C'est ce que constatait déjà Bultel, p. 452, *Notice de l'état ancien et moderne de la province d'Artois*, Paris 1748.

des meubles [1]. Ils tenaient alors leurs séances dans la maison appartenant à la ville appelée la Scelle, sur le Grand Marché.

L'aman du roi et le greffier furent nommés par leur corps pour le représenter dans l'assemblée préparatoire tenue les 30 et 31 mars 1789, afin de rédiger le cahier des doléances du Tiers-Etat et de nommer les députés au bailliage [2].

En 1794, le conseil général de la commune de Saint-Omer ordonna la destruction des archives des vierschaires, et conserva seulement : « depuis 1700 « les minutes des ventes, depuis 1400 les minutes « des inventaires, il envoya à l'arsenal les registres « d'enregistrement de saisie et arrêts » [3]. En 1889, les archives des vierschaires ont été transportées à Arras ; elles comprenaient environ 139 dossiers du XVIIIe siècle.

---

1. Almanach d'Artois de 1789.
2. Pagart d'Hermansart, *Convocation du Tiers-Etat de Saint-Omer aux Etats généraux de France et des Pays-Bas (Mém. des Antiq. de la Morinie*, t. XVIII, p. 183 et 203).
3. Pagart d'Hermansart, *Note sur les anciennes archives des greffes criminel, de police et des vierschaires (Bulletin des Antiq. de la Morinie*, t. VII, p. 192 à 194).

CHAPITRE V

LE FIEF DE LA CHATELLENIE OU DE LA MOTTE. —
LES FRANCS-ALLEUX

Le fief de la Châtellenie ou de la Motte. — L'officier châtelain ou bourgrave. — Ses attributions au bailliage, à l'échevinage et dans le fief de la Châtellenie. — Son serment au XVIe siècle. — L'office est adjugé à titre de bail au XVIIe siècle. — Prétentions de l'échevinage. La justice directe sur ce fief est attribuée au bailliage.

Les francs-alleux. — Echevinage spécial. — Il est modifié en 1546, la mairie en est donnée à bail, puis engagée en 1603. — Compétence des officiers des francs-alleux. — Amoindrissement de cette seigneurie, son étendue en 1688 et en 1730. — Diminution successive des baux. — Le bailliage n'a que le ressort sur cet échevinage. — Cahier de doléances du bailliage en 1789.

Cependant il y avait dans la ville même une seigneurie sur laquelle les échevins soutenaient avoir des droits tout spéciaux de justice ; et outre les motifs invoqués déjà à l'appui de leur juridiction générale sur la ville et la banlieue, ils arguaient, pour soutenir leurs prétentions, de diverses décisions spéciales relatives à ce fief qui était celui de la Châtellenie [1].

Nous avons expliqué déjà comment l'ancienne châtellenie, en tant que fief dominant relevant du comte de Flandre, s'était fondue dans le bailliage, et comment le châtelain fut réduit à la partie du territoire de la ville qui entourait l'ancien château, et qui constitua plus spécialement le fief du Châtelain, le fief de la Motte ou le Burgage [2]. Quand ce fief vicomtier eut été réuni définitivement au Domaine en 1386, l'ancien lieutenant du châtelain y fut maintenu et cet officier subalterne fut qualifié d'officier châtelain, ou même de châtelain, ou de bourgrave ; il fut nommé par le souverain et à ses gages et il exerça son office pour le compte du prince [3]. Nous

---

1. Voir t. I, chap. II, p. 18.
2. T. I, p. 16, 18.
3. T. I, p. 133. — M. Giry, *Hist. de Saint-Omer*, p. 100, notes 2 et 3 a cité les noms de quelques officiers châtelains. Voici les noms de quelques autres de ces officiers ou burgraves relevés dans l'*Invent. som. du Nord Ch. des C. de Lille,* à propos des quittances de leurs gages ou de leur nomination :

1387-88.	Jean de Carant, chevalier (gages)	n° 1845, t. IV.
1389-90.	Jean Amours, id.	n° 1848, id.
1392-93.	Coppin de Wissocq, écuyer,	n° 1852, id.
1394-95.	Martel le Portier,	n° 1855, id.
1395.	Laurent de Lille,	n° 1857, id.
1395-96.	Jacques de Wissocq,	n° 1858, id.
1405-06.	Guilbert de Lestore (gages)	n° 1879, id.
1408.	Jacques de Wissoc,	n° 1388, t. I.
1418.	Aleaume d'Audenfort,	n° 1915, t. IV.
1423.	Huc de Lannoy,	n° 1466, t. I.
1424-25.	Aleaume d'Audenfort,	n° 1932, t. IV.
1426.	Louis d'Yvregny au lieu d'Aleaume d'Audenfort,	n° 1936, id.
1434.	Pierre Borelet,	n° 1952, id.

avons établi qu'il avait conservé certaines fonctions judiciaires qu'il exerçait avec le bailli [1]. Il était aussi officier fiscal à l'échevinage et chargé de poursuivre le recouvrement des amendes prononcées pour le compte de cette justice devant laquelle il prêtait serment [2] ; il faisait observer les placards dans la ville, banlieue et châtellenie, et veillait à la conservation des droits, hauteurs et prééminences du souverain et du bien public [3].

Mais il était établi principalement pour la conservation et la perception des droits dépendant de la châtellenie, pour la poursuite des amendes appartenant à cette seigneurie vicomtière, et pour requérir la punition des délits et crimes commis sur les fonds relevant du fief, il faisait à cet égard les fonctions de partie publique à l'échevinage et on le voit figurer à ce titre jusqu'en 1789 sur les registres de cette justice.

Cet officier, qui prêtait serment au bailliage,

1437-38. Jean Robes, burgrave de Saint-Omer, garde des cygnes de la châtellenie et commis à l'exercice de l'office de châtelain, nos 1962, 1964 et 1965, t. IV.
1446. Pierre de Wavrin dit Anieux du Peu, n° 1990, id.
1456. Jean de Fontaines, écuyer, n° 2025, id.
1468. Aleaume de Seninghem, n° 2071, id.
1473. Jean de Cohem, écuyer de chambre, n° 2096, id.
1480. Julien Blondel, lieut. du châtelain et burgrave, n° 2122, id.
1480. David de Wissocq (gages) n° 2123, id.
1505. Eustache de Bresmes, écuyer, châtelain et garde du château, n° 2196, id.
etc.

1. T. I, p. 135.
2. Nous avons reproduit t. I, p. 133 et 134, son serment devant cette juridiction en 1361.
3. Pagart d'Hermansart, *Les Procureurs de ville à Saint-Omer 1302 à 1790 (Mém. des Antiq. de la Morinie*, t. XXIII, p. 200 et 201).

continua à être obligé d'en faire un autre devant le Magistrat, qui avait le droit de le refuser lorsque le nouveau preneur ne lui convenait pas ; il usa notamment de cette faculté en 1633 à l'égard du s^r Caudriès qui avait pris l'office à bail des bailli, lieutenant général et conseillers des Domaines au bailliage, et il contraignit ceux-ci à l'affermer à un nommé Charles Pierlay ou Pirlay, par acte du 23 avril de cette année [1].

Sous les rois d'Espagne, alors que la Réforme avait envahi les Flandres, le serment prêté par le bourgrave devant les mayeur et échevins était celui-ci :

« Je jure par le Dieu tout puissant et sur la damnation
« de mon âme que je crois tout ce que croit l'église
« catholicque, apostolicque et romaine et que je tiens la
« doctrine qu'elle a tenu et tient sous l'obéissance de
« Notre Saint Père le Pape, détestant touttes doctrines
« contraires à jcelle, sy comme des Luthériens, des Calvi-
« nistes, des Anabaptistes et de tous autres héréticques et
« sectaires et que en tant qu'en moy sera je m'opposeray
« et contrarierai à jcelles [2] ; que je garderai et ayderai à
« garder les droits de la Ste Eglise et de Sa Majesté, les
« droits, franchises, libertés, privilèges, bonnes cous-
« tumes et la paix de cette ville de Saint-Omer et com-
« munauté d'jcelle, aux veuves et orphelins leurs droits
« et à chacun son droit sy avant que l'office de chastelain
« appartient et que en jcelui je me gouvernerai, em-
« ployerai et maintiendrai comme bon et léal chastelain
« doit faire, et que ne ferai entrée en maisons des bour-
« geois ou habitants de cette ville pour faire exploit de
« justice sans estre assisté d'un officier de cette d. ville.

---

1. *Bibliothèque de Saint-Omer, Ms. 873*, f. 32 v°. — 20 avril 1633. Acte contenant les représentations faites par les mayeur et échevins et le procureur de ville aux officiers du bailliage pour faire sortir le nommé Caudriès de sa demeure au lieu de la Motte-Châtelaine, et ord^{ce} rendue par les lieut^t g^{al} officiers et conseillers du roi qui a admis le nommé Pirlay à l'office de burgrave au lieu de Caudriès.

2. Rapprocher du serment du bailli en 1600. T. I, p. 234.

« Ainsy me veuille Dieu ayder et tous ses saincts.[1] »

On voit que le Magistrat n'avait pas manqué de protéger les bourgeois contre les arrestations auxquelles aurait pu procéder arbitrairement cet officier, et que, par la dernière clause de ce serment, il lui avait imposé les mêmes obligations qu'aux sergents à masse de la ville et du bailliage, au bailli, au lieutenant général, au lieutenant particulier et au petit bailli[2]; persistance bien remarquable de l'échevinage à exiger des garanties pour la liberté individuelle des bourgeois! Ces serments n'étaient point de vaines formules, nous avons montré en effet avec quelle énergie le Magistrat rappelait fréquemment leurs solennels engagements à ceux des officiers du prince qui portaient atteinte à ce précieux privilège[3].

Au commencement du XVIIe siècle, l'office fut adjugé à titre de bail avec l'ancienne motte châtelaine et la maison du bourg par les officiers du bailliage, et en 1660, devant la Chambre des Comptes de Lille; supprimé pendant un certain temps, il fut rétabli en 1712 pour soulager le petit bailli qui avait dû remplir les obligations de cette charge, mais l'année suivante la ville racheta l'office.

Immédiatement après la réunion au domaine de la châtellenie de Saint-Omer, des contestations s'élevèrent au sujet de la juridiction dont elle dépendait,

---

1. *Archives de Saint-Omer*, AB. Formulaire de serments.
2. Voir ces serments t. I, p. 45, 148, 149, 151, 233, 244, 247, 380.
3. T. I, p. 146 à 151 et 337 à 340. — A la page 150 nous avons signalé spécialement un châtelain qui en 1408 était entré illégalement dans la maison d'un bourgeois.

entre le procureur général du comte d'Artois et les mayeur et échevins. Elles furent portées en 1386 devant le comte d'Artois qui décida, notamment par lettres patentes du 28 mars, à propos d'une maison rebâtie par un particulier, et qui avançait trop sur la voie publique, que si la maison était tenue en fief la difficulté devait être tranchée par lui ; et à propos d'inventaires faits à la motte châtelaine, qu'ils devaient être opérés par les officiers de la châtellenie dont cette motte était le chef-lieu, mais que les officiers de l'échevinage y seraient appelés pour la conservation des droits des intéressés [1]. De ce que les échevins de la ville devaient être présents à ces inventaires, le Magistrat concluait que c'était à lui de connaître des contestations qui surviendraient à propos de ces actes et à adjuger la succession à celui à qui elle devait appartenir, et que par conséquent il pouvait exercer la juridiction sur la motte châtelaine.

Cependant ces prétentions ne furent jamais reconnues, on trouve notamment une consultation de cinq avocats rédigée le 21 septembre 1560, suivant laquelle la motte châtelaine étant réputée fief, la connaissance des inventaires qui s'y faisaient devait appartenir au bailliage [2].

Les échevins se prévalaient également de l'obligation imposée aux bourgraves de prêter serment entre leurs mains, pour affirmer qu'ils avaient juridiction et supériorité sur la châtellenie. Ils tiraient encore un argument de leur droit d'édicter divers règlements de police concernant la motte châtelaine [3],

---

1. *Arch. de Saint-Omer, grand registre en parchemin*, f. 239.
2. *Arch. de Saint-Omer*, AB. XXX-6.
3. 1404. Règlement portant défense de jouer aux dés à la motte du

et de certains droits spéciaux à eux dévolus dans la garenne des cygnes qui dépendait de la châtellenie. Quoiqu'il en fût de ces divers actes, les mayeur et échevins ne purent établir qu'ils avaient jamais eu le moindre exercice de juridiction sur les personnes et les tènements de la châtellenie. Bien plus, quand ils avaient refusé d'admettre comme burgrave le s^r Caudriès, ils avaient prié et requis les officiers du bailliage de le faire déloger de la motte châtelaine, et ceux-ci, avaient rendu le 24 avril 1633 un jugement conforme aux réquisitions qui leur avaient été présentées. Si le Magistrat avait eu des droits de juridiction sur cette châtellenie, il ne se serait pas adressé au bailliage.

La question fut portée devant le parlement de Paris, lors du grand procès de juridiction commencé en 1680. Les conclusions du procureur général proposèrent de confirmer les droits du bailliage, elles portaient que les officiers de ce siège seraient « maintenus et gardés dans le droit de juridiction « sur la châtellenie de St Omer »[1].

Le burgrave n'était pas le seul officier de la châtellenie ; il y avait encore un aman avec ses échevins, qui fut rattaché au siège des vierschaires, mais l'amanie de la châtellenie avait été réunie à celle du Brûle au xive siècle[2]. On y trouvait aussi un mayeur des francs-alleux, dont nous allons indiquer

---

châtelain qu'on appelle le Borgh. — 1408. Défense d'y porter des immondices jusqu'à la fontaine qui est au pied dans la rue Ste Croix, etc. *(Table des règlements politiques* aux *Arch. de Saint-Omer).*

1. *Pièce justificative* XVII-III.
2. T. II, p. 93.

les attributions en traitant spécialement de cette nature de propriétés.

Les Francs-Alleux. — De la Châtellenie relevait un grand nombre de fonds de terres d'une tenure particulière situés tant dans la banlieue de la ville que dans le surplus du bailliage ; on nommait ces propriétés *francs-alleux.*

En général, le mot *franc-alleu* signifiait un héritage absolument indépendant de toute espèce d'autorité, exempt de toute juridiction et de tout impôt, même de droits seigneuriaux s'il était situé dans la justice d'autrui. Mais, en Artois, où était admise la maxime : « nulle terre sans seigneur », il n'y avait pas d'héritage qui ne fût assujetti à une juridiction quelconque. De sorte que si on distinguait dans diverses Coutumes, et notamment dans celle de Paris, art. 68, des francs-alleux nobles et roturiers, dans celle de Saint-Omer, il n'y en avait pas de nobles[1] ; les fiefs et nobles tènements relevaient en effet directement du château de Saint-Omer, et ils étaient dans la mouvance du bailliage, tandis que les francs-alleux n'en relevaient que médiatement, et qu'ils étaient régis par une autre justice nommée aussi *francs-alleux,* la justice et les héritages qui en dépendaient portant le même nom. En définitive, ces terres, *improprement* appelées francs-alleux, comme le porte le texte même de l'art. 7 de la Coutume du bailliage

---

1. La plupart des anciens auteurs qui ont parlé des francs-alleux de Saint-Omer, n'ont pu expliquer nettement la nature de cette tenure spéciale, qui n'était ni noble ni roturière. (V. Guyot, *Répertoire de jurisprudence* et *Notice de l'état ancien et moderne de la province d'Artois,* p. 294, etc.)

et châtellenie de 1743, n'étaient ni nobles, ni roturières, mais d'une nature spéciale, et elles n'étaient des tenures franches que parce qu'elles ne devaient aucune redevance, ni aucuns droits seigneuriaux, et qu'elles n'obligeaient les propriétaires qu'à un service de plaids, et à des rapports ou déclarations.

A quelle époque remonte cette catégorie de propriétés ? c'est ce qu'il est difficile de préciser ; il est probable que des concessions de cette nature furent faites autrefois par les châtelains pour attirer des habitants dans la ville et dans la banlieue. Dès lors, elles furent soumises, à l'origine, à leur juridiction, et ils instituèrent, pour ces tenures spéciales, un échevinage exclusivement composé de chevaliers, de nobles et notables personnages tenanciers de ces terres[1] ; ceux-ci ne pouvaient refuser les fonctions d'échevins, étaient présidés par l'aman du châtelain, et siégeaient trois fois l'an à la Motte-Châtelaine « le vendredy prochain après le xxe jour de Noël, le « vendredy prochain après le Quasimodo, et le ven- « dredy prochain après le jour du Sacrement[2] » et ce

---

1. Voir dans les *Chartes de Saint-Bertin*, t. II, n°s 1492, 1574, 1721, divers actes passés devant le mayeur et deux échevins des francs-alleux de 1320 à 1364.
2. Il en était encore ainsi en 1391, après la réunion de la châtellenie au domaine du comte d'Artois : « *Item* sensst plus^s nobleces et « droittures appr^{tens} à ledite castell^e : Primes un esqueuinage à le « motte et à le castell^e, dont nuls ne poet estre esch^{ins} sil nest chl^{rs}. Et « cognoissent lesdis esch^{ins} de toute la ten^e des frans aleux, où il y a « pluis^s et grant quantité de tenemens et de ten^e et en grant quantité « de villes..... Et n'y a aucuns chl^{rs} qui demeurece en ville où il y ait « tenemens des frans aleux, qui se puist excuser d'estre esch^{ins}. Et « s'il ne tient tenement, li sirez leu poet donner x sauldeez et p^r tant « le doit seruir d'esqueuinage. » *(Compte du fief de la Châtellenie*

avant midi sonné. Les propriétaires de francs-alleux devaient y comparaître, et des amendes, variées pour chaque plaid, frappaient ceux qui ne s'y rendaient pas ; le châtelain en percevait une part[1].

Cette justice fut très anciennement concédée à titre de fief relevant de la châtellenie, et le mayeur son chef, devenu héréditaire, faisait hommage au châtelain[2]. Le fief fut confisqué par Robert II, comte d'Artois, sur Pierre de Nolle, qui s'était rendu coupable de meurtre, et il fut vendu, en novembre 1267, à Gauthier de Renenghes, sixième fils de la châtelaine Mathilde et de Jean d'Ypres, qui prit le titre de Maire des francs-alleux. Le Magistrat de Saint-Omer lui fit reconnaître, en août 1269, qu'il ne pouvait convoquer aux plaids généraux les bourgeois de la ville qui tenaient des francs-alleux ; ce privilège fut confirmé la même année par Jean de Renenghes, son frère aîné, et par sa mère[3]. L'abbaye de Saint-Bertin obtint aussi en 1270, la franchise entière de tous les alleux qu'elle possédait alors et de ceux qu'elle pourrait acquérir dans l'avenir[4]. Cependant cette branche cadette de la famille des châtelains de Saint-Omer ne continua pas à posséder le fief, qui rentra sous la mouvance directe de la châtellenie[5],

---

de Saint-Omer en 1391, publié par M. Brassart. *Bulletin des Antiq. de la Morinie*, t. VI, p. 473, 474.)

1. D'après le compte de 1391, cité ci-dessus, les amendes étaient de 3, 6 et 60 sous.
2. *Histoire de Saint-Omer*, par Giry, p. 99.
3. Giry, *Mém. des Antiq. de la Morinie*, t. XV, p. 245.
4. *Les Chartes de Saint-Bertin*, t. II, p. 113. Acte du 30 juin 1270 — et *Bibl. de Saint-Omer*, Ms. 806, p. 74 v°. — Les hôpitaux et la Madeleine profitaient de la même exemption. — Giry, *Mém. de la Morinie*, t. XV, p. 258.
5. Probablement par rachat, comme le fief de la sénéchaussée, qui avait été acquis par le prince en 1306.

puisque en 1353, le 19 juillet, c'est le châtelain lui-même, Robert de Fiennes [1], qui confirme à son tour au profit des habitants l'exemption de comparaître aux plaids. Enfin, lorsque en 1386 la châtellenie fut réunie au domaine du comte d'Artois, on voit figurer les francs-alleux dans les comptes spéciaux de ce fief [2]. Aucun changement n'avait d'ailleurs été fait dans l'exercice de la justice foncière et vicomtière des francs-alleux, seulement le bailli nommait le mayeur en vertu d'une commission spéciale, et il continua à choisir des chevaliers ou des écuyers pour remplir cette fonction.

Pendant les guerres qui suivirent l'assassinat du duc de Bourgogne, Jean-sans-Peur, le 17 septembre 1419, l'Artois fut dévasté, et la justice y fut en quelque sorte abandonnée. Aussi, quelques années après, le procureur au bailliage exposait à Philippe-le-Bon « qu'il avait un certain droit de seigneurie appelé « les francs-alleux, qu'il y avait pour ces ténements « un mayeur habituellement nommé par le prince, « et échevins tous chevaliers, lesquelz devoient dire « loy au conjurement dudit mayeur ou de son lieu-« tenant, trois fois par an aux jours des plaids an-« ciennement ordonnés, et bailler leur rapport et « dénombrement, ce qui ne se faisoit plus. » Sur cet exposé, le duc de Bourgogne, par lettres patentes du 19 septembre 1435 données à Arras et adressées au grand bailli de Saint-Omer, décida : « pourquoy, nous, les choses considérées, Voulons « toujours justice estre faicte et administrée à chas-« cun comme apartient et que vous êtes juge au « dessus des mayeur et eschevins, nous vous man-

---

1. Comme mari de Béatrix, fille d'Eléonore et de Rasse de Gavre.
2. V. t. I, p. 18.

« dons et commettons que, apelé avec vous ledit
« procureur et conseil par delà tel que bon vous
« semblera, vous ensemble ordoniez et pourvoyez
« par celle desdits francs allenx de choisir de par
« nous d'aucuns desdits tenans, bons et notables
« personnes idoines et suffisantes jusqu'au nombre
« de six, pour iceluy eschevinage gouverner, exercer
« loyauement come il appartiendra, selon les cous-
« tumes... les instaliez... et, les refusans desdits
« tenans, s'il y en a, les contraiguiez sur certaines
« et grosses peines à appliquer à nous, et ainsi à
« faire leur rapport et dénombrement come il appar-
« tiendra pour la conservation des droits et do-
« maines »[1].

En conséquence, le 19 octobre 1453, Alard de Rabodinghe, bailli de Saint-Omer, nomma pour mayeur sire René le Deverne, écuyer, momentanément absent alors pour le service militaire.

Depuis cette époque le bailli, au nom du prince, ne cessa plus de nommer les membres de cet échevinage ; et un arrêt du grand Conseil de Malines du 26 juillet 1495 confirma ses droits à cet égard, mais comme on trouvait de plus en plus difficilement des titulaires, un règlement du 8 août 1546 étendit à tous les tenanciers, nobles ou non, le droit d'être appelés à leur tour, pour tenir les plaids, et on finit par choisir 8 à 10 d'entre eux « capables et idoines » pour en faire des échevins, dont les fonctions n'étaient plus renouvelées à chaque plaid, mais étaient permanentes. Ce fut la même révolution que celle qui substitua, pour la justice du bailliage, des conseillers aux hommes de fiefs.

---

1. *Ms. Deschamps de Pas.*

En outre à partir de 1546, la mairie fut donnée à bail. En 1603, elle fut aliénée à titre d'engagement, par les archiducs Albert et Claire-Eugénie, au profit d'Adrien Dreys [1] ; François Corvette en devint propriétaire en 1615, et l'office fut exercé tantôt par le propriétaire ou par un desservant, tantôt par son locataire. En 1660, l'office de lieutenant-châtelain ou burgrave y fut réuni. A l'époque du retour de Saint-Omer à la France, la mairie passa dans le domaine du roi, qui ne disposa jamais des francs-alleux à titre d'inféodation, ni à titre de cens. Ils restèrent, avec leur ancienne organisation, le dernier élément du fief de la châtellenie [2], et furent loués par adjudication, soit par le ministère du receveur des domaines, soit par le subdélégué de l'intendance, soit par le représentant de l'adjudicataire des fermes réunies [3].

La compétence des officiers des francs-alleux consistait à recevoir les actes juridiques sans lesquels les aliénations, donations ou transmissions ne pouvaient se réaliser d'une manière parfaite [4]. Ils accordaient les saisines, dessaisines et hypothèques, et recevaient les rapports et reconnaissances, ils prononçaient des amendes contre ceux qui n'assistaient point aux plaids généraux en personne, ou par procuration [5], et contre ceux qui n'avaient point déclaré,

---

1. *Arch. du Nord, Ch. des C.*, t. II, n° 1638.
2. Le 11 août 1724, le bailliage fit un nouveau règlement pour l'administration de la justice dans le siège des francs-alleux ; nous n'avons pu le retrouver.
3. Voir plus loin le loyer de ces différents baux.
4. « Et là passent leurs ventes et convenences » porte le compte de 1391, en parlant des 3 plaids.
5. Le châtelain en avait une part qui fut ensuite attribuée au souverain, et perçue plus tard par le locataire de la mairie.

dans le délai d'un an, les portions de terre dont ils étaient devenus propriétaires par voie de succession ou autrement. Ils exerçaient aussi la moyenne et la basse justice dans l'étendue des francs-alleux. Nous avons indiqué les jours et les heures où se tenaient anciennement ces plaids, ils ne changèrent pas [1], sauf qu'après la création de l'évêché, ce fut la cloche de la cathédrale qui, en sonnant à midi, indiqua la fermeture de chaque plaid, et le moment où les défauts étaient constatés et les amendes encourues ; mais la motte châtelaine cessa d'être le siège de ce tribunal, et d'après l'art. 8 de la Coutume du bailliage en 1739, les francs plaids se tenaient en l'hôtel du Roi ou Auditoire du bailliage. Le procureur du roi de ce siège, ou son substitut, faisait l'office de partie publique, et le greffier y libellait les sentences et en tenait les registres. Il y avait aussi un sergent pour faire les prises, arrêts et exploits dans l'étendue des francs-alleux. L'arrêt du grand conseil de Malines du 26 juillet 1495, que nous avons déjà cité, avait statué que les ordonnances, jugements et autres actes émanés des mayeurs et échevins des francs-alleux seraient exécutés par toute la ville sans l'assistance ni la réquisition d'aucun autre officier de justice et comme les jugements du bailliage [2].

A l'origine, ces terres étaient très nombreuses [3],

1. La désignation des heures d'après l'art. 8 de la Coutume du bailliage et châtellenie de Saint-Omer en 1739 est celle-ci : « Trois « fois l'an, scavoir le vendredy d'après le premier lundi d'après le « jour des Rois, le vendredy d'après le dimanche de Quasimodo, et « le vendredy d'après la fête Dieu, et ce avant midi sonné ». Ce qui correspond exactement à celle du compte de 1391 donnée plus haut, p. 133.

2. *Ordonnances royaux*, p. 4.

3. « ... le tenure des frans aleux où il y a plius[s] et grant quantité

et comprenaient plus de dix mille mesures (3,546 hectares 67 ares), possédées par les abbayes de Saint-Bertin, de Licques, de Clairmarais, de Blendecques, de Watten, de Sainte-Claire, de Saint-Jean-au-Mont à Térouanne, par la prévôté et le chapitre de Saint-Omer, par la ville et par divers bourgeois ou manans et par un grand nombre de propriétaires dans la banlieue ou en dehors. Mais la quantité de ces terres franches diminua insensiblement. On s'abstenait de plus en plus de se présenter aux plaids, bien que les propriétaires aient rejeté cette obligation sur leurs fermiers, en insérant dans presque tous leurs baux, un pouvoir pour les y représenter, et la comparution n'eut plus pour objet que de faire connaître les nouveaux propriétaires de ces fonds. En 1688, lorsque Joachim Carlier, alors mayeur, chercha à rétablir ces plaids qui ne se tenaient plus [1], voici le nombre des personnes, « de quel estat et condition elles soient, tenant terres « et héritages tant en fiefs que cotteries et arrente- « mens mouvant des francs alleux », à qui il fit commandement le trente avril au nom du roy et des mayeur et échevins, « qu'elles ayent à baillier rap- « port et dénombrement suffisans par dedans qua-

« de tenemens et de tens et en grand quantité de villes » (Compte de 1391).

1. « Registre aux plaids généraux des francs alleux de la chaste-
« lenie de St Omer comenchant au trente avril 1688 estant pour lors
« mayeur le sr Joachim Franchois Carlier ». Ce registre, que nous avons retrouvé dans ce qui reste des archives du Bailliâge, est en partie rongé par l'humidité. Il porte notamment : « A esté ordonné
« que doresnavant toutes personnes indiferament tenant terres tant
« en foef que cotteries, rentes anciennes et perpetuelles, mouvant
« desdits francs alleux, seront *come autreffois tenus comparoir aux*
« *trois francs plaids* qui se tiendront sur le bancq de la motte cha-
« telaine, etc. » *(Arch. du Pas-de-Calais).*

« rante jours à peine de saisie et amende de soixante
« sols parisis » :

Le s' Jean-Baptiste Girardot, procureur de la ville,
qui se présenta « pour ce qu'elle tient en fief come
« autrement de la ville », mais « soubs les protesta-
« tions ordinaires », ce qui fait penser que l'ancienne
dispense d'assister aux plaids conférée au Magistrat
aux xiii° et xiv° siècles n'avait pas été maintenue,
mais que celui-ci invoquait toujours son ancien privilège ;

« Les manans et habitans de la ville non bourgeois
« chacun en leur particulier ;

« Les bourgeois non privilégiés ;

« Les bourgeois privilégiés exempts d'amende de
« trois sols ;

« Messieurs les doyens et chapitre de St Omer ;

« Messieurs les religieux, abbé et couvent de
« St Bertin » ;

Puis environ :

8 tenanciers pour des terres sises à Campaigne,
La Barne, Baudringhem, Wardrecques, Arques,
Blendecques, Le Hocquet, Soyecques, Wizernes,
Gondardenes, Edequines, Sainte-Croix, Longuenesse,
Wisques et Hallines.

11 sur Helfaut.
20 » Cléty et Dohem.
4 » Lumbres.
17 » Seninghem et Bayenghem.
.12 » Moringhem.
8 » Zudausques.
10 » Nortdausques.
6 » Houlle et Moulle.
12 » Bayenghem-les-Eperlecques.
21 » Serques.

Mais le nouveau registre qu'il avait ouvert pour ces plaids resta en blanc, et le procureur du roi requit défaut contre les non comparants que les mayeur et échevins condamnèrent tous à des amendes de six sols parisis.

Cette justice ne fonctionnait plus, les francs-alleux disparaissaient et il n'y eut plus de plaids pendant de longues années. Un document daté de 1730, intitulé : « Ceux qui doivent le rachapt aux francs-« alleux »[1] indique le nom des localités où existaient encore des terres de cette nature. C'étaient[2] :

Affringues, Audincthum,

Barne (la), Balinghem, Baudringhem, Bayenghem-lez-Eperlecques, Bayenghem-lez-Seninghem, Blendecques, Bois (le)[3], Brouxelles (paroisse de Boisdinghem),

Campagne, Cléty,

Dohem,

Edequines, Elvelinghem, Etrehem,

Helfaut, Hocquet (le),

Laert, Ledinghem (paroisse de Bléquin), Leuline, Leulinghem, Longuenesse, Lumbres,

Monnecove, Moulle,

Nielles, Nordausques,

Panne (la),

Quembergue,

Sainte-Croix, Salperwick, Samettes, Seninghem, Serques,

Tatinghem, Tilques,

---

1. *Arch. du Bailliage.*
2. Voir ces localités dans le *Dictionnaire géographique de l'arrondissement de Saint-Omer,* par Courtois *(Mém. des Antiq. de la Morinie,* t. XIII).
3. Grand-Bois près d'Helfaut.

Waderdal (par. de Seninghem), Wizernes, Zudausque.

Pourquoi cette seigneurie allait-elle ainsi en diminuant d'importance, et qu'étaient devenues la plupart des terres qui en dépendaient autrefois ? Il y a plusieurs causes à cette décadence.

La nature de ces biens ne pouvait qu'être difficilement constatée puisque les propriétaires s'affranchissaient de plus en plus de l'obligation de présenter les rapports et dénombrements qui, seuls, pouvaient fournir des titres aux officiers de ce siège, et ils se croyaient affranchis de ces formalités par cela même que ceux-ci n'étaient plus en mesure de les exiger, et qu'elles étaient tombées en désuétude.

Le Magistrat en faisait rentrer le plus possible sous sa juridiction, et les seigneurs voisins de ces terres agissaient de même. Les tenanciers se faisaient admettre au nombre de leurs vassaux, moyennant une modique rente, qu'ils préféraient payer plutôt que d'assister aux plaids ou d'être condamnés à des amendes, ce qui était toujours possible si quelque locataire de la mairie voulait remettre en vigueur les anciens règlements ; les seigneurs, dans leurs rapports et dénombrements fournis au bailliage, se gardaient bien de mentionner ces terres ainsi réunies à leurs domaines. Ils allaient plus loin, ils engageaient les tenanciers des francs-alleux à se ranger au nombre de leurs vassaux, dans la vue d'acquérir ces terres franches par prescription, et ne leur demandaient qu'une faible redevance.

Des particuliers sans seigneuries ni mouvances s'en formaient de la même manière, en obtenant des déclarations des propriétaires de ces terres franches.

Il semble, à la vérité, que les possesseurs de ces terres affranchis de droits seigneuriaux, tels que lods et ventes, relief, cens et autres, avaient intérêt à rester francs, mais les locataires qui affermaient la mairie comme un objet de commerce, étaient parfois avides, et se livraient à des vexations ; il en résultait que les saisines et autres actes de transmission de propriété étaient moins coûteux dans les autres seigneuries ; d'autre part les fermiers de ces domaines étaient intéressés à changer de seigneur, pour obtenir des baux aux meilleures conditions possible, et ils laissaient commettre des usurpations.

Quant aux officiers du bailliage, et particulièrement au procureur du roi, qui devaient veiller à la conservation de toutes les mouvances de la châtellenie, ils ne trouvaient d'intérêt, ni pour eux, ni pour le souverain, à réprimer ces envahissements, car les francs-alleux ne rapportaient que quelques fractions d'amendes, tandis que les seigneuries, en devenant plus étendues, fournissaient davantage de droits seigneuriaux dus au roi en cas de vente, de mort, etc.

Aussi, rien d'étonnant que les baux de la mairie des francs-alleux aient diminué. Louée à l'origine plus de 600 florins, elle ne l'était plus que pour 400 livres en 1628, 250 livres en 1769[1].

---

1. « Pardevant notaires royaux à St Omer, le s^r Henri Vast Joseph
« Boussemart receveur des domaines du roi à Aire, y demeurant
« paroisse St Pierre, stipulant pour M. Julien à la terre, adjudica-
« taire général des fermes unies de France, et autorisé à l'effet des
« présentes de messieurs ses cautions, a déclaré avoir baillé et dé-
« laissé à titre de bail, pour six années du 1er de ce mois au dernier
« décembre 1774, au s^r Nicolas-Joseph Guilbert l'office de mayeur
« des francs-alleux de la châtellenie de St Omer, moyennant 250 livres

Cependant, en 1773, Jean-François-Louis Buffin, substitut du procureur du roi, constatait dans une requête qu'il présentait le 29 juillet aux mayeur et échevins des francs-alleux, que depuis un temps considérable, une certaine mésintelligence existait entre le fermier de la mairie et les personnes chargées par état de veiller à la conservation des mouvances de la châtellenie ; que celle-ci, où régnait un affreux désordre, était réduite à moins du huitième de ses anciens territoires, et il demandait à « faire « saisir seigneurialement sur les possesseurs et « propriétaires des terres franches improprement « appelées francs-alleux, tenues du roi à cause de « sa châtellenie de Saint-Omer, qui sont en retard de « fournir leurs rapports ou déclarations, les maisons, « manoirs, terres et héritages relevant de la dite « châtellenie, d'en poursuivre la réunion au Domaine « de Sa Majesté faute par eux d'y satisfaire et « condanner ceux qui ne les ont pas fourni dans le « délai porté par l'art. 8 (de la Coutume) en l'amende « de 60 sols parisis, conformément audit article » [1]. Un adjudicataire, espérant sans doute que les mesures projetées feraient augmenter le rendement du bail de la mairie, en offrit alors, en 1775, 260 livres [2]. La demande du substitut fut accueillie le 2 août 1779,

« par an ès mains du receveur des Domaines de St Omer, plus « 25 livres une fois seulement pour les deux sols pour livres du prix « de la première année dud. bail. » (Acte du 5 janvier 1769. — *Arch. du Baill.)*

1. *Arch. du Bailliage.*
2. C'est le s[r] Antoine-Joseph de Canchy, avocat, subdélégué de l'intendance au département de Saint-Omer, qui en exécution d'ordres adressés par M. de Caumartin, après affiches et publications, procéda à l'adjudication et bail au plus offrant et dernier enchérisseur de la mairie des francs-alleux de la châtellenie de Saint-Omer et de

mais il ne paraît pas que le s⁰ Buffin ait réussi à remettre l'ordre dans la seigneurie. Au lieu de 8 échevins, dont plusieurs charges étaient toujours vacantes, ce siège finit par ne plus en avoir que deux [1] ; le procureur du roi, les greffiers et sergents du bailliage y faisaient les fonctions de procureur, greffier et sergent, et les almanachs d'Artois constatent que les audiences de ce tribunal se tenaient régulièrement et chaque semaine d'abord le mardi, puis ensuite les mardi et jeudi après midi. Dans chaque village où se trouvaient des francs-alleux, des tenanciers remplissaient d'ailleurs les charges d'échevins, en cas de nécessité [2].

Les mayeur et échevins essayèrent aussi d'enlever aux officiers du bailliage la juridiction et le ressort sur les francs-alleux pour ceux d'entre eux situés dans la ville et la banlieue, mais leurs tentatives ne réussirent point. En 1689 ils s'étaient pourvus au Conseil d'Artois à cet effet, et par sentence rendue le 29 octobre 1689, il fut décidé contradictoirement sur procès par écrit, que les mayeur et échevins des francs-alleux seraient maintenus et gardés dans l'exercice de la justice foncière et vicomtière sous le ressort du bailliage de Saint-Omer.

La difficulté fut aussi portée, avec toutes les autres questions de juridiction, devant le Parlement de Paris. Nous avons vu que les conclusions du procureur général en 1748 avaient déclaré que la

---

18 mesures 3 quartiers de terre à labour et riez sises à Baudringhem. Cet office et les terres furent adjugés à raison de 260 livres par an outre les chargés (non indiquées) le 2 octobre 1775, du consentement du s⁰ de la Lonnelais *(Arch. du Baill.)*

1. Bultel, p. 452, et *Almanach d'Artois 1762.*
2. *Almanachs d'Artois 1762 et 1789.*

juridiction directe sur la châtellenie devait appartenir au bailliage ; à l'égard des francs-alleux qui dépendaient de la châtellenie, elles estimèrent aussi que les officiers du bailliage devaient être « maintenus « et gardés dans le droit de ressort sur les mayeur « et échevins des francs-alleux ».

En dernier lieu la juridiction de ce siège s'exerçait donc sur le petit nombre de terres franches restant dans la ville et en dehors dans l'étendue de la circonscription du bailliage, avec appel à ce tribunal tant pour la comparution aux francs plaids que pour les rapports et déclarations, saisines et dessaisines.

Ajoutons que le cahier des doléances du bailliage de Saint-Omer du 30 mars 1789[1] demandait d'empêcher les seigneurs et propriétaires de fiefs « d'extor-« quer, au moyen de saisies, des déclarations de « censives et d'anéantir ainsi les francs-alleux » (art. 78) et de dispenser, d'un autre côté, les propriétaires de francs-alleux de se présenter chaque année pour faire l'affirmation de leurs droits (art. 79)[2].

---

1. Loriquet, *Cahiers des doléances du département du Pas-de-Calais*, I, p. 121.
2. En terminant, nous renvoyons à l'intéressant ouvrage de M. Pierre Lanéry d'Arc, intitulé : *Du Franc-Aleu* (Paris, Arthur Rousseau, 1888) qui est à la fois un livre de droit et une thèse d'histoire, et qui raconte la lutte qui exista sous le régime féodal entre le fief et l'aleu, et comment celui-ci diminua rapidement, sans cependant disparaître.

CHAPITRE VI

LES JURIDICTIONS ECCLÉSIASTIQUES

La salle abbatiale de Saint-Bertin ; elle est sous le ressort du bailliage de Saint-Omer. — Salle décanale. — Salle épiscopale. — En droit elles sont toutes deux sous le ressort immédiat du Conseil provincial d'Artois, mais le bailliage en reçoit cependant parfois les appels.

Dans l'étendue du bailliage se trouvaient encore divers établissements religieux qui étaient de véritables seigneurs féodaux, dont nous avons déjà expliqué la situation[1] ; mais les officiers du bailliage soutenaient que l'appel des décisions de leurs diverses justices devait être porté devant eux.

Abbaye de Saint-Bertin. — Nous avons indiqué l'origine et la nature des droits de justice de l'abbaye de Saint-Bertin[2] et M. Giry a expliqué comment dès le XIIe siècle elle les exerçait sur ses possessions sises soit dans Saint-Omer, soit au-dehors[3].

---

1. T. I, p. 10.
2. T. I, p. 10, 191 et 204.
3. Giry, *Hist. de Saint-Omer*, p. 134. — Voir aussi les *Chartes de Saint-Bertin*, t. II, n°s 1337, 1648.

Elle prétendait être affranchie de la juridiction des officiers du bailliage, et en 1510 on voit le lieutenant du bailli d'Amiens donner acte au procureur des abbé et religieux de son opposition à la déclaration faite par les bailli et francs-hommes de la salle abbatiale dans la déclaration des Coutumes particulières ordonnées par le roi, que cette salle ressortissait au bailliage de Saint-Omer, aux officiers d'Artois et à la chambre de Flandre, tandis qu'en vertu de sa fondation royale et par l'amortissement accordé par les rois de France avant les érections des comtés de Flandre et d'Artois, elle ressortissait au bailliage d'Amiens tenant assises à Montreuil[1].

Cette prétention des religieux fut soutenable tant que la souveraineté de l'Artois resta détachée du comté, mais depuis la cession de la souveraineté à Charles-Quint par le traité de Madrid en 1525, il n'en pouvait plus être de même. Et c'est quelques années après, en 1542, qu'intervint l'arrêt du Conseil de Malines que nous avons cité[2], qui plaçait l'abbaye sous le ressort du bailliage.

C'est dans le clos du monastère qu'était établi la salle abbatiale où les religieux faisaient juger non seulement les habitants de cet enclos, mais encore les vassaux de leurs terres. Elle était composée d'un avocat bailli général, de trois hommes de fiefs gradués, d'un procureur fiscal, d'un greffier et d'un sergent. Les audiences qui se tenaient autrefois le jeudi[3], eurent lieu plus tard le mardi matin[4].

---

1. Les *Chartes de Saint-Bertin*, t. IV, n° 3818 : acte du 16 mai 1510.
2. T. I, p. 204.
3. *Bibliothèque de Saint-Omer*, Ms. 806. *Annales Bertiniani ab anno 1500 ad 1642*, p. 98.
4. *Almanachs d'Artois 1762, 1776* et autres années.

L'abbaye de Saint-Bertin avait le privilège de pouvoir user d'exécution seigneuriale, contre tous ses débiteurs d'Artois et de Flandre, de la même manière que le roi pour deniers royaux, nonobstant toute appellation, etc. Ce privilège lui avait été originairement octroyé par Philippe-le-Bon, duc de Bourgogne, onzième comte d'Artois, par une charte datée de Bruxelles du 5 février 1459[1]. Elle obtint en avril 1472 de Charles-le-Téméraire, la confirmation du privilège accordé par son père, et le comte d'Artois donna mandement le 27 avril à tous ses officiers de justice, parmi lesquels figure le bailli de Saint-Omer, de mettre ses lettres à exécution[2]. Maximilien, puis Charles d'Autriche, 12e et 13e comtes d'Artois, maintinrent à leur tour le droit des religieux le 31 mars 1486 et le 16 juin 1507[3]. Enfin, par lettres patentes de janvier 1725, enregistrées au parlement de Douai le 9 mars suivant, Louis XV reconnut leur privilège[4].

Salle décanale. — De même que pour l'abbaye de Saint-Bertin nous avons indiqué l'origine des droits de justice du chapitre. Elle était rendue au nom du prévôt de la collégiale tant qu'il subsista, du doyen et du chapitre[5].

En dernier lieu il avait un bailli général ou haut

---

1. *Grand Cartulaire de Saint-Bertin*, Ms., t. VII, n° 169, p. 356 : « octroyons ...par privilège perpétuel que... ilz (les religieux de « Saint-Bertin) aront exécution seignourieuse et tele que l'on a « accoustumé... faire pour nos propres debtes sur tous leurs debteurs « en nos dis pais et contez de Flandres et d'Artois ».
2. Les *Chartes de Saint-Bertin*, t. III, n°s 3301, 3302.
3. Les *Chartes de Saint-Bertin*, t. IV, n°s 3516 et 3792.
4. Guyot, *Rép. de jurisp.* v° *Artois*, éd. 1784, p. 657.
5. T. I, p. 10, 205 à 210.

bailli, dont l'autorité s'étendait sur tons ses domaines. Au-dessous et sous la surveillance de ce magistrat supérieur étaient les baillis particuliers, placés à la tête de chaque juridiction. Les échevins et les francs hommes étaient conjurés et présidés par le bailli ; dans les petites seigneuries celui-ci cumulait les fonctions de ministère public, de juge instructeur et de receveur ou de procureur fiscal.

La salle décanale resta sans contestation dans la mouvance du bailliage jusqu'en 1747. A cette époque une contestation surgit à propos de scellés apposés par ~~eux dans leur enclos~~. Deux arrêts du Parlement de Paris intervinrent sur les difficultés soulevées par les officiers du roi, et accordèrent les 24 mars et 16 juin 1747 [1] à ces derniers, par provision, l'exercice de la justice royale dans l'enclos du chapitre, ainsi que le droit d'apposer les scellés dans les maisons des chanoines après leur mort et de faire procéder à la vente des meubles et effets du défunt. Mais ceux-ci obtinrent en avril 1750 des lettres de garde gardienne qui commirent leurs causes et celles de leurs vassaux ou sujets en première instance au Conseil d'Artois. Le bailliage protesta, fit de nombreuses réclamations qui traînèrent en longueur, et en fait, surtout dans le but d'éviter les frais qu'occasionnait la procédure devant le Conseil séant à Arras, les officiers du bailliage continuèrent à exercer la juridiction. On sait en effet qu'on pouvait user ou ne pas user du privilège de porter les causes en première instance devant le juge royal, et que celui-ci ne pouvait forcer ceux qui avaient obtenu des lettres de garde gardienne à plaider devant lui ; le privi-

---

1. Ces arrêts ont été imprimés.

lège n'était pas accordé au juge, mais à la partie.

Cette juridiction était établie dans l'enclos du chapitre et les audiences avaient lieu le mardi après midi ; on y portait les causes des vassaux de la ville et de la banlieue. Ses membres étaient, outre le bailli général, deux échevins, un procureur fiscal, un greffier et un sergent.

Le chapitre avait encore une autre juridiction, également féodale, dans la banlieue ; celle de l'Est-Lannoy et Hallembrouc, qui était composée de son grand bailli, de deux hommes de fiefs, d'un procureur fiscal et d'un greffier [1].

Salle épiscopale. — C'est devant ce siège que se portaient toutes les affaires de la seigneurie de Burques [2] ; la mouvance en était donc peu considérable, mais les Hautponnais, gens très religieux, y soumettaient volontairement leurs causes, et on les conciliait plutôt qu'on ne les jugeait, deux avocats connaissant la langue flamande leur servaient d'arbitres pour toutes les difficultés qui s'élevaient entre eux.

Les habitants de Wismes, vassaux de l'évêque, y portaient aussi leurs causes, mais insensiblement ils se pourvurent devant le bailliage où ils plaidèrent sans opposition.

Bien que n'étant pas de fondation royale, l'évêché avait obtenu depuis longtemps des lettres de garde-gardienne, et les appels de la salle épiscopale se portaient tantôt au Conseil d'Artois, tantôt au bailliage.

---

1. *Almanachs d'Artois 1762, 1776.*
2. Dans la banlieue de Saint-Omer : ce fief appartenait à l'origine au chapitre (Voir *Recueil des Chartes de la ville*, p. 42). — C'est aujourd'hui le hameau de la Tour Blanche, commune de Saint Martin-au-Laërt.

Cependant, comme successeurs des prévôts qui avaient gouverné l'église de Saint-Omer avant la création de l'évêché en 1559, les évêques étaient tenus de comparaître aux assises et plaids des francs-alleux, car l'ancienne prévôté avait relevé du roi.

Un avocat bailli général, deux hommes de fiefs possédant ou desservant fief relevant de l'évêché et gradués, un procureur fiscal, un greffier et un sergent composaient le personnel de cette juridiction. Les audiences se tenaient le vendredi dans l'après-midi [1].

---

1. Voir au livre suivant chap. VI la compétence du bailliage en matière ecclésiastique et bénéficiale.

CONCLUSIONS

En résumé dans l'étendue du bailliage de Saint-Omer, il n'y avait depuis le quinzième siècle de juges fixes que dans la cour du bailliage royal, c'étaient des conseillers au nombre de cinq qui avaient le titre d'officiers royaux et qui devaient être « hommes de « fiefs ou desservans fiefs du roi » ; ailleurs les justices étaient restées entre les mains des hommes de la terre, féodaux ou cottiers.

La juridiction des officiers du bailliage purement domaniale et féodale s'étendait plus au dehors de la ville qu'au dedans, et par voie d'appel sur les justices attachées aux fiefs relevant du château de Saint-Omer, marquisats, comtés, vicomtés, baronnies, hautes et moyennes justices et sur quelques juridictions royales subalternes.

En ce qui concerne la ville et la banlieue, ils exerçaient la justice ordinaire sur les fiefs, immeubles et héritages nobles tenus et relevant directement du roi à cause de son château de Saint-Omer.

Le siège des vierschaires qui connaissait des arrêts ou captures de personnes pour dettes et créances conformément à la loi privilégiée de la ville, des scellés et inventaires dans les maisons mortuaires, dans tous les endroits de la ville et de la banlieue, devait être complètement placé, d'après les conclusions du procureur général du Parlement en 1748, sous le ressort de l'échevinage, mais en fait, l'appel des affaires relatives aux fiefs et mouvances féodales se faisait devant le bailliage, et on ne portait devant l'échevinage que les procès relatifs aux fonds roturiers ou aux héritages d'échevinage.

Le bailliage avait la justice directe sur le fief de la châtellenie et le droit de ressort sur le siège des francs-alleux.

La salle abbatiale de Saint-Bertin était aussi sous son ressort, quant à la salle décanale elle y resta longtemps également, mais les chanoines ayant obtenu en 1750 des lettres de garde-gardienne, les causes en furent commises au Conseil d'Artois ; il en était de même depuis longtemps de la salle épiscopale.

LIVRE V

Compétence de la cour du Bailliage de Saint-Omer.

CHAPITRE I

RIVALITÉ ENTRE LES GRANDS BAILLIAGES DE LA PROVINCE ET LE CONSEIL D'ARTOIS

La compétence en première instance de la cour du bailliage est étendue par le droit de prévention. — D'autre part elle est diminuée par les droits des officiers du Conseil d'Artois. — Droit de prévention. — Droit d'être acceptés à juges. — Contestations entre les bailliages et le Conseil. — Arrêts du Conseil d'Etat du 25 mars 1726, du 13 décembre 1728 et du Parlement du 5 septembre 1730. — L'action judiciaire des officiers du bailliage est aussi restreinte par les droits de justice de l'échevinage de Saint-Omer.

Nous avons vu que les juges du bailliage pouvaient décider des affaires civiles qui étaient de la compétence des hommes féodaux des seigneuries vicomtières quand le nombre de ces hommes nécessaire pour rendre le jugement était insuffisant[1]. De plus, les officiers du bailliage avaient le pouvoir de retenir certaines affaires que les justices seigneuriales régulièrement constituées pouvaient juger, lorsqu'ils en avaient été saisis les premiers par une sorte de prévention[2]; et ce droit paraissait si nécessaire à l'intérêt d'une bonne justice que les députés de la noblesse d'Artois demandèrent en 1789 dans leur cahier de doléances « Que les bailliages d'Artois aient le droit « de prévention en matière civile tant en demandant « qu'en défendant sur toutes les justices seigneu- « riales[3]. » Quoiqu'il en fût de ces droits de prévention, la compétence de la cour du bailliage de Saint-Omer était moins étendue que celle des bailliages de France, parce que c'était surtout une cour féodale d'appel, à laquelle ressortissaient les justices qui composaient presque entièrement sa circonscription.

En outre, sa compétence en première instance était, comme celle des autres bailliages de la province, limitée par celle du Conseil d'Artois. Lors de la réunion de cette province à la France, les corps judiciaires, dont les appels avaient été autrefois au Parlement de Paris, du moins tant que la souveraineté de l'Artois avait appartenu au roi de France[4], virent de mauvais œil qu'on conservât un Conseil dont les attributions étaient mal définies et qui voudrait sans doute jouer

---

1. T. II, p. 69 et 70.
2. La prévention ne pouvait avoir lieu que lorsque deux juges se trouvaient compétents pour connaître d'une même affaire, dans ce cas celui qui était prévenu en connaissait à l'exclusion de l'autre. La prévention n'avait donc pas lieu entre les officiers du bailliage et ceux de l'échevinage, puisque ces deux juridictions étaient distinctes.
3. Loriquet, *Cahier des doléances de 1789*, t. I, p. 27.
4. Voir ci-après livre VI, chap. I. *Appel des jugements du bailliage.*

le rôle de Parlement. Ce corps ne pouvait en tout cas, suivant les bailliages, qu'être juge d'appel, mais non juge naturel puisqu'il n'avait ni domaine, ni territoire, ni mouvance et qu'en Artois toutes les justices étaient patrimoniales, de sorte que s'il était juge de quelques cas particuliers il avait besoin de pouvoirs spéciaux pour les décider, et il semblait que sa compétence fût plutôt personnelle que réelle [1]. L'autorité du Conseil d'Artois n'en fut pas moins maintenue [2], mais les bailliages résistaient et se plaignaient qu'il cassât systématiquement un grand nombre des jugements qu'ils rendaient en première instance et déclarât nulles beaucoup de sentences comme incompétemment rendues. De son côté, le Conseil d'Artois prétendait que si les officiers des bailliages étaient officiers royaux, ils ne l'étaient pas au même titre que ceux des autres bailliages de France, et que par conséquent leurs attributions devaient être moins étendues. Une contestation qui dura plus de trente ans entre eux fut réglée par les arrêts du Conseil d'Etat du 25 mai 1726, et par celui du 13 décembre 1728 enregistré avec quelques modifications par le Parlement le 5 septembre 1730. Comme un feu mal éteint les difficultés se rallumaient cependant au premier souffle, et il fallut encore en 1763 un nouvel édit, une nouvelle déclaration du roi pour confirmer les bailliages dans des droits qui restèrent néanmoins contestés [3].

1. Mémoire pour les officiers des 7 bailliages d'Artois contre ceux du Conseil provincial signifié le 9 février 1726, et addition à ce mémoire (imp. *Ms. 873, Bibl. de Saint-Omer*).

2. Toutefois les officiers du Conseil ne pouvaient faire aucun règlement provisoire ni définitif au sujet des fonctions, rangs, séances et vacations des officiers desdits bailliages (art 20 de l'arrêt du Conseil du 13 décembre 1728 enregistré au Parlement le 5 septembre 1730).

3. *Mém. de l'Académie d'Arras*, t. XXXIII, p. 124.

Le Conseil d'Artois usait aussi vis-à-vis des bailliages du droit de prévention tant en matière civile que criminelle.

Enfin les officiers de ce Conseil étaient en possession de pouvoir être *acceptés à juges* en première instance par les habitants de la province, dans toutes les contestations qui pouvaient naître à raison des actes qu'ils avaient souscrits. L'origine de ce droit est inconnu, les placards de Charles-Quint et de Philippe II n'en faisaient pas mention, mais il était dans les usages du Conseil et une déclaration du 25 mars 1704 enregistrée au Parlement de Paris le 11 avril suivant le maintint dans ce privilège. Les sept bailliages de la province en poursuivirent vainement l'abrogation. L'arrêt du Conseil d'Etat du 13 décembre 1728, enregistré au Parlement le 5 septembre 1730, les débouta de leur opposition (art. 7). Les notaires omettaient rarement dans leurs actes les clauses nécessaires pour exprimer cette acceptation à juges, de sorte que les contestations relatives à l'exécution des contrats civils échappaient le plus souvent aux officiers du bailliage de Saint-Omer.

Quoiqu'il en soit de ces empiètements du Conseil d'Artois sur les juridictions ordinaires de la province, il faut reconnaître qu'il était le seul pouvoir régulateur et supérieur en Artois ; qu'il y faisait à peu près l'office de notre cour de cassation, et que toutes les décisions judiciaires, quelque importantes ou quelque minimes qu'elles fussent, pouvaient lui être déférées, de sorte qu'il maintint, pendant plus de deux siècles, le principe salutaire de l'unité de la justice[1].

---

1. Lecesne, *Législation coutumière de l'Artois*, p. 349.

L'échevinage de Saint-Omer restreignait aussi l'action judiciaire du bailliage ; nous avons déjà relaté le procès considérable sur lequel intervinrent des conclusions du procureur général du Parlement en 1748 [1].

En étudiant les cas royaux, puis la compétence du bailliage au point de vue civil, de police, criminel et ecclésiastique, nous indiquerons les solutions données ou proposées par ces arrêts et ces conclusions sur les difficultés qui avaient surgi.

Toutefois, nous ne parlerons que sommairement de ces conflits, dont l'examen approfondi serait la plupart du temps extrêmement fastidieux, ces questions de compétence, surtout au point de vue civil, ne sauraient en effet offrir aujourd'hui l'intérêt historique que peuvent encore présenter les contestations sur les principes mêmes des droits de juridiction du bailliage exposés dans le livre précédent.

Nous avons traité de l'administration de la justice dans la première partie de cet ouvrage [2]. Quant à la procédure suivie devant les tribunaux d'Artois, elle a déjà été étudiée d'une manière complète tant au point de vue civil que criminel [3] ; nous n'y reviendrons que pour signaler quelques usages particuliers au bailliage de Saint-Omer [4].

---

1. *Pièce justificative* XVII.
2. Tome I, livre III, chap. II, p. 413.
3. Lecesne, *Législation coutumière de l'Artois*, ouvr. déjà cité, 3ᵉ partie, Procédure civile, p. 345 à 456. — 4ᵉ partie, Législation criminelle de l'Artois, p. 457 à 566.
4. Voir notamment ci-après, livre V, chap. V, § 2 la juridiction des *Franches Vérités,* et ce que nous avons dit de celle des *Vierschaires* et des *Francs-alleux*, livre IV, chap. IV et chap. V § 2.

CHAPITRE II

CAS ROYAUX

L'attribution des cas royaux dépendait de la question de souveraineté. Ils sont attribués aux juges des rois de France tant que l'Artois est entre les mains de princes feudataires de la couronne. — Détermination des cas royaux. — Les officiers du bailliage étaient seulement juges ordinaires de la province. De 1521 à 1531 Charles-Quint ajoute momentanément à leur compétence celle des cas royaux. — Il obtient la souveraineté de l'Artois et crée le Conseil provincial à qui il donne la connaissance des cas royaux. — Ce Conseil n'a le droit de décider que de ceux qui lui ont été spécialement attribués. — Les officiers des bailliages d'Artois, bien que n'ayant que la qualité d'officiers royaux et non celle de juges royaux, ont le droit de juger les cas royaux qui ne sont pas attribués en termes exprès au Conseil provincial. — Substitutions. — De 1771 à 1774 pendant l'existence du Conseil supérieur d'Artois qui avait momentanément remplacé l'ancien Conseil, le bailliage de Saint-Omer connaît des cas royaux, ce droit lui est enlevé lors du rétablissement du Conseil d'Artois. — Vœux des cahiers de doléances en 1789.

La compétence en matière de cas royaux dépendait de la question de souveraineté. Tant que les princes propriétaires de l'Artois restèrent feudataires de la couronne de France et que la souveraineté de cette province continua à appartenir aux rois, les cas royaux furent décidés par leurs juges qui étaient les baillis d'Amiens et de Vermandois, les prévôts de Beauquesne, Montreuil, Doullens, Saint-Ricquier et Péronne [1], tous établis en Picardie, car une partie de l'Artois, la terre de Sithiu en particulier, était considérée comme située en Picardie [2]. Les causes des sujets du bailliage de Saint-Omer allaient devant le prévôt de Montreuil, lieutenant du bailli d'Amiens, et de là à Amiens. Il était expressément défendu aux juges féodaux du pays de prendre connaissance des cas privilégiés, et même au comte d'Artois de souffrir qu'ils en prissent connaissance. Mais malgré les oppositions réitérées des rois de France, ces cas

---

1. Les comtes de Flandre avaient au contraire en Flandre la connaissance des cas royaux (Warnkœnig, *Histoire de Flandre*, II, p. 70), mais pour l'Artois le roi de France sut longtemps maintenir sa haute juridiction.

2. Hœc nostra Picardiæ littora, maximeque Bononiensis et Terruanensis comitatus, terramque Sythiensem devastaverant (Normanni) (Marten. Thes. anecd. t. III. col. 548 — Jean d'Ypres, abbé de Saint-Bertin, mort en 1383). — Gobelin, vicaire de Boulogne en Italie qui a fini d'écrire en 1463 les mémoires de Pie II, dit que les Morins étaient du nombre de ceux qu'on appelait Picards « Morini quos nostra ætas Picardos appellat. » — Dom Grenier, *Introduction à l'histoire générale de la province de Picardie (Mém. de la Société des Antiq. de Picardie*, Documents inédits, t. III, p. 8). — Maillard, *Coutumes générales d'Artois 1739, Notes sur le placard de 1544*, n° 37, p. 167, note d, dit aussi : « L'on conjecture que c'est à cause « de cette juridiction immédiate exercée sur l'Artois par les juges de « Picardie que l'on confondit l'Artois dans la Picardie et que l'on « nommoit les Artésiens *Picards*. » — Saint-Omer fut aussi longtemps comprise dans le gouvernement militaire de Picardie.

étaient décidés souvent par les juridictions locales [1] ; ils étaient de plus mal déterminés. Aussi pour arrêter le cours des entreprises des juges domaniaux en Artois, les cas royaux et privilégiés dont la connaissance leur était interdite furent indiqués dans un concordat entre le roi Louis XII et l'archiduc Philippe-le-Beau, comte d'Artois, en date à Arras du 4 juillet 1499. Ils étaient au nombre de 19 [2], et lors de l'enregistrement, le Parlement de Paris en ajouta trois : le rapt, l'incendie et le trouble fait au service divin.

Les officiers du bailliage d'Artois étaient donc seulement les juges ordinaires de la province. En 1521, l'empereur Charles-Quint s'étant rendu maître de

---

1. A Saint-Omer même il semble que le bailliage continua d'en connaître car la commission accordée en 1467 par Charles-le-Téméraire, duc de Bourgogne et comte d'Artois, au procureur général du bailliage Hugues Quiefdeber portait qu'il était établi expressément pour soutenir toutes les causes du prince « tant en demandant « comme en deffendant contre toutes personnes et pardevant tous « Juges, tant d'Eglise comme séculiers de quelque pouvoir et aucto- « rité qu'ils usent ou soyent fondés. » (*Recueil des ordonnances royaux du Bailliage*, p. 42).

2. C'étaient la connaissance des crimes de lèze-majesté, des infractions de sauvegardes et assurements royaux, la punition des transgresseurs des ordonnances royaux, la connaissance des lettres royaux, des abus commis par les officiers royaux, du port d'armes et assemblées illicites, des falsifications de lettres et sceaux royaux, des attaques contre les officiers et sergents royaux dans l'exercice de leurs fonctions, des contrats pour l'exécution desquels les parties s'étaient soumises à la juridiction du roi, des amortissements royaux, des battures et « outrages faits en haine et couleur de procez par devant « Juges royaux », de tous attentats, abus, excès et désobéissance à la justice royale, des infractions de prisons, des causes des églises de fondation royale, des privilèges royaux, des cas de nouvelleté par prévention des injures et forfaits à ceux qui sont en la sauvegarde du roi, des testaments, dons et legs soumis à la connaissance du roi. (*Déclaration des cas royaux et privilégiés arrêtés en la ville d'Arras le 4 juillet 1499, etc.* — Pièce imprimée, se trouve dans le *Ms. 873* de la *Bibl. de Saint-Omer*).

l'Artois, ajouta à leur juridiction la connaissance de tous les cas royaux en vertu d'une ordonnance par laquelle il défendit à ses « vassaux et sujets de ne « plus intenter, encommencher ou continuer aucun « procès ou prendre aucunes provisions de la cour du « Parlement ou d'autres cours, et juges royaux », et ordonna « que doresnavant toutes les causes, matiè- « res et procès que l'on a accoustumé intempter, « poursuivre et demener entre nosdits vasseaux, « sujets, et enclavement d'Artois, soient terres « d'église ou autres, et en quelques qualités, « actions, instances que ce soit; pardevant lesdits « prévosts de Beauquesne, Montreuil et Péronne ou « leurdit Lieutenant, sous le ressort de ladite cour « de Parlement du bailly d'Amiens, ou d'autres « juges royaux, soient intentées, instruites, deme- « nées, terminées et décidées pardevant nos gouver- « neurs d'Arras, Avesnes, Aubigny et Bapaume, « baillifs de St Omer, Aire, Hesdin et leurs hommes « de fiefs et autres officiers en nôtre pays d'Artois, « chacun ès limites de son pouvoir et juridiction, et « les enclavemens d'icelles sous le ressort de notre « grand Conseil... » Cette ordonnance fut publiée à Saint-Omer le premier février 1521 à la bretecque de la ville en présence du lieutenant général du bailli[1]. Un placard du 2 juin 1521 déclara que les cas royaux étaient ceux désignés dans le concordat de 1499[2].

Mais en 1530, après les traités de Madrid et de Cambrai qui avaient transféré la souveraineté de l'Artois à Charles-Quint, ce prince créa, par ordon-

---

1. *Recueil des ordonnances royaux du Bailliage de Saint-Omer*, p. 60 à 63.
2. D'autres ordonnances de 1528 et 1546 confirmèrent celle de 1521.

nance du 12 mai, le Conseil provincial d'Artois, pour remplacer les baillis d'Amiens et de Vermandois, le gouverneur de Péronne, les prévôts de Beauquesne, de Doullens et de Montreuil, et il lui attribua, tant par cette ordonnance que par une autre du 23 juin 1531, la connaissance des « falsifications de mon-
« noye, infractions de sauvegardes, de toutes bles-
« sures et navrures faites et inférées à port d'armes
« ou assemblée illicite au contenu de haine précé-
« dente et de fait de guet et propos délibéré, et
« généralement de tous autres cas privilegez »[1]. On appelait des sentences du Conseil d'Artois en ces matières au grand Conseil de Malines.

De même que les officiers des bailliages avaient été depuis 1521 subrogés aux officiers de Picardie pour connaître des cas royaux, de même en 1530 le Conseil d'Artois fut subrogé aux bailliages et exerça l'ancien pouvoir des juges d'Amiens et du Vermandois, les bailliages d'Artois furent dépouillés du droit de connaître des cas royaux.

Le Conseil d'Artois fut confirmé, après la conquête d'Arras, dans tous ses droits et prérogatives par une déclaration du 15 février 1641 du roi Louis XIII. Mais on sait qu'alors une partie de ce Conseil vint résider à Saint-Omer dans l'*Artois réservé* que continua à posséder l'Espagne jusqu'en 1677[2]; il conserva le droit de décider les cas royaux dans cette petite province jusqu'à la réunion de celle-ci à la France par Louis XIV, qui, en supprimant ce tribunal, rendit à l'Artois l'unité de juridiction.

---

1. Art. 16.
2. Pagart d'Hermansart, *L'Artois réservé*, etc., déjà cité *(Mém. des Antiq. de la Morinie, t. XVIII).*

Cependant les officiers du bailliage prétendaient que par l'établissement du Conseil d'Artois, les bailliages de la province n'avaient pas été dépouillés de toute compétence en cette matière, mais que la connaissance en avait été réduite, et qu'ils avaient conservé le droit de connaître des cas royaux autres que ceux qui avaient été attribués au Conseil d'Artois, lesquels ne comprenaient pas tous ceux qui étaient de la compétence des juges royaux. Le Conseil d'Artois ne manquait pas du reste de protester contre le titre de sièges royaux attribués aux bailliages. Ainsi un arrêt du Conseil du 23 août 1718 suivi de lettres patentes de 1719, relatif aux incendies dans la province, ne fut enregistré au Conseil d'Artois le 10 mai qu'avec cette réserve : « Sans approbation « néammoins de la qualité de sièges royaux attri- « buée ausdits bailliages du ressort par le présent « arrêt »[1]. Enfin un arrêt du Conseil du 13 décembre 1728, enregistré au Parlement de Paris le 5 septembre 1730[2], confirma le Conseil d'Artois dans la connaissance des cas royaux et l'interdit aux officiers du bailliage qu'il qualifia d'officiers royaux et non de juges royaux.

Toutefois un autre arrêt du 2 janvier 1732, rendu en faveur du bailliage de Saint-Omer, déclara que « les autres cas royaux repris dans l'ordonnance « criminelle de 1670 et autres qui ne sont pas « attribués au Conseil d'Artois nommément et en « termes exprès » seraient de la compétence des six grands bailliages d'Artois[3].

---

1. Imprimé à Arras « chez Urbain-César Duchamp, imprimeur rue « des Jésuites aux Armes de France. »
2. Imprimé chez Fertel à Saint-Omer.
3. En général, dit Denisart (Coll.on de jurisprudence, v. Cas royaux)

La matière des substitutions fidéi-commissaires[1] forma également un cas royal à partir de l'ordonnance de 1747. Aussi leur publication et enregistrement se faisait au Conseil d'Artois, seule justice royale de la province, ressortissant directement au Parlement de Paris[2].

En 1771, des lettres patentes données par le roi à Versailles le 22 février 1771 et enregistrées le 23 au Parlement, reconnurent que si les officiers des différents bailliages de l'Artois avaient le titre d'officiers royaux, ils ne pouvaient néanmoins juger des cas royaux dont la connaissance avait été réservée au Conseil d'Artois; mais qu'il était nécessaire qu'il y eut dans la province des juges connaissant en première instance de ces causes, sauf l'appel au Conseil supérieur qui avait été créé à Arras par l'édit de février 1771, et provisionnellement le roi attribua cette connaissance au bailliage ou gouvernance d'Arras et au bailliage de Saint-Omer. Ce dernier connut « des dits cas dans l'étendue des Bail« liages de S¹ Omer, d'Aire, d'Hesdin, de la régale « de Thérouanne et des châtellenies de Dunkerque, « Bourbourg, Gravelines et autres justices particu« lières aussi enclavées dans les dits bailliages ou

---

tous les crimes autres que ceux exprimés par l'ordonnance de 1670, qui se commettent dans le particulier, et n'intéressent point directement la sûreté publique, sont de la connaissance des juges des seigneurs et non des juges royaux.

1. La substitution fidéi-commissaire est une disposition de l'homme par laquelle en gratifiant quelqu'un expressément ou tacitement on le charge de rendre la chose à lui donnée, ou une autre chose, à un tiers qu'on gratifie en second ordre. (Guyot, *Rép. de Jurisp.*)

2. Voir l'art. VII des *Conclusions du procureur général du Parlement en 1748*. — *Pièce justificative* XVII.

« châtellenies »[1]. Ce fut là une mesure provisoire qui ne dura pas plus longtemps que le Conseil supérieur lui-même, et quand l'ancien Conseil fut rétabli par l'édit de novembre 1774[2], il reprit son ancienne compétence.

Le cahier des doléances du tiers-état de Saint-Omer rédigé le 31 mars 1789, demandait par l'art. 32, que les juges ordinaires connussent de toutes matières « même des cas royaux »[3] et celui du tiers-état du bailliage reproduisit le même vœu[4].

---

1. Le ressort du Conseil provincial d'Artois s'etendait en effet hors de l'Artois par voie d'appel sur les villes, bailliages et châtellenies de Dunkerque, Gravelines et Bourbourg situés en Flandre (Décl°ⁿ du 11 février 1664).
2. Enregistré en Parlement le 12 novembre. Imp. L'art. IX portait : « Avons en conséquence révoqué et révoquons l'attribution donnée « au bailliage ou gouvernance d'Arras et au bailliage de Saint-Omer « de cas royaux et autres cas dont ledit Conseil provincial connaissoit « et avoit droit de connaitre en première instance... »
3. Pagart d'Hermansart, *Mém. des Antiq. de la Morinie*, t. XVIII, p. 213.
4. Loriquet, *loc. cit.*, t. I, p. 32.

CHAPITRE III

COMPÉTENCE CIVILE

En matière féodale. Causes des nobles et des officiers de l'état-major, des officiers du bailliage. — En matière domaniale. — Compétence générale en matière civile : Décisions diverses relatives à l'exécution des contrats passés devant notaires royaux, testaments, retraits, douaires, — aux saisies réelles, criées, ventes et adjudications par décret forcé ou volontaire d'immeubles dans la ville et la banlieue, — complaintes en matière civile, réintégrandes, entérinement des lettres de rescision, de bénéfice d'inventaires et autres semblables. — Mains-assises, mises de fait, mises en possession, concession d'hypothèques. — Tutelles, curatelles.

Au civil, la compétence des officiers du bailliage en première instance embrassait d'abord toutes les matières féodales, à l'exception de celles qui avaient été attribuées au bureau des finances de Lille par l'édit de septembre 1691 ; nous les avons déjà indiquées en traitant de la justice d'hommage[1] : c'était tout ce qui

---

1. Voir t. I, p. 331.

avait rapport aux fiefs et aux biens nobles. L'arrêt du Conseil de 1728 avait cependant autorisé le Conseil d'Artois à connaitre des combats de fiefs [1] à l'exclusion des bailliages, lorsque les fiefs étaient situés dans différents bailliages, et dans ce cas il pouvait aussi accorder la main souveraine (art. 13).

Tout ce qui concernait la dignité des terres, la noblesse des personnes, les titres, distinctions et ornements de noblesse et armoiries, les droits honorifiques qui étaient une dépendance du droit de seigneurie, tels que ceux de banc, de chapelle, de sépulture, de litre funèbre [2], d'honneurs dans les églises, n'étaient point de la compétence des bailliages, mais de celle des officiers de l'élection d'Artois établie à Arras [3], et sous le ressort du Conseil provincial.

Les nobles pas plus que les roturiers n'avaient la faculté de s'exempter de la juridiction ordinaire des juges de leur domicile [4] et ils ne pouvaient demander que leurs causes fussent renvoyées au bailliage. En général, en matière personnelle, les gentilshommes résidant dans l'étendue d'une juridiction seigneuriale, étaient

---

1. On appelait *combat de fief*, les contestations qui s'élevaient entre deux ou un plus grand nombre de seigneurs qui réclamaient la même mouvance. Le vassal ne pouvant être contraint alors de reconnaitre un seigneur plutôt que l'autre se faisait recevoir par *main souveraine*, c'est-à-dire par les officiers du roi, et évitait ainsi la saisie des fruits de son fief. (Denisart, *Coll^{on} de Jurisprudence*).

2. *Litre funèbre* : ceinture peinte en noir tant à l'intérieur qu'à l'extérieur des églises pour les funérailles.

3. Cette compétence résultait de la constitution spéciale de l'élection d'Artois. Elle leur avait été attribuée par les placards des 17 février 1576, 25 mars et 14 avril 1583, 9 avril 1607, 14 novembre 1616 et 30 avril 1627. — V. Bultel, p. 321.

4. V. Bultel, p. 323.

obligés de s'y défendre s'ils étaient assignés, et s'ils étaient demandeurs ils ne pouvaient tradnire la partie adverse hors du territoire du seigneur dont elle était justiciable. S'il s'agissait d'une affaire réelle, le juge du lieu avait le droit d'en connaître. C'est en conformité de ces principes que les conclusions de 1748 (art. xi) déclarèrent, contrairement aux prétentions du bailliage, que les mayeurs et échevins connaîtraient des causes des nobles résidant dans la ville et la banlieue.

Cette décision impliquait le droit des échevins de connaître des causes des officiers d'état-major qui jouissaient du privilège de la noblesse, et d'apposer les scellés dans leurs maisons après leur décès ; droit que leur contestaient les officiers du bailliage [1].

Ceux-ci n'avaient même pas, dans l'étendue de la circonscription de l'échevinage, la juridiction absolue sur ceux qui étaient attachés à leur corps. Dans le règlement du 3 décembre 1378, homologué par arrêt du Parlement du 20 du même mois [2], la comtesse

---

1. Les officiers des états-majors jouissaient du privilège de la noblesse, et sous la domination espagnole ceux-ci, comme les autres gens de guerre, étaient sujets à la juridiction des bailliages. (Ordonnance du 5 septembre 1613 rendue à Bruxelles). Après la réunion de Saint-Omer à la France, une déclaration du roi du 3 février 1731, enregistrée en la cour le 26 du même mois, déclara que si les officiers de l'état-major décédaient dans un lieu où il y avait plusieurs juridictions royales établies, le droit d'apposer les scellés et la connaissance des contestations concernant le paiement des dettes mobilières contractées au lieu de leur résidence appartiendraient aux juges dudit lieu qui avaient la connaissance des causes des nobles. Or à Saint-Omer le droit d'apposer les scellés et de faire inventaire dans les maisons mortuaires appartenait aux échevins qui le faisaient exercer par les officiers des vierschaires.

2. *Grand registre en parchemin*, f. 235. *Arch. de Saint-Omer*.

Marguerite avait décidé que pour tous contrats et autres cas civils, les baillis, lieutenants et autres officiers du bailliage seraient justiciables des mayeur et échevins. Les contestations élevées sur ce point par le bailliage dès 1680 furent examinées en cour et les conclusions de 1748 (art. xi) proposèrent de maintenir l'exécution de l'arrêt de 1378, c'est-à-dire que les mayeur et échevins continueraient de connaître de toutes les causes civiles des officiers du bailliage et autres ayant provision du roi dans la ville et la banlieue.

Nous avons fait l'exposé de l'ancienne compétence des hommes de fiefs et des conseillers en matière domaniale, qui fut attribuée plus tard au bureau des finances [1]. Le Conseil d'Artois, de son côté, enregistrait, à l'exclusion des bailliages de la province, toutes les lettres patentes concernant le domaine, les droits royaux et toutes les lettres émanant du grand sceau [2].

La compétence civile en première instance embrassait encore les contestations qui pouvaient s'élever entre deux seigneurs au sujet de leur juridiction ; la rébellion aux mandements et à l'exécution

---

1. T. I, p. 333. — Dans les provinces de France autres que l'Artois les baillis royaux jugeaient les questions d'aubaine, d'épave et de bâtardise, mais, en Artois, le droit d'aubaine n'existait pas ; les art. 9 et 10 de la Coutume accordaient aux seigneurs vicomtiers le droit d'épave (voir ci-dessus p. 17) et celui de bâtardise. Cependant, à l'égard du droit d'épave, on trouve une consultation de cinq avocats en date du 21 septembre 1560, proposant de décider que le roi étant en possession du droit d'épave, la connaissance en appartenait au bailliage de Saint-Omer, sans qu'il fût tenu de payer le droit d'issue qui ne peut avoir lieu contre le prince *(Arch. de Saint-Omer,* AB. XXX-6.

2. Arrêt du Conseil de 1728, enreg. en 1730, art. 10.

des jugements ou ordonnances émanés des officiers royaux ; la réception des officiers du bailliage et de ceux dépendant de cette juridiction, tels que les notaires, huissiers, greffiers, procureurs, amans ; celle des serments d'avocat ; la nomination des officiers des justices seigneuriales [1], et l'inspection sur leurs juges, l'installation des baillis et lieutenants des justices royales soumises au ressort du bailliage [2] ; la publication et l'enregistrement des édits, ordonnances et déclarations ; l'apposition des scellés sur les titres papiers, minutes, etc., des notaires, des receveurs des consignations et des commissaires aux saisies réelles etc.... Et sur ces différents points la compétence de la cour du bailliage n'était point contestée.

Mais, sur d'autres, les conclusions de 1748, ou accordèrent la juridiction au bailliage [3], ou la partagèrent entre le bailliage et l'échevinage [4], ou l'attribuèrent à ce dernier corps seulement [5].

Elles donnèrent au bailliage seul la connaissance des difficultés relatives aux points suivants :

Ce corps avait soutenu qu'il devait connaître en première instance des *mains assises, mises de fait, mises en possession, concessions d'hypothèques sur les maisons et héritages situés en la ville et la banlieue;* il prétendait que ses officiers pouvaient seuls recevoir les dessaisines de ces immeubles, en ordonner les saisines, les vendre et adjuger par décret forcé et volontaire, en vertu soit de jugement du bailliage, soit de

1. T. I, p. 71.
2. T. I, p. 73.
3. Art. V des Conclusions. *Pièce justificative* XVII.
4. Art. VI, VIII, XIII,   id.
5. Art. VIII *in fine*   id.

contrat passé sous le scel d'Artois, comme aussi qu'eux seuls pouvaient procéder aux licitations; et il invoquait les articles 71 et 75 de la Coutume d'Artois et l'ordonnance déjà citée de Charles-Quint en 1546. L'échevinage soutenait qu'il fallait distinguer : s'il s'agissait de maisons et héritages tenus en fief ou en francalleu, ou appartenant à d'autres qu'à des bourgeois, on ne pouvait contester que le bailliage eût sur ceux-ci tous les droits énumérés plus haut. Quant à toutes les autres maisons et les autres héritages appartenant aux bourgeois, c'était évidemment aux mayeur et échevins qu'il appartenait d'en connaître. L'art. V des Conclusions de 1748 proposa de décider :
« Seront les mains assises, mises de fait, mises en
« possession et hypotecques faites et accordées par
« les d. officiers du bailliage, sans néantmoins que
« les dits actes puissent leur attribuer juridiction
« pour les contestations qui pourront naître » [1].

Les matières partagées entre le bailliage et l'échevinage furent les suivantes :

A l'époque où le bailli ou son lieutenant recevait toutes sortes de contrats, ceux-ci, scellés du sceau du comte d'Artois, étaient exécutoires de plein droit sur les obligés et sur leurs biens en vertu des articles 3 et 14 de la Coutume du bailliage de 1531 ; mais l'article 5 de celle de la ville de la même année n'accordait cette juridiction au bailli que lorsque les

---

1. L'art. 9 de l'arrêt du Conseil de 1728 avait déjà décidé de même :
« Les mises de fait et mises en possession (des fonds situés dans
« l'étendue des bailliages) se pourront faire par les officiers de notredit
« Conseil d'Artois quand ils en seront requis par les parties sans que
« les dites mises de fait ou mises en possession puissent attribuer
« juridiction à notredit Conseil d'Artois pour les contestations qui
« pouroient naître. »

parties l'avaient élu à juge. De sorte que, pour éviter toute difficulté, quand le bailli ou son lieutenant recevait quelque contrat il prenait soin de faire insérer que les parties l'acceptaient à juge, et cette acceptation suffisait pour saisir la juridiction. C'était là un usage vraiment abusif, car les juridictions sont de droit public, et il ne devait pas être au pouvoir des particuliers d'y déroger par des conventions.

Quand on eut établi les notaires, le bailli ne reçut plus de contrats, mais comme les offices de ceux-ci étaient inféodés, qu'ils étaient tenus et mouvans du château de Saint-Omer, ceux qui les acquirent ne cessèrent pas d'insérer dans les contrats qu'ils rédigeaient la clause d'acceptation à juge de l'officier du bailliage, quand les parties y donnaient leur consentement. Cet usage persista donc plusieurs années après leur établissement, mais dans la suite cet abus fut entièrement aboli [1]. Les officiers du bailliage émirent alors la prétention de connaître seuls de l'exécution des contrats des notaires et autres personnes publiques, des donations et des testaments qui, d'après des ordonnances, ne pouvaient plus être faites que par devant notaires, des retraits et des douaires. Ils soutenaient que les offices de notaires d'Artois n'étaient que des démembrements des bailliages, et que si les officiers de ces juridictions avaient été privés par la création des notaires du droit de recevoir les contrats, ils ne devaient pas l'être de la connaissance de leur exécution, et ils ajoutaient que

---

1. Nous avons vu plus haut p. 158 que le Conseil d'Artois fut maintenu au contraire par l'art. 7 de l'arrêt du Conseil de 1728 dans le droit de connaître en première instance dans toute l'étendue de la province, de l'exécution des contrats et actes pour lesquels ses officiers avaient été acceptés à juges.

Charles-Quint par son ordonnance de 1521 et par celle de 1546 art. 92, leur avait attribué la connaissance des contrats passés sous le scel royal ou autres sceaux authentiques et privilégiés.

Mais, avant l'institution des notaires, les échevins recevaient aussi des contrats [1] sous le sceau qui leur avait été accordé par Robert, comte d'Artois, en 1293. Le procès-verbal de la revision de la Coutume en 1739 sur l'art. 26 de celle de 1612 en faisait foi puisque le motif pour lequel celui-ci est supprimé est ainsi indiqué : « Les échevins ne recevant plus de contrats » [2]. Ils se trouvaient donc dans la même situation que les officiers du bailliage, et s'ils ne rédigeaient plus de contrats aucune loi ne les empêchait de connaître des difficultés relatives à ceux fait par les notaires.

Les conclusions du 5 juillet 1748 partagèrent le débat en décidant : « Connaitront tant les dits offi-
« ciers du bailliage que les dits mayeur et échevins,
« chacun dans leur district, de *l'exécution des contrats*
« *passés devant notaires royaux d'Artois et autres*
« *personnes publiques* » (art. VI).

Sur les *retraits* [3], *douaires* [4], *donations* et *testaments*, la compétence fut également divisée (id.).

---

1. 30 juillet 1294. — Marguerite Remoutch vend à Chrétien de Gand une maison à Saint-Omer dans Paiele-Straete, par acte passé devant les échevins *(Les Chartes de Saint-Bertin*, t. II, n° 1363).

2. *P. V. de révision des Coutumes de la ville en 1739*, p. 90 et 233.

3. Il s'agit ici des retraits lignagers : l'ancien droit accordait aux parents du vendeur d'un héritage qui lui était propre la faculté d'obliger l'acheteur à le délaisser en lui remboursant tout ce que l'acquisition lui avait coûté.

4. Le douaire était un droit d'usufruit qu'avait la veuve sur les biens de son mari prédécédé. La décision du procureur général doit être ainsi comprise : s'il s'agissait de douaires préfix ou conventionnels attribués à des veuves de bourgeois, les maire et échevins étaient seuls compétents ; si au contraire il s'agissait du douaire

Les officiers du bailliage prétendaient, toujours en vertu de leur droit de justice supérieur à celui des échevins, qu'ils pouvaient seuls faire procéder aux *saisies réelles, criées, ventes et adjudications forcées des immeubles, terres, héritages* et *maisons situés dans la ville et la banlieue;* et ils invoquaient une série d'actes d'exécution de cette nature faits par eux.

Mais ces actes n'avaient eu lieu que parce que les débiteurs, dans les contrats qu'ils avaient passés, avaient élu le grand bailli ou son lieutenant à juge, et les mayeur et échevins étaient si bien en droit de prendre connaissance des saisies réelles, qu'ils avaient fait le 9 novembre 1617 un règlement par lequel ils ordonnaient aux sergents d'attacher à la maison mise en criée un écriteau avec ces mots : « à vendre par décret », ce qui était conforme à l'usage suivi en France où l'on apposait sur les biens saisis des affiches avec les armes du roi appelées *pannonceaux royaux*. De plus les procès-verbaux des sergents du bailliage qui procédaient aux saisies dans les cas prévus devaient toujours porter la mention suivante établissant qu'ils n'avaient agi qu'après avoir demandé l'assistance de ceux de l'échevinage : « assistance convenable préalablement requise », ou bien « après assistance requise où il convenait ». Enfin les rapporteurs vérificateurs et certificateurs

coutumier, c'est-à-dire de celui acquis de plein droit, on distinguait : si l'on contestait à la veuve son droit ou sa qualité de douairière, c'était à l'échevinage à en connaître, parce que c'était là une affaire exclusivement personnelle ; si la contestation n'avait pour objet que le droit réel ou foncier du douaire sur l'héritage que la veuve y prétendait assujetti, la question était de la compétence du bailliage si cet héritage était noble ou terre franche relevant du château, sinon c'était l'échevinage qui devait en décider.

de saisies réelles prêtaient serment à l'échevinage. Aussi, dans cette question, comme dans les précédentes, les conclusions de 1748 distinguèrent-elles les actes faits sur les fiefs ou francs-alleux de ceux faits sur des héritages d'une autre nature, et elles divisèrent la compétence entre les deux juridictions d'après ce principe (art. VIII).

Partagée également entre les deux justices, la connaissance des *complaintes en matière civile, des réintégrandes*[1], *de l'entérinement des lettres de rescision*[2], *de bénéfice d'inventaire*[3] *et autres semblables* (art. XIII des conclusions).

Mais le procureur général attribua à l'échevinage tout ce qui concernait les mineurs. Il y avait en effet à Saint-Omer, comme dans beaucoup de villes de Flandres et d'Artois une organisation spéciale en leur faveur.

1. Actions possessoires s'appliquant aux immeubles : *Complainte* en cas de simple trouble, *réintégrande* en cas d'éviction violente.
2. Par la *rescision*, celui qui avait été lésé dans un contrat pouvait faire annuler l'obligation, qu'il fût majeur ou mineur, mais les mineurs n'avaient qu'à établir que la convention ne leur avait pas été profitable, tandis que les majeurs devaient prouver qu'il y avait eu dol, crainte, violence ou obsession. Des lettres de rescision émanées du prince étaient nécessaires pour obtenir le bénéfice de la restitution, mais elles étaient soumises à l'entérinement des tribunaux.
3. Le *bénéfice d'inventaire,* emprunté comme la restitution *in integrum* au droit romain, ne pouvait être accordé aussi que par lettres du prince entérinées en justice ; et l'édit perpétuel de 1611, devenu applicable après la conquête, avait indiqué les formalités de la procédure. Mais la confection des inventaires n'appartenait point exclusivement aux notaires, car les juges et officiers des seigneurs étaient en possession du droit de les faire, et en créant les notaires, on n'avait pu préjudicier aux droits des officiers des justices seigneuriales : ainsi à Saint-Omer, le siège des vierschaires était en possession de faire les inventaires ; d'où la nécessité de diviser la compétence.

Tous les corps de justice avaient autrefois le droit de nommer des commissaires pour certaines affaires, afin que tous leurs membres ne fussent pas occupés à la fois. C'est en vertu de ce principe que l'échevinage de Saint-Omer qui avait l'exercice de toute la juridiction dans la ville et la banlieue avait créé une commission particulière émanée de lui, la chambre des orphelins, composée à l'origine de deux échevins seulement, pour établir des tuteurs aux mineurs, leur faire rendre les comptes de tutelle, convoquer les assemblées de parents lorsque la nécessité le requérait. Philippe-le-Bon, dans la charte de 1447, confirma cette chambre dans l'exercice de ses attributions et décida qu'outre les deux échevins elle comprendrait deux jurés pour la communauté : « que chacun an, « au lendemain des Trois Rois, après le renouvelle- « ment de la Loy d'icelle ville, les Mayeur, Echevins « et Jurez ordonneront et éliront deux desd^{ts} éche- « vins nouvellement créez et pareillement deux des « dix Jurés pour, durant ladite année, avoir le gou- « vernement de l'avouerie et du livre des orphelins » (art. 26).

L'appel des commissaires de cette chambre se portait devant les mayeur et échevins, mais par forme de doléance du jugement des commissaires aux commettants ; aussi ne prenait-on point des lettres de relief d'appel, on présentait au tribunal échevinal une simple requête dans laquelle étaient détaillés les moyens d'appel.

Cette chambre n'avait d'ailleurs point de scel pour apposer sur ses jugements, et lorsqu'il s'agissait de les mettre à exécution, on faisait usage de celui des mayeur et échevins.

La chambre des orphelins ne prenait jamais connaissance des saisies réelles ni des décrets d'immeubles, mais elle était en possession du droit d'autoriser la vente des biens de mineurs après l'observation de certaines formalités requises pour la validité de semblables aliénations. C'est là que se déféraient les tutelles, que se rendaient les comptes de tutelle ou de communauté, ceux d'exécutions testamentaires, et que se faisaient les partages[1]. Les grand bailli, lieutenant général, procureur du roi, conseillers, greffiers, sergens ou autres officiers du bailliage s'adressaient toujours aux mayeur et échevins pour ces divers actes. L'office de lieutenant général, qui appartenait aux enfants du s[r] Denis, y fut même adjugé le 16 décembre 1727 au comte de Croix, grand bailli, pour le compte du s[r] Descamps d'Inglebert.

Les conclusions de 1748 maintinrent à l'échevinage le droit de connaitre des matières de *tutelle, curatelle, vente des biens de mineurs et avis des parents* (art. VIII *in fine*).

C'est ainsi qu'on avait cherché à distinguer en matière civile la compétence des officiers du bailliage de celle des mayeur et échevins.

---

1. Dans les archives emportées du Palais de Justice de Saint-Omer à Arras en 1889, se trouvaient 75 dossiers datant du XVIIIe siècle, relatifs à cette chambre, plus un registre de l'an 1288. Etaient-ce bien là des archives départementales ?

CHAPITRE IV

COMPÉTENCE CRIMINELLE

Cas de haute justice, crimes divers. — Condamnations prononcées par la cour du bailliage. — Crimes commis par les nobles, par les officiers du bailliage, contre eux, dans l'enceinte de leur hôtel. — Entérinement des lettres de rémission, pardon et abolition. — Bourreau, gibet, potence, pilori, prisons. — Frais de procédure payés en commun par les propriétaires de fiefs relevant du château.
Les franches vérités. — Leur origine et leur utilité. — Vérités annuelles tenues par les seigneurs dans leurs fiefs, par le bailli dans les justices subalternes. — Vérités tenues tous les 7 ans à Edequines par le bailli de Saint-Omer. — Privilège des bourgeois.

Après la création du procureur du roi, ce magistrat avait remplacé le grand bailli comme poursuivant d'office, mais il ne pouvait cependant agir dans la plupart des cas qu'après autorisation de la cour[1]. C'était à sa requête que les conseillers hommes de fiefs instruisaient les affaires criminelles ; ses

---

1. V. Lecesne, *loc. cit.*, *Ministère public*, p. 462.

réquisitions étaient d'ailleurs assez vagues, aussi, lorsqu'il en était besoin et sans attendre de nouvelles ordonnances, le conseiller commissaire ou le lieutenant général qui se rendait dans la localité où le méfait avait été commis, procédait à une enquête sur les lieux, constatait le fait matériel du crime[1], et faisait en cas de mort violente l'escauwage, c'est-à-dire la visite judiciaire du cadavre de la victime. Mais l'information, d'après les anciens usages de l'Artois confirmés par Charles-Quint, devait être faite au chef-lieu de la juridiction, c'est là que les témoins étaient interrogés par le bailli ou son lieutenant en présence du bailli particulier de la seigneurie sur le territoire de laquelle le crime avait été commis, et des membres de la cour devant laquelle l'affaire était susceptible d'être renvoyée. Après cette information seulement, le prévenu était arrêté s'il y avait lieu. Les débats, au lieu d'être portés à l'audience, s'ouvraient avec l'instruction à laquelle assistaient depuis le commencement jusqu'à la fin les hommes qui devaient juger l'affaire[2].

L'ordonnance criminelle de 1670 devint exécutoire à Saint-Omer après la conquête française, cependant ce fut l'arrêt du Conseil du 2 novembre 1700, rendu applicable au bailliage de Saint-Omer en 1702[3] qui régla la procédure criminelle. D'après l'art. 6, le lieutenant général devait être commis par le bailli

---

1. Un usage général en France permettait cependant, même aux moyens justiciers, de faire dans les vingt-quatre heures du crime commis l'instruction de l'affaire jusqu'à la sentence définitive exclusivement.
2. Courtois, *La justice criminelle en Artois au quinzième siècle* (*Bulletin des Antiq. de la Morinie*, t. II, p. 576).
3. Nous avons cité ces arrêts au chap. II du livre III, *administration de la justice*, t. I, p. 419.

pour vaquer seul aux informations; et, aux termes de l'art. 7, les interrogatoires des accusés, les recollements des témoins ouïs dans les informations précédentes, les confrontations des accusés aux témoins et tous les autres actes d'instruction et de procédure criminelles se faisaient par les lieutenants généraux et par un autre homme de fief gradué pareillement commis par le grand bailli. Un arrêt du Conseil du 15 avril 1752, motivé sur la nécessité de tenir les instructions secrètes, modifia ces usages en décidant qu'à l'avenir le juge ou le commissaire chargé de ces actes y vaquerait seul avec le greffier et sans l'assistance d'aucun autre juge.

Tous les cas de haute justice à l'exception des cas royaux attribués au Conseil d'Artois [1] étaient en première instance de la compétence du bailliage en dehors de la ville et de la banlieue et des territoires des seigneurs hauts justiciers. Mais, en matière criminelle, les officiers du bailliage usaient fréquemment du droit de prévention : dès qu'ils apprenaient que quelque crime avait été commis sur les terres de ces seigneurs et qu'ils acquéraient la certitude qu'aucune information n'avait été commencée, ils s'empressaient d'informer, et cette priorité leur attribuait une compétence qu'ils n'avaient pas. Les hautes justices exerçaient d'ailleurs le même droit vis à vis des justices inférieures et enlevaient ainsi aux seigneuries vicomtières leur droit de connaître de certains crimes [2]. Le Conseil d'Artois à son tour usait du droit de prévention à l'égard des bailliages. De là des conflits multiples et des embarras de juridiction qui suspendaient le cours de la justice régu-

---

1. Voir ci-dessus p. 165.
2. Art. 4 et 35 de la Coutume d'Artois.

lière[1]. Cependant en cas de conflit entre les bailliages royaux et les juridictions seigneuriales en matière criminelle, l'arrêt du Parlement du 5 septembre 1730 avait défendu au Conseil d'Artois de juger les causes et lui avait enjoint de renvoyer aux bailliages celles de ces affaires qui étaient de leur compétence.

On peut citer comme étant jugés en première instance par la cour du bailliage de Saint-Omer : le crime d'hérésie, c'est-à-dire celui commis par des hérétiques qui, sous prétexte de religion, causaient du trouble dans l'Etat[2], les troubles au service divin, les sacrilèges sans effraction, la rébellion aux ordres ou mandements du roi, la falsification des sceaux non royaux, le port illégal des armes, les séditions et émotions populaires, les propos séditieux tenus dans les lieux publics, les libelles tendant à troubler la tranquillité publique[3], les prédications scandaleuses qui pouvaient soulever le peuple, les violences faites avec ou sans armes par un seul homme ou

---

1. Les abus de la prévention en matière criminelle étaient tels que le cahier des doléances de la noblesse d'Artois en 1789 portait art. 123 : « Que pour remédier aux abus de la prévention en matière crimi-
« nelle, il soit établi dans la province un ou plusieurs bailliages à
« qui le renvoi des procédures criminelles puisse être fait par les
« justices des seigneurs, conformément aux articles 13 et 14 de l'or-
« donnance de 1771, sauf pour délai qui sera porté à huit jours.
« Qu'en outre les procureurs du Roi des bailliages ne soient censés
« avoir prévenu les justices seigneuriales que sur les délits qu'ils
« auront mentionnés dans leur première plainte. » (Loriquet, *Cahier des doléances de 1789*, t. I, p. 27).

2. Et non point l'examen de l'hérésie par elle-même.

3. Un des derniers jugements du bailliage en cette matière est celui du 27 avril 1790 par lequel il condamna comme libelles diffamatoires deux brochures qui intéressent l'histoire révolutionnaire de la province : le *Réveil de l'Artois* et la *Lettre pastorale de M. l'évêque de Bl.* (Imp. chez Boubers à Saint-Omer, 1790, 8 p.).

par attroupement, les entreprises commises par des brigands contre la sûreté des chemins publics, le bris de prisons, l'empoisonnement, l'assassinat, l'incendie [1], les forfaitures ou prévarications des officiers de justice dans l'exercice de leurs charges, etc.

Une latitude complète était laissée aux juges dans le choix des supplices à infliger aux condamnés. Voici quelques-unes des peines prononcées par les officiers du bailliage : le 21 mai 1603, un individu qui avait été au prêche des luthériens à Guisnes, fut fustigé ; Louis Le Roy, demeurant à Cohem, fut condamné le 28 juillet suivant pour le même fait à l'amende honorable ; Antoine de Cerf, natif d'Armentières, convaincu de semblable crime, fut banni par sentence du 21 juin 1611, et en 1613 Pierre Delescru, natif de la Haumardrie, dans la châtellenie de Lille, subit à son tour l'amende honorable et le bannissement pour avoir été au prêche à Guisnes et pour avoir distribué des livres hérétiques. On trouve une sentence du 24 octobre 1609 contre un individu de Brouxolles coupable d'avoir tenu des discours irréligieux et scandaleux, il fut condamné à une espèce d'amende honorable. Le soldat Charles Canick, natif de Vanbeque dans le franc de Bruges,

---

1. Les procès criminels pour faits d'incendies, assassinats et autres excès commis sous prétexte de dépossession de baux des terres appartenant à des particuliers, furent renvoyés au Conseil d'Artois en vertu d'un arrêt du Conseil du 23 août 1718 suivi de lettres patentes du 27 avril 1719. (Imp.). Les officiers du bailliage de Saint-Omer les enregistrèrent le 27 juin suivant « par respect aux ordres de Sa « Majesté... »

Quant au duel entre toutes sortes de personnes, le Conseil d'Artois en connaissait en première instance par prévention sur la maréchaussée. (*Etat ancien et moderne de la province d'Artois*, déjà cité, p. 159).

encourut l'amende honorable et le bannissement le 15 juillet 1623 pour avoir fait des insolences aux recrues dans la châtellenie de la ville de Liège, avoir juré et blasphémé.

Diverses condamnations à des amendes et confiscation furent prononcées en 1631 et 1632 pour spéculation sur les monnaies. Un meurtre commis sur un habitant de Racquinghem par Nicolas Capron fut puni du dernier supplice par l'épée suivant sentence du 3 septembre 1606 [1]. Un autre jugement terrible fut prononcé le 26 juin 1777, il condamna un meurtrier à « avoir les bras, jambes, cuisses et reins
« rompus vifs sur un échaffant qui, pour cet effet,
« sera dressé sur la Grand'Place de cette ville, et mis
« ensuite sur une roue la face tournée vers le ciel
« pour y finir ses jours ; ce fait, son corps sera porté
« par l'exécuteur des hautes œuvres sur le grand
« chemin près les Bruyères, ses biens acquis et
« confisqués à qui il appartiendra, sur iceux préala-
« blement pris l'amende de cent livres envers le roi,
« en cas que confiscation n'ait lieu au profit de S. M^{té},
« et en outre condamné aux frais et mises de justice
« et dépens du procès » [2]. Un individu, convaincu de vol avec effraction fut condamné le 6 avril 1775 « à
« estre bastu et fustigé nud de verges par l'exécuteur
« de la haute justice, dans les carrefours et lieux
« accoutumés de cette ville, et à l'un d'iceux flétri sur
« l'épaule dextre d'un fer chaud marqué des lettres
« GAL, pour ce fait être conduit aux galères du Roy
« pour y servir comme forçat l'espace de 9 ans » [3].

---

1. Ces diverses condamnations sont ainsi indiquées sommairement dans un mémoire manuscrit aux *Arch. de Saint-Omer* AB.
2. *Arch. du Bailliage.*
3.   *Id.*

Telles sont quelques décisions spéciales rendues par la cour du bailliage. Là comme dans les autres tribunaux, le plus souvent les magiciens et les sorciers étaient punis par le feu ; les incendiaires, les empoisonneurs, les brigands, subissaient le supplice de la roue, les filous étaient marqués d'une clef. Les criminels qui étaient bannis subissaient fréquemment avant leur départ la mutilation d'une ou deux oreilles ou du poing[1]. Les contumaces étaient bannis, condamnés à l'amende et à la confiscation des biens. La question ou torture qui avait pour objet d'arracher les aveux aux accusés était aussi d'un usage constant. Nous avons dit ailleurs que la mort ne suspendait pas l'action criminelle[2].

Mais les officiers du bailliage n'avaient pas la connaissance des entérinements de lettres de grâce, rémission, pardon et abolition, qui appartenait au Conseil d'Artois en vertu de l'art. 21 de l'ordonnance du 23 juin 1531, maintenu par l'art. 12 de l'arrêt de 1728.

Ils avaient une compétence privilégiée pour connaître des crimes et des délits commis par les personnes appartenant à la noblesse et par leurs domestiques, car il n'y avait pas alors égalité de tous les citoyens devant la loi pénale[3]. Le privilège des nobles

---

1. Pagart d'Hermansart, *Le Maître des hautes œuvres ou bourreau de Saint-Omer* (*Bull. hist. des Antiq. de la Morinie*, t. VIII, p. 731). Dans ce travail nous avons encore indiqué d'autres pénalités en usage : l'écartèlement, l'exposition au pilori, etc.

2. *Id.* p. 732.

3. Les *Cahiers de doléances* du Tiers-État de la ville et du bailliage de Saint-Omer étaient d'accord pour émettre en 1789 par leurs articles 26 le vœu suivant : « Toutes les peines établies par les loix seront

en matière criminelle consistait à être décapités et non pendus.

Les crimes commis par les officiers de judicature dans l'exercice de leurs fonctions étaient aussi jugés par le bailliage. C'est ce qu'avait décidé le règlement donné le 3 décembre 1378 par la comtesse Marguerite homologué par le Parlement le 20 du même mois. Ce règlement avait toujours été suivi et une sentence du Conseil d'Artois du 31 juillet 1556 l'avait confirmé implicitement en déclarant que le Magistrat avait usé de son droit en bannissant un sergent à cheval pour des motifs étrangers à ses fonctions et en le rappelant ensuite[1]. Le bailliage dut défendre cette prérogative contre l'échevinage et il obtint gain de cause dans les conclusions de 1748 dont l'article XII ordonnait à cet égard l'exécution de l'arrêt de 1378. Mais les délits et crimes commis contre les officiers du bailliage étaient punis par les mayeurs et échevins en vertu du même arrêt.

Les délits commis dans l'enceinte de l'hôtel de la juridiction des officiers du bailliage étaient au contraire de leur compétence.

Dans notre étude sur *Le Maître des hautes œuvres à Saint-Omer*, nous avons établi qu'un seul bourreau était employé à frais communs par la justice du bailliage et celle de l'échevinage qui entretenaient également toutes deux le gibet et la potence[2]. Le pilori

---

« infligées sans aucune distinction de rang ni d'état, en sorte qu'un
« ecclésiastique ou un noble sera puni de la même manière que le
« seroit un roturier qui se serait rendu coupable du même délit. »
(Pagart d'Hermansart, *Mém. des Antiq. de la Morinie*, t. XVIII, p. 212. — Loriquet, *loc. cit.*, t. I, p. 114 et 115.)

1. *Arch. de Saint-Omer*, XXIII-9.
2. *Bull. historique des Antiq. de la Morinie*, t. VIII, p. 729.

était sur le marché de la ville[1]. Les prisons du bailliage étaient au nouveau château[2].

Il semble qu'à l'origine, lorsqu'un crime était commis dans l'étendue d'une seigneurie vicomtière, les frais de la procédure faits par les officiers du bailliage donnaient lieu à un exécutoire contre le seigneur, mais plus tard on exigea que les propriétaires de fiefs contribuassent tous aux frais de ces procédures. En 1689 le lieutenant général dressa le 20 juin un état de répartition de ces frais sur tous ces seigneurs ; ils protestèrent prétendant qu'ils devaient rester à la charge de la cour. Le Conseil d'Artois, saisi de la difficulté, ordonna le 14 juillet que « les « frais exposés pour le port des procès en advis, les « décrets et jugemens, le transport du prisonnier « pour être jugé en dernier ressort, les frais du « geôlage depuis ledit transport jusques audit juge- « ment, ledit jugement en dernier ressort, et la « reconduite dud. prisonnier seront et demeureront « à la charge de l'hommage et seront compris dans « l'assiette »[3] dressée par le lieutenant général. En conséquence les officiers du bailliage et le syndic ou représentant des principaux seigneurs féodaux élaborèrent le 12 août suivant un règlement afin de parvenir à la levée de la cotisation, et une répartition

---

1. Quittance pour travaux opérés à Saint-Omer « en la grosse tour « du château et au pilori sur le marché de la ville. » *(Inv. som. des Arch. du Nord. Ch. d. C. de Lille*, t. IV, 22 nov. 1402-30 sept. 1403.)

2. En 1707, par ordre de M. l'Intendant, le bailliage n'ayant pas de prison dans la ville attendu les ouvrages qui se faisaient au château, on demanda au Magistrat d'accorder quelques pièces près de la prison de la ville et celui-ci délibéra de faire dans ses prisons quatre chambres. *(Arch. de Saint-Omer, Table des délib. du Magistrat.)*

3. *Recueil des Ordonnances royaux du Bailliage*, p. 208.

définitive fut faite le 6 septembre pour lever une somme de 1600 livres ; le prince de Rubempré fut taxé à 14 livres, le comte de Blendecques à 13, le marquis de Varvins (?) à 6, puis le vicomte de Fruges, les seigneurs de Tatinghem, Wisques, Sainte-Aldegonde et les autres propriétaires de fiefs contribuèrent dans des proportions différentes au paiement de la cotisation ; les mayeurs et échevins furent taxés à 14 l. 13 s. 6 deniers pour leurs six fiefs. Le 2 juillet 1704 le procureur du roi fit citer les propriétaires de fiefs pour être présents à la taxe ; plusieurs d'entre eux prétendirent n'avoir pas été assignés et refusèrent de contribuer à ces frais, le lieutenant général du bailliage, à la conjure du bailli, ordonna par une sentence du 10 décembre que le jugement du Conseil d'Artois de 1689 n'en serait pas moins exécuté et donna défaut contre ceux qui n'avaient point comparu. Les mayeur et échevins étaient de ce nombre, cependant l'intendant Bignon avait écrit le 4 décembre à l'argentier qu'ils ne pouvaient, pas plus que les autres possesseurs de fiefs, se soustraire au paiement de leur part dans ces frais [1].

Jamais néanmoins on ne perçut ces frais de procédures criminelles sans difficulté, et l'article 34 du Cahier des doléances du Tiers-Etat de Saint-Omer du 31 mars 1789 portait : « Les frais de procédures « criminelles seront dorénavant supportés par le « Domaine sans aucune répétition à la charge des « seigneurs » [2].

Mais en dehors des audiences criminelles tenues

1. *Bibl. de Saint-Omer*, Ms. 873, p. 127.
2. *Mém. des Antiq. de la Morinie*, t. XVIII, p. 213.

par les officiers du bailliage, il existait une juridiction spéciale présidée par le bailli où se jugeaient la plupart des causes criminelles. C'étaient les *franches vérités* [1].

A une époque où il n'existait ni juges ni chambres d'instruction, le droit coutumier d'Artois, de Flandre et d'une partie de la Picardie [2] armait du moins les seigneurs hauts justiciers et vicomtiers d'un moyen puissant d'enlever aux coupables le bénéfice de l'impunité. C'était la faculté qu'il leur accordait de procéder par voie d'inquisition secrète, non seulement pour atteindre les auteurs de délits constatés, mais encore pour arriver à la connaissance de méfaits non révélés. A cet effet, les seigneurs faisaient tenir tous les ans, ou même plus d'une fois l'an, un plaid populaire général, dans lequel tous les habitants du district, tenanciers en roture ou vassaux, étaient tenus de comparaître. L'objet de ces assises était de provoquer la révélation des délits commis dans l'intervalle d'une session à l'autre, qui n'avaient pas trouvé leur répression par les juridictions ordinaires, de les instruire et de les juger. Ces assises judiciaires portaient le nom de *franches vérités*, soit parce que chacun était tenu sous serment d'y dénoncer tout ce qu'il savait être survenu dans l'étendue de la juridiction du seigneur depuis la vérité précédente, ou d'y déposer comme témoin, soit peut-être aussi parce que, pendant la durée de l'enquête, les débiteurs ne pouvaient pas être arrêtés

---

1. Voir t. I, p. 121.
2. Pour la Picardie, du moins jusqu'à l'Authie, voir les *Coutumes locales du bailliage d'Amiens rédigées en 1507,* par M. Bouthors, Amiens 1845, et particulièrement la notice sur la Prévôté de Beauquesne.

au corps pour leurs dettes, ou enfin à cause de la garantie et sauvegarde accordées contre toutes représailles à ceux qui y comparaissaient.

La franche vérité est d'institution germanique, et on en trouve la trace dans les plus anciennes lois des peuples d'Outre-Rhin ; un certain nombre de coutumes flamandes la mentionnent comme une juridiction rendant les plus grands services à la tranquillité et à la sécurité du pays[1]. Il n'existe pas de textes précis dans lesquels soient relatées ses attributions, la procédure qu'on y pratiquait, les crimes et délits qu'on y poursuivait, les peines édictées, etc. Si cependant on rapproche les uns des autres les dispositions d'un assez grand nombre de coutumes qui mentionnent les vérités[2], tenues soit dans des seigneuries possédant la haute justice, soit dans des seigneuries vicomtières, on voit que les crimes et délits soumis à cette juridiction étaient les meurtres, roberies, enforchement ou ravissement de femme, tensement (dispute, querelle), larrecin, et autres cas qui entraînaient le bannissement, le fait d'avoir logé, reçu, hébergé ou soutenu des bannis ; puis les délits de pêche dans les fossés ou eaux d'autruy, les coupes de bois, vols de fruits ou de moissons, volailles, contradiction sans cause raisonnable à des bans de mariage, etc. Ces délits, pour la preuve desquels il fallait ordinairement deux témoins, ou quelquefois un seul, donnaient lieu à une amende de 60 sols. D'autre part, les gentilshommes accusés de meur-

---

1. De Coussemaker, *Franche vérité rétablie dans la châtellenie de Bailleul en 1434. (Bulletin du comité flamand de France*, t. IV, p. 116).

2. Nous les citons ci-après aux deux paragraphes : *Vérités particulières, Vérités générales.*

tre ou d'homicide avaient le droit de se faire juger par la Franche Vérité, et, dit M. de Coussemaker [1], « il paraît que ceux-ci abusaient quelquefois de ce « privilège, et cherchaient à exercer de la pression « sur la justice, soit en intimidant les témoins, « soit en employant à leur égard des moyens de sé- « duction ». La compétence de ces assemblées de justice semble à l'origine n'avoir pas été bornée aux matières criminelles et à celles que nous appelons aujourd'hui correctionnelles, elle comprenait aussi les matières civiles [2]; mais dans les derniers temps elle était exclusivement criminelle [3]. Leurs jugements étaient rendus sans appel par les hommes des paroisses à la conjure de l'officier représentant le seigneur. La Commune Vérité correspondait assez bien avec les assises seigneuriales qui avaient lieu en France.

Le droit de tenir des vérités était facultatif, et non obligatoire comme celui de réunir trois fois l'an les plaids généraux.

On distinguait les Vérités particulières qui avaient lieu annuellement des Vérités générales qui ne se réunissaient généralement que tous les sept ans.

Vérités particulières annuelles [4]. — Les vérités

---

1. De Coussemaker, *Sources du droit public et coutumier de la Flandre maritime*, p. 3 et 4. (*Annales du Comité flamand*, t. XII).
2. *Coutumes de la gouvernance de Lille 1613 et de la châtellenie d'Ypres en 1535*, citées plus loin.
3. Varnkœnig, éd. Gheldolf, *Histoire de la Flandre*, t. II, p. 126.
4. Voici quelques coutumes qui mentionnent les vérités particulières annuelles :
Gand, 28 décembre 1563, rubr. XI, art. 25.
Alost, 29 mai 1618, rubr. II, art. 8.

annuelles étaient présidées par les baillis, assisté des francs-hommes ou des échevins du seigneur, ou par les officiers des villes qui, considérées comme puissances féodales, avaient le droit de les tenir. Suivant les coutumes, tous les sujets depuis 15 ou 18 ans jusqu'à 60 et même au delà, ou tous ceux ayant « manoir amasé bâti sur front de rue » étaient tenus d'y comparaître. Ils étaient prévenus par publications faites le vendredi ou le dimanche précédant la réunion, ou pendant trois dimanches antérieurs.

Termonde, 5 avril 1629, rubr. I, art. 25.
Waes (pays de), 16 nov. 1618, rubr. I, art. 26.
Le Franc de Bruges, art. 14.
Pitgam, 29 mai 1617, rubr. I, art. 5.
Desseldonck, Sleydeghem et Lovendeghem, 24 décembre 1612.
Lille-gouvernance, 1613, rubr. I, art. 19, vérités annuelles et tri-sannuelles.
Aire, ville et bailliage, 1743, art. 1.
Saint-Omer, bailliage, 1743, art. 5.
— Puis celles de la prévôté de Montreuil :
Pays de l'Angle, 25 juin 1586, art. 10.
Ardres, échevinage, 16 août 1507, art. 18.
Biequesnes (seigneurie de), 24 août 1507, art. 5.
Fauquemberques (comté), 21 sept. 1507, art. 14.
Eperlecques (châtellenie), 21 sept. 1507, art. 25.
Eulle (baronnie), 22 août 1507, art. 5.
— Celles de la prévôté de Beauquesne :
Souverain-Bruay, 25 septembre 1507, art. 9.
Beuvry (seigneurie de), 23 septembre 1507, art. 20.
Epinoy et Carvin (châtellenie), septembre 1507, art. 17.
Guînes comté (châtellenie), 1507, art. 6 à 9.
Ham (temporel de l'abbaye de Saint-Sauveur), 18 septembre 1507, art. 3. (En cette seigneurie on tenait : « Franches vérités et plaids « généraux quatre fois l'an. »)
Houdain, échevinage, 21 septembre 1507, art. 56.
Ongnies-en-Artois (seigneurie), 17 septembre 1507, art. 73.
Saint-Sauveur (le temporel).
Senghen-en-Werpes (seigneurie), 25 septembre 1507, art. 32.
(Le Grand, *Coustumes du Comté de Flandre*. — Richebourg, *Grand Coutumier de France*, et Bouthors, *Coutumes locales du Bailliage d'Amiens* rédigées en 1507, Amiens 1845.)

Les défaillants, à moins qu'ils n'eussent une dispense régulière, étaient condamnés à des amendes de 2 sous, 3 sous, 10 sous, 40 sous, 60 ou 62 sous. Les comparants étaient interrogés par turbes de huit ou dix personnes à la fois ; quelques-unes de ces assises se tenaient en août ou en septembre, mais il ne faut néanmoins pas les confondre avec les bans d'août[1].

Dans quelques localités, le mot *vérité* n'était pas employé pour désigner ces assises. A Courtray, les inquisitions secrètes sur toutes sortes de méfaits et d'excès des habitants, faites une fois l'an par les bailli et échevins, s'appelaient : *jours ordinaires des assises*. A Alost, c'était la *keure de l'année*, tenue le dimanche avant la saint Bavon par les bourgmestre et échevins.

Dans l'étendue du bailliage de Saint-Omer, les seigneurs organisaient ainsi des vérités dans les limites de leurs fiefs[2] ; et l'échevinage, prétendant qu'il avait seul le droit de juger les bourgeois, avait défendu d'une manière générale à ceux qui possédaient des biens dans diverses seigneuries d'assister à aucune de ces réunions, sans sa permission, sous peine de différentes amendes[3], ou même de perdre la bourgeoisie[4] ; et il

---

1. Voir notamment : *Eperlecques, Coutume de la châtellenie* précitée : les articles 15 et 24 énumèrent les prescriptions du ban d'août, puis l'art. 25 dispose que, une fois l'an, environ le mois de septembre, les bailli, francs-hommes et échevins peuvent tenir *la vérité d'août*, où tous les sujets « couchans et levans » de la châtellenie sont tenus de comparaître sous peine de 60 sous parisis d'amende. A Bailleul, en 1424, la vérité se tient en septembre ; à Alost, il y avait « la keure « de l'année, comme aussy une keure de mars et d'aoust. »

2. Outre les seigneurs cités plus loin, nous avons déjà mentionné p. 29 d'après le *Registre aux fiefs* du bailliage de 1631 p. IIII^{xx}, Antoine d'Averhoult, s^r d'Helfaut, qui, dans son fief de Morquines, tenait des franches vérités une fois l'an.

3. *Délib. du Magistrat* 27 janvier 1429, 12 mars 1592. *Table alph. aux Arch. de Saint-Omer*.

4. *Délib. du Magistrat* 5 octobre 1431, *id*.

avait fait reconnaître ce privilège par divers seigneurs. La première difficulté s'éleva avec le bailli de Mussem, et dès 1333 le Magistrat avait obtenu, en la prévôté de Montreuil, une commission pour le faire assigner en complainte parce qu'il prétendait contraindre un bourgeois de Saint-Omer à comparaître à ses plaids « pour dettes réelles et « foncières »; le conflit se prolongea, car ce ne fut que le 27 octobre 1423 que l'échevinage eut définitivement gain de cause en obtenant un jugement du prévôt de Montreuil, homologant une déclaration du bailli de la seigneurie, par laquelle, renonçant à son procès contre le Magistrat, il confessait « que « Bourgeois et Bourgeoises de Saint-Omer, présens et « à venir, faisant résidence ou en la banlieue, tenant « censuellement ou cottièrement des biens en la sei- « gneurie de Mussem, ceux qu'ils possèderaient par « retrait de proximité, qui se marient à des person- « nes qui auraient des terres par hoirie ou succession « ou d'acquisitions, seront quittes et frans perpé- « tuellement desdits plaids généraux ou franches « vérités »[1].

Avec le comte de Fauquembergues qui jouissait du droit de haute justice, les difficultés furent résolues d'une manière plus nette encore, puisque le concordat du 1ᵉʳ août 1368[2], qui fut dressé entre lui et la ville, servit de modèle aux conventions de l'espèce intervenues avec les seigneurs d'Esquerdes en 1371, de Thiennes, de Calonne-sur-la-Lys, puis de Wavrans

---

1. *Arch. de Saint-Omer*, CXVIII-5 et 21. — *Mussem*, ham. et chât. comᵉ d'Ecques *(Dict. géog. de l'arrond. de Saint-Omer,* par Courtois. — *Mém. de la Morinie,* t. XIII, p. 159).

2. Giry, *Mém. de la Morinie,* t. XV, p. 263, *Pièce* XIV. — *Coutumes du comté de Fauquembergue,* locale du bailliage d'Amiens de 1507, art. 14.

en 1412[1]. En 1375 le 26 mars, le procureur de ville fit faire une protestation devant les religieux de Saint-Bertin à raison de la tenue des franches vérités d'Herbelles dont la légalité était contestée par l'échevinage[2]. Une sentence du prévôt de Montreuil du 28 mars 1408-1409 décida également que les habitants de la banlieue de Saint-Omer, bourgeois ou non de cette ville, sur les fiefs et ténements du seigneur de Bientques, étaient exempts de ses plaids généraux et franches vérités, ainsi que les bourgeois qui demeureraient hors de la banlieue sur les ténements dudit seigneur[3]. Dans la baronnie d'Enlle[4], un acte du 21 janvier 1416 déchargea aussi les habitants de Saint-Omer de l'obligation de comparaître aux plaids ; à Seninghem le Magistrat fit déclarer nulle en 1437 une saisie de biens de deux bourgeois faite à la requête du seigneur pour arriver au paiement de l'amende de 60 sous parisis, à laquelle chacun d'eux avait été condamné pour avoir fait défaut aux franches vérités tenues par les officiers de Seninghem. Toutes ces décisions sont conformes à celle prise pour la seigneurie de Mussem, on y voit toujours le seigneur se fonder, pour appeler les bourgeois, sur ce qu'ils possèdent des biens dans la seigneurie, et finir par reconnaître, volontairement ou non, qu'il suffisait à ceux-ci de produire un certificat de bourgeoisie pour

---

1. Sentence du lieut! du prévôt de Montreuil Colart de Gamaches du 23 juillet 1412 *(Arch. de Saint-Omer,* CXXVIII).
2. Pagart d'Hermansart, *Les Procureurs de ville à Saint-Omer 1302-1799. Mém. des Antiq. de la Morinie,* t. XXIII, p. 178.
3. Giry, *Mém. des Antiq. de la Morinie,* t. XV, p. 139. — *Bientque,* c^{ne} de Pihem, canton de Lumbres.
4. *Enlle* et *Eulle* par suite d'une mauvaise lecture *(Coutumes locales du bailliage d'Amiens),* aujourd'hui *Elnes,* canton de Lumbres (P.-de-C.).

être dispensé d'assister à ces réunions judiciaires[1].

Les baillis du prince n'avaient pas plus droit à cet égard sur les bourgeois que les seigneurs particuliers. Par lettres du 27 juin 1356, le gouverneur d'Artois défendait au bailli d'Eperlecques, ou à son lieutenant, de continuer les poursuites commencées contre des bourgeois de Saint-Omer pour les obliger à venir aux plaids généraux ou vérités du prince, parce qu'ils en étaient exempts dès que le Magistrat justifiait de leur qualité[2].

D'autre part, le bailli de Saint-Omer exerçait le droit de haute justice en tenant chaque année des vérités dans les justices inférieures du bailliage, comme l'avait fait avant lui le châtelain dans l'étendue de sa châtellenie[3]. Il y appelait tous les propriétaires des seigneuries où il se transportait ; Guillaume de Valhuon en tint en 1290 à Kelmes, à Houlle et à Moulle ; ses successeurs en présidèrent à Helfaut et dans le pays de l'Angle ; Jean de Vaudringhem en tint à Hokinghem en 1307 ; celle de Blendecques en 1310 « fut faite par le bailli (Jacquèmes le Muisne) « et par v hommes »[4] ; Enguerrand de Wailly fait figurer dans son compte de la Chandeleur 1326, les amendes payées par des gens qui avaient refusé de se rendre à une vérité, sous prétexte qu'ils étaient clercs « fust dit et sentenciés que les vérités estoient « dues pour les causes des propriétés et des fons, « et qui li actions estoit réèle »[5]. Dans les comptes

---

1. *Arch. de Saint-Omer*, CXXVIII-4, 11, 12, 15, 16, 18, 19, 22.
2. *Arch. de Saint-Omer*, CXXVIII-4.
3. Giry, *Histoire de Saint-Omer*, p. 115.
4. *Inv. som. du Pas-de-Calais*, A. 128, 156, 225, 260, comptes de ces baillis.
5. *Inv. som. du Pas-de-Calais*, A. 446.

du même bailli au terme de l'Ascension 1329, on voit aussi la recette des amendes prononcées contre les gens qui n'avaient pas fait leur devoir pour déposer à la vérité d'Ausques[1]. Pierre de Canchy, en 1331, encaisse de même des amendes pour « deffaute de « le verité » d'Helfaut, Quelmés et Houlle[2] ; et Guillaume de Nédonchel, en 1346, fait « accord sur « amendes de 60 sous prononcée à le vérité de « Houlle pour III hommes de le paroisce de Houlle, « qui disent quant on fist le verité à Houlle, que uuz « vallez avoit fait faus serment, et puis le tinrent « loyal et preudomme »[3]. Le compte de Jehan de Créquy, en 1363, mentionne également la vérité de Houlle tenue cette année. On y jugea et on y reçut à composition pour la somme de CL l., monnaie de Flandre, « Jehan de Wavrans, qui avoit dit devant « plusieurs gens à Hellefaut, que on se deveroit « queillir et tuer le bailliu de St Omer, et qu'il vaul- « roit mieux que chou qu'il pendesist les gens « ainsi qu'il avoit commenchié, lequelle cose il « congnut en jugement de se volenté sans cons- « trainte, et pour ce qu'il n'estoit mie renommez « d'autres malefachon fu rechups à composition »[4].

Les officiers du bailliage tenaient ces assemblées sur les terres appartenant à l'abbaye de Saint-Bertin, aussi bien que sur toutes autres sises dans l'étendue du bailliage, c'est ce que les religieux furent condamnés à admettre en vertu d'un arrêt du grand Conseil de Malines de 1542[5].

---

1. *Inv. som. du Pas-de-Calais*, A. 489.
2.   *Id.*   A. 511.
3.   *Id.*   A. 648.
4.   *Id.*   A. 703.
5. Voir dans l'arrêt du Grand Conseil de Malines de 1542, cité dans le *Recueil des Chartres de la ville*, la p. 85.

Il est assez difficile de trouver d'autres documents sur les vérités particulières tenues dans diverses seigneuries relevant du château de Saint-Omer par le bailli lui-même, mais son droit avait été consacré par les coutumes locales. Celle du pays de L'Angle notamment, en date du 25 juin 1586, constate, art. 10, que le juge du lieu, ou le bailli de Saint-Omer, peut seul tenir assise ou vérité.

De même, l'article 40 de la Coutume particulière du bailliage de Saint-Omer du 13 juillet 1509 était ainsi conçu : « Item le Bailly de Saint-Omer ou son
« Lieutenant, présent les hommes de fiefs dudit
« Bailliage, peut *chacun an* aller sur les seigneuries
« et jurisdictions subalternes d'iceluy Bailliage, tenir
« vérités au jour et lieu assigné aux sujets desdites
« seigneuries, ausquels iceux sujets sont tenus
« comparoir, et non en partir jusques après les
« Arrests, sur l'amende de soixante sols parisis. »

Plus tard, il n'y eut plus de fixation d'époque, sans doute parce que les vérités furent moins en usage. Mais si la Coutume du bailliage et de la châtellenie en date du 24 juin 1531 ne reproduit pas les mots : *chacun an,* elle est plus précise pour les délicts et maléfices qu'on jugeait et pour les peines qu'on prononçait. Elle porte : art. VIII : « Item, sy
« loist aussi par ladicte Coustume ausdicts Bailly ou
« son Lieutenant et Hommes de la Court dudict
« Bailliage ès autres années aller particulièrement
« sur les seignouries subgectes et subalternes dudict
« Bailliage, et illec tenir véritez et faire inquisitions
« de tous délicts et maléfices y advenus, auquel lieu
« et jour assigné par cry publicque ès Eglises, dont
« les subgects seront paroissiens, avant que li jour
« desdictes vérités soyent, tous lesdicts subgects sont

« tenus comparoir, et eulx présenter devant ledict
« Bailly, ou son Lieutenant et Hommes venus aus-
« dicts lieux pour faire lesdictes inquisitions, sur et
« à paine de soixante sols parisis, et de non en partir
« tant que les Arrests soient prononchiez, et que
« en leur défaulte, se ils sont coupables d'aucun
« cas, contre eulx sera procédé ainsi que au cas
« appartient ; et pareillement allencontre des pré-
« sentz par multes, amendes ou paines corporelles
« selon l'exigence des cas dont ils sont attains et
« convaincus esdictes véritez. »

Lors de la révision de la Coutume en 1739, ce droit du bailli ne fut pas contesté, et de l'avis des trois Etats, cet article fut ainsi abrégé et réformé :
Art. 5. « Le Bailli de Saint-Omer ou son lieutenant
« et Hommes de la Cour dudit Bailliage ont droit
« d'aller tenir vérités ou assises dans les justices
« inférieures audit Bailliage, même en icelles in-
« former des délits qui s'y commettent, et tous les
« sujets ausdites justices, assignez par affiches et
« cry public aux paroisses desdites justices, sont
« tenus comparoir ausdites vérités ou assises, sur
« peine de soixante sols parisis d'amende. »

Il semble, d'après ces textes, que la compétence du bailli tenant ces vérités ordinaires était alors limitée aux délits, tandis que les cas criminels étaient portés devant les grandes vérités dont nous allons parler.

Quoiqu'il en soit de cette compétence, il est certain que l'article 5 de la nouvelle Coutume ne constitua pas un changement dans la législation, comme l'a pensé M. Eudes et comme l'a répété après lui M. Derheims ; le droit reconnu du grand bailli d'aller tenir les vérités annuelles ne remplaça point la vérité générale qui avait lieu tous les sept ans à Edequines.

Celle-ci fut bien supprimée à cette époque, mais par la raison qu'elle était tombée en désuétude, tandis que les vérités ordinaires furent maintenues [1].

Elles se tenaient dans différents châteaux et « lieux « plaidoyables », maisons de justice des seigneurs particuliers, bien que les rapports servis par eux ne fissent aucune mention de cette obligation et c'est dans le chef-lieu même de la justice que les officiers du bailliage avaient le droit d'établir leurs assises.

Avaient-elles lieu avec une certaine régularité depuis la conquête française, ou la Coutume n'a-t-elle fait que conserver un droit constitutif des anciennes franchises du pays, mais sans effet réel ? Cette dernière hypothèse est assez probable, l'almanach d'Artois de 1762 rappelle encore, il est vrai, dans une courte notice sur le bailliage de Saint-Omer, le privilège résultant de l'article 5 de la Coutume, mais d'autre part, le conseiller Deschamps de Pas affirme que, pendant les vingt-cinq ans qu'il fut en exercice [2], on ne tint pas ces assises.

Vérités générales. — D'autres vérités, que nous appelons spécialement générales, bien que les coutumes où on ne rencontre que les vérités annuelles les qualifient souvent aussi de générales, étaient tenues à des espaces plus éloignés, généralement tous les sept ans, par les seigneurs haut-justi-

---

1. *Notice sur le château d'Heldequines ou Edequines : les Franches véritez de Saint-Omer (Mém. des Antiq. de la Morinie,* t. IV, p. 271, 272) — et *Histoire de Saint-Omer,* p. 556, où M. Derheims, parlant des Franches Vérités dit : « mais cette juridiction *fut modi-« fiée,* dans ce sens que les assises cessèrent d'être soumises à la « périodicité de sept années ».

2. De 1766 à 1790, 4ᵉ office (voir les listes des conseillers à la fin de l'ouvrage).

ciers ; ou en rencontre notamment dans la châtellenie d'Ypres où leur compétence comprenait « les faits « criminels et civils commis illégitemement »[1], à Audenarde[2] et à Saint-Omer[3].

Au lieu de se transporter au siège d'une des justices subalternes, l'officier du seigneur convoquait tous les justiciables au chef-lieu de la châtellenie, du comté ou du bailliage.

Le bailli de Saint-Omer ne tenait point ces assises dans la ville, mais sur le mont des Bruyères, voisin de la cité, en un château appelé Edequines[4]. Il n'y avait pas de jour ou de mois spécialement fixé, on

1. « *Item,* que l'on tiendra les *veritez* ou inquisitions *générales,* « *au moins de 7 ans en 7 ans,* auxquelles inquisitions on prendra « connaissance de *tous faits criminels et civiles* et commis illégiti- « mement, arrivez, eschus, et non jugez depuis les dernières inqui- « sitions ; et l'on interrogera bien et fidellement dans lesdites inqui- « sitions les tesmoins aïant fait serment sur les circonstances et « despendances des faits prenant garde que personne n'en charge « une autre par haine ou autrement par meschanceté ; lesquelles on « tiendra avec 5 échevins, ou plus, et avec 7 notables hommes de « fiefs, ou plus ; et aucunes personnes ne pourront avoir séance « auxdites inquisitions que les eschevins et les hommes de fiefs ;... » *(Coutumes de la châtellenie d'Ypres,* 18 juin 1535, chap. 63).

2. « Le grand bailli a encore la faculté, avec les hommes de fief et « le greffier de la cour, de tenir *tous les 7 ans* la séance ou assise « de *franche vérité générale,* à laquelle il a le pouvoir de faire « venir par publications faites aux Eglises, et d'y faire comparaitre « toutes les personnes masles et habitants de ladite chastellenie, « aussi bien bourgeois d'Audenarde qu'autres, particulièrement ceux « qui sont d'un âge compétent, à peine par les défaillants d'encourir « l'amende de trois livres parisis ». *(Coutumes de la ville et chas- tellenie d'Audenarde,* 27 mars 1615, rub. III, art. v). Les seigneurs vassaux et haut justiciers ont la faculté de tenir pareilles franches vérités générales chacun en sa juridiction *(Id.* art. 7). (Le Grand, *Coustumes du comté de Flandre).*

3. Nous citerons plus loin la Coutume de 1531 en la commentant.

4. Ce château bâti sur 7 mesures de terre, était arrière-fief du comté d'Artois, à un quart de lieue de Saint-Omer, près la chapelle de N.-D. de Lorette. Il était tenu de la haute justice d'Esquerdes, sous le ressort du bailliage de Saint-Omer.

les ouvrait aussi bien dans les longs jours de l'été qu'en automne et même en hiver[1]. Elles étaient annoncées un mois ou six semaines à l'avance par des affiches et publications faites « ès marchiez, lieux « publicques, églises et paroisses du bailliage. » Tous les habitants qui en dépendaient étaient soumis personnellement à cette juridiction, excepté ceux du comté de Fauquembergues et ceux de la ville de Saint-Omer.

Le privilège du comte de Fauquembergues consistait à s'y faire représenter par « un homme armé et « habillé en comte »[2].

Celui des bourgeois audomarois remontait à une haute antiquité ; les mayeur et échevins envoyaient à ces assises deux « compaignons de Loy »[3], c'est-à-dire deux échevins qui n'étaient point là pour représenter les bourgeois, mais au contraire pour revendiquer le privilège de ceux-ci de n'y point comparaître. En 1348 Enguerrand de Beaulo donnait des lettres de non préjudice aux échevins de Saint-Omer qui avaient consenti à ce que plusieurs bourgeois pussent se rendre aux franches vérités en qualité de témoins[4]. A celle tenue par Jean de Créquy, bailli, le 18 décembre 1362, les deux échevins, le greffier et leur procureur réclamèrent un valet appelé Willaume le Chevalier d'Eperlecques qui avait été arrêté par le

---

1. Voici divers exemples :
1348, dimanche prochain devant la Toussaint (AB. *Arch. de Saint-Omer*).
1362, 18 décembre (Giry, *Mém. de la Morinie*, t. XV, p. 262).
1417, 17 octobre (comptes de la ville 1416-1417),
1424, 29 octobre (AB. *Arch. de Saint-Omer*),
1500, 24 septembre.
2. *Coutumes du bailliage 1531*, art. 7,
3.   Id.
4. *Pièce justificative* IV,

bailli « pour paroles injurieuses que il dist as frans « hommes tenans lesdictes véritéz », ils déclarèrent que « sans exception nulle, eschevins avoient con- « gnissance, jugement et détencion de tous cas et « personnes avenus et prins dedens eaulx et leur « banliewe, et pour ce, aulx en appartient li juge- « mens », et le bailli « mist du tout au nient de ce « que fait avoit des coses dictes et ne voloit que « aucuns préjudice ce pooit porter à ledicte ville ne « as previlèges, franchises et libertez d'icelle »[1]. En 1417 lorsqu'Aléaume de Longpré tint la franche vérité, les échevins envoyèrent Jacques Platel et Guilbert d'Yvregny échevins, Philippe de Sus-Saint-Léger, clerc et secrétaire, et Jean de Bambecq, procureur de ville, qui sommèrent le bailli et les francs hommes « qu'ils ne tenissent enqueste, court ne « congnoissance des cas avenus dedens le ville et « banlieue, ne des bourgeois et habitans de le dite « ville et banlieue, car bourgeois ne habitans n'y « sont tenus de aler », et le bailli reconnut que c'était là une des franchises de la ville[2]. Guillaume de Rabodinghe, à son tour en 1424, reçut la même sommation de la part de Guilbert de Rexponde et de Jacques de le Deverne échevins, du clerc et du procureur de ville; et en présence de Pierre Dessinges receveur, Gilles de Seninghem lieutenant du bailli, Aléaume d'Audenfort châtelain, Jean d'Ardres conseiller et de plusieurs assistants, il reconnut le droit de la ville[3]. On trouve encore une protestation semblable adressée en la même forme le 24 septembre 1500

---

1. Giry, *Mém. de la Morinie*, t. XV, p. 260.
2. *Arch. de Saint-Omer*, AB. — Copie suppléant au *Registre des délibérations* A perdu.
3. *Arch. de Saint-Omer*, AB. — Copie suppléant au *Registre des délibérations* I perdu.

à Denis de Morbecque[1]. Pour assurer mieux encore la franchise de la ville les bourgeois qui assistaient à ces assemblées étaient passibles des mêmes peines que ceux qui se rendaient aux vérités annuelles des seigneurs.

L'abbaye de Saint-Bertin prétendait aussi n'être pas sujette aux franches vérités d'Edequines.

Le jour fixé arrivait le grand bailli ou son lieutenant, accompagné des officiers composant la cour du bailliage. Aussitôt après l'entrée en séance, on faisait l'appel afin de désigner les absents dont on dressait une liste, puis l'on ordonnait de fermer les portes du château qui étaient gardées tant au dedans qu'au dehors. Le tribunal commençait alors par les enquêtes sommaires pour les faits civils[2] qui étaient jugés par arrêts. On procédait ensuite par informations aussi sommaires, à l'instruction des procédures criminelles, et l'arrêt rendu était suivi de l'exécution immédiate des coupables présents et de l'exécution par contumace et en effigie des absents. L'assemblée ne se séparait pas avant que les peines même capitales eussent été appliquées, et l'exécuteur de la haute justice devait se trouver présent « apresté « de tout ce que appartient aux dites exécutions à « faire »[3]. On sait d'ailleurs que « la justice » du bailliage, c'est-à-dire le lieu d'exécution et le gibet, se trouvait précisément à Edequines.

La peine prononcée pouvait être commuée plus tard. Ainsi, à la vérité de 1334, Enguerran de Hoc-

---

1. *Arch. de Saint-Omer*, AB. — Copie suppléant au *Registre des délibérations* F perdu.
2. Commis illégitimement, comme porte la coutume d'Ypres citée p. 202, note 1.
3. *Coutume de 1531*, art. 7 *in fine*.

quinghem avait été condamné au bannissement[1], il obtint des lettres de rappel de ban, à condition de payer annuellement vingt livres d'amende ; on voit figurer cette somme dans les comptes successifs du bailliage jusqu'en 1343, époque à laquelle Enguerran put se libérer définitivement en payant deux cents livres en une fois[2].

C'est ainsi que les officiers du bailliage décidaient par arrêt de toutes matières criminelles, réprimandaient les prévaricateurs, condamnaient à des amendes, au bannissement, à la confiscation de biens et à d'autres peines plus graves, corporelles, afflictives ou capitales selon les délits ou les crimes.

On profitait aussi de ces assemblées pour faire des règlements généraux ou particuliers qui devaient être soumis à l'approbation du prince. Le 1er septembre 1539 on fixa, d'accord avec tous les baillis présents, le tarif de la bière et d'autres boissons étrangères avec lesquelles s'enivraient les vassaux au lieu de payer leurs dettes ; on en réglementa la vente, et on les assujettit à la visite des égards[3].

La multiplicité des affaires qui étaient traitées à ces grandes assises, leur gravité, le tumulte de quelques-unes des séances lorsque l'accusé était riche ou puissant, ou que la passion politique y était en jeu, le temps nécessaire à l'exécution des condamnés, prouvent assez que ces vérités duraient souvent plusieurs jours.

Ce qui est particulier, c'est que le château d'Edequines où elles avaient lieu, n'a jamais appartenu ni

---

1. « Banni de tenserie » pour querelle, dispute.

2. Compte du bailli de Nédonchel de 1336 à 1343. *Invent. som. du Pas-de-Calais*, A. 554 et 628.

3. *Ordonnances royaux du Bailliage*, p. 58.

aux comtes d'Artois, ni aux souverains de la province. En 1304, il y avait à Longuenesse une famille de Hedekines, dont deux membres devaient à l'église des redevances en blé, son existence est constatée jusqu'au commencement du xive siècle [1] ; plus tard le château devint la propriété de la famille de Fiennes qui le tint comme fief relevant du château de Saint-Omer. Les rapports en étaient régulièrement servis par les seigneurs de ce château, l'un d'eux, le s[r] de Bachimont, à cause de sa femme, dame d'Heuchin, reconnaissait notamment « qu'il tient un fief qui se « comprend et extend en un castel, terres et sei-« gneurie, maison, basse cour nommé Edequines, et « autres jardins, héritages, terres à labour sur le « mont des Bruyères de Saint-Omer, sur le chemin « qui mène à Térouanne, appartenances dudit Ede-« quines » [2]. Cette terre dépendait de l'ancienne pa-« roisse de Wizernes [3], quant au chemin désigné, c'est l'ancienne voie romaine de Boulogne à Térouanne passant par l'ancien Sithiu [4]. Les successeurs de la dame d'Heuchin continuèrent à fournir les rapports de ce fief au bailliage, l'un d'eux M. de Sandelin, vicomte de Fruges, dont la mère était de la famille de Fiennes, en fit un le 10 mai 1765, et M. de Sandelin, son cousin, un autre le 1er mai 1779. Enfin en 1789 la seigneurie d'Edequines appartenait à la famille de Pelet.

1. *Mém. des Antiq. de la Morinie*, t. IV, p. 274.
2. *Ms.* Deschamps de Pas sans indication de date.
3. Courtois, *Dict. géogr. de l'arrond. de Saint-Omer*, v. Edekines. — *Les Chartes de Saint-Bertin*, éd. Haigneré, t. I, 1093, n° 91 : « Præterea villam de Wiserna cum tota arabili terra et Wastina que « extenditur usque ad terminos de Edekin et Loconessa (Longuenesse) « concedo. » Enonciations identiques dans les chartes n°[s] 223 et 268. — Voir p. 202, note 4.
4. Eudes, *loc. cit.*, p. 275.

Il y avait alors longtemps déjà que ces assises avaient cessé de fonctionner ; en 1739, lors de la révision de la coutume, on avait retranché l'article 7 de celle de 1531, parce que depuis plus de 80 ans ces vérités n'avaient plus lieu [1], ce qui donne à peu près la date de 1660 pour la dernière franche vérité générale du bailliage de Saint-Omer tenue sous la domination espagnole. On ne sait pourquoi elles tombèrent en désuétude. Peut-être le château était-il devenu inhabitable, et ceux à qui il appartenait n'ayant pas consenti à le reconstruire à leurs dépens, le bailliage ne voulut-il pas, de son côté, imposer une taxe aux vassaux hommagers pour le rebâtir. Quelques années après, en 1677, Saint-Omer fut réuni à la France, et si le bailli continua à présider les assises ou vérités particulières, il ne fut pas réintégré dans le droit de tenir les vérités générales, la législation des grandes ordonnances de Louis XIV pourvoyant suffisamment à la répression des crimes et délits par la voie des tribunaux ordinaires.

---

1. *Procès-verbal de rédaction des Coutumes de Saint-Omer*, p. 35.

CHAPITRE V

COMPÉTENCE EN MATIÈRE DE POLICE

En dehors de la ville et de la banlieue, la police appartient en général aux seigneurs vicomtiers. — Inspection des chemins, flots, flégards, rivières, etc. par les officiers du bailliage.
Difficultés entre le bailliage et l'échevinage au sujet de la police dans la ville et la banlieue. — Les foires. — La garenne des cygnes. — Les incendies. — Les blessés par suite de rixe. — Permissions de bâtir dans les rues et places publiques. — Police des métiers. — Médecins et chirurgiens, perruquiers. — Arpenteurs. — Rôle effacé des officiers du bailliage, leur droit de recours au Conseil d'Artois.

En dehors de la ville et de la banlieue de Saint-Omer, la police appartenait aux seigneurs vicomtiers du bailliage, comme dans tout l'Artois d'ailleurs [1] ; et le Conseil de la province était en outre en possession du droit de faire des règlements généraux pour la police au cas où il y aurait lieu d'y pourvoir promptement et à charge de les faire approuver par

---

1. Art. 48, 49, 50, 51, 54, 55, 57, 58, 59 de la Coutume générale d'Artois, voir ci-dessus t. II, p. 17.

le Parlement [1] ; il en résultait que les officiers du bailliage avaient peu d'attributions en cette matière.

Cependant la coutume du bailliage de 1531 (art. 37) et celle de 1744 (art. 17), obligeaient les propriétaires qui avaient « leurs terres voisines et joignantes aux « chemins » de les entretenir et réparer, de relever les « becques fossés ou ruisseaux », et « d'élaguer les « arbres et hayes le long d'iceux ». Ces opérations devaient être effectuées chaque année avant la saint Jean-Baptiste (24 juin). Après cette époque jusqu'au 1er octobre les officiers du bailliage pouvaient à leur tour user du droit de visiter les chemins, flots, flégards [2], rivières, places publiques des villages du bailliage, et d'y ordonner les réparations nécessaires qui n'auraient pas été faites. Ils allaient tantôt dans un village, tantôt dans un autre, afin que les campagnards qui pouvaient redouter leur arrivée inopinée fussent toujours en règle. Cependant les conseillers ne se transportaient guère sur les lieux que lorsqu'ils étaient assurés de l'existence du délit qu'il s'agissait de réparer. Le bailliage fut maintenu dans ce droit de visite, qu'on appelait *écauwage*, par jugement du Conseil d'Artois du 20 octobre 1714 [3]. La coutume de 1744 maintint aux hommes de la cour le droit de condamner, à la conjure du bailli ou de son lieutenant, les délinquants à une amende de 60 sous parisis (art. 17), et un règlement du Conseil d'Artois du 14 août 1756 déclara que lorsque les officiers des bailliages auraient reconnu dans leurs visites

---

1. Arrêt de 1730 *in fine*, déjà cité.
2. Le mot *flégard* signifie les lieux servant à l'usage commun, tels que les places, les riez.
3. *Recueil des ordonnances royaux du bailliage*, p. 212.

les contraventions, ils en dresseraient procès-verbal et feraient publier, lire et afficher la condamnation des délinquants au portail de l'église du lieu où la contravention avait été commise, un jour de fête ou un dimanche, il les autorisa en outre à user de la contrainte par corps et des amendes pour l'exécution de leurs jugements.

Mais dans la banlieue les mayeur et échevins avaient les mêmes droits que les officiers du bailliage au dehors, et ils avaient été maintenus dans cette possession par l'arrêt du Conseil de Malines du 17 mars 1542 rendu contre l'abbaye de Saint-Bertin [1], et par un arrêt du Parlement du 13 septembre 1459 rendu contre les abbés et religieux de Clairmarais, au sujet d'un procès où le procureur du comte d'Artois au bailliage était intervenu [2].

A propos de la police dans la ville et la banlieue, il s'était élevé dès le XVIe siècle, entre le bailliage et l'échevinage, des contestations semblables à celles que nous avons relatées en parlant de l'administration militaire et de la garde des portes de la cité [3]. Assurément les officiers du bailliage avaient des droits de police, souvent reconnus, sur tout ce qui était du domaine du roi et sur les fiefs et terres franches qui relevaient de Sa Majesté, et c'était à eux de connaître

---

1. Deschamps de Pas, *Notice descriptive de la banlieue de Saint-Omer (Mém. des Antiq. de la Morinie,* t. XIV, p. 215).

2. Il avait été reconnu aussi au Conseil d'Artois, par provision, que les officiers du bailliage de Saint-Omer pouvaient faire la visite des chemins, à l'exclusion des officiers de l'évêché, sur les biens dépendant de cet évêché. (Lecesne, *Législation coutumière de l'Artois,* p. 392).

3. Tome I, p. 292 à 314.

des règlements qu'ils avaient faits. Mais le bailli prétendait aussi pouvoir convoquer les assemblées extraordinaires de police, et les présider, édicter des ordonnances, les changer, modifier et faire exécuter ; il invoquait l'art. 12 de la Coutume générale d'Artois de 1540 qui donnait aux seigneurs hauts justiciers le droit de faire des règlements politiques (de police) dans toute l'étendue du territoire. En effet, les officiers du bailliage faisaient quelques règlements, mais ils concernaient l'intérêt général bien plus que l'administration de la police intérieure de la cité ; tels étaient ceux relatifs à l'observation des fêtes de N.-D. de Chandeleur et de St Jacques (15 juillet 1541), à la cherté des vivres (28 juillet 1588), aux poids et mesures (29 janvier 1621), à la vente des grains (30 octobre 1692 et en 1725), à l'observation des dimanches et fêtes (1712)[1]. Cependant la prétention du bailliage touchait à l'un des principaux et des plus anciens privilèges de l'échevinage, reconnu dans une multitude de titres, et notamment par les articles 1er des coutumes de la ville et banlieue du 30 juillet 1509, du 26 juin 1531 et 30 mars 1612 portant : « les Mayeur et Eschevins de la dite ville...
« sont les chiefs de ladite ville pour le faict de la
« Justice et ont la garde, régime, gouvernement et
« administration générale et espéciale pollice d'icelle,
« soubz l'obéissance et auctorité de nos Princes sou-
« verains comtes d'Arthois. » Et d'ailleurs l'échevinage aussi était seigneur haut justicier.

Les contestations portaient sur un grand nombre de points et notamment sur les règlements pour les foires, les délits commis dans la garenne des cygnes,

---

1. *Mém. imp. pour le bailliage*, déjà cité, chap. XIII. — Le règlement de 1541 fut même rendu à la réquisition des mayeur et échevins.

les feux de malheur ou incendies, la dénonciation des gens blessés à la suite de rixes dans la ville. La décision du Conseil privé de Philippe II, roi d'Espagne, donnée à Bruxelles le 31 juillet 1556, statua sur la plupart de ces difficultés.

A l'égard des foires, la décision de la comtesse Marguerite de 1366 fut maintenue en ce qui concernait la désignation des places attribuées aux marchands, mais le roi décida que la ville pourrait faire garder les marchandises par ses confréries pour éviter des frais [1].

Insensiblement les échevins écartèrent plus tard les officiers du bailliage et s'emparèrent de la police des foires qui fut confiée à des commissaires chargés d'assigner les places aux marchands forains.

C'est le lieutenant général qui devait assister à défaut du bailli, à la publication des statuts de la foire des Caresmaux ; Antoine de Rubempré, seigneur d'Aubigny, ayant été représenté en 1633 par un officier de guerre, le procureur de ville et un échevin furent députés vers lui pour le requérir qu'il eût pour agréable d'envoyer selon l'usage, son lieutenant général ; le bailli répondit qu'il avait député le sʳ de la Bucaille et qu'il le réprimanderait pour s'être fait remplacer [2].

La connaissance des délits qui étaient commis dans la garenne des cygnes du souverain [3], fut

---

1. *Recueil des Chartres de la ville*, p. 97, § 1 de la décision de 1556. — Voir tome I, p. 83.
2. *Bibl. de Saint-Omer*, Ms. n° 879, t. I, p. 357.
3. Cette garenne dépendait de la châtellenie. Voir ci-dessus, livre IV, chap. V, p. 131.

aussi conservée aux mayeur et échevins, et il fut spécialement décidé que le procureur du roi n'interviendrait aux procès que pour assurer la perception des amendes au profit de Sa Majesté. C'est ce que reconnurent la décision de juillet 1556 et d'autres postérieures du 13 juin 1595 et du 31 juillet 1596 [1].

Lorsqu'il se produisait des incendies dans la ville, une enquête était nécessaire ; et les échevins devaient rechercher les causes du feu de malheur ou de méchief [2] et prononcer les amendes contre les imprudents ou les criminels qui avaient amené le sinistre. Les bailli, sous-bailli et procureur de Sa Majesté devaient faire la calenge et avertir les membres du Conseil d'Artois si l'échevinage négligeait l'enquête, ou n'adjugeait pas les amendes « selon que le cas le requerra » [3].

D'anciennes ordonnances de 1520 et 1540, ainsi que des statuts communs donnés par l'échevinage le 19 décembre 1547 aux barbiers et aux chirurgiens, les obligeaient à déclarer au greffier criminel les noms des blessés qu'ils pansaient afin de punir ceux qui s'étaient battus [4]. La surveillance du Magistrat n'avait point paru suffisante aux officiers du bailliage qui prétendaient intervenir et se rendre compte des circonstances qui avaient amené les blessures, attendu qu'elles pouvaient intéresser la sûreté publique, celle de la ville et même celle du prince.

---

1. *Recueil des Chartres de la ville*, p. 101.
2. Feu de malheur : *Anciennes communautés d'arts et métiers à Saint-Omer*, p. 275.
3. *Recueil des Chartres de la ville*, p. 103.
4. *Les Anciennes Communautés d'arts et métiers*, t. I, p. 641-642.

La décision du Conseil privé de Philippe II consacra la manière de voir de ses officiers : « iceluy Procu-
« reur (le procureur de Sa Majesté), porte-t-elle, fera
« doresavant son debvoir de recepvoir au Registre
« du Greffier criminel, pour en avoir vision et extrait,
« affin que selon qu'il est tenu il garde le droit de
« Sadite Majesté, lequel Greffier sera aussi de sa
« part tenu luy bailler ladite vision et extrait à peine
« d'en estre arbitrairement corrigé »[1].

La coutume locale postérieure à celles de 1509 et de 1531, celle du 30 mars 1612, vérifiée le 8 août 1613, maintint l'attribution à la ville de l'administration de la police. Mais les officiers du bailliage déclaraient le 14 juillet 1728[2], qu'ils étaient en procès avec l'échevinage parce que cette coutume aurait été rédigée sans que les gens du roi eussent été appelés, et que le procès-verbal de vérification aurait été également tenu sans eux.

Toutefois ces questions ne furent point portées d'une manière spéciale devant le Parlement lors du grand procès commencé en 1680, et la décision de 1556 pour les quelques points ci-dessus peut être considérée comme définitive. La seule difficulté en cette matière soumise au Parlement fut la question de savoir qui avait le droit d'accorder les permissions de bâtir dans les rues et places publiques, de donner des alignements, etc. Déjà l'art. x du règlement de la comtesse Marguerite de 1378[3] avait attribué au bailliage la connaissance des rues et

---

1. *Recueil des Chartres de la ville*, p. 104.
2. *Coutumes locales des bailliage, ville et échevinage de Saint-Omer*, éd. 1744, p. 232.
3. *Arch. de Saint-Omer*, grand registre en parchemin, f. 225.

voies de la ville, c'est-à-dire la police de la grande voirie. Le roi étant seigneur haut justicier de la ville de Saint-Omer, les officiers du bailliage soutenaient qu'on ne pouvait toucher aux rues et places publiques sans leur permission, et que dès lors, les particuliers devaient s'adresser à eux pour obtenir l'autorisation nécessaire « de faire quelques entre- « prises sur les rues et places », en payant une rente annuelle au domaine. Eux seuls pouvaient permettre qu'on touchât au pavé, qu'on fît des ouvertures des caves, accorder les permissions de bâtir, donner les alignements, et ils prétendaient faire condamner les contrevenants à 60 sous d'amende.

En réalité de tout temps ces diverses autorisations avaient été accordées à la fois par les officiers du bailliage et ceux de l'hôtel de ville [1], et l'on trouve encore aux archives municipales un « Registre aux « accords nouveaux, visitations de maisons » commençant « aux rois de l'an 1554 et finissant en « 1602 » [2], où l'on voit toujours intervenir les deux pouvoirs concurremment, qu'il s'agisse d'entrée de caves, de réparations, d'emprise sur les rues et flégards, d'autorisation de bâtir au-dessus des flégards, de permission de démolir, d'abattre, d'ériger des moulins, etc.

Cependant à partir du xviie siècle, le bailliage avait paru vouloir décider souverainement en ces matières ; en 1666, il avait condamné à l'amende les

---

1. La *Table alph. des délibérations du Magistrat* porte en effet : « Les entreprises sur les rues et flégards doivent être accordées par « les officiers du bailliage et de l'hôtel de ville, 1455 et 1456. » *Arch. de Saint-Omer.*

2. AB. XVIII-17.

Pères Jésuites qui avaient bouché une rue au devant du portail de leur église ; le 1ᵉʳ août 1689, il les avait autorisé à établir deux escaliers saillants, l'un pour les classes, l'autre pour une maison leur appartenant rue du Brûle, et le 17 mars 1700 et le 17 mars 1701 à incorporer une petite rue dans leur collège ; un arrêt du Conseil du 17 septembre 1712, qui fut adressé au bailliage avait confirmé cette dernière permission. En 1702, le sʳ Lambrecht avait reconstruit aussi sa maison située sur la Grande-Place, au bout de la boucherie, en vertu d'une décision du bailliage[1]. Cette justice avait permis aussi le 20 juin 1714, à l'évêque, de faire une ouverture sur la Petite-Place pour conduire de l'eau dans son palais. Mais les gens prudents qui voulaient faire quelques modifications aux façades de leurs maisons continuèrent à prendre soin de se munir des deux autorisations de l'échevinage et du bailliage.

Les difficultés paraissaient devoir se résoudre encore ici par une simple question de propriété : s'agissait-il de fiefs et de terres franches qui relevaient du roi, le bailliage devait être compétent, tandis que pour le surplus de la ville où l'échevinage avait la haute justice et la police générale, c'était à lui de décider. Les conclusions du procureur général proposèrent de consacrer les droits du bailliage :
« Les dits officiers du Bailliage maintenus et gardés
« dans le droit d'accorder les permissions de bâtir,
« de donner les allignements sur rues et places
« publiques, de permettre de faire des ouvertures
« de caves sur les rues, et de toucher au pavé, pour

---

1. *Arch. de Saint-Omer*, AB. 1-13.

« par eux en user comme ils en ont joui, ou dû
« jouir jusqu'à présent »[1].

La police des corps et métiers appartenait au Magistrat et le bailliage ne réussit pas à entamer son privilège de faire des statuts et règlements pour l'établissement, le maintien et la direction des communautés d'arts et métiers. Nous avons expliqué longuement ailleurs sur quels titres anciens était fondé ce privilège[2].

Une contestation surgit à propos des édits de novembre 1691 et de février 1692 qui avaient créé en titre d'office des médecins, chirurgiens jurés et des perruquiers dans chaque ville du royaume où il y avait bailliage ; l'édit de création portait que les pourvus prêteraient serment, et que pour les faits relatifs à leurs fonctions ils auraient leurs causes commises aux bailliages où ils présenteraient leurs statuts pour être homologués ; ces édits furent enregistrés au bailliage de Saint-Omer. L'échevinage protesta et assigna les conseillers au bailliage devant le Conseil d'Artois, mais il fut condamné deux fois par cette cour en 1693 et 1727 ; il se pourvut alors devant le Conseil d'État dont il obtint le 7 septembre 1730 un arrêt qui le renvoya devant l'Intendant de la province « pour dresser un procès-
« verbal par devant lui pour sur icelui et son rap-
« port être ordonné », et un autre arrêt du Conseil du 20 avril 1731 maintint ses droits en général et ordonna spécialement que les contestations concernant les médecins et chirurgiens, leur réception et

---

1. *Pièce justificative* XVII, art. XIV.
2. *Les anciennes Communautés d'arts et métiers à Saint-Omer*, p. 208 à 328.

leurs statuts, seraient portés devant l'échevinage ; des lettres patentes furent délivrées le 28 mai 1731[1]. Les officiers du bailliage s'étaient opposés à l'enregistrement de cet arrêt, soutenant que la procédure suivie par les échevins était illégale et que l'arrêt du Conseil ne pouvait être exécuté, attendu qu'il était défendu aux parties de se pourvoir au Conseil d'Etat sur des contestations qui étaient pendantes devant le Parlement et devant les sièges inférieurs. Les lettres patentes, qui, pour être rendues authentiques, devaient être enregistrées au Parlement, ne purent l'être, elles restèrent donc sans effet et le bailliage continua à connaître des affaires des chirurgiens.

Cependant en 1735 les mayeur et échevins réunirent à la ville les deux offices de conseillers du roi lieutenants généraux de police de Saint-Omer, créés par les édits des mois d'octobre 1699, janvier 1709 et février 1710[2] ; ils prétendirent alors, comme substitués à ces officiers, que cette réunion formait pour eux un nouveau titre pour connaître des causes des médecins et chirurgiens, et ils citaient la jurisprudence des arrêts du Conseil d'Etat qui, chaque fois que les lieutenants généraux de police avaient

1. Voir les *Communautés d'arts et métiers à Saint-Omer* : pour les perruquiers, p. 634 ; pour les médecins, etc., p. 650.
2. Les offices de lieutenants généraux de police ne furent point levés dans la province d'Artois, personne ne se présenta pour les occuper et les acheter, la province n'en fut pas déchargée cependant ; les mayeur et échevins furent en quelque sorte contraints d'acheter les deux charges créées à Saint-Omer, parce qu'ils furent avertis que le sr Descamps d'Inglebert, lieutenant général du bailliage, qui avait déjà cherché auparavant à se rendre maître de tous les offices municipaux, avait fait des offres pour les charges de lieutenant de police. La ville les paya 5,000 livres. (Arrêt du Conseil du 14 juin 1735. *Arch. de Saint-Omer*, AB. VIII-40).

été troublés dans leurs fonctions par les officiers des bailliages et sénéchaussées du royaume, les avaient maintenus dans le droit de connaître de ces sortes de causes[1].

D'ailleurs, ajoutaient-ils, les médecins, chirurgiens, barbiers, étuvistes et autres étaient bourgeois de Saint-Omer et comme tels soumis à sa juridiction, et aucune exception n'avait été décidée en leur faveur par le roi. Les conclusions de 1748 n'examinèrent pas ces difficultés, bien qu'elles fussent comprises dans les mémoires signifiés par le bailliage à l'échevinage[2].

Les arpenteurs n'étaient pas en communauté. Le bailliage avait le droit d'admettre les arpenteurs jurés pour exercer leurs fonctions dans toute l'étendue de la juridiction, après examen et preuves de capacité. Cet examen consistait à opérer en présence d'anciens arpenteurs et géomètres désignés à cet effet par le tribunal et assermentés ; on leur indiquait un terrain à mesurer, dont ils devaient dresser ensuite le plan. Ils étaient admis après approbation du travail et après avoir prêté serment, sur les conclusions du procureur du roi.

En résumé, à part quelques décisions spéciales attribuant nettement aux officiers du bailliage quel-

---

1. Arrêt du 21 août 1700 rendu en faveur du lieutenant de police de Montluçon.
   »   31 décembre 1701   id.   d'Amboise.
   »   5 septembre 1702   id.   de Pezenas.
Arrêt du 30 janvier 1703 rendu en faveur du lieutenant général de police de Chaumont.
   »   29 avril 1704   id.   de Châtellerault.
2. *Mém. imp. pour le bailliage*, chap. X.

ques attributions particulières en matière de police dans la ville et la banlieue, le rôle du bailli, et plus tard celui du procureur du roi, consistait à assister aux plaids que tenait l'échevinage le vendredi, jour où l'on traitait les matières de police, afin de veiller à ce que les amendes dont une part devait revenir au roi fussent prononcées. Si les jugements du Magistrat n'adjugeaient pas les amendes selon l'exigence des cas, les officiers fiscaux du bailliage n'avaient d'autre procédure à suivre que de se pourvoir devant le Conseil d'Artois pour les faire réformer s'il y avait lieu.

CHAPITRE VI

COMPÉTENCE EN MATIÈRE ECCLÉSIASTIQUE

La compétence des officiers du bailliage en cette matière est presque nulle, et appartient au Conseil d'Artois. — Difficultés à raison des causes des églises et établissements de fondation royale ou ayant des lettres de garde gardienne. — Autres matières ecclésiastiques. — Garde des registres de catholicité, leur cote et paraphé.

Les membres du bailliage n'étant qu'officiers royaux et non juges royaux, le Conseil d'Artois, seul juge royal de la province, avait presque toute la compétence en matière ecclésiastique. C'est ce que reconnurent d'une manière précise les conclusions de 1748 à propos de deux chefs de contestations qui étaient soumis au Parlement.

Les officiers du Conseil d'Artois avaient été maintenus par l'arrêt du Conseil d'Etat de 1730 (art. v) dans le droit « de connaître en première instance, à l'exclusion « de tous autres juges de la province, de toutes les « causes des églises cathédrales, évêchés, abbayes, « chapitres, prieurés, commanderies, bénéfices et

« maisons de fondation royale, ou qui ont obtenu
« des lettres de garde gardienne adressées au Conseil
« d'Artois [1], et notamment dans le droit d'apposer le
« scellé, faire inventaire, et tous autres actes de
« justice lors du décès des évêques, abbés, et autres
« titulaires de bénéfices de fondation royalle », mais
l'article vi déclarait qu'après la levée des scellés et
l'inventaire, ils ne pourraient exercer aucun autre
acte de juridiction et que celle-ci appartiendrait aux
officiers desdits bailliages. Cependant en fait le Conseil
usait peu du droit de juger en première instance les
causes des abbayes et bénéfices, mais il ne manquait
pas d'apposer les scellés lors du décès des évêques,
abbés et titulaires de bénéfices qui étaient à la nomination du roi.

A Saint-Omer l'échevinage prétendait que, à
l'exception des abbayes, chapitres, communautés
séculières et régulières, confréries qui avaient
des lettres de garde gardienne, toutes les autres
sises dans la ville et la banlieue participant au droit
de bourgeoisie devaient porter leurs causes devant
lui. De plus il soutenait qu'il avait seul droit de
connaître des réparations des maisons pastorales et
presbytérales, si toutefois elles n'étaient pas tenues
en fief ou en franchise, car alors il reconnaissait que
la connaissance en appartenait au bailliage. Les
conclusions du procureur général ne tinrent aucun
compte de ces distinctions et déclarèrent que ces

---

1. L'art. 28 du Cahier des doléances du Tiers-Etat de Saint-Omer
(31 mars 1789) réclamait la suppression des lettres de garde gardienne
(*Mém. des Antiq. de la Morinie*, t. XVIII, p. 213). L'art. 28 de celui
des doléances du Tiers-Etat du bailliage reproduisit ce vœu (Loriquet,
Cahier des doléances de 1789 dans le département du Pas-de-Calais, I, p. 115).

établissements plaideraient en première instance devant le bailliage (art. ɪx).

Mais ses officiers n'étant pas juges royaux, ne pouvaient pas décider des oppositions aux mariages, des complaintes en matière bénéficiale ni des autres matières ecclésiastiques [1] (art. x des conclusions). Le Conseil provincial avait seul le droit d'en connaître.

Une autre difficulté avait surgi entre le Conseil d'Artois et le bailliage à propos de la garde des registres de baptêmes, sépultures et mariages. La garde de ces registres tenus par les ecclésiastiques, ainsi que le droit de les coter et parapher, avaient toujours appartenu au bailliage de Saint-Omer, comme aux autres bailliages, en vertu de l'édit perpétuel de 1611 (art. 20) [2] et de l'ordonnance royale de 1667 (art. 2). L'article 2 de cette dernière ordonnance portait qu'il serait « fait chacun an deux regis-
« tres pour inscrire les baptêmes, mariages et sépul-
« tures en chacune paroisse, dont les feuillets seront
« cottés et paraphés par les juges des villes, gou-
« vernances, bailliages et sénéchaussées où l'église
« est située; l'un d'eux sera porté aux greffes desdits
« juges pour servir de grosse. »

---

1. Ces matières ecclésiastiques comprenaient notamment les édits concernant la religion et la discipline, la répression des abus de l'autorité ecclésiastique, les droits de patronage qui se rapportaient aux bénéfices, les dîmes ecclésiastiques contestées entre ecclésiastiques ou religieux, la portion congrue des curés et vicaires, etc. Mais les questions relatives aux dîmes inféodées étaient de la compétence des officiers des bailliages, comme d'ailleurs de celle des juges des seigneurs dont elles relevaient.
2. Déjà cité, p. 68, rendu par les Archiducs.

A la fin du XVIIe siècle, la ville acheta de Messieurs du clergé la charge de greffier conservateur des registres de catholicité et l'exposa en vente en 1695. Comme elle donnait l'exemption du logement des gens de guerre, du guet, de la garde et de toutes les charges publiques [1], elle fut vendue assez cher bien qu'elle ne produisît guère plus de quarante sous d'émoluments [2]. L'adjudicataire paya 780 livres de principal, 90 au concierge pour les frais d'un repas, et 29 livres 5 sols pour divers frais, notamment ceux du serment et de la réception, et il commit le s^r de Somère pour exercer la charge. Un édit du mois de décembre 1716 supprima ces offices et une déclaration du roi du 9 avril 1736, enregistrée au Parlement le 13 juillet et au Conseil d'Artois le 1er septembre [3], ordonna que dans le délai de trois mois ceux qui les exerçaient en titre ou par commission remettraient les registres qui étaient en leur possession, même les registres ou actes des Consistoires, aux greffes des bailliages, « sénéchaussées et autres sièges royaux « ressortissant nuement à nos cours qui auront « connaissance des cas royaux », et prescrivit au lieutenant général ou premier officier du siège royal, de les coter comme par le passé. Après cette ordonnance, les bailliages continuèrent pendant près de quarante ans à recevoir à leurs greffes le dépôt de ces registres, mais alors le Conseil d'Artois, comme seul juge des cas royaux dans cette province,

---

1. Art. 3 de l'affiche annonçant la vente pour le 9 janvier 1695. — *Arch. de Saint-Omer* CXLI-16.

2. Le greffier exerçait « sa charge sur 40 paroisses y compris les « paroisses de cette ville », il avait six sous de chaque extrait qu'il donnait (art. 1 et 2 de l'affiche, *id.)*

3. Art. XXIV de cette déclaration imprimée chez Fertel à Saint-Omer, 9 pages, *id.*

leur contesta ce droit et exigea le dépôt de tous les registres existant dans les bailliages de son ressort depuis 1736. Quelques bailliages obéirent d'abord, puis refusèrent de continuer à opérer ce dépôt. On ordonna alors aux curés d'apporter au greffe à Arras les registres dont ils étaient dépositaires ; on devait les faire copier et les renvoyer aux paroisses ; mais ce long travail ne fut pas effectué, on garda les registres de ceux qui consentirent à les envoyer, et beaucoup furent perdus. Il n'intervint d'ailleurs aucune décision judiciaire sur ce point, mais les Cahiers des doléances de la province demandaient en général que les registres aux actes de baptêmes, mariages et décès continuassent d'être déposés au greffe des bailliages [1].

---

1. Loriquet, *loc. cit.*, t. I, p. cxv, ligne 17.

CONCLUSIONS

Les officiers du bailliage avaient donc la qualité d'officiers royaux, mais l'arrêt du Conseil du 13 décembre 1728, enregistré au Parlement le 5 septembre 1730, en les dénommant ainsi, leur avait refusé la qualité de juges royaux, de sorte que pour déterminer la compétence en première instance de la cour du bailliage, il faut éliminer à peu près tout ce qui était du ressort des juges royaux et notamment les cas royaux attribués au Conseil d'Artois, seul juge royal de la province. De plus, en Artois, toutes les questions de noblesse relatives aux personnes et aux terres n'étaient point décidées par les bailliages, mais par les officiers de l'Election d'Artois, établie à Arras, qui étaient les seuls juges de première instance en cette matière. Il en était de même des causes et contestations réelles et personnelles, civiles et criminelles en fait et matière d'aides, impositions, fermes et octrois des Etats et des villes. Il faut donc encore enlever ces matières au bailliage de Saint-Omer. Enfin, dans la ville et la banlieue, les privilèges de l'échevinage limitaient aussi la compétence des officiers du bailliage en première instance.

Ils avaient connaissance de toutes les matières féodales, à l'exception de celles qui avaient été attribuées au bureau des finances de Lille par l'édit de septembre 1691 ; ils donnaient les saisines et investitures des fiefs, vérifiaient et blâmaient s'il y avait lieu les aveux et dénombrements servis au roi par ses vassaux, connaissaient des contestations qui naissaient au sujet de ces blâmes, des combats de fiefs, exerçaient la saisie féodale et accordaient la maintenue par main souveraine.

Ils connaissaient en première instance de toutes les actions personnelles, réelles et mixtes des bourgeois et habitants domiciliés sur les fiefs immeubles et héritages nobles, des mains-assises, mises de fait, mises en possession et hypothèques, des retraits lignagers, douaires, donations et testaments, saisies réelles, criées, ventes et adjudications par décret forcé ou volontaire des immeubles féodaux sis tant dans la ville et dans la banlieue que dans l'étendue du bailliage, des complaintes en matière civile, des réintégrandes, de l'entérinement des lettres de rescision, de bénéfice d'inventaire et autres semblables, de l'exécution des contrats passés sous le scel d'Artois et autres sceaux authentiques ; mais les mayeur et échevins connaissaient dans la ville et la banlieue des mêmes matières en ce qui concernait tous les immeubles autres que les fiefs et ils avaient seuls la compétence en matière de tutelle, curatelle et avis de parents.

Les causes des nobles, celles des officiers du bailliage et autres ayant provision du roi, celles des officiers d'état-major résidant dans la ville et la banlieue échappaient à la juridiction du bailliage et étaient portées devant l'échevinage.

La réception des officiers du bailliage et de ceux en dépendant, la nomination des officiers des justices seigneuriales, la réception de leurs serments, l'installation des baillis et lieutenants dans les justices royales subalternes étaient de la compétence du bailliage.

En matière criminelle, les cas de haute justice en dehors de la ville et de la banlieue et des territoires des seigneurs hauts justiciers étaient jugés par les officiers du bailliage, mais ils n'avaient point la connaissance des entérinements des lettres de grâce, rémission, pardon et abolition qui appartenait au Conseil d'Artois. Les crimes et délits commis par les nobles, les juges et officiers du bailliage ayant provision du roi dans la ville et la banlieue leur échappaient aussi, sauf ceux des officiers de judicature perpétrés dans l'exercice de leurs fonctions ; s'il s'agissait de crimes commis contre eux dans la ville c'étaient les mayeur et échevins qui étaient compétents, à moins que le fait ne se fût produit dans l'enceinte de l'hôtel de la justice royale. Pendant longtemps, jusque vers 1660 environ, le bailli eut le droit de tenir tous les 7 ans des franches vérités pour y faire juger les grands crimes.

La police appartenait aux officiers du bailliage dans l'étendue de leur juridiction, sauf les droits des seigneurs vicomtiers ; ils inspectaient après ces derniers les chemins, flots, flégards, rivières, places publiques et y ordonnaient les réparations nécessaires. Dans la ville ils réglaient ordinairement, concurremment avec les mayeur et échevins, les permissions de bâtir, les alignements sur les rues et les places, les permissions de faire des ouvertures de caves et de toucher au pavé, et surveillaient les mesures prises par les échevins en ce qui concernait les incendies et les rixes entre habitants. Quant aux foires, le bailli ou son lieutenant avait assigné pendant longtemps les places aux marchands, mais les échevins avaient fini par s'emparer de ce droit et de toute la surveillance de ces grandes réunions commerciales. La connaissance des délits commis dans la garenne des cygnes fut maintenue à l'échevinage, bien que celle-ci appartînt au souverain.

La ville conserva également la réglementation des corps de métiers qui était un de ses plus anciens privilèges ; cependant l'échevinage et le bailliage se disputaient les causes des médecins, chirurgiens et perruquiers qui avaient été érigés en titre d'office, et le bailliage admettait seul les arpenteurs jurés qui n'étaient point en communauté.

En matière ecclésiastique, les abbayes, chapitres, églises et maisons qui n'étaient point de fondation royale, qui n'avaient point obtenu de lettres de garde-gardienne ou d'amortissement royal, étaient les seuls établissements qui portaient leurs causes en première instance au bailliage ; ce corps connaissait aussi des réparations des maisons pastorales et presbytérales. Mais il ne pouvait décider des oppositions aux mariages, des complaintes en matière bénéficiale ni des autres matières ecclésiastiques, car elles étaient de la compétence des juges royaux, c'est-à-dire du Conseil d'Artois.

Le lieutenant général cotait et paraphait les registres de catholicité tenus en double dans les paroisses.

En appel, cette compétence s'étendait aux matières

et causes traitées par les tribunaux subalternes que nous avons indiqués en parlant de la juridiction du ressort du bailliage[1].

---

1. Voir ci-dessus livre IV, *Conclusions*, p. 153.

LIVRE VI

Appel des Jugements du Bailliage. — Suppression de cette cour en 1790.

CHAPITRE I

APPEL DES JUGEMENTS DU BAILLIAGE

Constitution du comté d'Artois ; les appels de ses tribunaux vont au Conseil du roi de France, puis au Parlement de Paris. — Efforts des comtes de Flandre et des ducs de Bourgogne pour soustraire leurs sujets à ces appels. Le Conseil privé. Philippe-le-Bon est déchargé en 1435, sa vie durant, de toute sujétion envers le roi. Le Conseil de Flandre en 1446. Le grand Conseil de Malines en 1473. — La souveraineté de l'Artois passe à Charles-Quint en 1525 ; les appels des jugements vont au Conseil de Malines, puis au Conseil d'Artois. — Retour de Saint-Omer à la France en 1677 ; les appels vont au Conseil d'Artois et de là au Parlement de Paris.

Comme pour les cas royaux, l'attribution du droit

d'appel à un tribunal supérieur dépendait de la question de souveraineté.

L'Artois et la Flandre formèrent longtemps une seule province. En 793 Charlemagne donna le gouvernement de Flandre, dans lequel était compris l'Artois, avec le titre de grand forestier, à un descendant de Lidéric de Buc, nommé Lidéric II, dit d'Arlebeck[1]. La propriété de la Flandre resta jointe à la souveraineté jusqu'à ce que Charles-le-Chauve eût érigé cette province en comté au profit de Baudouin Bras-de-Fer, en 813, sous la mouvance et l'hommage de la couronne de France, et en réservant les droits de souveraineté, de ressort et les cas royaux. Ainsi donc, parmi les prééminences du roi de France, en sa qualité de suzerain du comté de Flandre, on compta les appels interjetés en dernier ressort par les habitants de cette province vassale de la couronne.

Cependant, dès 1180, le pays d'Artois fut détaché du comté de Flandre, lorsque Philippe d'Alsace donna à sa nièce Isabelle de Haynaut, en considération de son mariage avec Philippe-Auguste, la propriété d'Arras, Saint-Omer, Aire, Hesdin, Bapaume, Lens, avec les hommages de Boulogne, de Saint-Pol, de Guînes, de Lillers, d'Ardres, de Richebourg, et de toutes les localités qui étaient en deçà du Neuffossé, y compris l'avouerie de Béthune. La propriété et la souveraineté de l'Artois retournèrent ainsi au roi de France. Mais, après la mort du comte de Flandre Philippe d'Alsace tué à Saint-Jean-d'Acre en 1191, sa veuve et Baudouin IX, comte de Flandre, attaquèrent

---

1. Ondegherst, *Chronique de Flandre*, chap. XX. — Maillart, *Chronologie historique des souverains de la province d'Artois*, n° 67.

la donation, et par le traité de Péronne en 1199[1] le roi de France céda à ses adversaires les villes d'Aire et de Saint-Omer qui, douze ans plus tard, retournèrent à la couronne par le traité de Pont-à-Vendin[2].

Par testament du mois de juin 1225, Louis VIII assigna à titre de partage à son second fils Robert le pays d'Artois, ainsi qu'il avait été donné à sa mère Isabelle, avec clause de réversion à la couronne à défaut d'héritiers. Au mois de juin 1237, saint Louis mit Robert en possession de cet apanage, qu'il érigea en comté avec la même clause de réversion et la réserve des fiefs, privilèges, amortissements et de tous droits de souveraineté.

Détaché ainsi de la Flandre, l'Artois fut naturellement soumis, au point de vue des appels, au Conseil du roi. On a déjà vu, dans le cours de ce travail, que les premiers baillis de Saint-Omer furent créés par le roi de France, puis par les descendants de Robert I d'Artois[3].

Dans leur comté ainsi réduit, les comtes de Flandre, voulant s'assurer les prérogatives de la souveraineté, tentèrent de soustraire à la connaissance du Conseil du roi la solution de certaines affaires importantes, mais ils rencontrèrent une résistance jalouse. Comme vassaux de la couronne ils devaient fidélité, assistance au Conseil du roi, et secours à la guerre *(fiducia, justitia, servitium)*. Philippe-Auguste, après l'avènement de Bauduin de

---

1. Warnkœnig, *Histoire de la Flandre*, éd. Gheldolf, Bruxelles 1836, t. I, pièce justificative VII.
2. id.   id.   XI.
3. T. I, p. 3, 22 et suiv.

Constantinople, sut remplacer cette vassalité simple par l'hommage-lige, et le 11 novembre 1196, le comte, dans le serment qu'il prêta devant l'archevêque de Reims et les évêques d'Arras, de Tournai et de Térouanne, reconnut le roi comme son seigneur-lige pour le fief de Flandre [1].

Pour maintenir la Flandre sous la domination de la couronne, les rois accueillirent favorablement la tradition juridique en vertu de laquelle il fallait procéder contre les bonnes villes, non « par gages « de bataille, mais par errements de plet ». La voie d'appel était ouverte en deux cas : faux jugement ou défaute de droit (refus de statuer).

Au XIII° siècle les appels se multiplièrent [2], peu à peu les rois de France s'arrogèrent le droit de vider souverainement les conflits entre le comte et ses sujets, et insensiblement il fut reconnu que le Parlement de Paris pouvait juger si la décision rendue par le puissant vassal du roi lui était soumise comme taxée de déni de justice, ou si le jugement était attaqué comme rendu par malice, corruption, vengeance ou partialité [3].

L'Artois était resté dans la postérité de Robert, premier comte de cette province, mais il passa aux comtes de Flandre, lorsqu'en 1382 Louis de Mâle en hérita de sa mère Marguerite de France; et son unique héritière, Marguerite de Flandre, l'apporta dans la maison de Bourgogne lors de son mariage avec Philippe-le-Hardi en 1384. Les ducs de Bourgogne reçurent donc la Flandre et l'Artois, sous la réserve de la souveraineté du roi de France, telle

---

1. Warnkœnig, t. II, p. 67, et t. I, pièce justificative VI.
2. *Recueil des historiens de France,* préface du tome XI, p. CLXXIX.
3. Warnkœnig, *loc. cit.*, p. 73.

qu'elle avait été exprimée lors de la constitution des deux comtés. Toutefois, de même que leurs prédécesseurs les comtes de Flandre l'avaient tenté, ils cherchèrent à affranchir les tribunaux de leurs nouvelles possessions du recours au Parlement de Paris, qu'ils considéraient comme étranger, et à se délivrer du patronage qu'exerçait par ce moyen le roi de France sur leur comté.

Comme les ducs de Bourgogne ne pouvaient cependant pas obliger les justiciables et les plaideurs de Flandre et d'Artois à se rendre à Dijon devant les délégués de leur cour, ils autorisèrent insensiblement à porter un grand nombre de causes devant leur Conseil privé [1] ; et après que, par le traité d'Arras du 21 septembre 1435, le roi Charles VII eut déchargé Philippe-le-Bon personnellement et pendant sa vie seulement de toute espèce de sujétion, hommage et ressort envers la couronne, le Conseil privé prit le caractère d'un véritable Conseil d'Etat. Cette organisation date de 1437 [2].

En 1446, par ordonnance du 6 août, Philippe-le-Bon érigea, à côté de ce Conseil privé, un grand Conseil chargé de l'administration de la justice et

---

1. La question de la création du Conseil de Flandre a fait l'objet de plusieurs publications. M. Jules Frederichs, dans le tome XVIIe de la 4e série du *Bulletin de la Commission royale d'histoire de Belgique 1890*, a rectifié sur plusieurs points des écrivains qui ont parlé avant lui de ce tribunal, et notamment M. Matthieu qui a écrit l'histoire du Conseil de Flandre dans les *Annales de l'Académie d'archéologie de Belgique*, t. XXXV. Anvers 1879, p. 171. D'après M. Frederichs le Conseil de Flandre ne remonte qu'à une ordonnance de Philippe-le-Bon du 6 août 1446, et auparavant il n'existait auprès des ducs de Bourgogne qu'un Conseil privé ambulatoire. — V. aussi Alexandre, *Histoire du Conseil privé dans les anciens Pays-Bas*, Bruxelles 1895.

2. Frederichs, *ouvrage cité*, p. 432.

des finances. Ce fut le Conseil de Flandre[1]. Il était aussi ambulatoire. Vers 1454 il fut réorganisé et devint une véritable cour de justice. Etabli à demeure à Arras en 1462, il fut fixé ensuite en 1464 à Malines. A l'origine il ne jugeait point en appel les procès venus de la Flandre et de l'Artois, mais dès 1464, étendant ses droits, il prononçait en appel sur tous les procès émanant d'un tribunal des Pays-Bas, même de ceux de la Flandre et de l'Artois. De sorte que lorsqu'en 1467 Philippe-le-Bon vint à mourir, il avait en fait enlevé au Parlement de Paris toute compétence à raison d'un privilège dont l'existence était sans cesse contestée, et qui n'était reconnu que lorsque la puissance du suzerain l'autorisait à se prévaloir de ce droit régalien. Son successeur allait continuer sa politique.

« Le traité de Péronne du 14 octobre 1468, dit
« M. Frederichs[2], enlève au Parlement de Paris le
« droit d'évoquer devers lui les procès de la Flandre.
« .....Mais si les tribunaux de Flandre étaient décla-
« rés non relevables du Parlement de Paris, le duc
« n'entendit pas les laisser indépendants de sa haute
« juridiction, et il évoqua leurs arrêts devant son
« grand Conseil. D'autre part le Parlement de Paris
« ne se fit pas faute de continuer à trancher tous les
« procès qu'on lui soumettait, d'où qu'ils vinssent et
« quels qu'ils fussent.

« Le grand Conseil était devenu de la sorte la
« véritable Cour d'appel des Pays-Bas. »

Puis, en 1473, afin de charger de sa justice souveraine une cour spéciale semblable au Parlement de Paris, Charles-le-Téméraire, par ordonnance du

1. Frederichs, p. 433.
2. Ouvrage cité.

23 décembre 1473 datée de Thionville, créa le Parlement de Malines. Le grand Conseil perdit ses attributions judiciaires qui passèrent au nouveau Parlement, toutefois il n'en continua pas moins à subsister et garda ses attributions administratives.

Cependant les lois de Flandre [1] avaient jugé de tout temps sans appel les affaires criminelles et civiles, et déjà en 1445 le duc avait obtenu du roi de France, pour les *quatre lois* [2], qu'elles seraient laissées en leurs droits et qu'au moins les appellations au Parlement de Paris dont on voulait les faire relever seraient suspendues pour neuf ans ; mais en 1453 il avait ordonné que les quatre lois ressortissent au Conseil de Flandre, sans empêcher toutefois qu'on appelât de son Conseil au Parlement de Paris quand les affaires ne touchaient ni sa hauteur ni sa seigneurie et il avait rencontré des résistances pour faire admettre le Conseil de Flandre comme cour d'appel ; ce fut pis encore quand il voulut faire reconnaître la nouvelle cour souveraine de Malines, car ces institutions diverses violaient les privilèges communs aux habitants des diverses provinces qui lui étaient soumises de n'être pas distraites de leurs juges naturels, et de n'être justiciables que des autorités de leur comté ou duché ; aussi à la mort du duc en 1477, sa fille Marie de Bourgogne dut supprimer le Parlement de Malines ainsi que le grand Conseil de Flandre, ne laissant subsister que le Conseil privé. Le 11 février elle établit un nouveau grand Conseil ambulatoire sur de nouvelles bases.

1. On désignait ordinairement sous ce nom de lois les juridictions locales des échevinages.
2. Les quatre lois de Flandre étaient les villes de Gand, Bruges et Ypres, et le Franc de Bruges.

Elle mourut le 27 mars 1481, et bientôt le lien féodal que les ducs de Bourgogne avaient voulu rompre fut de nouveau reconnu au profit de la France par le traité d'Arras du 23 décembre 1482; et en 1487 les Français s'emparèrent de Saint-Omer qu'ils conservèrent deux ans.

Le comté d'Artois retourna, par suite du traité de Senlis conclu par Charles VIII en 1493, aux archiducs Maximilien et Philippe, et ce dernier fit le 5 juillet 1499, à Arras, hommage des comtés d'Artois et de Flandre, au roi de France, en vertu du traité de Paris du 2 août 1498.

Maximilien d'Autriche rétablit le Grand Conseil d'abord à Gand dès 1485, et le transporta à Bruges en 1487, à Termonde en 1489, puis à Ypres, où il resta six ans. Philippe-le-Beau le transféra à Gand en 1498, puis à sa place il érigea, le 22 janvier 1504, le Grand Conseil sédentaire de Malines ; il établit aussi un nouveau Conseil privé.

Les comtes de Flandre et d'Artois ne jouissaient donc jusqu'alors que précairement, du droit d'administrer la justice souveraine dans leurs domaines, et hors le cas d'une concession momentanée comme celle donnée à Philippe-le-Bon, l'appel des jugements rendus par leurs officiers devait se porter au Parlement de Paris.

Tel était l'état des choses lorsque Charles-Quint devenu propriétaire des Pays-Bas par la mort de Philippe d'Autriche, son père, fut élu empereur d'Allemagne en 1529 ; il n'avait jamais rendu foi et hommage au roi de France, et son refus de s'acquitter des devoirs de vassalité déchaîna la guerre de 1521, qui se termina par le traité de Madrid du

24 janvier 1525, ratifié par celui de Cambrai en 1529, François Ier céda à Charles-Quint et à ses successeurs la souveraineté de l'Artois et de la Flandre.

L'art. 17 de ce dernier traité stipulait « que tous
« et chacun les procès étant indécis et pendants en
« la cour de Parlement de Paris, requêtes du Palais,
« Châtelet, Bailliages d'Amiens et Vermandois, Pre-
« vosté de Beauquesne, Péronne, Montreuil, Dour-
« lens et autres sièges des justices dud. seigneur
« Roi très-chrétien et de son Royaume quelqu'ilz
« soient, contre aucuns princes, prélats et autres
« gens d'Eglise, seigneurs, sujets et autres manans
« et habitans des comtés de Flandre et Artois, pour
« raison et cause des fiefs, terres, seigneuries, rentes
« et héritages situés et assiz en comtés de Flandre
« et d'Artois, ressorts et enclavemens d'icelles, en
« matières personnelles, réelles et mixtes, en quel-
« que état que soient, seront renvoyés par les juges
« des Cours et Justices où ils seront pendans et
« indécis, par devant le Grand Conseil dudit Seigneur
« Empereur[1], et autres ses juges audit comté de
« Flandres et Artois, auxquels en appartiendra la
« connaissance, sans que lesdits juges dudit Sei-
« gneur Roi très-chrétien puissent doresnavant plus
« prendre aucune cour ni connoissance ».

Ainsi donc, à ce moment, toutes les affaires pendantes au Parlement furent renvoyées à Malines, les autres pendantes devant les juridictions d'Amiens, Beauquesne, Montreuil, etc., furent portées devant les juges ordinaires de Flandre et d'Artois.

Comme les appels du bailliage de Saint-Omer se portaient auparavant directement au Parlement de

---

1. Conseil de Malines.

Paris, on renvoya les causes pendantes par suite d'appel au Conseil de Malines.

Aussi, l'article IV de la Coutume du bailliage de Saint-Omer, rédigée le 24 juin 1531 après les deux traités de Madrid et de Cambrai, dit expressément : « Item qu'audict Bailly de Saint-Omer ou à son Lieu-« tenant, Hommes de la Cour dudict Bailliage à la « conjure dessusdit, *soubs le ressort de la Court du* « *Parlement, de* PRÉSENT AU GRAND CONSEIL DE MALI-« NES..... » termes qui indiquent bien la substitution de ce dernier Conseil au Parlement de Paris.

Cependant, dès le 12 mai 1530 Charles-Quint créait le Conseil d'Artois ; mais sa compétence n'était réglée que postérieurement par des placards des 12 mai et 5 juillet 1530 et 8 juillet 1531. Les bailliages d'Artois, comme nous l'avons vu[1], contestèrent dès l'origine la souveraineté de la nouvelle cour, dont on appelait d'ailleurs aussi à Malines[2], et les plaideurs continuèrent pendant plusieurs années à faire appel direct devant le grand Conseil. Ils se fondaient, avec quelque raison, sur ces circonstances que Charles-Quint avait homologué le 3 mars 1544 les Coutumes générales d'Artois et en avait ordonné l'exécution sans « pré-« judice des Coustumes locales des Bailliages » et que le 23 novembre 1546 le Conseil d'Artois lui-même avait enregistré ces coutumes et placards.

Après le traité des Pyrénées du 7 novembre 1659, Philippe IV restitua à Louis XIV la propriété et la souveraineté de l'Artois, à la réserve de Saint-Omer

---

1. Livre V, chap. I et II.
2. On continua jusqu'en 1640 d'appeler à Malines, puis après la prise d'Arras et la réunion à la France de la plus grande partie de l'Artois, les appels furent portés au Parlement de Paris.

et Aire. Un Conseil fut établi à Saint-Omer pour l'*Artois réservé*[1] et ce tribunal reçut quelques appels des plaideurs des deux bailliages conservés par la maison d'Espagne, il continua à reconnaître la suprématie du Conseil de Malines.

Saint-Omer fut à son tour réuni à la France après la capitulation du 22 avril 1677, et le traité de Nimègue du 10 septembre 1678 confirma la conquête de l'Artois réservé.

Dès lors, les lois anciennes et naturelles du royaume reprirent leur cours ; on n'appela plus des décisions du bailliage de Saint-Omer au grand Conseil de Malines, puisque les traités de Madrid et de Cambrai venaient d'être glorieusement abrogés par Louis XIV, et on retourna au Parlement de Paris.

Mais le Conseil d'Artois, qui avait été créé pendant que cette province avait été séparée de la France, avait été maintenu, et on porta aussi des appels devant lui, comme on avait commencé à le faire après 1531. Toutefois, ce fut plutôt en vertu de conventions particulières et d'acquiescements volontaires que pour se soumettre à une juridiction légitime et bien reconnue.

Les choses restèrent en cet état jusqu'en 1739, époque où l'on procéda à la rédaction, vérification et homologation de la Coutume du bailliage de Saint-Omer. Il fut donné, le 29 septembre, lecture de l'article 4 de celle de 1531, qui, réuni aux articles 5 et 6, fut ainsi rédigé : « Ont été, de l'avis desdits « trois Etats, réuni en un, ainsi qu'il s'ensuit :

---

1. Pagart d'Hermansart, *L'Artois réservé, son Conseil, ses Etats, son Election à Saint-Omer, de 1640 à 1677 (Mém. des Antiq. de la Morinie,* t. XVIII). — *Documents inédits sur l'Artois réservé (Bulletin id.,* t. VIII, p. 91).

« Audit Bailli de S¹ Omer ou son Lieutenant et
« Hommes de la Cour dudit Bailliage, à la conjure
« dudit Bailli et *sous le ressort de la Cour du Parle-*
« *ment de Paris* ou *du Conseil provincial d'Artois*,
« appartient la connaissance tant au civil qu'au cri-
« minel des différents qui surviennent entre les
« sujets audit Bailliage dans les cas etc. » [1].

La nouvelle Coutume fut enregistrée au Parlement de Paris en vertu de son arrêt du 10 décembre 1743 sans opposition, il était dit dans l'arrêt que « copies
« collationnées seront envoyées au Conseil d'Artois
« pour y être lûes, publiées et registrées » [2]. Ce Conseil procéda, en effet, à l'enregistrement pur et simple de la Coutume et de l'arrêt le 7 mai 1744 [3].

En définitive le Parlement de Paris était alors, en concurrence avec le Conseil provincial d'Artois, en droit de connaître des appels interjetés des sentences civiles et criminelles du bailliage de Saint-Omer. C'était laisser aux justiciables le choix d'appeler devant une juridiction ou une autre et créer ainsi de grands embarras.

Au surplus le Conseil de la province ne tarda pas à prétendre qu'il était le seul juge d'appel de la province et un procès s'engagea entre le bailliage et le Conseil. Un arrêt de règlement du 20 avril 1756 décida que l'appel des décisions du bailliage ne pouvait être porté directement au Parlement de Paris, et qu'on ne devait pas omettre la juridiction intermédiaire du Conseil. Les parties purent donc être obligées à deux appels au lieu d'un.

---

1. *Coutumes locales des Bailliages et villes de Saint-Omer, Aire*, etc., Paris 1744, p. 35.
2. *Id.* p. xxvij.
3. *Id.* p. xxvi.

Toutefois la question ne semble pas avoir été résolue définitivement par cet arrêt, car si depuis 1740 jusqu'en 1771, et de 1774 à 1780 il fut consigné entre les mains du receveur des amendes du Conseil d'Artois 608 amendes de reliefs d'appel des sentences ou jugements rendus par le bailliage de Saint-Omer ; on trouve aussi pour la même période 92 amendes consignées directement à la Cour du Parlement [1]. Celui-ci continuait donc, même depuis l'arrêt de 1756, à recevoir les appels directs. On peut citer notamment un arrêt du 2 janvier 1776 [2] et un autre du 31 janvier 1778 rendu au profit du s[r] de Castelle ; le collège français de Saint-Omer [3] qui était intimé avait cependant demandé dans cette dernière affaire qu'on le renvoyât au Conseil d'Artois pour y être jugé préalablement. L'arrêt de 1756 avait d'ailleurs été rendu sur requête non communiquée, sans que le bailliage eût été partie dans l'affaire et sans qu'il eût été entendu ni appelé, et il y avait fait opposition.

En 1762, un autre arrêt du 19 mars intervint encore sur cette question d'appel, qui de tout temps avait suscité tant de contestations et de distinctions. Il « ordonne pareillement que les appels et sentences, « tant en matière criminelle qu'en matière civile, « qui ont été ou sont rendues au Bailliage de Saint-« Omer, seront portées et relevées au Conseil pro-« vincial d'Artois, tant dans le cas où les officiers du « Bailliage de Saint-Omer auront été commis par

---

1. Extrait des registres de recettes des amendes du Parlement de Paris consignées en cette cour sur appels venant du bailliage de Saint-Omer. — Certificat du commis à la recette des amendes du 15 février 1782 (*Arch. du Bailliage*).

2. Pierre Cadart et sa femme appelant de deux sentences du Bailliage du 26 octobre 1775.

3. Ancien collège des Jésuites Wallons.

« notredite cour pour instruire et juger à charge de
« l'appel en notredite cour, sauf pareillement les
« appels en notred. cour des sentences qui seront
« rendues en matière civile au Conseil provincial
« d'Artois sur les appels et sentences rendues au
« Bailliage de Saint-Omer et dans les cas où l'appel
« des sentences du Conseil provincial d'Artois doit
« être fait en notre cour ; et sauf encore les causes
« où il serait question d'être pourvu de règlement,
« soit pour des droits de juridiction, affaires d'in-
« compétence, ou droit et privilège des officiers de
« justice pour raison de leurs fonctions, soit pour
« l'administration de la justice, soit pour l'ordre
« public ; pour raison de toutes lesquelles causes
« les parties seront tenues de se pourvoir en Parle-
« ment, soit par appel des sentences rendues au
« Bailliage de Saint-Omer, ou en première instance
« suivant les circonstances. »

En matière civile les limites de l'exécution provisoire pour le bailliage de Saint-Omer étaient de cent
florins [1]. Le Conseil d'Artois connaissait en appel de
tous jugements rendus tant au civil qu'au criminel,
il statuait en dernier ressort sur les affaires de grand
criminel et sur les affaires civiles lorsqu'elles n'excédaient pas deux mille livres en principal et quatre-
vingts livres de rente ; en matière civile ses arrêts
allaient en appel au Parlement de Paris.

Le Cahier des doléances du Tiers-Etat de Saint-
Omer du 31 mars 1789 portait art. 31 : « L'ordre
« des juridictions de la Province sera désormais
« constitué de manière qu'il n'y ait plus que deux
« degrés de juridiction auquel effet le Conseil d'Ar-

---

1. Lettres patentes du 10 mai 1592.

« tois sera juge d'appel souverain en toutes ma-
« tières »[1]. Ce vœu fut reproduit par le Cahier du Tiers-Etat du bailliage, et celui de la Noblesse de la province portait art. 116 : « Nos députés demande-
« ront que le Conseil d'Artois soit rendu souverain
« en toutes matières civiles et criminelles »[2].

---

1. Pagart d'Hermansart, *Mém. des Antiq. de la Morinie*, t. XVIII. p. 213.
2. Loriquet, *loc. cit.*, t. I, p. 115 et 26.

CHAPITRE II

SUPPRESSION DE LA COUR DU BAILLIAGE EN 1790

Les justices seigneuriales furent supprimées dans la nuit mémorable du 4 août 1789 ; et l'abolition du régime féodal fut sanctionnée le 13 par le roi. La cour du bailliage n'avait plus de raison d'exister, ses officiers restèrent cependant en fonctions jusqu'à ce qu'ils fussent régulièrement supprimés et leur dernier acte politique est l'adresse qu'ils envoyèrent le 11 décembre 1789 à l'assemblée nationale, en lui présentant l'hommage de leur plus entier dévouement pour l'exécution de ses décrets; ils se plaignaient de la lenteur que l'on mettait dans leur envoi et demandaient que la ville de Saint-Omer devînt le siège d'une assemblée de département [1].

Le 24 mars 1790 l'Assemblée nationale décréta la reconstitution de l'ordre judiciaire et y procéda par la loi du 16-24 août. Il fut créé dans chaque district un tribunal composé de juges élus pour six ans. Une loi du 13-28 août 1790 désigna les villes où seraient placés ces tribunaux de district, il y en eut un à Saint-Omer. Puis par une autre loi des 6 et 7-11 septembre 1790, additionnelle à celle du 16 août, les bailliages furent supprimés en vertu de la disposition générale suivante :

1. *Arch. nat. sect. législ.* C § 2-15. P.-v. 15 déc. 1789. n° 151, p. 5.

« Art. 14. — Au moyen de la nouvelle institution
« et organisation des tribunaux pour le service de
« la juridiction ordinaire, tous ceux actuellement
« existant sous les titres de Vigueries, Châtellenies,
« Prévôtés, Vicomtés, Sénéchaussées, Bailliages,
« Châtelets, Présidiaux, Conseil provincial d'Artois,
« Conseils supérieurs et Parlements et généralement
« tous les tribunaux d'ancienne création, sous quel-
« que titre et dénomination que ce soit, demeureront
« supprimés. »

« Art. 17. — Les officiers des tribunaux (autres
« que les Parlements) continueront leurs fonctions
« jusqu'à ce que les nouveaux juges puissent entrer
« en activité. »

Le nouveau tribunal de district de Saint-Omer, composé de 5 juges qui avaient 4 suppléants tous avocats, furent élus par les députés des treize cantons formant le nouvel arrondissement judiciaire[1], à la pluralité absolue des voix. Ils furent installés par la municipalité le 10 novembre 1790[2].

Le tribunal de district siégea à l'ancien bailliage sur la Grande-Place[3] en vertu de l'art. 3 de la loi du 16 octobre 1790-30 janvier 1791, qui avait mis les palais de justice et leurs prisons à la charge des justiciables[4].

L'ordre de choses ancien était définitivement aboli.

---

1. Ces 13 cantons dont la liste a été donnée dans l'*Almanach d'Artois de 1791* étaient composés de 123 communes.
2. Feuille de Saint-Omer du 11 novembre 1832, n° 26, *Variétés*, n° 132.
3. Jusque vers la fin de 1795, époque à laquelle les districts ainsi que leurs tribunaux furent remplacés par des administrations cantonales et un tribunal civil par département.
4. Voir t. I, p. 423, livre III, chap. III, *Hôtel du Bailliage*.

LISTES

DES

OFFICIERS DU BAILLIAGE DE SAINT-OMER

AVEC LEURS SCEAUX OU ARMOIRIES

SUIVIES DE QUELQUES-UNES DE LEURS COMMISSIONS

I

Baillis [1]

§ 1

Sous les rois de France
1193-1237

1193. — Renaud d'Aire, baillivus Domini regis.

1193. — Joscelinus [2], baillivus Domini regis.

1201. — Jean de Warnicamp [3].

1201. — Gervais Waignart, bailli d'Aire et de Saint-Omer [4].

---

1. Nous devons rappeler que les premiers baillis étant essentiellement révocables, on voit reparaître souvent le même personnage après un intervalle de quelques années (V. t. I, p. 32 et 34). Nous les avons classés d'après la date de leur première nomination en indiquant en face de leurs noms les autres années où ils reçoivent de nouvelles commissions, ou celles pendant lesquelles on les trouve en exercice.

2. Per manum Rainaldi de Aria et Joscelini, baillivorum Domini regis (*Les Chartes de Saint-Bertin,* par l'abbé Haigneré, t. I, n° 393, p. 173). — V. t. I, p. 3, les motifs qui font penser que ces deux baillis ont pu être en exercice à Saint-Omer.

3. *Almanach d'Artois de 1782,* p. 126.

4. Gervasius Waignart qui tunc fuit Baillivus meus apud Sanctum

1209. — Gauthier d'Estrépy ou de Strépy, bailli de Saint-Omer et d'Aire [1],

portait : d'or à trois bandes de gueules.

1212. — Nicolas du Chastel, bailli d'Aire et de Saint-Omer [2],

d'azur au lion armé et lampassé de gueules.

1216. — Adam de Nuelli, Neuilly ou Nuilly, bailli de Saint-Omer [3].

1223. — Etienne Scantio (L'échanson), 1223, 1225, 1227, 1229 [4],

écu chargé de trois mâcles deux et une [5].

1227. — Hugues Steeland [6],

de gueules à une fasce d'argent frettée d'azur ; sur le timbre une tête de bouc de sable ayant les cornes et la barbe d'or.

1228. — Willaume de Valhuon [7].

1229. — Guy de Marissac ou Marisiac, 1229-1234 [8].

Audomarum et apud Ariam (Charte de Baudoin IX, comte de Flandre. — Arch. de Saint-Omer CXXX-1. — Mém. des Antiq. de la Morinie, t. IV, p. 354).

1. Ms. Des Lyons de Noircarme et Biblioth. de St-Omer, Ms. 809.
2. Hémart, Chronologie des grands baillis d'Aire (Bull. hist. des Antiq. de la Morinie, t. III, p. 238).
3. de Laplane, Bull. des Antiq. de la Morinie, t. II, p. 1009.
4. Les Chartes de Saint-Bertin, 652, 678, 722 : baillivus de Sancto Audomaro ou Domini regis in Sancto Audomaro. — 1229. Ms. Deneufville, t. II.
5. Hermand et Deschamps de Pas, Histoire sigillaire de St-Omer, p. 36 et pl. XI n° 67.
6. Almanach d'Artois 1782. — Ce bailli appartenait à une illustre famille de Flandre. Robert de Steeland, chev. accompagna le comte de Flandre Baudouin à la conquête de Constantinople (V. Gœthals). — Dict. v. Steelant. — Roger, Noblesse de Flandre aux Croisades (Note de M. Bonvarlet, président du comité flamand à Dunkerque).
7. Valhuon, aujourd'hui canton d'Heuchin (Pas-de-Calais), était une pairie du comté de Saint-Pol, village de 52 feux. Willaume de Vauhuon 1228 (Inv. som. du Pas-de-Calais A-6).
8. Bonvarlet, Chronique de l'abbaye de Sainte-Colombe de Blendecques (Bull. des Antiq. de la Morinie, t. X, p. 130, 131 et 132).

1231. — Pierre Tristant ou Tristan [1], chambellan, 1231, 1234.

1234. — En 1234 le bailliage est administré par le bailli d'Amiens sur compte séparé [2].

1236. — Simon de Villers Saint-Paul [3],
sceau rond 40 ^{mm}, dans le champ une grande fleur de lys dont le fer broche sur le tout [4], ou une fleur de lys au lambel de quatre pendants [5], ou mieux de sable à une fleur de lys d'or surmonté d'un lambel de quatre pendants d'argent [6].

Sous les comtes d'Artois de la famille de Robert I
1237 à 1381

1238. — Thibault Scandelli [7],
taillé, enté de gueules et d'argent de neuf pièces.

1247. — Simon de Villers Saint-Paul [8], chevalier, bailli de Saint-Omer et d'Arras,
écu semé de fleurs de lys, brisé d'une bande, et

---

1. Brussel, *Usage des fiefs*, p. 487. — *Almanach d'Artois 1782*. — Avait été bailli d'Arras en 1227.
2. C[el] Borrelli de Serres, *Recherches sur divers services publics, etc.* Paris Picard 1895, p. 62, note 3.
3. *L'Almanach d'Artois 1782* le mentionne à cette date comme bailli de Saint-Omer, sous le nom de Simon de Villars, mais il était bailli d'Artois ou d'Arras en 1236 (*Inv. som. du Pas-de-Calais* A-1); peut-être était-il alors aussi bailli de Saint-Omer comme en avril et février 1247 : voir ci-après.
4. *Grand Cartulaire de Saint-Bertin*, Ms. t. II, p. 591.
5. Demay, *Artois 1405*, en 1242.
6. Hémart, *Bull. des Antiq. de la Morinie*, t. III, p. 249.
7. Bonvarlet, *Chronique de l'abbaye de Sainte-Colombe de Blendecques* (*Bull. des Antiq. de la Morinie*, t. X, p. 131). — Hémart, *Bull. des Antiq. de la Morinie*, t. III, p. 249. Suivant cet auteur Thibaut de Scandelli aurait été bailli d'Aire en 1238.
8. Simon de Villaribus. L'abbé Haigneré dans le t. IV du *Bull. de la Société académique de Boulogne-sur-Mer*, p. 107, expose les noms divers donnés à ce bailli appelé Vilariis, de Vilarus, de Villars, de Viltar, de Wissant. — Il fut bailli d'Artois ou d'Arras en décembre

chargé en chef d'un lambel à cinq pendants, brochant sur le tout [1].

Mathieu DE LISBOURG [2].

1271. — Jean DE SAULTY [3], d'or à trois jumelles d'argent [4].

1273. — Daniel DE BIEKENES, 1273 [5].

1274. — Jean DE BIEKENES, BIAUKAINES, BEAUKAISNES ou BEAUQUESNE [6], 1274 [7], 1298 (lettres du comte Robert II données à Calais le 3 mars 1298 tant qu'il lui plaira), 1299, 1300 [8].

1236, 1238, 1244, 1245, 1248 *(Inv. som. du Pas-de-Calais* A-1, 7, 10, 11), — d'Arras et Saint-Omer, avril et février 1247 *(Les Chartes de Saint-Bertin,* t. II, 921 et 930). — Hémart, *loc. cit.*, dit que Simon de Villers Saint-Pol, chev., fut bailli d'Aire en 1218 et pour la seconde fois en 1248 (n. s.). — Villers-Saint-Paul est aujourd'hui dans le canton de Creil (Oise).

1. *Les Chartes de Saint-Bertin,* abbé Haigneré, t. II, n° 921, année 1246.

2. Lisbourg était une des 7 châtellenies du comté de Saint-Pol. Cette terre fut érigée en marquisat au XVII⁰ siècle en faveur d'un membre de la famille de Croix. Aujourd'hui canton d'Heuchin (Harbaville, *Mémorial histor. et archéol.,* t. II, p. 324).

3. *Saulty,* canton d'Avesnes-le-Comte. — Lettres de mars 1271, t. I, n° 441, *Ms. Godefroy* (Copie d'un Invent. ms. appartenant à la Société des Antiq. de la Morinie mentionnée dans l'Introduction à l'*Invent. somm. des Archives du Pas-de-Calais,* par M. Richard, A, t. I, p. IX).

4. *Ms. Des Lyons de Noircarme.*

5. *Ms. Godefroy,* t. I, n° 490. — Acte daté du château de Rihout mai 1273.

6. On trouve pour le nom de ce bailli la forme : *Biekenes*. Biequennes était une importante seigneurie à propos de laquelle intervint une sentence du prévôt de Montreuil en 1408-1409 (Giry, *Mém. des Antiq. de la Morinie,* t. XV, p. 139, n° 169). Elle avait sa coutume particulière (1507, *Coutumes locales du bailliage d'Amiens,* Bouthors), c'est aujourd'hui Bientques sur Pihem (Pas-de-Calais) ; mais on rencontre aussi fréquemment Biaukaisnes, Beaukaisnes, Biaucaisne, Beauquesne. Il y avait Beaucaisne en Ternois sur Fiefs (Pas-de-Calais) et Beauquesne (Somme).

7. *Ms. Godefroy,* t. I, n° 527 : Biekenes, acte du 2 août 1274.

8. 1298. *Inv. som. du Pas-de-Calais,* t. II. *Introd.* p. XI, note 1 et

1276. — Enguerran d'Anvin, chevalier, 1276, 1311[1],

de sable à la bande d'or accompagné de huit billettes de même : supports et cimier trois lions [2].

1280. — Pierre Luzeriers, dit l'Usurier, 1280, 1281 [3].

1282. — Claeres de Baencourt, 1282 [4].

1285. — Pierre de Fampoux [5], dit l'Horrible, sire de Boves, chevalier, 1286, nommé de nouveau en 1292, 1295 [6],

écu à la bande coticée [7].

1285. — Willaume le Poignant, 1285, 1286 [8].

A-2. — 1300. *Alm. d'Artois 1782.* — de Laplane, *Bull. des Antiq. de la Morinie*, t. II, p. 1010. — Beauquesne : Bonvarlet, *Abbaye de Sainte-Colombe, loc. cit.*, p. 137. Il avait été bailli d'Arras en 1292, 1293, 1296.

1. Abbé Haigneré, *Cartulaire de l'abbaye de Licques* XCV charte du 12 octobre 1276 et *CIV* charte du 14 novembre 1311, p. 142, lig. 17.

2. de Belleval, *Nobiliaire du Ponthieu*, p. 42. — C'est un membre de la famille Anvin d'Hardenthun, v. abbé Haigneré, *Dict. histor. du Pas-de-Calais*, Boulogne, t. III, p. 232.

3. Pierre dit Luzeriers, 7bre 1280, *Ms. Godefroy*, t. I, 648. — 1280, dit l'Usurier, Bonvarlet, *Chronique de l'abbaye de Sainte-Colombe* (*Bull. des Antiq. de la Morinie*, t. X, p. 135). — dit Luzerier, *Inv. som. du Pas-de-Calais* A. 26. — dit Luselier, *id.* A. 27 en 1281. — *L'Almanach de 1782* l'appelle de Linseries ; on a lu aussi Decussellier.

4. « 1282. Le samedi de mi-carême (27 mars) en français : Lettres « de Claeres de Baencourt, bailli de Saint-Omer, qui confirme une « vente qu'il n'est pas possible de lire, parce que les lettres sont « consommées en grande partie — en parchemin. » (*Ms. Godefroy*, t. I, n° 766, p. 542.)

5. Fampoux, canton d'Arras.

6. 1285. *Inv. som. du Pas-de-Calais*, A. t. II. *Introd.* p. xviii. — 1292. *id.* A. 37. — 1295. Demay, *Artois*, n° 208. — *L'Almanach d'Artois de 1782* l'appelle Pierre Louble.

7. Demay, *Artois*, 208, 2 mars 1295.

8. *Ms. Godefroy*, t. I, 874 — 1286 (v. s.) *Inv. som. du Pas-de-Calais*, A. 33 et 123. — *Mém. de la Société de Calais*, années 1841 à 1843, p. 179 — « Willames Poingnant adont baillieus de St Omer. » (*Cartulaire des Chartreux du Val de Sainte-Aldegonde prez Saint-*

1287. — Guillaume DE VALHUON, 1287, 1290, 1291[2].

1294. — Jean GAZIERS, 1294[3], et nommé le 16 décembre 1298 par le comte Robert II « tant qu'il lui plaira »[4].

1297. — Robert DE PRAÏELLE, bailli et capitaine, chevalier[5].

1301. — Jacques LE MUISNE ou LE MOINE, 1301 à 1305, 1306, 1309[6], nommé le 11 septembre 1309 par la comtesse Mahaut, suivant lettres datées de Fampoux,

écu portant deux bandes[7].

2 nov. 1305. — Pierre DU BRUEC, DU BRŒUCQ[8], chevalier, nommé par la comtesse Mahaut « jusques à sa volonté », 1306[9],

Omer, f. 124 v° B xcj. Lettres du... février 1286). Ce cartulaire est maintenant en Belgique.

1. Et même 1286 d'après M. Bonvarlet. Le compte de l'Ascension 1288 rendu par Guillaume de Valhuon figure dans le *Musée des Archives départementales*, p. 192 et suiv. V. Le Poignant son prédécesseur y est mentionné p. 194.

2. Bonvarlet, *Chronique de l'abbaye de Sainte-Colombe (Bull. des Antiq. de la Morinie*, t. X, p. 136).

3. *Arch. de Saint-Omer, Reg. au renouvellement de la Loy*, E. f. LXII v°.

4. *Ms. Godefroy*, t. II, p. 335.

5. *Inv. som. du Pas-de-Calais*, A. 42, acte du 3 déc. 1297 et 143. Compte de son bailliage.

6. 1301. *Ms. Godefroy*, t. II, p. 454, 456 et 457. — 1302. Compte de son bailliage, *Inv. som. du Pas-de-Calais* A. 176. — 3 octobre 1303. *Arch. de Saint-Omer*, AB. VIII-6. — 12 avril 1309. *Inv. som. du Pas-de-Calais*, A. 56. — Jacques de Meusiste d'après l'*Almanach d'Artois de 1782*.

7. Demay, *Artois*, n° 1445, en 1304.

8. de Broco, du Brœucq en Boulonnais.

9. 1305. de Godefroy-Ménilglaise, *Bull. des Antiq. de la Morinie*, t. III, p. 329 et *Ms. Godefroy*, t. III, p. 105. — 1306. *Alm. d'Artois 1782*. — Richard, *Invent. som. du Pas-de-Calais*, A. t. II, *Introd.*, p. XVIII.

de sinople à la bande d'argent chargé de trois doloires de sable [1], *alias* : de sable à une bande d'or chargée de 3 doloires de gueules.

2 octobre 1306. — Jean DE HÉRONVAL [2], nommé le 2 octobre 1306 par la comtesse « jusqu'à sa volonté », 1307 [3],

écu portant trois croissants, *alias* à la fasce accompagné de 3 croissants [4].

20 août 1307. — Jean DE VAUDRINGHEM, chevalier, seigneur dudit lieu et de Nielles [5], nommé le 20 août 1307 par la comtesse « jusques à sa volonté », 1309 [6], d'argent à la rose de gueules surmontée d'un lambel à trois pendants [7].

1310. — WISTASSE DE COUKOVE [8], chevalier, 1310, un dextrochère tenant un faucon [9].

1310. — Jean DE FLOREKE [10], 1310.

1. *Ms. Des Lyons de Noircarme.*
2. Héronval, commune d'Hardinghem, canton de Guines (P.-de-C.)
3. *Ms. Godefroy*, t. III, p. 177. — Richard, *Inv. som. du Pas-de-Calais*, A. t. II, Introd., p. XVIII. — de Godefroy-Ménilglaise, *Bull. des Antiq. de la Morinie*, t. III, p. 329.
4. *Ms. Des Lyons de Noircarme.* A rapprocher des sceaux de Guillaume et de Pierre de Héronval en 1306, 1309 et 1311, (Demay, *Artois*, 361, 362 et 981).
5. *Vaudringhem* : canton de Lumbres (P.-de-C.)— Nielles : Nielles-les-Bléquin (id.)
6. 1307. « Jehan de Waudringhem, adont baillius de St Omer » (*Cartul. des Chartreux du Val de Sainte-Aldegonde prez St-Omer*, f. 123 v° B XCV. *Lettres de février 1307*). — 20 août 1309, *Ms. Godefroy*, t. III, p. 218.
7. Ensart de Waudringhem, bailli d'Aire en 1313, portait d'argent à la rose de gueules (Hémart, *Bull. des Antiq. de la Morinie*, t. III, p. 250). Mais le lambel signalé dans le *Ms. Des Lyons de Noircarme* figure aussi dans le sceau d'Etienne de Vaudringhem, mayeur des francs-alleux en 1368 (*Hist. sigillaire de Saint-Omer*, p. 37).
8. *Coukove*, terre mouvante de la châtellenie de Tournehem : Cocove, commune de Recques (Pas-de-Calais).
9. *Les Chartes de Saint-Bertin*, t. II, n° 1279, sceau d'Eustache de Coukove en 1288.
10. « Jehans de Floreke (?) qui fu baillieus de St Omer devant le

23 *décembre* 1310. — Pierre DE BEAUCAURROY[1], 1310, nommé par la comtesse « jusques à rappel »[2], d'argent à trois lions de sable[3].

1313. — Pierre D'ARRAS, 1313-1314[4].

21 *février* 1313. — Philippe DE NEUVILLE, chevalier, nommé par la comtesse, février 1313, 1316[5], écu au sautoir dans un trilobe[6].

1317. — Aléaume DE BLÉQUIN[7], 1317, 1318[8].

18 *octobre* 1318. — Jacques DE CHARLEVILLE, nommé par la comtesse[9].

21 *mars* 1318. — Renier DE LÉCLUSE[10], chevalier, nommé le 21 mars 1318 par Philippe V, roi de France, et le 26 juillet 1319 par la comtesse Mahaut[11]; 1320, de sinople à la bande ondée d'argent[12].

23 *juillet* 1319. — Jean D'OISY[13], 1319, nommé par

« tamps que li dis Pierres de Biaukauroi i fut bailleus. » *(Invent. som. du Pas-de-Calais*, A. 944).

1. Le fief de Beaucorroy était sur la paroisse de Doudeauville en Boulonnais.
2. 1310. *Ms. Godefroy*, t. III, p. 279. — 1312. *Les Chartes de St-Bertin*, t. II, 1447.
3. *Mém. de la Société Académ. de Boulogne*, t. V, 2ᵉ partie, p. 340.
4. Richard, *Inv. som. du Pas-de-Calais*, A. t. II, *Introd*., p. XVIII.
5. *Id*.
6. Demay, *Artois*, 1429, lui donne ce sceau en 1313, époque où il était bailli d'Hesdin.
7. Bléquin (Blékin) relevait du château de Seninghem, aujourd'hui canton de Lumbres.
8. 1317. Richard, *loc. cit*., p. XVIII. — 1318. Aliaume de Berkin, mentionné dans un acte de réconciliation de 1318, *Reg. E au renouvellement de la Loy*, f. XII, aux *Arch. de Saint-Omer*. — Aléaume de Bléquin en 1318 (Bonvarlet, *loc. cit*., p. 139). — Bléquin (Blékin), canton de Lumbres (P.-de-C.).
9. *Inv. som. du Pas-de-Calais*, A. 364. Comptes Toussaint 1318. — Voir son serment à l'échevinage, t. I, p. 40.
10. Lécluse, canton d'Arleux (Nord).
11. *Arch. de Saint-Omer. Reg. au renouvellement de la Loy E*, f. XL, v°.
12. Hémart, *loc. cit*., p. 250.
13. Oisy était du bailliage de Lens, aujourd'hui canton de Marquion.

la comtesse Mahaut le 23 juillet 1319 et révoqué le 26 [1], d'argent au croissant de gueules.

28 *août* 1320. — Pierre DE LA MARLIÈRE, 1320-1322, nommé par la comtesse Mahaut suivant lettres datées de Saint-Aumer [2],

intaille représentant un buste de femme de profil à droite [3].

1321. — Pierre DE BOUVRINGHEM, garde de la baillie de Saint-Omer, 1321 [4].

1322. — Jean DE SAULTY, 1322 [5],
d'azur à trois jumelles d'argent [6].

1322. — Enguerran DE WAILLY, 1322-1329 [7],
écu portant trois bandes à la bordure, au franc canton de vair [8].

1330. — Pierre DE CAUCHY [9], 1330, 1331 [10],
écu portant deux fleurs de lys au pied coupé au franc canton plain [11].

---

1. *Arch. de St-Omer. Reg. au renouv. de la Loy E*, f. XLIII, v°.
2. Comptes Ascension 1321, *Inv. som. du Pas-de-Calais*, A. 394. — *Ascension 1322*, A. 402.
3. Demay, *Artois*, n° 1446 en 1321.
4. Giry, *Mém. des Antiq. de la Morinie*, t. XV, p. 84 n° 18 : Pierre de Bouvernichem. — Abbé Haigneré : Beuvrequem (Pas-de-Calais) *(Chartes de Saint-Bertin*, t. II, *Table des noms de lieux* et *Dict. histor. du Pas-de-Calais*, Boulogne, t. III, p. 188).
5. 1322. *Almanach d'Artois de 1782*. — de Laplane, *loc. cit.*, p. 1010.
6. Cette armoirie donnée par le *Ms. Des Lyons de Noircarme* permet de rapprocher Jean de Saulty de Jean Bisel de Saulty dont le sceau en 1306 est un écu à trois jumelles en fasce accompagnées de trois besants ou trois tourteaux en chef (Demay, *Artois*, 837).
7. *Inv. som. du Pas-de-Calais*, A. 405 : Comptes Toussaint 1322. — Ascension 1329 *id.* 489.
8. Demay, *Artois*, n° 1447 en 1323.
9. *Cauchy-à-la-Tour*, canton de Norrent-Fontes (Pas-de-Calais).
10. *Inv. som. du Pas-de-Calais*, A. 508 et 511 : Comptes Toussaint 1330, Chandeleur 1331 ; et A. 564.
11. Demay, *Artois*, 1414 : Pierre de Cauchy, bailli de Bapaume en 1326.

1332. — Guilbert DE NÉDONCHEL, chevalier, bailli de Saint-Omer, Eperlecques et la Montoire, 1332 à 1346 [1],

écu portant une bande à la bordure engrêlée, accompagné de trois dragons dans le champ [2] — ou d'azur à la bande d'argent [3].

1346. — Jacques DE BONCOURT [4], 1346.

1347. — Colart GALANS, garde de la baillie vers 1347 [5].

1347. — Robert DE RONCQ [6] ou DE ROND, écuyer, 1347 [7].

1347. — Enguerran DE BEAULO, chevalier, bailli et châtelain de Saint-Omer 1347, institué en 1350 par Gaucher de Châtillon, gouverneur d'Artois, au nom de la comtesse Marguerite de France, veuve de Louis I de Crécy, comte de Flandre; 1351, 1355, 1356 [8],

écu à deux fasces brisé d'une étoile au canton dextre [9].

1. *Nédonchel,* canton d'Heuchin (Pas-de-Calais). — *Inv. som. du Pas-de-Calais.* — Nombreux comptes de 1332 à 1346. — *Les Chartes de Saint-Bertin,* t. II, n° 1604, année 1343.

2. Demay, *Artois,* 1733.

3. *Ms. Des Lyons de Noircarme,* et *Deschamps de Pas,* Hémart, *loc. cit.,* p. 256. — du Hays, *Esquisses généalogiques,* Paris, Dumoulin 1863, p. 416.

4. *Boncourt-sur-Fléchin,* canton de Fauquemberques (P.-de-C.) — *Almanach d'Artois 1782.* — de Laplane.

5. « Clerc de la dite baillie et garde jusqu'à la nomination de Robert de Ront » *(Inv. som. du Pas-de-Calais,* A. 84, acte du 8 sept. 1348).

6. Roncq par Tourcoing (Nord). — *Almanach d'Artois 1782.*

7. Demay, *Artois,* 597, 1800, cite Robert de Roncq, écuyer, châtelain de Saint-Omer en 1342 et 1359; les sceaux ne sont pas tout à fait identiques.

8. *Beaulo,* manoir dans la forêt d'Eperlecques, au nord du hameau de Gandspette, quartier de Northoncq (P.-de-C.) — Octobre 1347 : *Invent. som. du Pas-de-Calais,* A. 84. — On trouve ses comptes de la Toussaint 1347 à la Toussaint 1351. — 1355-1356. *Inv. som. du Pas-de-Calais,* A. 680, 681.

9. Demay, *Artois,* 150.

1352. — Jean d'Humières, chevalier, 1352 [1],
d'argent freté de sable [2].

1358. — Arnoud de Créquy, chevalier, sire de Sains et de Bavincove, 1358, nommé bailli le 22 novembre 1360, nommé, révoqué et nommé de nouveau en 1361 par Gaucher de Châtillon, gouverneur d'Artois [3],

d'or au créquier de gueules, brisé d'un bâton en bande dans un trilobe [4].

31 *juillet* 1362. — Jean de Créquy, s[r] de Tilly, chevalier, nommé le 31 juillet 1362 par Marguerite, fille du roi de France, comtesse de Flandre, d'Artois, Bourgogne, palatine et dame de Salins, par lettres données à Hesdin [5],

d'or au créquier de gueules.

4 *octobre* 1364. — Baudouin de Guines, sire de Sangatte, chevalier, bailli et châtelain, nommé le 4 octobre 1364 par la même princesse, suivant lettres datées de Saint-Omer [6].

---

1. *Inv. som. du Pas-de-Calais*, A. 676. — *Humières*, canton de Saint-Pol-sur-Ternoise.
2. de Belleval, *Nobiliaire du Ponthieu*.
3. 1358. *Arch. de Saint-Omer*, CXLVI-3. Il concourt cette année à la destruction du château de Beaulo. — 1359. Demay. — 22 novembre 1360. Commission du bailli de Saint-Omer donnée par Jacques de Vienne et Jehan de Gonnelieu, gouverneur d'Artois, au nom du duc de Bourgogne à Ernoul de Créqui, chevalier. *Inv. som. du Pas-de-Calais*, A. 89. — 1361. Serment du 17 décembre, *Arch. de Saint-Omer*, CXXIII.
4. Demay, *Sceaux d'Artois*, 1448.
5. *Arch. de Saint-Omer*, AB. VIII-10. — Serment du 2 août. *Reg. au renouv. de la loi H*, f. xxxv r°.
6. *Arch. de Saint-Omer*, AB. VIII-19. — Serment du 8 octobre 1364. *Reg. au renouv. de la loi H*, f. XLIII v°. — Descendant des comtes de Guines, il avait engagé son château de Sangatte pour aider à la délivrance du roi Jean fait prisonnier en 1356. — Duchesne, *Maison de Guines*, p. 169, et *Preuves*, p. 297.

écu à la bande chargé en chef d'un écusson vairé d'or et d'azur[1].

22 *mars* 1366. — Pierre sire DE VAULX, chevalier[2], de gueules à trois bandes de vair, à la croix d'or brochant sur le tout.

12 *avril* 1368. — WARIN sire DE BÉCOUD ou BÉCOURT et D'ENQUIN[3], chevalier, bailli et châtelain par lettres de la comtesse Marguerite[4],

d'argent à la bande fuzelée de 6 pièces de sable[5].

29 *novembre* 1370. — Willaume DE WAILLY, écuyer, sr de Marconne, nommé garde de la baillie et châtellenie, puis le

12 *décembre* 1370, bailli et châtelain nommé par la comtesse Marguerite[6],

écu portant trois bandes accompagnées d'une merlette en chef au franc canton de vair[7].

5 *mars* 1372. — Henri LE MAISIER, sieur de Biaussart, chevalier, bailli et châtelain nommé par lettres données à Paris[8].

---

1. Demay, *Artois*, 1734.
2. *Arch. de Saint-Omer*, AB. VIII-21 et *Reg. au renouv. de la loi* C, f. LIII v° relatant son serment du 24. — *Chartes de Saint-Bertin*, t. II, nos 1745 et 1760 en 1367.
3. *Bécout* : Boncourt-sur-Fléchin (P.-de-C.) — *Enquin* : canton de Fauquembergues (P.-de-C.)
4. *Arch. de Saint-Omer*, AB. VIII-24. — Serment du 13 avril 1368. *Reg. au renouv. de la loy* C, f. LIII. — *Chartes de Saint-Bertin*, t. II, n° 1775.
5. *Ms. Des Lyons de Noircarme.*— Demay, *Artois*, 1451 en 1370 : écu à la bande de fusées dans un trilobe.
6. Lettres de la comtesse Marguerite données à Arras le 29 nov. 1370, chargeant Guillaume de Wailly de la garde de la baillie et châtellenie de Saint-Omer jusqu'à ce qu'elle y ait pourvu, et commission donnée à Arras le 12 déc. suivant. — *Arch. de Saint-Omer*, AB. VIII-25. — *Cartul. de Térouanne*, n° 272.
7. Demay, *Artois*, 1452.
8. *Arch. de Saint-Omer*, AB. XVIII-26. — Serment du 12 mars. *Reg. C*, f. IIII^{xx}VIII et *Reg. H au renouv. de la loy*, f. v et x, 1375,

5 *août* 1372. — Jean de Brimeu, écuyer, bailli et châtelain nommé par lettres datées d'Arras de la même princesse [1],

d'argent à trois aigles de gueules membrées et becquées d'azur 2 et 1.

Sous les comtes de Flandre

28 *avril* 1381. — Gilles de Bilcke [2], écuyer, garde de la baillie de Saint-Omer nommé par le comte de Flandre, duc de Brabant, comte d'Artois et de Bourgogne, puis bailli et châtelain [3],

écu portant une bande chargée de trois roses, au lambel de quatre pendants, dans un quadrilobe [4].

15 *février* 1382. — Guilbert du Fresne, écuyer, nommé par lettres datées de Lille de Louis de Mâle, comte de Flandre, duc de Brabant, comte d'Artois, de Bourgogne, palatin, sire de Salins et de Malines, confirmé par Philippe, fils du roi de France, duc de Bourgogne le 15 février 1383 [5] bailli et châtelain,

d'or au frêne de sinople.

1377. — *Inv. som. du Pas-de-Calais*, A. 1006 (attestation du 6 mai 1375). — *Chartes de Saint-Bertin*, t. II, de l'année 1372 à 1380.

1. *Brimeu* sur Canche sur les limites du Ponthieu et du Boulonnais. — *Arch. de Saint-Omer*, AB. VIII-27. — Serment du 11 août 1372. *Reg. C*, f. LXXVII.

2. *Bilques* sur Helfaut (Pas-de-Calais).

3. *Arch. de Saint-Omer*, AB. VIII-28 et *Registre au renouvellement de la loy H*, f. XXI r°. La date ci-dessus est celle du serment. — Bailli en 1382. *Chartes de Saint-Bertin*, t. III, n° 1921. — Il avait été receveur du bailliage en 1370 et 1371.

4. Demay, *Artois*, 1918.

5. *Arch. de Saint-Omer*, AB. VIII-30. — Serment du 17 février 1382 à l'échevinage, *Reg. H*, f. XXIII; et nouveau serment du 22 février 1383, *Reg. H*, f. XXVII r°, en présence de Jehan Amours châtelain et des mayeurs et échevins. — 1383. *Chartes de Saint-Bertin*, t. III, n° 1932.

Sous les ducs de Bourgogne

2 février 1385. — Alard DANNE, garde de la baillie [1], puis le

17 *avril* 1385, bailli de Saint-Omer et de Tournehem, châtelain de Saint-Omer, nommé suivant lettres données à Paris par Philippe, fils du roy de France, ducq de Bourgogne, comte de Flandre, d'Artois, de Bourgogne, dit le Hardi [2].

31 *mars* 1388. — Guillaume PERCHEVAL D'IVREGNY [3], écuyer, nommé par lettres du même prince datées de Paris bailli et châtelain,

d'argent à trois écussons de gueules deux et un [4].

8 *décembre* 1390. — Jehan HANIÉRÉ, écuyer, bailli de Saint-Omer, Aire et Tournehem, châtelain de Saint-Omer, nommé suivant lettres données à Hesdin par Philippe de France dit le Hardi [5],

parti de gueules et d'argent componné.

---

1. Il nomme lieutenant Le Cuvelier, *Reg. au renouv. de la Loy H*, f. xxx v°.

2. *Arch. de Saint-Omer*, AB. VIII-31 et serment du 9 mai 1386, *Reg. II au renouv. de la Loy*, f. xxxiii r°. — *Inv. som. du Nord, Ch. des C. de Lille* 1032.

3. *Ivregny* : Ivergny, dans le comté de Saint-Pol, aujourd'hui canton d'Avesnes-le-Comte (Pas-de-Calais). — On voit aussi G. d'Yvregny dit Percheval, sur le *Registre H au renouvellement de la Loy*, f. xxxix v° : « Le v° jour de avril jour de la Quasimodo l'an mil « CCC IIII^{xx} et huit William Dyvregny dit Percheval fist serment au « dossal comme baillieu de St Omer. »

4. Demay, *Sceaux d'Artois*, p. 44, n°s 381 et 382, donne le sceau d'un s^r Jacques d'Ivergny qui portait : trois écussons accompagnés d'une fleur de lys en abime.

5. *Arch. de Saint-Omer*, AB. VIII-33. — Hémart l'appelle Jean Haniez, chevalier ; les armoiries qu'il donne sont conformes à celles que fournit le *Ms. Des Lyons de Noircarme* pour ce bailli de Saint-Omer *(Les Baillis d'Aire. Bull. des Antiq. de la Morinie*, t. III, p. 252). On voit aussi : Henniré *(Les Chartes de Saint-Bertin*, t. III, 2010 en 1391). — Il prêta serment le 9 décembre 1390 à Lille entre

20 août 1392, *7 septembre* 1392, *15 mai* 1404. — Aléaume DE LONGPRÉ, écuyer, châtelain d'Eperlecques, nommé bailli de Saint-Anmer, Aire et Tournehem par lettres du 20 août 1392 datées de Lille et suivant lettres du 7 septembre 1392 données à Creil par Philippe-le-Hardi, duc de Bourgogne, suivant lettres du 15 mai 1404 données à Arras par la duchesse de Bourgogne après la mort du duc [1],

d'argent à trois étoiles à six raies de sable 2 et 1 (Hémart), ou d'argent à trois molettes de sable (Deschamps de Pas), écu portant trois huchets enguichés, écartelé de trois molettes (Demay, *Artois*, 1736).

Après 1420. — Jehan DE GRIBOVAL, écuyer [2], de sable à trois molettes à six pointes d'argent.

Janvier 1422. — Guillaume sire DE RABODINGHES ou RABODENGHES [3], s^r de Moulle et de Bilques, chevalier, conseiller et chambellan du duc de Bourgogne, bailli de Saint-Omer et de Tournehem [4],

d'or à la croix ancrée de gueules.

---

les mains du chancelier du comte d'Artois; il mourut en 1392 dans l'exercice de ses fonctions.

1. *Arch. de Saint-Omer*, AB. VIII-34. — *Inv. som. du Nord, Ch. des C. de Lille*; n°s 1185 et 1852. — Bailli d'Aire en 1399 (Hémart, *loc. cit.*, p. 252).

2. *Almanach d'Artois de 1782* et *Ms. Des Lyons de Noircarme*. Il était de la famille de Jean VII de Griboval, abbé de Saint-Bertin (1425 à 1447). Voir *Chartes de Saint-Bertin*, t. III, divers de l'année 1395 à l'année 1420.

3. *Rabodinghem*, fief près de Bilques (Giry, *Mém. des Antiq. de la Morinie*, p. 311) ou *Rabodenghes* sur Maninghem : Wimille (P.-de-C.) (abbé Bled, *Les Chartes de Saint-Bertin*, t. II, *Table des noms de lieux*).

4. *Inv. som. du Nord, Ch. des C. de Lille*, t. IV, 1422-1423, n° 1928. Il avait épousé noble dame Marie Canart, d'où il eut trois enfants, dont Allard qui suit. On a écrit aussi *Rabodanges*. Voir sur cette famille : *Revue historique*, t. XXXVI, p. 100, note 1.

1er *avril* 1446. — Alard sire DE RABODINGHES, chevalier, sr de Moulle et de Ferquennes, fils du précédent, nommé par Philippe-le-Bon, duc de Bourgogne, bailli de Saint-Omer et Tournehem [1].

Mêmes armoiries.

Sous les princes de la maison d'Autriche

1478. — Robert sire DE MANNEVILLE [2], chevalier, bailli de Saint-Omer et châtelain de Rehout, conseiller et chambellan du duc d'Autriche [3],

d'argent à huit merlettes de gueules posées en orle.

1481. — Pierre DE MANNEVILLE, chevalier [4],

Mêmes armoiries.

19 *mai* 1483. — Pierre DE LANNOY, seigneur du Fresnoy, chevalier, bailli de Saint-Omer et capitaine de Rehoult, nommé suivant commission donnée à Hesdin par Philippe de Crévecœur, gouverneur de la comté d'Artois pour le dauphin de Viennois, comte de Valentinois « seigneur et mary futur de ma très redoubté « dame Marguerite d'Autriche, dame et comtesse à « cause de son lot et partage de laditte comté d'Ar-« tois » [5],

---

1. Il avait épousé Isabeau d'Ailly ; décédé en 1475, il fut inhumé dans la chapelle Sainte-Barbe en l'église Sainte-Aldegonde à Saint-Omer où il avait choisi sa sépulture par son testament du dernier jour d'août de cette année *(Ms. 809,* t. I, p. 507. Bibl. de St-Omer). — Voir aussi *Invent. som. du Nord, Ch. des C. de Lille,* nos 2024 et 2074 en 1457 et 1469. — *Les Chartes de Saint-Bertin,* t. III, divers de l'année 1448 à l'année 1472.

2. *Manneville* : Menneville, canton de Desvres (Pas-de-Calais).

3. *Ms. Des Lyons de Noircarme.* — de Laplane, l'*Alm. d'Artois de 1782* le nomme en 1479.

4. *Ms. Des Lyons de Noircarme* et *Alm. d'Artois 1782.*

5. Il prêta serment à l'échevinage le 5 juin 1483. Il avait été pourvu antérieurement du bailliage d'Alost le 15 septembre 1477 (de Lespinoy, *Recherches des antiquités et noblesse de Flandre).* Fils de Guilbert de Lannoy, chevalier de la Toison d'or et d'Isabeau de Ghistelles,

d'argent à trois lions de sinople couronnés d'or armés et lampassés de gueules 2 et 1.

Mai 1487. — Jehan du Bos, s^r de Tencque, Berles et Bétbencourt, chevalier, conseiller, chambellan du roi, bailli et capitaine de Saint-Omer et du château, nommé par Philippe de Crévecœur, maréchal d'Esquerdes, son oncle ; il prêta serment le 29 mai 1487, d'argent au lion de sable, armé et lampassé d'azur [1].

23 *février* 1488. — Messire Charles de Saveuse, seigneur de Souverain-Moulin et de Robecque, chevalier, conseiller, chambellan, nommé suivant lettres données à Malines par Maximilien, roi des Romains et Philippe-le-Beau, son fils, archiduc, duc de Bourgogne [2],

de gueules à la bande d'or, accompagné de six billettes de même trois en chef, trois en pointe.

Sous Maximilien d'Autriche, roi des Romains et empereur d'Allemagne

13 *janvier* 1499. — Messire Denis de Saint-Omer

---

il fut lui-même créé chevalier de la Toison d'or au chapitre tenu à Malines en 1491. Il se retira en France après la réduction de Saint-Omer en avril 1487 par le maréchal d'Esquerdes. *Lannoy*, petite ville dans le voisinage de Lille.

1. de Laplane confond cette famille avec celle des du Bosc *(Bull. des Antiq. de la Morinie*, t. II, p. 621-622). — Le *Ms. Des Lyons de Noircarme* donne : armé et lampassé de gueules. — La Chesnaye des Bois, t. II et Haudicquier de Blancourt, *Nobiliaire de Picardie*, p. 50, présentent le lion armé et lampassé *de sinople*, et il est indiqué comme armé et lampassé *d'azur* dans les *Mém. des Antiq. de la Picardie*, t. VII, 2e série, 1882, p. 358. Ce sont là, croyons-nous, les véritables armoiries conformes à celles données par d'Hozier, *Arm. gén. de 1696. Artois et Picardie*, éd. Borel d'Hauterive, pp. 4, 6, 19.

Tencques et *Berles*, canton d'Aubigny (Pas-de-Calais).

2. *Arch. de Saint-Omer*, AB. VIII-43. Qualifié de *haut bailli* de Saint-Omer dans un mandement de lui payer en 1497, 9912 livres pour l'entretien des troupes qu'il avait levées *(Inv. som. du Nord. Ch. des C. de Lille*, t. IV, n° 2160). Mort en 1498. — *Souverain-*

dit de Morbecque, seigneur de Hondecoustre, chevalier, haut bailli, nommé par lettres données à Gand par l'archiduc d'Autriche Philippe-le-Beau, 14ᵉ comte d'Artois, après le décès de Charles de Saveuse [1],

écartelé aux 1ᵉʳ et 4ᵒ d'azur à la fasce d'or [2], au 2ᵉ et au 3ᵉ d'or au lion de sable armé et lampassé de gueules, à l'écusson d'azur bandé d'argent et d'azur de six pièces brochant sur le tout.

17 *mai* 1506. — Charles de Piennes, bailli de Cassel, nommé par provision à l'office de bailli momentanément vacant, en vertu de lettres du seigneur de Fiennes « lieutenant gouverneur et capitaine
« général pour le roy en ses pais de Flandre et
« d'Artois. »

22 *mai* 1507. — Messire Ferry de Croy [3], seigneur du Rœux, chevalier de la toison d'or, chambellan du roi des Romains et de l'archiducq d'Autriche, capitaine et bailli de Saint-Omer [4],

---

Moulin, sur Pittefaux, canton de Boulogne-sur-Mer (P.-de-C.) — *Robecq*, canton de Lillers (P.-de-C.).

1. *Morbecque*, canton d'Hazebrouck (Nord). — *Hondecoutre*, fief commune de Louches, canton d'Ardres (P.-de-C.) — Denis de Morbecque prêta serment à l'échevinage le 21. Il mourut en 1505. — Diegerick a donné dans le *Bull. des Antiq. de la Morinie*, t. III, p. 557, sous le titre : *Lettres inédites de quelques membres de la maison de Saint-Omer*, trois lettres de Denis de Morbecque de 1488, 1491 et 1492. A la suite de ces lettres se trouve une généalogie où figure Denis de Saint-Omer, sire de Morbecque.

2. Armes de la maison de Saint-Omer.

3. La terre de Croy était en Picardie. Ferry de Croix était aussi seigneur de Beaurain, Contes, Loing, Lompré, Hangest. Il devint grand maître de l'hôtel de l'empereur et gouverneur d'Artois. Il mourut en 1524 en la prévôté de Watten, son corps fut transporté au monastère de Saint-Folian près du Rœux et son cœur fut enterré en l'église de Watten *(Bull. des Antiq. de la Morinie*, t. V, p. 585).

4. Il prêta serment à l'échevinage le 22. On n'a pas la date des lettres patentes. Il était fils de Jean, sʳ du Rœux (*Rœux*, actuellement canton de Vimy) et de Jeanne de Crecques. Il avait été créé chevalier

écartelé aux 1er et 4e d'argent à trois doloires de gueules, les deux en chef adossées, aux 2e et 3e d'argent à trois fasces de gueules.

Sous Charles-Quint, roi d'Espagne en 1516, puis roi d'Allemagne en 1519.

22 mai 1516. — Messire Adrien DE CROY, seigneur de Beaurains, comte du Rœux, conseiller et chambellan du roi d'Espagne, chevalier de la Toison d'or, nommé bailli et capitaine par commission donnée à Arras le 22 mai par Charles, roi d'Espagne, après la résignation du précédent son père [1].

27 décembre 1532. — Messire Jean DE SAINTE-ALDEGONDE, seigneur de Noircarmes, chevalier, conseiller, chambellan et premier sommelier de corps de l'empereur et roy, nommé bailli et capitaine par commission donnée à Boulogne par l'empereur [2], après la démission volontaire d'Adrien de Croy,
écartelé aux 1er et 4e d'or à la bande de sable chargée de 3 coquilles d'argent ; aux 2e et 3e d'argent au

de la Toison d'or au chapitre tenu à Middelbourg en Zélande en 1505.

1. *Beaurains,* canton d'Arras. — Il prêta serment à l'échevinage le 5 juin. Il avait été créé chevalier de la Toison d'or au chapitre tenu à Barcelonne en 1518. Il fut titré comte du Rœux par l'empereur Charles-Quint suivant lettres datées de Bologne (Italie) en 1530, grand maître de l'hôtel de l'empereur en 1532, gouverneur des villes de Lille, Douai, Orchies ; c'était un des meilleurs généraux de Charles-Quint, il mourut au château d'Upan pendant qu'il assiégeait Térouanne le 5 juin 1553.

2. *Noircarme,* anciennement Nortkelmes sur Zudausques (Pas-de-Calais). — Jean de Sainte-Aldegonde accompagna Charles-Quint en Espagne et il fut l'un de ses conseillers les plus en faveur. — Henne, *Histoire de Charles-Quint,* t. V, p. 117, lui donne le prénom de Philippe en le confondant avec son fils qui fut aussi bailli de Saint-Omer en 1555. Jean mourut le 11 janvier 1538 en exercice. Il fut enterré aux Chartreux de Sainte-Aldegonde près Saint-Omer *(Bull. des Ant. de la Morinie,* t. V, p. 589).

chef de gueules au filet de sable mis en bande brochant sur le tout, sur le tout d'hermines à la croix de gueules chargée de cinq roses d'or.

30 *mai* 1539. — Messire Jacques DE RECOURT, chevalier, baron de Licques, nommé bailli et capitaine suivant lettres datées de Bruxelles octroyées par Charles-Quint [1],

écartelé aux 1er et 4e contre-écartelé d'or et de sable qui est de Lens, aux 2e et 3e de gueules à trois bandes de vair, au chef d'or qui est de Recourt.

25 *novembre* 1544. — Messire Robert DE MONTMORENCY, seigneur de Wismes, chevalier, bailli et capitaine par commission donnée par Charles-Quint à Anvers [2],

d'or à la croix de gueules cantonnée de seize alérions d'azur.

9 *mai* 1555. — Messire Philippe de SAINTE-ALDEGONDE, seigneur de Noircarmes, chevalier, gentilhomme de la chambre de l'empereur, institué bailli et capitaine par lettres datées de Bruxelles [3].

Mêmes armoiries que ci-dessus.

Sous Philippe II

30 *mai* 1556. — Messire Philippe DE SAINTE-ALDEGONDE, par nouvelles lettres du 30 mai 1556 datées de Bruxelles.

---

1. Devint gouverneur de Landrecies, mourut en 1544. — La terre de Licques dépendait de l'ancienne châtellenie de Guines.

2. *Wismes*, canton de Lumbres (Pas-de-Calais). — Robert de Montmorency mourut sans postérité au mois de mars 1554 à Saint-Omer et fut enterré en l'église du Saint-Sépulcre (Gœthals, *Dict. généalog. des familles nobles de Belgique*, t. III. V° Hornes XI note).

3. Prêta serment et fournit caution à Lille le 31 mars 1555 et fit le serment à l'échevinage le 3 janvier 1556 (*Arch. de Saint-Omer*, AB. VIII-43). Fils de Jean ci-dessus, il mourut à Utrecht le 5 mars 1574 des suites de blessures reçues au siège de Harlem (Gœthals).

29 *décembre* 1573. — Haut et puissant seigneur messire Eustache DE CROY, seigneur de Rumenghem, la Motte, Varneque, comte du Rœux, bailli de Saint-Omer par lettres de Dom Louis de Requessens et de Cuniga, lieutenant gouverneur et capitaine général d'Artois données à Anvers ; il fut fait aussi bailli et capitaine de Tournehem, Audruicq et pays de Brédenarde par lettres de Philippe II du 10 juin 1596 [1].

Mêmes armoiries que ci-dessus.

Sous Philippe III

7 *janvier* 1600. — Messire Charles DE BONNIÈRE, seigneur de Souastre, de Maisnil, de Nieuverlet, etc., chevalier, bailli et capitaine par lettres d'Albert, archiduc d'Autriche et d'Isabelle-Claire-Eugénie datées de Bruxelles [2],

vairé d'or et d'azur.

Sous Philippe IV

25 *février* 1632. — Messire Antoine DE RUBEMPRÉ, seigneur d'Aubigny, chevalier, bailli et capitaine par lettres royales données à Bruxelles [3],

d'argent à trois jumelles de gueules.

5 *août* 1633. — Messire Gilles DE LIÈRES, chevalier, vicomte dudit lieu, baron du Val et de Berneville, bailli et capitaine par lettres royales datées de Bruxelles [4],

---

1. *Ruminghem*, canton d'Audruicq (Pas-de-Calais). — Il se démit de sa charge en faveur de Charles de Bonnières.
2. AB. VIII-43. — Serment à l'échevinage le 25 janvier 1600. — Mort en exercice.
3. Il prêta serment à Lille le 24 mars 1632 et à l'échevinage le 30 avril — mourut en 1633. *Aubigny*, dont il était seigneur, est un chef-lieu de canton du Pas-de-Calais.
4. *Lières*. Fief et échevinage s'étendant aux paroisses de Lestrem (Pas-de-Calais) et de la Gorgue (Nord). — Gilles de Lières prêta ser-

d'argent à deux bandes d'azur[1].

25 *novembre* 1640. — Messire Robert DE LENS, sénéchal et seigneur de Blendecques, Hallines, Bientques, du Plony-les-Wavrans[2], chevalier, maieur de Saint-Omer, bailli et capitaine pendant la captivité du précédent, par lettres royales données à Bruxelles[3], écartelé au 1er contre-écartelé d'or et de sable qui est Lens, au 2e d'or à trois aigles de sable becquées et membrées de gueules, au 3e vairé d'or et de gueules, au 4e bandé d'argent et d'azur de six pièces à la bordure de gueules qui est de Licques.

5 *mai* 1641. — Messire Gilles DE LIÈRES, ci-dessus, à son retour de captivité[4].

2 *juin* 1653. — Messire Maximilien DE LIÈRES, comte de Saint-Venant, baron du Val, chevalier, mestre de camp d'une terce d'infanterie wallonne, bailli et capitaine nommé par lettres royales datées de Bruxelles, après la démission de son père[5] ; révoqué en 1677.

---

ment et fournit caution devant la Chambre des Comptes de Lille le 16 août 1633. — *Arch. de Saint-Omer*, AB. VIII-43.

1. Philippe d'Ostrel acquit en 1490 la seigneurie de Lierres-en-Artois dont il prit le nom et les armes *(Généalogies de quelques familles des Pays-Bas*, Amsterdam 1774, p. 19).

2. Toutes ces seigneuries sises dans l'arrondissement de Saint-Omer (v. Courtois, *Mém. des Antiq. de la Morinie*, t. XIII).

3. *Arch. de Saint-Omer*, AB. VIII-43. — Serment et cautionnement à Lille le 12 janvier 1641. — Il existe au Musée de Saint-Omer un portrait de Robert de Lens daté de 1619 avec ses armoiries : écartelé d'or et de sable, engrelé de gueules (Revillion, *catalogue des tableaux, n° 131)*.

4. Il avait été fait prisonnier par les Espagnols le 5 novembre 1640 et revint de captivité le 5 mai 1641. Il se démit de son office au profit de son fils Maximilien par acte notarié du 24 avril 1653.

5. *Arch. de Saint-Omer*, AB. VIII-42. — Serment et caution à Lille le 17 juillet 1653 et serment à l'échevinage le 22 juillet.

Prise de Saint-Omer 21 avril 1677. — Suppression du bailli. — Vacance. — Vénalité des charges.

Sous Louis XIV

26 *juin* 1694. — Renom-François DE BEAUFFORT, écuyer, s^r de Moulle, grand bailli, nommé par lettres données à Versailles [1],

de gueules à un château flanqué de deux tours d'argent pavillonnées et girouettées de même, avec un pont-levis aussi d'argent pour entrer dans la porte qui est fermée de sable, et un franc quartier d'azur chargé de trois jumelles d'or [2].

19 *novembre* 1702. — Christophe-Louis DE BEAUFFORT, écuyer, comte de Croix, fils cadet et héritier de son père, grand bailli, nommé par lettres datées de Versailles,

d'azur à trois jumelles d'or [3].

Sous Louis XV

27 *juillet* 1748. — Messire Louis-Eugène-Marie

---

1. Il descendait de Louis de Beauffort, sieur de Boilleux, créé chevalier le 15 mai 1596. La terre de *Beauffort-Blavincourt* est dans le canton d'Avesnes-le-Comte (Pas-de-Calais).

2. Renom-François de Beauffort ne porte pas les mêmes armes que les deux suivants. Le château qui figure dans ses armoiries vient de ce qu'un cadet de la maison de Beauffort ayant épousé en 1310 l'héritière de Gironvilliers, prit les armes de cette dernière famille qui étaient de gueules au château à l'antique, d'argent, et y joignit les siennes au franc canton. Plus tard les descendants ont repris les armes pleines.

3. Créé comte de Croix en mai 1716. Il prit le nom et les armes de Croix en qualité d'héritier de messire Louis-François de Beauffort, chevalier, seigneur de Moulle, son frère aîné à qui la terre de Croix située en la châtellenie de Lille avait été donnée à cette condition, par Claire-Angélique de Croix, sa nièce à la mode de Bretagne, avec la faculté de porter aussi la bannière de Beauffort. Ses armoiries furent alors : d'argent à la croix d'azur, au surtout de Beauffort qui est d'azur à trois jumelles d'or.

DE BEAUFFORT, comte de Beauffort, s⁺ de Moulle, héritier de son père, grand bailli, nommé par lettres données à Compiègne avec dispense d'âge [1].

Mêmes armoiries que le précédent.

15 *février* 1760. — Dominique-Jean-Jacques DE LENCQUESAING, écuyer [2], seigneur de Quiestède, La prée, Allouagne, etc., grand bailli, acheta l'office vacant par la démission volontaire du précédent, nommé par lettres données à Versailles [3],

d'azur fretté d'or de six pièces, au chef d'azur chargé de deux étoiles d'or.

Vacance de 1777 *à* 1779.

29 *janvier* 1777. — Louis-Dominique-Eustache DE LENCQUESAING [4], écuyer, seigneur de Quiestède, La prée, Allouagne, Chocques, Mesplan, le Becquet et autres lieux.

Mêmes armoiries.

---

1. *Arch. de Saint-Omer,* AB. VIII-36.
2. Famille originaire du Hainaut. La terre de Lencquesaing dont elle porte le nom est située près de Mons. Ce bailli mourut le 28 octobre 1776 au château de La prée.
3. *Arch. de Saint-Omer,* AB. VIII-38.
4. *Arch. de Saint-Omer,* AB. VIII-29. — Nommé en 1777 il ne fut installé au bailliage que le 4 mars et reçu à la ville le 5 mars 1779.

§ 2

Nominations diverses de baillis[1]

LEUR INSTALLATION ET LEURS SERMENTS A L'ÉCHEVINAGE

I

28 août 1320

Commission Pierron de la Marlière, baillieu de Saint-Omer

Nous Mahaut, contesse d'Artois et de Borgoigne, palatine et dame de Salins, faisons à sçavoir à tous chiaux qui ces présentes lettres verront et orront que nous avons establi et establissons Pierre de la Marlière, porteur de ces lettres, nostre baillieu de St Omer jusques à nostre volenté. Si mandons et commandons à tous nos hommes et sougis dudit

---

1. On a déjà publié plusieurs lettres de nomination de baillis:

3 mars 1298. Jehan de Biaukaisne (Richard, *Inv. som. des archives du Pas-de-Calais,* t. II, *Introduction,* p. XI, note 1).

21 mars 1318. Renier de l'Ecluse (Pagart d'Hermansart, *Bull. hist. et phil. 1894,* p. 585).

23 juillet 1319. Jehan d'Oisy (Pagart d'Hermansart, *Bull. historiq. et phil. 1894,* p. 588).

26 juillet 1319. Renier de l'Ecluse rétabli *(id.)*

31 mars 1388. Guillaume Percheval d'Yvregny *(Ms. 873 de la Bibl. de Saint-Omer* — pièce imprimée).

23 février 1488. Charles de Saveuse *(Recueil des ordonnances royaux du bailliage de Saint-Omer,* p. 1).

30 mai 1539. Jacques de Recourt, baron de Pecques *(id.* p. 6).

30 mai 1556. Philippe de Sainte-Aldegonde, sr de Noircarmes *(id.* p. 12).

5 août 1633. Gilles de Lières *(id.* p. 16).

25 novembre 1640. Robert de Lens, sr de Blendecques *(id.* p. 21).

26 juin 1694. Renom-François de Beauffort, sr de Moulle *(id.* p. 28).

Nous donnons en outre quelques lettres de nomination ou procès-verbaux d'installation de ballis ou de gardes de la baillie qui nous ont paru présenter un intérêt particulier.

lieu que au dit Pierre obéissent et entendent diligament comme à bailliеu jusques à nostre rappel.

Donné à S* Omer le xxviii° jour daoust lan de grâce mil CCC et vingt

par vertu de laquelle il jura le serment dessusdit[1] lendemain de la décolation S* Jehan. »

(Arch. de Saint-Omer. Registre au renouvellement de la Loy E, f. xliiii v°.)

II

29 novembre 1370

Commission de Willaume de Wailly

Donné par copie sous le scel de la baillie de Saint-Omer le second jour du mois de décembre l'an de grâce mil trois cens soixante et dix ce qui s'enssuit : « Marguerite, fille de roy de France, con-
« tesse de Flandres, d'Artois et de Bourgogne, pala-
« tine et dame de Salins, faisons sçavoir à tous que
« pour ce que ès offices de nostre baillie et chastel-
« lenie de Saint-Omer n'a de présent aucun de par
« nous pour iceulx garder et gouverner, nous confiens
« à plain du sens, loyauté et diligence de nostre amé
« et féal Willaume de Wailly, nostre receveur de
« S* Omer, avons icelui commis et ordonné ès offices
« dessus dis pour les exercer et gouverner jusques
« aultrement y ayons pourveu, et par ces présentes
« li avons donné et donnons pooir et auctorité de
« tenir nostre court, jurisdiction oudit bailliage, faire
« droit et raison, garder nos drois, de faire garder
« et guetier nostredit chastel, et faire toutes autres
« choses appartenans aux dis offices et qu'il verra

---

1. Celui de Jacques de Charleville qui se trouve au même folio et que nous avons publié t. I, p. 40.

« être pourfitables pour nous. Mandons et comman-
« dons à tous nos officiers et subjez, requerrons
« autres, que à luy obéissent en ce faisant.

« Donné à Arras le 29ᵉ jour de novembre l'an de
« grâce mil CCC soixante et dix, ainsi signé par
« madame J. DESPARNAY.

« Donné par copie come dessus. »

(Arch. de Saint-Omer, AB. VIII-25. — Sceau perdu.)

III

12 décembre 1370

Autre Commission de Guillaume de Wailly

Donné par copie soubz le scel de la baillie de
Sᵗ Omer le xvᵉ jour de décembre lan mil CCC LXX :

« Marguerite, fille de roi de France, contesse de
« Flandres, d'Artois et de Bourgogne, palatine et
« dame de Salins, sçavoir faisons à tous que nous
« confians à plein du sens, léaulté et diligence de
« nostre amé et féal Willame de Wailly, icellui avons
« fais, ordonné et establi, faisons, ordenons et esta-
« blissons nostre bailliéu de Sᵗ Aumer aux gaiges
« pourfis et esmolumens accoustumés, tant que il
« nous plaira, et par ces présentes lui avons donné
« et donnons pooir et autorité de tenir nostre court
« et juridiction oudit bailliage, faire droit et raison,
« garder nos drois et faire toutes autres choses que
« il verra bonnes et pourfitables pour nous oudit
« office et qui appartiennent à icellui, mandons et
« commandons à tous nos officiers et subgez à qui
« il appartenra, requérans autres, que à lui obéissent
« en ce faisant, et à nostre recepveur de Sᵗ Aumer
« qui est ou sera pour le tems, que les dis gages lui

« paie doresnavant aux termes et en le manière
« accoustumée, et ce que ainsi lui sera payé nous
« voulons et mandons estre alloé ès comptes du
« paiement en raportant quittance et la première
« foies pour toutes copie ou vidimus de ces pré-
« sentes.

« Données à Arras le xiie jour de décembre l'an de
« grâce mil CCC soixante dix.

« Ainsi signé par madame

« présent messire Tristan du Bos, J. Desparnay. »

(Arch. de Saint-Omer, AB. VIII-25. — Sceau du bailliage intact.)

IV

5 mars 1372[1]

Commission de Henri le Maisier, sr de Biaussart

Donné par copie soubs le scel de le baillie de Saint-Aumer le xiie jour de march lan de grâce mil CCC LXXII.

« Marguerite, fille de roy de France, Contesse de
« Flandres d'Artois et de Bourgongne, palatine et
« dame de Salins, faisons sçavoir à tous que nous
« confians à plain du sens, loyaulté et diligence de
« nostre amé messire Henri le Maisier, chevalier,
« sire sr de Biaussart, icellui avons fait, institué et
« establi, faisons, instituons et establissons par ces
« présentes nostre baillieu et chastellain de St Aumer
« à faire tenir et exercer iceulx offices aux gaiges
« que nostre darrain baillieu et chastellain y fu par
« nous retenu et aux autres drois, prouffis, émolu-

---

1. C'est par erreur que dans le t. I, p. 44, nous avons indiqué la date du vidimus (12 mars) comme date de la nomination de ce bailli qui est du 5 mars 1372 (v. s.)

« mens et par la manière accoustumée, tant comme
« il nous plaira, donnans et octroians aud. messire
« Henri pooir, autorité et espécial mandement de
« faire droit et justice en nostre court de la dicte
« baillie, de garder nos drois, juridictions, terres et
« héritages et généramment de faire et exercer toutes
« autres choses appartenans aus dis offices et que
« bon et vray baillieu et chastelain puet et doit faire.
« Sy donnons en mandement à tous nos justiciers
« officiers et subgetz et à chascun d'aulx, requérans
« tous autres, audit messire Henri en toutes les choses
« regardans lesdis offices obéissent et entendent
« diligamment, et à nostre recheveur de St Aumer
« qui ores est ou sera pour le temps advenir, que les
« dis gaiges lui paie aus termes accoustumez, et
« tout ce que paié lui en aura nous voulons estre
« alloé en ses comptes et rabattu de sa recepte par
« raportant quittance de chascun terme et une fois
« pour toutes copie de ces présentes.
« En tesmoing de ce nous avons fait mettre nostre
« scél à ces lettres.
« Données à Paris le 5e jour de mars l'an de grâce
« mil CCC soixante-douze
« par madame
« présens messire Charles de Potiers et maistre
« Pierre Recunet apriani. »

(Arch. de Saint-Omer, AB. VIII-26. — Le sceau du bailliage presque entier.)

V

28 avril 1381

Installation à l'échevinage de Gilles de Bilke comme garde de le baillie

Pour le garde de le baillie de St Aumer et de

par monseigneur le Conte de Flandres.....[1] duc de Brabant, Conte d'Artois de Bourgoingne.

Le xxvIII^e jour du mois de avril lan de grâce mil CCC quatre vincs un vint en halle Gilles de Bilke, escuier, lequel apporta lettres patentes de par monseigneur le conte de Flandres et d'Artois contenans que il estoit institué garde... de le baillie de Saint-Aumer, et les dites lettres veues, nos signeurs Jehan Lescot et signeur Tassart de Morcamp[2] et esquevin leur compaingnon alèrent au dossal, et illuec li dis singneurs Jehan Lescot dist audit Gille comme à garde de le baillie que il alast faire son serment, lequel il fist comme garde en le manière accoustumée, et après vinrent en halle, et là octroia li dis garde à nossigneurs le franchise de le cambre et institua son lieutenant Franchois Le Cuvelier et en son absence Cyprien le Wilde, et aussi institua Franchois Williame Boudewalle et Jehan de Bilque[3], présent pour che Lambert Plays lieutenant du chastellain.

(*Arch. de Saint-Omer. Registre au renouvellement de la Loy II, f. xxi r°.*)

VI

15 et 19 mai 1404

Nomination de Aléaume de Longpré. — Son serment à l'échevinage. — Il accorde les franchises de la chambre et nomme son lieutenant.

Le xix jour de may l'an de grâce mil quatre cens et quatre, vint en halle Aléaume de Longpré, escuier,

---

1. Quelques mots manquent, le coin de la page étant déchiré, nous les avons remplacés par des points.
2. C'étaient les deux mayeurs en exercice.
3. Sergents du bailliage.

et monstra à nosseigneurs maieurs et eschevins unes lettres patentes scellées du scel de nostre très grande et très redoubtée dame madame la duchesse de Bourgoingne, comtesse de Flandres et d'Artois, contenans la fourme et teneur que s'enssuit :

Marguerite, duchesse de Bourgoingne, comtesse de Flandres, d'Artois et de Bourgoingne, palatine, dame de Salins et de Malines, A tous ceulx qui ces lettres verront salut. Sçavoir faisons que comme après le trespas de feu monseigneur dont Dieu ait l'âme [1], nous avons trouvée Aléaume de Lompré estre par feu mon dit signeur et par ses lettres patentes institué bailli de Saint-Aumer, d'Aire, Tournehem et des appartenanches, Nous, pour la bonne relation que fait nous a esté dudit Aléaume, voulons et nous plaist que il soit et demeure, et de nouvel instituons, ordonnons et establissons oudi office de bailliage, à telz gages quil prenoit par vertu des lettres de feu mondit seigneur, tant qu'il nous plaira, et avons fait recepvoir de lui le serment à ce appartenant. Si donnons en mandement à tous nos justiciers, officiers et subgiés, prions et requerrons les aultres et à chascun deulx sy comme à lui appartenant, que oudit Aléaume en toutes choses touchant ledit office obéissent et entendent diligamment et lui prestent conseil, confort et ayde se mestier en a ei requis en sont, et à nostre recepveur dudit Saint-Aumer présent et advenir, que lesdits gaiges, depuis le trespas de feu monditseigneur jusques à présent et aussi doresenavant tant quil exercera ledit office, lui paie aus termes et en le manière accoustumée et

---

1. Philippe-le-Hardi, duc de Bourgogne, son mari, décédé en la ville de Hale le 27 avril 1404 qui, en 1392, avait déjà nommé bailli Aléaume de Longpré.

par rapportant quittances de tous les paiemens et pour la première fois seulement coppie ou vidimus des dittes lettres de monseigneur et de ces présentes sous scel autentique, et collationné par l'un de nos secrétaires, nous voulons et mandons tout ce que ainsi paié estre alloué ès comptes et rabatu de la recepte dudit recepveur par les gens de nos comptes que il appartient, sans contredit, nonobstans mandemens ou défenses contraires. En tesmoing de ce nous avons fait mettre nostre scel à ces présentes données en nostre ville d'Arras le quinse jour de may l'an de grâce mil quatre cens et quatre. Ainsi signées par madame la Duchesse : Jean DEMAL.

Et après ce que ledit Aléaume at présenté à nos dis seingneurs lesdittes lettres et quelles oient estés luees tout du long, il se offrist à faire le serment de Bailli en le manière accoustumée, et sur ce, ledis Aléaume et nos dis seingneurs maieurs et eschevins montèrent au dossal, et là, en la présence de nos dis seigneurs, fist ledit Alléaume son serment sur la fourme qui sensuit : « Vous jures
« à sauver le droit de Sainte Eglise, le droit de
« madame la contesse dartois, le droit du chastellain,
« le droit de le ville, les franchises, libertés, previ-
« lèges et bonnes coustumes de le ville, le paix de
« le ville, as vesves et orphelins leur droit, à cascun
« son droit et que vous vous gouverneres et main-
« tenres en loffice de vo bailliage comme boins et
« loyaux baillieus doit faire. Et ce ne laires pour
« amour, faveur, hayne, envie, ne pour don ou
« promesse ; si dieu vous ait et ces sains et tous les
« boins sains du paradis [1]. »

1. Le premier serment prêté en cette forme est celui que fit Arnoul de Créquy le 17 décembre 1361 (Reg. C. f. xxviii r°).

Et ce faict, sen revindrent ledit bailli et nosdis seingneurs en la cambre du conseil, et accorda le di bailli à nosdis seingneurs les franchises de la cambre et institua son lieutenant Guilbert du Fresne et sergens à mache[1] : Jehan Pappet, Jehan le Sœutre, Jehan Sohier de Wardrecque, lesquels lieutenant, Pappet et Sœuttre renouvellèrent leurs sermens comme il est accoustumé, et ledit Jehan Sohier pour ce que ce jour il fu institué sergeant fist son serment de nouvel.

(*Arch. de Saint-Omer. Reg. au renouvellement de la Loy H*, f. LXXXIV r°.)

---

1. Sergents de l'échevinage.

II

Auditeurs de comptes [1]

§ 1

1er *août* 1515. — Denis DE BERSACQUES, écuyer, sr de Monnecove [2],
d'azur à trois molettes d'éperon d'argent.

3 *juin* 1522. — Jehan DE LIANNES, écuyer [3],
de sable au lion d'argent couronné d'or.

25 *avril* 1531. — Jacques DE BERSACQUES, écuyer.

21 *mai* 1539. — Pierre DE HEGHES, écuyer, sr de Beaulo-les-Eperlecques [4],
de gueules à l'écu d'or en abîme, accompagné de huit besans d'or posés en orle.

28 *août* 1540. — Jehan DE BERSACQUES, écuyer, sr d'Arquingoult [5].

Mêmes armoiries que ci-dessus.

17 *août* 1600. — Gaspard DE BALINGHEM [6],
d'or à trois chevrons de gueules.

9 *janvier* 1615. — Jacques DE CROIX, écuyer, sr d'Estraselles [7],
d'argent à la croix d'azur.

---

1. *MMss. Des Lyons de Noircarme* et *Deschamps de Pas.*
2. Il était auditeur en même temps que lieutenant général, il devint mayeur en 1539, conseiller au bailliage en 1553.
3. Conseiller au bailliage en 1537 (1er office).
4. id. en 1545 (3e office). — Compte de la ville 1538-1539, p. LXVII.
5. Conseiller au bailliage en 1553, (5e office). — *Arquingoult*, une des 12 pairies du comté de Guines, commune de Leulinghem-les-Etrehem (Pas-de-Calais).
6. Greffier du bailliage de 1585 à 1614, puis argentier de la ville.
7. Avait été lieutenant général du bailliage en 1601.

3 *juin* 1628. — Jérôme DESTIEMBECQUE le jeune, écuyer, sʳ de la Motte,

écartelé : aux 1 et 4 vairé d'or et d'azur, aux 2 et 3 bandé d'argent et d'azur.

10 *mai* 1651. — Denis DE LA PORTE, écuyer, sʳ de Carecque,

d'or à une bande d'azur.

8 *février* 1663. — Hubert DU MOUSTIER,
d'or au croissant d'azur.

§ 2

10 mai 1651

Commission de Denis de la Porte, auditeur des comptes à Saint-Omer

Philippe, par la grâce de Dieu roy de Castille, d'Arragon, des deux Siciles, etc.

A tous ceulx qui ces présentes lettres verront salut : Sçavoir faisons que pour le bon rapport que fait nous a été de la personne de notre cher et bien amé Denis de la Porte, sʳ de Carecque, et de ses sens, ydoinneté et suffisance, nous confians à plain de ses loyauté, preudhomie et bonne diligence, Avons icelui, par la délibération de notre très cher et bien amé bon cousin Léopold Guilliaume, par la grâce de Dieu archiducq d'Autriche, ducq de Bourgogne, lieutenant gouverneur et capitaine général de nos païs bas et de Bourgogne, commis, ordonné et établi, commettons, ordonnons et établissons par ces présentes en l'état et office d'auditeur des comptes de notre ville de Sᵗ Omer vacant par la remise et déport volontaire qu'en a fait en nos mains Jérôme Destiembeque, sieur de Disques, dernier possesseur dudit estat, en donnant audit Denis de la Porte plein pouvoir, autorité et mandement espécial dudit office d'auditeur doresenavant tenir, exercer et deservir, vacquer et entendre bien et diligement, avec nos autres auditeurs des comptes de notredite ville de S¹ Omer, à l'audition et clôture des comptes d'icelle, et au surplus faire bien et deuement toutes et singulières les choses que bon et léal auditeur susdit peult et doit faire et que audit état compètent et appartiennent, aux gages, droits, honneurs, prérogatives, prééminences, libertés, franchises, proufits et esmoluments accoutumés et y appartennans, et tels et semblables qu'a eu et prins jusques olres ledit Jérôme Destiembecque à cause dudit état, tant qu'il nous plaira ; sur quoy et de soy bien et deuement acquiter en l'exercice d'icelui estat ledit Denis sera tenu de faire le serment à ce deu et pertinent et en oultre jurer que pour obtenir ledit estat, ou à cause d'icelui, il n'a offert, prommis, ni donné, ni fait offrir, prommettre ny donner aucun argent ni autre chose quelconque, ni le donnera directement ou indirectement ni autrement en aucune manière saulf et excepté ce que s'est accoutumé de donner pour les dépèches, et ce ès mains de notre Bailly de S¹ Omer que commettons à ce et lui mandons que ledit serment faict par ledit Denis de la Porte comme dit est, il le mette et institue de par nous en possession et jouissance dudit état et d'icelui, ensemble des drois, honneurs, prérogatives, prééminences, libertés, franchises, proufits et esmoluments susdits, et tous autres nos justiciers et officiers ausquels ce peut et pourra toucher et regarder, leur lieutenant et chacun d'eux en droit soy et sy comme à lui appartiendra, le facent, sœuffrent et laissent pleinement et paisiblement jouir et user, cessans tous contredicts et empèchements au contraire. Mandons en outre à notre recepveur dudit S¹ Omer, ou autre notre recepveur présent ou advenir, qui les gages audit estat appartenans est accoutumé paier, qu'iceux il paie, baille et délivre doresenavant par chacun an audit Denis de la Porte, ou à son command pour lui, aux termes et en la manière accoutumé, et rapportant cesdittes présentes, vidimus ou copie autentique d'icelles pour une et la première foies et pour tant de foiesque mestier sera quitance pertinente dudit Denis sur ce servant tant seulement, nous voulons tout ce que paié, baillé et délivré lui aura été à la cause ditte être passé et alloué en la dépense des comptes et rabatu des deniers de la recepte de notre dit recepveur de S¹ Omer ou autre notre recepveur qu'il appartiendra et paié l'aura, par nos amés et féaux les Président et gens de notre chambre des comptes à Lille, ausquels mandons semblablement ainsi le faire sans aucune difficulté, car ainsi nous plaît-il. En témoing de quoi nous avons fais mettre notre grand scel à cesdittes présentes données en notre ville de Bruxelles le 10 mai 1651, et de nos règnes le trente-deuxième.

Aujourd'hui 26 mai 1651 Denis de la Porte, sʳ de Carecque, dénomé au blancq de ceste, a fait et presté le serment pertinent de l'estat et office d'auditeur des comptes de la ville de S¹ Omer ès mains de messire Gille de Lières, chevalier, vicomte dudit lieu, baron du Val et de Berneville, seigneur de S¹ Venant, Nedon, Auchel, Verstrehem, Malfiance, Neuville-St-Vaast, Lières, Fauquenhem, Fauquethun, la Gausière, la Haye, la Richotte, etc.

(Ms. Des Lyons de Noircarme.)

III

Lieutenants généraux [1]

1236. — Jean LE WOGHERE [2].

1273. — Guillaume DE BIÉMONT [3].

1275. — Charles DE LA CREUSE [4].

1290. — Jean DEULE ou D'EULLE [5].

1302. — Gilles DE SENINGHEM [6],

de gueules à une quintefenille d'argent.

1322. — Liégeart ZŒTIN [7],

écu portant une aigle éployée au lambel de trois pendants [8].

1343. — Willaume DE DYEPPE, lientenant de Guilbert de Nédonchel [9],

d'or à trois bandes de gueules.

1348. — Pierre DE CANDEBRONNE [10].

---

1. On les appela à l'origine : Lieutenants premiers, parce qu'il y avait des lieutenants seconds. — Les *Ordonnances royaux du bailliage de Saint-Omer* donnent les commissions de François de Longueville en 1554 (p. 32), d'Antoine de Marigna en 1677 (p. 35) et de Descamps d'Inglebert en 1727 (p. 38).

2. *Arch. de Saint-Omer*, CCXC, acte du 22 juin 1236.

3. *Inv. som. du Nord, Ch. des C. de Lille,* 130.

4.   id.   137.

5. *Inv. som. du Pas-de-Calais*, A. 35.

6. *Mém. des Antiq. de la Morinie*, t. VII, 2e partie, p. 112.

7. *Arch. de Saint-Omer, Reg. au renouvellement de la Loy F*, f. 77 v°, actes de 1322 et de 1323.

8. Demay, *Artois*, 995 : Liégeart Zœtin, franc homme du château de Saint-Omer en 1321.

9. Abbé Haigneré, *Les Chartes de Saint-Bertin*, t. II, 1604, acte du 16 août 1343.

10. *Inv. som. du Pas-de-Calais*, A. 667, acte du 1er janv. 1348 (v. s.) — Demay, *Artois*, 236, 237 donne les sceaux de Pierre de Candebronne en 1361 et 1371 : Ecu losangé, au franc canton, ou au franc

1347 à 1360. — Jacques du Fossé[1],
écu portant deux rencontres de bœuf au franc canton chargé d'un lion dans un quadrilobe[2].

1360. — Williame de Wavrans[3],
écu à la fasce..... accompagnée de..... en chef, dans un trilobe[4].

1361. — Guillaume de Wailly, nommé par Arnoul de Créquy[5].

4 *octobre* 1364[6]. — Jean Bec, écuyer, institué par Baudouin de Sangatte,

— renouvelé le 27 mars 1366 par Pierre de Vaulx[7].

27 *mars* 1366. — Tassart du Fresne[8], écuyer, institué par Pierre de Vaulx.

8 *janvier* 1367. — Williame Yoeds, Youch ou Yerouck[9], institué par Pierre de Vaulx,

— renouvelé le 12 avril 1368 par Varin de Bécourt,

— renouvelé le 2 août 1372 par Jean de Brimeu,

— renouvelé le 2 août 1373 par le Maisier, sire de Biaussart,

canton chargé d'une merlette dans un trilobe. Est-ce le même personnage que le lieutenant ci-dessus ?

1. *Mém. des Antiq. de la Morinie*, t. XV, p. 254-255. — *Bull. id.*, t. III, p. 263. — *Inv. som. du Pas-de-Calais*, A. 685.
2. Demay, *Artois*, 1449.
3. *Bull. des Antiq. de la Morinie*, t. III, p. 263.
4. Demay, *Artois*, 1450.
5. *Arch. de Saint-Omer*, AB. VIII-7. — *Bull. des Antiq. de la Morinie*, t. III, p. 263. — Devint bailli en 1370, nous avons donné ses armoiries.
6. La liste des lieutenants généraux dans l'*Almanach d'Artois de 1782* ne commence qu'à Jean Bec.
7. *Arch. de Saint-Omer*, AB. VIII-22.
8. *Arch. de Saint-Omer*, AB. VIII-22.
9. *Inv. som. du Pas-de-Calais*, A. 987 : Willaume Yoeds. — *id.* A. 988 : Youch en 1371. — Giry, *Mém. des Antiq. de la Morinie*, t. XV, p. 266, 268 : 1373 et 1374 : Yerouck. — Ces différents noms semblent représenter le même personnage, car le sire de Biaussart qui destitua Yoeds le remplaça par Lambert Delevoye.

— destitué le 6 septembre 1374,

écu portant un oiseau couronné [1].

6 septembre 1374. — Lambert DELEVOYE.

13 août 1375. — Loys sire DE WITTASSE, chevalier.

10 juillet 1377. — Henri D'AUCOCHE ou OCOCHE, écuyer, nommé par Henri le Maisier sire de Biaussart [2],

d'argent à la fasce de gueules surmontée de trois coqs de sable, barbés, crêtés, becqués et armés de gueules.

31 janvier 1377. — François LE CUPÈRE ou LE CUVELIER [3], écuyer, nommé par le même [4],

— nommé par Gilles de Bilkes, garde de la baillie, le 28 avril 1381 [5],

— nommé de nouveau par Guilbert du Fresne le 17 février 1382 parce que Williame Rouch refusa l'office [6],

1. Demay, *Artois*, 1453.
2. « Le xᵉ jour de jugnet lan mil CCC LXXVII messire Henri le
« Maisier, sire de Biaussart, baille de Saint-Aumer, establi sen lieute-
« nant Henri Daucoich escuier, non rappelant le poovoir de Loys,
« sire de Wistasse, sen lieutenant, et fist serment en le manière ac-
« coustumée. » *(Arch. de Saint-Omer, Reg. au renouv. de la Loy H,*
f. v). — *Ococke,* dans le canton de Bernaville qui faisait partie du Ponthieu. — Demay, *Artois,* cite plusieurs membres de la famille d'Occoche.
3. Les deux noms ne désignent qu'une seule personne dont le nom est la première fois exprimé en flamand (de Cupere : le Tonnelier ou Cuvelier).
4. « Le daerrain jour de jenvier lan LXXVII establi Mess. Henri,
« sires de Biaussart, baill de Sᵗ Aumer, sen lieutenant Frenchois Le
« Cupere et ensemt Jehan du Fresnoy dit Noiseur, ledit François
« absent, et firent serment en le cambre en la manière accoustu-
« mée. » *(Reg. au renouv. de la Loy B,* f. vɪ). V. la liste des lieutenants particuliers.
5. *Reg. H,* f. xxi.
6. *id.* f. xxɪɪɪ. — v. Williaume Rouck, lieutenant particulier en 1388.

— par le même le 22 février 1383[1] et par Allard Dane le 2 février 1385[2].

1383. — Jean TURRY.

9 *mai* 1386. — Simon DE KELMES, chevalier[3], nommé par Allard Dane.

5 *avril* 1388. — Jehan DE LA MOTTE dit CLAPSIEN, écuyer[4], nommé par Percheval d'Ivregny.

9 *mai* 1404. — Guilbert DU FRESNE, écuyer[5], nommé par Aléaume de Longpré.

7 *février* 1405. — Gilles DE SENINGHEM, écuyer, nommé par le même[6],
de gueules à la quintefeuille d'argent.

30 *juillet* 1414. — Jehan LE SAUVAGE[7].

1430. — Jean DE GRIGNY, chevalier, sr de Quercamp et de Mentques.

» — Nicole DE WISSOCQ, écuyer, sr de Nieurlet, de gueules à la fasce d'or, accompagné de trois losanges de même.

» — Jacques LESCOT, écuyer,
écartelé aux 1er et 4e d'argent fretté de sable, aux 2e et 3e de gueules à la croix grecque d'argent.

---

1. *Reg. H*, f. xxviii r°.
2. id. f. xxx v°.
3. Simon de Belines *(Ms. Des Lyons de Noircarme)*, Simon de Linnes *(Almanach d'Artois 1782)*.
4. *Reg. H*, f. xxxix v°.
5. id. f. iiii^{xx}iv r°.
6. id. f. iiii^{xx}iv v°. — *Chartes de Saint-Bertin*, 2487, acte du 16 juillet 1415. — *Arch. de Saint-Omer*, CXXII-1 et *Ms. Des Lyons de Noircarme* : en 1429.
7. « Le pénultième jour de juillet l'an IIII^c XIII Aléaume de
« Longprey, escuier, bailli de Saint-Omer, institua en hale, présens
« nosseigneurs, messire Jehan Le Sauvage, son lieutenant ou fait de
« l'office et exersisse du bailliage en icelle ville et en son absence. »
(Arch. de Saint-Omer, Reg. H, f. cxvi). — Gilles de Seninghem fut sans doute rétabli plus tard puisqu'on le retrouve en 1429.

» — Jean d'Ardres, chevalier, sʳ de Guisnes [1], d'argent à l'aigle éployée de sable.

» — Jacques Craye, écuyer, sʳ d'Hallines [2].

1446. — Guillaume de Rabodinghe, écuyer [3].

Mêmes armoiries que les deux baillis de ce nom [4].

1459. — Antoine de Poucques [5], d'or au lion léopardé de sable, armé et lampassé de gueules.

1460. — Robinet d'Ausques [6], d'argent à la quintefeuille de sable.

1473. — Jacques d'Ebblinghem [7].

1475. — Baudrain de Lomprey, écuyer [8], d'argent à la tour de..... maçonnée de sable.

26 *avril* 1476. — Rolland Gougebur [9].

1478. — Jean de Sainte-Aldegonde dit le Borgne, écuyer, sʳ de Bryart [10].

Mêmes armes que le bailli de Sainte-Aldegonde en 1532.

14 *janvier* 1481. — Guillaume de le Vallée, écuyer,

1. Voir ce nom dans la liste des conseillers, 2ᵉ office.
2. L'*Almanach d'Artois de 1782* donne ainsi ces cinq derniers noms, puis sa liste présente jusqu'en 1481 une lacune que nous avons essayé de combler.
3. *Ms. Des Lyons de Noircarme*, année 1446. — *Les Chartes de Saint-Bertin*, nᵒˢ 2974, 2989 et 3081, années 1451, 1453 et 1458. —
4. Voir la liste des baillis années 1422 et 1446.
5. *Inv. som. du Nord, Ch. des C. de Lille*, 2037. — La baronnie de Poucques était sise près de Bruges.
6. *Inv. som. du Nord, Ch. des C. de Lille*, 2041.
7. Reçoit le 9 novembre 1473 le serment de Jehan Bourset nommé conseiller au conseil du duc de Bourgogne à Saint-Omer (5ᵉ office) (*Inv. som. du Nord, Ch. des C. de Lille*, 2096-1).
8. *Ms. Des Lyons de Noircarme.*
9. *Mém. des Antiq. de la Morinie*, t. IX, p. 197 : 26 avril 1476 après Pâques.
10. *Inv. som. du Nord, Ch. des C. de Lille*, 2219. — Devint sous-bailli en 1480.

26 *février* 1489. — Jacques Boistel[1], sʳ d'Upen.

1491. — Guillaume de l'Etendard dit Mollin, chevalier.

21 *janvier* 1499. — Pierre du Bos, écuyer,
d'argent au lion de sable armé et lampassé d'azur.

21 *mai* 1506. — Augustin de Renty, écuyer,

— institué en 1506 par de Piennes, bailli provisoire,

— renouvelé en mai 1507 par Ferry de Croy,
d'argent à trois doloires de gueules 2 et 1 les deux supérieures adossées.

21 *décembre* 1515. — Denis de Bersacques, sʳ de Monnecove,
d'azur à trois molettes d'éperon d'argent.

5 *janvier* 1533. — Simon de Fromentel, écuyer [2].

1537. — Jean de Guisnes, écuyer, nommé par Jean de Sainte-Aldegonde,

— continué le 22 janvier 1538 par Marie, reine de Hongrie,

— continué le 5 janvier 1539,
vairé d'azur et d'or au canton dextre de gueules.

Juin 1539. — Robert d'Ablain, écuyer, sʳ de Romblay,
d'argent à trois lions de sinople armés et lampassés de gueules, à la bordure engrêlée de gueules.

1540. — Antoine d'Ausques, écuyer, sʳ de Floyecques,
d'argent à la quintefeuille de sable.

9 *février* 1544. — François de Longueville, sʳ de Bourgheil et d'Ostrove,

— institué par de Recourt, baron de Licques,

---

1. *Inv. som. du Nord, Ch. des C. de Lille*, 2143 en 1491. — *Les Chartes de Saint-Bertin*, t. IV, 3565, 11 décembre 1492.
2. Auparavant lieutenant particulier.

— renouvelé le 11 février 1547 par Robert de Montmorency, sr de Wismes,

— maintenu le 9 avril 1554 par Charles-Quint,

— renouvelé le 6 juin 1555 par Philippe de Sainte-Aldegonde.

2 *octobre* 1559. — Vallerand de Tilly, sr de Sainte-Mariekerke [1],

d'or à trois chevrons de gueules.

18 *mars* 1574. — Antoine de Boutry, écuyer, sr de Mélingue [2],

d'argent à trois vases ou aiguières de gueules.

11 *mai* 1578. — François de la Motte, sr de Baraffle, Bourquembray et Difques,

— institué par Eustache de Croy,

— renouvelé le 25 janvier 1600 par de Bonnières, sr de Souastre,

d'azur à cinq losanges d'or en bande.

11 *mai* 1601. — Jacques de Croix, sr d'Estraselles, Herbinghem [3],

d'argent à la croix d'azur.

19 *septembre* 1608. — Guillaume Vandolre, écuyer, sr du Rietz et Joyelles [4],

d'or semé de fleurs de lys d'azur, au lion rampant armé et lampassé de gueules.

---

1. *Bull. des Antiq. de la Morinie*, t. IV, p. 233, acte du 30 octobre 1567.
2. Voir *Hist. du Bailliage* ci-dessus, t. I, p. 243-244.
3. *Bull. des Antiq. de la Morinie*, t. IV, p. 232, 27 nov. 1601.
4. Avait été conseiller en 1581 (1er office). Il figure au procès-verbal de vérification de la Coutume locale en 1613 ; il y est qualifié de licencié ès lois et désigné comme âgé de 69 ans. On voyait autrefois ses armoiries en l'église de Saint-Martin au faubourg de Térouanne, à la première verrière à droite en entrant : « Guillaume Vandolre, « bourgeois de la ville d'Aire et dlle Jeanne Parmentier, sa femme, « ont donné cette verrière en 1611. » *(Ms. 886* de la bibliothèque de Douai, p. 226).

5 *janvier* 1628. — Florent Cornaille, écuyer, sʳ de la Bucaille en Werdreck,

— institué par de Bonnières, sʳ de Souastre,

— renouvelé le 1ᵉʳ mai 1632 par de Rubempré, sʳ d'Aubigny,

— renouvelé le 27 août 1633 par Gilles de Lières,

d'argent à la fleur de lys au pied coupé de gueules, accompagnée de neuf merlettes de sinople en orle.

1ᵉʳ *février* 1636. — Antoine de la Houssoye, écuyer, sʳ de Boidinghem, Quercamp et Zuthove,

— institué par Gilles de Lières,

— renouvelé le 21 janvier 1641 par Robert de Lens,

écartelé : aux 1ᵉʳ et 3ᵉ d'argent au lion de sable, armé et lampassé de gueules ; aux 2ᵉ et 4ᵉ d'or à la croix pattée de gueules.

15 *juin* 1643. — Jacques de Wallehey, chevalier, sʳ d'Arquingoult, Escades, etc.,

— institué par Maximilien de Lières,

— renouvelé le 21 juillet 1653 [1],

de sable à la bande d'argent chargée de trois lionceaux de gueules mornés, passants, dans le sens de la bande.

23 *février* 1659. — Antoine Munier de Marigna, sʳ de Chavannes, institué par Maximilien de Lières,

— confirmé par Louis XIV après la conquête le 16 août 1677,

écartelé : aux 1ᵉʳ et 4ᵉ d'or à trois anilles d'azur qui est *Munier* ; aux 2ᵉ et 3ᵉ d'argent à deux fasces ondées de sable qui est *Marigna* ; sur le tout de sable à la bande d'or accompagnée de deux coquilles du même.

5 *décembre* 1689. — Antoine-Joseph de Lens, chevalier, baron d'Hallines [2],

---

[1]. Se démit de sa charge en octobre 1658 lorsqu'il fut nommé mayeur.
[2]. Mayeur en 1699.

écartelé : au 1ᵉʳ contre-écartelé d'or et de sable ; au 2ᵉ d'or à trois aiglettes de gueules ; au 3ᵉ vairé d'or et de gueules ; au 4ᵉ d'argent à trois bandes d'azur à la bordure de gueules [1].

25 *septembre* 1694. — Jean-Jacques Petit, sʳ du Cocquel, par intérim.

Vénalité des charges

17 *août* 1701. — Louis de Laben, sʳ de Bréhour.

21 *mars* 1711. — Antoine Denis.

26 *décembre* 1727. — Jean-Joseph Descamps, sʳ d'Inglebert, chevalier de Saint-Louis, major de cavalerie [2].

12 *mai* 1742. — Jacques-François Macau, sʳ d'Hervart et de Willametz.

22 *mars* 1749. — Louis-Joseph le Vasseur, sʳ de la Thieuloy [3],

parti : au 1ᵉʳ d'or à la rose double de gueules aux cinq pointes de sinople et au cœur de même ; au 2ᵉ d'argent au lion de gueules [4].

7 *octobre* 1771. — Louis-Benoît Hovelt [5].

13 *novembre* 1773. — Charles-François-Joseph-Marie Le Maire de Bellerive [6].

---

1. de Laplane : *Les Mayeurs de Saint-Omer (Bull. des Antiq. de la Morinie*, t. II, p. 832.

2. Mort à Saint-Omer en septembre 1780.

3. Il fut nommé 2ᵉ président du Conseil supérieur d'Arras établi par le chancelier Meaupou en 1771 à la place du Conseil d'Artois. — Lorsqu'en 1774 ce Conseil supérieur fut supprimé, il resta sans situation, se retira à la campagne et mourut à Saint-Omer quelque temps après. Aucun des conseillers au bailliage n'avait accepté les charges au nouveau conseil qui leur avaient été offertes.

4. On lui contestait le droit de porter cette rose dans ses armoiries, et l'article *le* devant son nom.

5. Reçu le 21 novembre 1771.

6. Avocat à Merville (Nord). Acquit la charge du sʳ Hovelt, moyennant 16.000 l., fut reçu le 9 décembre 1773. — Il devint sous la Révolution juge au tribunal de cassation à Paris.

IV

Lieutenants particuliers [1]

11 *août* 1372. — Tassart ou Rasse du Fresnoy, nommé par Jean de Brimeu, suppléant Williame Yoeds, lieutenant général ;

— confirmé le 12 mars 1373 par Henri le Maisier, s^r de Biaussart

— et le 6 septembre 1374 par le même [2] ; suppléant Lambert Delevoye, lieutenant général,

écu chargé de trois feuilles de trèfle, en abîme d'un oiseau [3].

11 *février* 1374. — Jean Odise, nommé par Henri le Maisier.

11 *février* 1374. — Jehan du Fresnoy dit Noiseur, fils de Tassart, suppléant son père,

— renouvelé le 31 janvier 1377, remplace François le Cupère absent [4],

écu à la bande accostée de deux croissants et accompagnée d'une étoile en chef [5].

12 *février* 1374. — Jehan Galée, « en l'absence « dudit Tassart et Noiseur »,

---

1. On les appela à l'origine lieutenants seconds. — Les *Ordonnances royaux du Bailliage de Saint-Omer* donnent p. 32 la commission de Jehan Le Febvre en 1554.
2. *Arch. de Saint-Omer, Reg. au renouv. de la Loy C*, f. ɪɪɪ^{xx} et xɪɪ v°. — *Les Chartes de Saint-Bertin*, t. II, n° 1851 : 11 avril 1374.
3. *Les Chartes de Saint-Bertin*, t. II, n° 1711. — Demay, *Artois*, 1685, signale Tassart du Fresnoy, sergent au bailliage en 1369 : écu portant deux croissants en chef et un oiseau en pointe.
4. *Arch. de Saint-Omer, Reg. H*, f. vɪ.
5. Demay, *Artois*, 980 : Jean du Fresnoy dit Noiseux, franc homme du château de Saint-Omer en 1374.

— renouvelé le 21 septembre 1379 [1].

21 *septembre* 1379. — Gilles DE BILKES ou DU BELCK [2].

28 *avril* 1381. — Cyprien on Chrétien LE WILDE, nommé par Gilles de Bilques, pour suppléer le Cuvelier, lieutenant général [3] ;

— confirmé le 26 février 1383 par Guilbert du Fresne, [4].

5 *avril* 1388. — Williame ROUCH, nommé par Percheval d'Ivregny, pour suppléer Jean de la Motte, lieutenant général [5].

14 *janvier* 1481 [6]. — Jean ROBE, nommé par Pierre de Manneville,

— confirmé le 4 ou 14 juillet 1483 par Pierre de Lannoy,

écu parti fruste, paraissant porter : au 1ᵉʳ trois châteaux, au 2ᵉ un écusson accompagné de trois coquilles ; soutenu par un ange [7].

1489. — Roland ou Robert D'HALLUIN.

13 *septembre* 1492. — Pierre LE TELLIER, nommé par Charles de Saveuve.

1. « Le xxıᵉ jour de septembre l'an mil CCC LXXIX messire Henri
« le Maisier baillieu de Saint-Aumer, institua ses lieutenants Gille
« du Belck et Jehan Galée, cascun daulz firent serment en le cambre...
« et ne rappelle point Franchois le Cuvelier, son autre lieutenant. »
(*Arch. de Saint-Omer, Reg. H*, fᵒ x vᵒ). Le Cupère ou le Cuvelier était lieutenant général.

2. Devint bailli en 1381.

3. *Arch. de Saint-Omer, Reg. H*, f. xxı.

4.   id.   f. xxvıı rᵒ.

5. *Arch. de Saint-Omer, Reg. H*, f. xxxıx vᵒ.

6. Il y a une lacune entre 1388 et 1481. La perte des archives du bailliage et d'une partie des registres de l'échevinage ne permet pas de la combler. D'autre part, comme nous avons pu retrouver pour cette période un assez grand nombre de lieutenants généraux, sans rencontrer de lieutenants particuliers, on peut penser que l'institution de ces derniers ne devint régulière qu'en 1481, et qu'il n'y en eut auparavant que selon le bon plaisir des baillis.

7. Demay, *Artois*, 1074.

28 *août* 1493. — Eustache DE BOURNONVILLE [1], écuyer, nommé par Charles de Saveuse.

4 ou 14 *août* 1494. — Emond DE SALPERWICQ, écuyer, nommé par le même.

29 *janvier* 1495. — Jehan DE FONTAINE [2], écuyer, nommé par le même.

25 *janvier* 1497. — Mathieu DU GARDIN [3], écuyer, nommé par le même,

d'azur à un arbre d'or.

21 *février* 1499. — Augustin DE RENTY [4], écuyer, nommé par de Morbecque,

d'argent à trois doloires de gueules 2 et 1 les deux supérieures adossées.

15 *mai* 1500. — Guillaume DE LENS dit DE REBECQUE, écuyer, nommé par de Morbecque,

écartelé : aux 1er et 4e contre-écartelé d'or et de sable ; au 2e d'argent à trois bandes d'azur à la bordure de gueules ; au 3e d'argent à trois besants de gueules [5].

14 *novembre* 1504. — Jehan DE LA MOTTE, écuyer, nommé par de Morbecque.

10 *mai* 1505. — Charles DE LA CREUSE, écuyer, nommé par le même.

9 *juin* 1507. — Guilbert DUPUICH, nommé par Ferry de Croy,

— confirmé le 5 juin 1516 par Adrien de Croy.

27 *janvier* 1522. — Laurens LAMBRECHT [6].

10 *octobre* 1523. — Simon DE FROMENTEL, écuyer [7].

1. *Les Chartes de Saint-Bertin*, t. IV, 3584.
2.   id.   3618.
3.   id.   3663.
4.   id.   3797.
5. *Ms. Des Lyons de Noircarme.*
6. Ses lettres de nomination ne furent pas enregistrées, et il n'exerça point parce qu'il avait accepté les fonctions d'échevin auxquelles il avait été élu le 6 janvier précédent.
7. Lieutenant général en 1533.

1526. — Jacques Wallart, licencié ès lois, nommé par de Sainte-Aldegonde [1].

20 *septembre* 1532. — Jean de Honvault, nommé par le s^r de Beaurains.

1538. — Nicolas de Reptaine, licencié ès lois, nommé par de Sainte-Aldegonde.

19 *janvier* 1540. — Jehan ou Nicolas Gavelle, nommé par de Recourt.

23 *février* 1542. — François de Hanon, écuyer, s^r de Bavincove, nommé par de Recourt,

de gueules à trois coquilles d'argent deux et une.

4 *avril* 1543. — Jacques de Wallehey, écuyer, s^r d'Escade [2].

9 *janvier* 1549. — Jehan Le Febvre, nommé par le baron de Wismes [3],

— maintenu par Charles-Quint le 9 avril 1554,

— renouvelé par de Sainte-Aldegonde le 6 juin 1555.

1566. — Joachim de Rogierville [4], nommé par le baron de Wismes.

26 *octobre* 1577. — Nicaise de Bersacques [5], écuyer, s^r d'Arquingoult, nommé par Eustache de Croy,

d'azur à trois molettes d'éperon d'argent.

23 *décembre* 1599. — Antoine Hanon, licencié ès lois, nommé par Eustache de Croy,

— continué par de Bonnières le 28 août 1600.

16 *juillet* ou 19 *août* 1615. — Antoine Campion, licencié [6], nommé par de Bonnières,

---

1. *Bull. des Antiq. de la Morinie*, t. IV, p. 234, acte du 25 juillet 1526. — Il avait été procureur du roi en 1493 ou 1510.
2. Lieutenant général en 1643. Nous avons donné ses armoiries.
3. Conseiller en 1553 (4e office), il fut néanmoins maintenu comme lieutenant particulier. — *Bull. des Antiq. de la Morinie*, t. IV, p. 234, acte du 22 nov. 1551.
4. Conseiller en 1562 (4e office).
5. Greffier en 1553, conseiller en 1573 (2e office).
6. Conseiller en 1618 (5e office).

— confirmé par de Rubempré le 13 mai 1632,
— continué par Gilles de Lières le 27 août 1633,
— continué par Robert de Lens le 4 février 1641.

7 *mars* 1642. — Henry HELLEMANS, licencié [1], nommé par Robert de Lens,

de sable semé de trèfles d'or, à un chevron renversé d'argent, chargé de trois roses de gueules boutonnées d'or.

23 *mai* 1658. — Pierre TAFFIN, écuyer et avocat, sʳ de Vigraye, nommé par Maximilien de Lières,
— renouvelé en 1659,

d'argent à trois têtes de maure de sable, bandées et liées d'argent, posées deux et une.

17 *août* 1660. — Jehan DE COPPEHEM [2], nommé par Maximilien de Lières.

14 *avril* 1665. — François OGIER [3], nommé par Maximilien de Lières,

d'azur à un cygne d'argent becqué de sable, s'essorant et sans pieds, surmonté de trois étoiles à six raies d'or rangées en chef.

---

1. Conseiller en 1635 (2ᵉ office).
2. Conseiller en 1646 (1ᵉʳ office) — démissionne en 1665.
3. Conseiller en 1659 (4ᵉ office).

V

Conseillers au bailliage[1]

I

§ 1

ANTÉRIEUREMENT A LA CRÉATION DES CINQ OFFICES

»   — Jehan DE NYELLES[2].
27 *août* 1393. — Guy PONTHE[3].

§ 2

POSTÉRIEUREMENT A LA CRÉATION DES CINQ OFFICES[4]

Premier office créé en 1404

15 *mai* 1404. — Jean DE LA PERSONNE, chevalier,

---

1. Appelés à l'origine conseillers du duc (de Bourgogne, comte d'Artois), conseillers ordinaires, conseillers de la ville et bailliage, puis conseillers du roi au bailliage de Saint-Omer.
2. Commission de conseiller pour toute la Comté d'Artois 15 avril 1384 *(Inv. som. du Pas-de-Calais*, A. 106). Mais il est mentionné plus tard comme prédécesseur au bailliage de Saint-Omer de Guy Ponthe (v. la note suivante). Jehan de Nielles fut nommé ensuite conseiller à la Chambre des Comptes de Lille.
3. *Inv. som. du Nord, Ch. des C. de Lille*, 1221 et 1854 n° 58 : Paraît le même que Guy Ponche, conseiller pensionnaire principal de la ville en 1364 (v. *Inv. som. du Nord, Ch. des C. de Lille*, 1845 où il est appelé Guy Ponce).
4. Nous avons retrouvé un certain nombre de conseillers au bailliage que ne donnent ni l'almanach d'Artois de 1787 ni les mss. Deschamps de Pas et Des Lyons de Noircarme. Mais nous avons eu quelque difficulté pour les répartir entre les cinq offices, et en comblant diverses lacunes dans chacune des listes données avant notre travail, nous ne sommes pas absolument certain, pour ceux du XV° siècle, d'avoir toujours indiqué exactement celle des charges que chacun d'eux occupait.

licencié ès lois, conseiller et avocat du prince [1], écu portant deux pattes en pal, penché, timbré d'un heaume ovoïde.

1405. — Antoine DE WISSOCQ, écuyer, licencié ès lois, nommé conseiller pour tout le pays d'Artois et spécialement pour la ville de Saint-Omer [2],
de gueules à la fasce d'or, accompagnée de trois losanges de même.

24 *juin* 1445. — Jehan COQUILLAN, chantre et chanoine de l'église de Saint-Omer [3].

» Charles LEGRAND, sr de la Truffière [4].

» Colart EREMBAULT.

19 *novembre* 1473. — Aléamet MONDRELOIS [5].

» — Gérard LOCQUET, licencié ès lois [6], d'azur à trois fusées d'or rangées en face.

1531. — Gardien GUILLEMAN [7], licencié ès lois.

14 *février* 1537. — Jehan DE LIANNES, écuyer [8].

8 *novembre* 1581. — Guillaume VANDOLRE [9], écuyer, licencié ès droit, sr du Rietz et Joyelles,

17 *septembre* 1622. — Omer BROCQUET, sr de Watterdal [10], licencié ès droit,

---

1. Avait été conseiller pensionnaire principal de la ville en 1399. — *Inv. som. du Nord, Ch. des C. de Lille*, t. IV, 1883 (1407-1408).
2. *Inv. som. du Nord, Ch. des C. de Lille*, 1879 (1405-1406) et 1926 (1421-1422) Conseiller pensionnaire principal de la ville en 1425, mais il resta sans doute conseiller au bailliage en même temps, car il y eut pour successeur immédiat Jehan Coquillan nommé le 24 juin 1445. — de Wissocq quitta Saint-Omer en 1445 pour aller résider à Cambrai.
3. *Inv. som. du Nord, Ch. des C. de Lille*, 1989.
4. *Almanach d'Artois de 1787* qui l'indique en 1440.
5. *Inv. som. du Nord, Ch. des C. de Lille*, 2096-1 : Nomination d'Aléamet Mondrelois à la place de Colart Erembault.
6. Devint conseiller principal de la ville de 1527 à 1536.
7. Courtois, *Mém. des Antiq. de la Morinie*, t. IX, p. 216.
8. Auditeur de comptes en 1522.
9. Lieutenant général en 1608 ; nous avons donné ses armoiries.
10. Waterdal, seigneurie acquise le 19 novembre 1627 de Pierre

d'or à trois oiseaux de sable membrés et becqués de gueules deux et un.

13 janvier 1646. — Jehan DE COPPEHEM[1], s^r de la Mappe.

28 janvier 1640. — Pierre DE REMETZ,

d'azur à un chevron d'or, accompagné en chef de deux cornes d'abondance remplies de fleurs d'argent, et en pointe, d'une ancre de même.

Vénalité des charges

13 juin 1706. — Jacques-François PELLETIER, s^r de Berthamont, avocat[2].

de gueules à trois fasces d'or et un chevron d'argent brochant sur le tout.

4 ou 24 février 1724. — Antoine-François CRÉPIN[3],

fascé danché et enchaussé d'argent et de gueules de dix pièces.

24 juillet 1739. — Jean-Baptiste DEFRANCE, sieur d'Hélican,

d'azur à la fasce d'or accompagnée en chef d'une fleur de lys d'or et en pointe d'un coq de même.

13 mars 1754. — Charles-Auguste DEFRANCE, sieur d'Hélican[4].

Mêmes armoiries.

Galbart, écuyer, s^r de Picquendal, mouvant de la comtesse de Brouay à cause de la seigneurie de Cœurlu, moyennant 400 florins. — Omer Brocquet avait épousé Jeanne de Nyardins.

1. Lieutenant particulier du bailliage en 1660.
2. Avait épousé Marie-Philippine de Croix; il institua sa légataire universelle la confrérie de la Sainte-Trinité en l'église Sainte-Marguerite *(Arch. de la ville,* CCLXII-2).
3. M. Plouvain citant un conseiller d'Artois de cette famille en 1530 écrit Crespin. — M. de Rosny, dans ses *Recherches généalogiques,* écrit Crépin ; nous ne sommes pas absolument certain que Antoine-François Crépin était de la famille du conseiller d'Artois. Il devint procureur de ville et donna sa démission de conseiller au bailliage.
4. Fils du précédent.

Deuxième office créé en 1419

1419. — Jean d'Ardres [1], écuyer, d'argent à l'aigle éployée de sable.

1458. — Jean d'Ardres [2], chevalier, sr d'Alquines et de Premesart.

Mêmes armoiries.

1481. — Pierre de le Nesse [3].

» — Jehan Le Borgne [4].

27 *novembre* 1489. — Jacques Darthe [5].

1504. — Martin de Wissocq [6].

1532. — Jehan du Tertre, écuyer, sr de Clémy, d'argent à trois aigles éployées de gueules, becquées et membrées d'azur.

10 *janvier* 1558. — Jacques du Val, licencié ès lois, d'azur à un lion rampant de sable, lampassé et armé de gueules, à la bordure engrelée de même.

14 ou 19 *novembre* 1563. — Thomas Liot, d'argent à trois quintefeuilles de gueules, deux et une.

Charge vacante de 1568 à 1573.

1573. — Nicaise de Bersacques, écuyer, sr d'Arquingoult [7].

---

1. Jean d'Ardres, seigneur du fief de Saint-Aumer, mort le 9 août 1458, époux de dlle Marie Le Reude, enterré en l'église Saint-Jean-Baptiste (Abbé Bled, *Mém. des Antiq. de la Morinie*, p. 357, XXXVIII).

2. Mort le 8 juin 1475, époux de Péronne de Villers (*Id.*, p. 358, XL).

3. *Inv. som. du Nord, Ch. des C. de Lille*, 2126 : Quittances de gages 27 nov. 1481.

4. Probablement *Jean de Ste-Aldegonde dit le Borgne,* qui fut lieutenant général en 1478.

5. *Inv. som. du Nord, Ch. des C. de Lille*, 2139 : Darthe remplace Jean le Borgne et avant lui Pierre de le Nesse.

6. *Inv. som. du Nord, Ch. des C. de Lille*, 2196-4 : Quittances de gages du 22 janvier 1504.

7. Greffier en 1553. Lieutenant particulier en 1577 sans cesser d'être conseiller. Pour les armoiries des de Bersacques, voir la liste des *Auditeurs de comptes*.

8 *février* 1601. — Josse CARRÉ[1], sr de Percheval.

Août 1635. — Henri HELLEMANS[2],

de sable semé de treffles d'or, à un chevron renversé d'argent, chargé de trois roses de gueules boutonnées d'or.

Charge vacante de 1659 *à* 1671.

17 *août* 1671. — Charles-Louis HOURDEL,

de gueules à un chevron fascé d'argent et d'azur de six pièces.

Vénalité des charges

13 *juin* 1706. — Denis-François DRINCQBIER,

d'or à un pal de gueules chargé de trois billettes d'argent.

16 *février* 1715. — Thomas-Joseph GUILLUY, écuyer, sr de la Brique d'Or[3],

d'azur semé de molettes d'argent à trois épis d'or brochant sur le tout et posés deux et un.

Charge vacante de 1737 *à* 1746[4].

31 *décembre* 1746. — Paul-François DE SCHODT[5],

---

1. Mort vers 1637. Figure au procès-verbal rédigé le 8 août 1613 de la vérification de la Coutume de la ville de 1612 comme étant âgé de 46 ans. M. du Hays *(Esquisses généalogiques)* cite cette famille sans en donner les armoiries.

2. Lieutenant particulier du bailliage en 1642 sans cesser d'être conseiller, mort en 1659.

3. Né à Arras le 22 mars 1686, fils de André Guilluy du Hamel, conseiller au Conseil d'Artois, mort le 11 janvier 1736, avait épousé le 25 mai 1722 dlle Gaillart Marie-Joseph-Alexandrine. Leur fille Marie-Eugénie épousa en 1775 le chevalier de Laurétan, dernier mayeur et premier maire de Saint-Omer *(Bull. des Antiq. de la Morinie,* t. VII, p. 205). — Le fief de la Brique d'Or contenant 77 mesures était situé sur Mentques-Nortbécourt, canton d'Ardres (Pas-de-Calais).

4. L'office avait été grevé d'opposition à la mort de Thomas-Joseph Guilluy, la main-levée n'en avait été donnée qu'en juin 1746.

5. Mort à l'âge de 45 ans le 15 octobre 1753 et inhumé dans la chapelle Sainte-Anne en l'église du Saint-Sépulcre à Saint-Omer. Il avait épousé dlle Marie-Albertine Buret de Lespiez. Leur fils D. Omer de Schodt fut le 59e et dernier abbé de Saint-Bertin.

d'argent à une croix de gueules cantonnée de quatre arbres de sinople.

12 *avril* 1755. — Alexandre-Joseph FAYOLLE, s^r de Lescoire [1],

d'azur au lion d'argent armé et couronné de gueules.

20 *avril* 1768. — Maximilien-Joseph LEGRAND, s^r de Lières [2].

13 *décembre* 1781. — André-François-Marie ou Martin LEGRAND, s^r de Castelle [3].

Troisième office créé en 1421

1421. — Jean DE FRANCE [4], licencié ès lois,
fascé d'argent et d'azur de six pièces, les fasces d'argent chargées de six fleurs de lys de gueules 3, 2 et 1.

» — Denis DE SENNERGHEN.

4 *mai* 1473. — Robert MONDRELOIS [5].

---

1. Avocat au Parlement et au Conseil provincial d'Artois, prévôt de la prévosté et seigneurie de Lescoire en Rebecque, s^r de Camporny, l'Avenne, Dubiez, Pottey et Dubreucq en Coulomby, époux de Marie-Caroline-Adrienne Hémart, dame du Châtelet *(Généalogie Hémart du Neufpré.)*

2. Fils d'André, avocat, et de Gertrude Delacour, né paroisse Saint-Denis le 25 octobre 1739, fut aussi conseiller à la maîtrise des eaux et forêts de Rihoult, épousa à Sainte-Aldegonde Marie Legrand, sa cousine, et mourut le 19 mai 1780.

3. Frère du précédent, né le 13 mai 1735, épousa le 5 octobre 1765 Françoise-Julie Deswazières, fille de messire Claude-François-Joseph, chevalier, seigneur de Mussent et de Jeanne-Thérèse Penant; il mourut le 30 janvier 1798 (Piers, *Biographie de la ville de Saint-Omer*, Saint-Omer 1835, p. 137).

4. *Inv. som. du Nord, Ch. des C. de Lille*, 1460 : Constitution par Philippe-le-Bon, au profit de Jean de France, son conseiller, d'une rente viagère de 24 liv. par. (sept. 1421). — Voir aussi *id*. 1926. — Mort le 28 octobre 1427. — Conseiller pensionnaire principal de la ville en 1421.

5. *Inv. som. du Nord, Ch. des C. de Lille*, 2096-1 : Nomination de Robert Mondrelois à la place de Denis de Sennerghen, décédé.

16 *février* 1488. — Hugues ODERNE [1].

1531. — Jean DE RENTE (RENTY ?) [2].

1533. — Bernard DE LENS DE REBECQUES, écuyer, s^r du Coustre [3],

écartelé d'or et de sable.

1er *septembre* 1537. — Josse LE BOULENGIER,

d'azur à trois besants d'or.

20 *juin* 1545. — Pierre DE HEGHES, écuyer, s^r de Beaulo [4].

17 *août* 1553. — Denis DE BERSACQUES, écuyer, s^r de Monnecove, Velle [5].

31 *août* 1555. — Robert REYMALCRE, avocat.

28 *août* 1575. — Louis BERNIERS.

20 *octobre* 1608. — Nicolas MICHIELS [6],

écartelé aux 1 et 4 d'or au lion de sable issant d'une champagne de gueules, aux 2 et 3 d'or à deux rameaux de chêne passés en sautoir.

Charge vacante de 1639 à 1650.

28 *janvier* 1651. — Philippe CUVELIER, s^r de la Hamayde [7],

---

1. *Inv. som. du Nord, Ch. des C. de Lille*, 2139 : Nomination de Hugues Oderne à la place de Robert Mondrelois.
2. *Mém. des Antiq. de la Morinie*, t. IX, p. 216.
3. Mort en 1537. Enterré en l'église des P. Récollets *(Mém. des Antiq. de la Morinie*, t. XXIII, p. 447-CLXXX).
4. Pierre de Heghes auditeur des comptes en 1539. — Beaulo, en la forêt d'Eperlecques (Pas-de-Calais).
5. Lieutenant général de 1515 à 1533, mayeur de Saint-Omer en 1539. Il fut enterré en l'église Saint-Denis à Saint-Omer *(Mém. des Antiq. de la Morinie*, t. XXIII, p. 378-LXXII). — Le fief de Monnecove, commune de Bayenghem-les-Eperlecques.
6. Fils de Nicolas I, argentier, avait épousé Jeanne Querwalle — mort en 1639 (du Hays, *Esquisses généalogiques*, Paris, Dumoulin 1863, p. 25).
7. Fils de Hector Cuvelier, qui, après la prise d'Arras en 1640, s'était retiré à Saint-Omer, où il exerça les fonctions de conseiller au Conseil d'Artois séant alors en cette ville et y mourut le 3 janvier 1656, âgé de 73 ans.

de gueules à deux chevrons d'argent mouchetés et herminés le chevron supérieur de 5, l'autre de 3.

29 *janvier* 1683. — Jacques LE CONTE,
d'argent à un lion de sable lampassé et armé de gueules.

Vénalité des charges

6 *février* 1707. — Jacques-François MACAU, sʳ de Willametz [1].

23 *décembre* 1723. — Philippe-Ignace PAGART, sʳ du Buis [2],
d'azur à trois bandes d'or, au chef d'argent chargé d'une tête et col de cerf coupée de sable, posée de profil.

Charge vacante de 1761 *à* 1783 [3].

1783. — Charles-Louis-Joseph VAN EECKHOUT, sʳ du Hailly.

---

1. Conseiller pensionnaire second de la ville en 1723, conseiller principal en 1729, lieutenant général du bailliage en 1742. Il avait épousé à Calais en 1731 dᵘᵉ Marie-Antoinette de Hautefeuille, fille de Nicolas, ancien vice-mayeur et juge consul de cette ville et de Claudine Mollien. — *Hervart*, hameau de Saint-Martin-d'Hardinghem, *Wuillametz*, terre attenante à Hervart, localités dépendant du bailliage de Saint-Omer depuis 1530.

2. Fils cadet de Jean-Baptiste Pagart sʳ d'Hermansart, échevin en 1693. Philippe-Ignace figure au procès-verbal de révision de la Coutume en 1739, il est mort doyen des conseillers le 9 janvier 1760 et fut inhumé dans le chœur de l'église du St-Sépulcre. Il était devenu seigneur du Buis par suite de la donation que sa mère lui avait faite de cette seigneurie sise à Lières par contrat de mariage du 16 novembre 1725. — Lières est aujourd'hui dans le canton de Norrent-Fontes (Pas-de-Calais).

3. La charge demeura vacante 23 ans parce que Mᵐᵉ Lefrançois du Fetel, fille de Pagart du Buis, ne put la vendre qu'en 1783, à un prix de beaucoup inférieur à celui que son père l'avait achetée.

Quatrième office créé en 1428

1er ou 25 *janvier* 1428. — Gérard Diclebecque, chevalier [1].

10 *février* 1457. — Guillaume Vaye [2].

»   — Regniaulme Lecomte.

1491. — Paul Lefebvre [3].

1531. — Jean Le Febvre [4], licencié ès lois.

18 *décembre* 1562. — Joachim de Rogierville [5].

5 *février* 1583. — Adolphe de Le Helle, naguères receveur du domaine,

> d'azur au chevron d'or, accompagné de trois papillons d'argent 2 et 1.

19 *décembre* 1589. — Antoine Aubron [6], sr de Beaucauroy, créé licencié en droit à Poitiers le 3 juillet 1550,

> écartelé aux 1er et 4e fretté de gueules et de sable à la croix alaisée de ..., aux 2e et 3e d'azur à 3 canettes d'or posées 2 et 1.

---

1. Conseiller pensionnaire principal de la ville avec diverses interruptions de 1428 à 1464, mort en 1464.

2. *Inv. som. du Nord, Ch. des C. de Lille*, 2028.

3. *Inv. som. du Nord, Ch. des C. de Lille*, 2143 : Lettres de 1491 de Maximilien, roi des Romains et de l'archiduc Philippe nommant Paul Lefebvre en l'absence de Regniaulme Lecomte.

4. Courtois, *Mém. des Antiq. de la Morinie*, t. IX, 1re partie, p. 216. Il avait été échevin. Lieutenant particulier en 1549 sans cesser d'être conseiller.

5. Cette famille figure dans le *Théâtre de la Noblesse de Flandre et d'Artois*, Lille 1708, in-8o p. 12. Ses armoiries n'y sont pas indiquées. — Guillaume Rogierville dit Wicq fut anobli en may 1479. Le conseiller avait épousé Marguerite Dausques. Il devint lieutenant particulier en 1566 sans cesser d'être conseiller.

6. Figure au procès-verbal de révision des coutumes de 1612 en date du 8 août 1613 comme âgé de 27 ans *(Coutumes Saint-Omer,* éd. 1744, p. 227), il mourut en novembre 1596. Il avait été nommé conseiller principal de la ville en 1565 *(Bibliothèque de Saint-Omer, Ms. 861).*

1er *juillet* 1633. — Antoine DE LA FOSSE [1],

d'or à trois cors de chasse de sable, enguichés et virolés d'argent et liés de gueules, posés deux en chef et un en pointe.

4 ou 9 *octobre* 1651. — Eustache LE GAY.

22 *octobre* 1659. — François OGIER [2], licencié ès droits.

6 *octobre* ou *novembre* 1681. — Jean-Baptiste TITELOUZE [3],

d'argent à une aigle éployée de sable, supportée par un croissant de même remply d'or.

Vénalité des charges

20 *mars* 1705. — Jean-Albert-Dominique CAUCHETEUR [4],

d'argent à deux chevrons de gueules renversés.

13 *septembre* 1719. — François-Joseph DEFFOSSES, sʳ de Coyecques [5].

24 *juillet* 1744. — François-Alexandre BONTEMPS, sʳ de Biennes [6].

31 *décembre* 1766. — Louis-Joseph-Auguste DESCHAMPS, sʳ de Pas [7],

d'azur au chevron d'argent chargé de cinq tourteaux de gueules, et accompagné de trois rosettes d'or posées deux en chef et une en pointe.

1. Enterré en l'église Saint-Denis à Saint-Omer où l'on voyait son épitaphe.
2. Lieutenant particulier en 1665 (Nous avons donné ses armoiries). Resta néanmoins conseiller au bailliage. Mort le 22 août 1680.
3. Conseiller pensionnaire second de la ville en 1696. Mort en 1701.
4. Mort le 18 juin 1719.
5. Figure au procès-verbal de révision de la coutume de 1739, éd. 1744, p. 16 — fut conseiller honoraire en 1744. — *Coyecques*, canton de Fauquembergues.
6. Il fut ensuite lieutenant général au bailliage d'Aire.
7. Né à Aire en 1731, échevin à Saint-Omer, puis conseiller au

Cinquième office créé en 1437

1437. — Nicole DE QUENDALLE, chevalier.

9 *novembre* 1473. — Jean BOURSET [1].

27 *juin* 1493. — DE WINZEELLE [2], bourgeois de Saint-Omer.

1531. — Charles DE POIX [3].

1553. — Jehan DE BERSACQUES l'aîné, écuyer [4], d'azur à trois molettes d'éperon d'argent.

7 *octobre* 1556. — Hercnle LE REVERSE, écuyer, sr de Novion [5],
de gueules à la fasce engrelée d'or.

14 *mai* 1582. — Jehan DE BRANDT, licencié en droit, naguères greffier principal de la ville [6],
d'azur à trois flammes d'argent ombrées de gueules.

7 *décembre* 1606. — Flour DORESMIEULX, écuyer [7],

---

bailliage et juge au tribunal civil ; il mourut en 1825 (Piers, *Biographie de la ville de Saint-Omer*, Saint-Omer 1835, p. 157). — Le fief vicomtier de Pas, tenu du vicomte de Fruges et d'Acquin, seigneur de Bientques, de Pihem, etc., à 6 livres de relief, 20 s. de cambellage, etc., était sis sur Pihem qui est une commune et sur Bientque qui est un hameau de Pihem, canton de Lumbres.

1. *Inv. som. du Nord, Ch. des C. de Lille,* 2096-1 : Il remplace Nicole de Quendalle, mort.

2. Serment du 4 juillet 1493. — Peut-être mieux Winezelle.

3. Courtois, *Mém. des Antiq. de la Morinie*, t. IX, 1re partie, p. 216.

4. Fut délégué par l'échevinage aux Etats tenus à Bruxelles en 1555 lors de l'abdication de Charles-Quint (Pagart d'Hermansart, *Mém. des Antiq. de la Morinie*, t. XVIII, p. 176 et 200).

5. Avait été délégué aux mêmes Etats à titre d'échevin *(Même ouvrage,* p. 175 et 196). — Fils de Jean, écuyer, sr de Novion et de Anne de Rœux, il avait épousé dlle N. de Bersaques, nièce du dernier prévôt de l'église Notre-Dame de Saint-Omer Oudart de Bersaques, et veuve d'Antoine Deprey.

6. Anobli le 7 février 1587 *(Inv. som. du Nord, Ch. des C. de Lille,* 1676). — Enterré en 1606 en l'église Saint-Denis.

7. Procureur de ville en 1602. Une pierre tombale dans la cathédrale de Saint-Omer est ornée des armoiries de cette famille.

d'or à une tête de more de sable tortillée d'argent accompagnée de trois roses de gueules boutonnées d'or posées deux en chef et une en pointe.

10 *novembre* 1618. — Antoine CAMPION [1].

Vacance de 1643 *à* 1651.

4 ou 9 *avril* 1651. — Antoine VERBIER,
d'azur à trois nénuphars ou tulipes d'argent tigées et feuillées d'or.

21 *janvier* 1663. — Jacques-Adrien HANNOTEL, s^r de Cauchy-à-la-Tour,
écartelé aux 1er et 4e d'or au chef d'azur chargé d'un lévrier ou dragon d'argent, aux 2e et 3e de.... au lion de....

17 *juillet* 1672. — Denis-François DARREST.

31 *septembre* 1678. — Nicolas LE SERGEANT, sieur d'Hambre [2],
d'azur à trois gerbes d'or.

17 *août* 1690. — Jean-François DENIS (s^r de Sapigny?),
d'argent au chevron de gueules accompagné en chef de deux losanges de sinople et en pointe d'une grenade ouverte tigée et feuillée au naturel.

Vénalité des charges

8 *mars* 1706. — Grégoire-Justin D'HAFFRINGHES [3], avocat,
d'azur à une fasce d'or accompagnée en chef de trois étoiles de même et en pointe d'une grive aussi d'or.

---

1. Conserva la lieutenance particulière dont il avait été pourvu en 1615 ; mort en 1643.

2. Décédé le 8 juin 1690 âgé de 43 ans, enterré dans l'église du Saint-Sépulcre à Saint-Omer, avait épousé Marie-Joseph Michels décédée le 31 décembre 1718, enterrée chez les Dominicains *(Mém. des Antiq. de la Morinie*, t. XXIII, p. 489, CCXLIV).

3. Mort le 30 août 1719.

29 *septembre* 1719. — Jean-Joseph Descamps, s^r d'Inglebert [1].

19 *mars* 1728. — Philippe-André de Raismes, écartelé aux 1er et 4e d'argent à trois aiglettes de sable, aux 2e et 3e de sable semé de fleurs de lys d'argent.

7 *juin* 1748. — Louis-Maximilien-Hippolyte Corier.

12 *juin* 1749. — Philippe-Henry Leroy, s^r du Prey.

§ 3

Nominations diverses de conseillers au bailliage

1

27 août 1393

Nomination de Guy Ponthe, conseiller en remplacement de Jehan de Nyelles [2]

A tous ceuls qui ces présentes lettres verront ou orront, Aléaume de Loncprey, escuier, bailli de Saint Aumer, d'Aire et de Tournehem, salut. Savoir faisons que au jour d'uy, quinzime jour du mois de février, l'an mil trois cens quatre vings et trese, nous avons veu unes lettres sainnes et entières en séel et en escripture données et ottroyés de nostre très redoubté singneur monseigneur le duc de Bourgoigne, conte de Flandres et d'Artois, contenans le fourme qui s'enssuit :

Philippe, filz de roy de France, duc de Bourgoigne, conte de Flandres, d'Artois et de Bourgoigne, Palatin, sire de Salins, conte de Rethel et singneur de Mali-

---

1. Lieutenant général et criminel des ville et bailliage de Saint-Omer en 1727.
2. Nommé conseiller à la Chambre des Comptes de Lille.

nes, à tous ceulz qui ces présentes lettres verront, salut. Savoir faisons que comme maistre Jehan de Nyelles ait longuement esté chargié de visiter et conseiller les causes et prochés qui ont esté pardevant nostre chastellain de Saint Aumer et ailleurs ès cours subgettes en nostre bailliage d'ilec à certaine pencion qu'il prenoit de nous par an, dont nagaires l'avons deschargié et ordené nostre conseillier en nostre Chambre à Lille. Nous, pour le bonne ralacion que faicte nous a esté de la souffisance et proudommie de nostre amé et féal conseillier maistre Guy Ponthe et pour consideracion des bons et agréables services que il a fais tant à feu nostre très chière dame et mère la contesse d'Artois, que Dieux absoille, comme à nous, conflans de ses sens, loyauté et boine diligence, avons volu et ordené et par ces présentes volons et ordenons que ledit maistre Guy soit dores en avant chargié de visiter et conseillier les causes et prochés qui seront pardevant nostredit chastellain de Saint Aumer et ailleurs ès cours subgectes de nostre bailliage dudit lieu, et ne sera pas du conseil d'aucunez des parties, pour et en lieu dudit maistre Jehan, à la pencion de vint et quatre livres parisis qu'il aura et prendera de nous chascun an, comprins ens seze livres parisis qu'il a eu et prins de nous jusquez ad présent, tant qu'il nous servira ès dictes choses et que il nous plaira. Si donnons en mandement par les mesmes présentes à nostre recepveur de Saint Omer que le dicte pencion paie dores en avant audit maistre Guy, aus termes et par le manière acoustumés et par raportant pour la première fois copie ou vidimus de ces présentes, collationée en nostre Chambre des Comptes ou par l'un de nos secrétaires et quittance de chascun paiement, le dicte pencion sera alouée ès comptes de nostre dit recepveur et rabatue de sa recheptc par nos amés et féaux gens de nos comptes à Lille, sans contredit, non obstant ordenances, mandemens ou deffenses à ce contraires. En tesmoing de ce nous avons fait mettre nostre séel à ces présentes. Donné à Arras, le xxvii° jour d'aoust, l'an de grâce mil CCC quatre vins et treze. Ainsy sinées : Par monseigneur le Duc à vostre relacion, Daniel.

En tesmoing des quelles lettres avoir venes, nous avons mis le séel de le dicte baillie de Saint Omer à ces présentes lettres, faictes et escriptes ledit xv° jour de février et an dessus dis.

(Signé) T. DE LAGAISE.

Collation est faite à l'original.

(Chambre des Comptes de Lille, B. 1854, n° 58, pièce en parchemin, fragment de scel.)

2

24 juin 1445

Nomination de Jehan Coquillan, conseiller en remplacement d'Anthoinne de Wissoc

A tous ceulx qui ces présentes lettres verront, Maieurs et Eschevins de la ville de Saint Aumer, salut. Savoir faisons que nous avons veu les lettres de nostre redoubté seigneur monseigneur le duc de Bourgoingne, conte de Flandres et d'Artois, séellées de son grant séel en double queue, saines et entières sans aucun vice, comme par l'inspeccion nous est apparut contenant ceste fourme :

Phelippe, par la grâce de Dieu, duc de Bourgoingne, de Lothier, de Brabant et de Lembourg, conte de Flandres, d'Artois, de Bourgoingne, palatin de

Haynau, de Hollande, de Zellande et de Namur, marquis du Saint Empire, seigneur de Frise, de Salins et de Malines, à tous ceulx qui ces présentes lettres verront, salut. Comme nostre amé et féal conseillier, maistre Anthoinne de Wissoc, lequel avoit nagaires sa demeure et résidence en nostre ville de Saint Aumer, comme nostre conseillier en icelle nostre ville, pour vaquer et entendre en noz besongnes et affaires quand les cas si offroient, avoit et prenoit de nous par chascun an dix livres du pris de XL gros de nostre monnoie de Flandres de pension, se soit transportez et alez résider en la ville et cité de Cambray, parquoy doresenavant ne pourra entendre en nosdiz affaires et nous est besoing que en nostredite ville de Saint Aumer en aions un autre en son lieu qui soit à nous comme estoit ledit maistre Anthoinne. Savoir faisons que nous ce considéré, confians en la loyauté, prudence et bonne diligence de amé et féal conseillier maistre Jehan Coquillan, chantre et chanoinne de l'église de Saint Aumer audit lieu, icellui avons retenu et retenons par ces présentes pour vaquer et entendre touteffoiz que mestier sera et les cas si offreront en noz dites besongnes et affaires audit lieu de Saint Aumer et autre part où il appartendra ou lieu dudit maistre Anthoinne et ainsi que icellui maistre Anthoinne que nous en deschargeons par ces présentes faisoit, à ladicte pension de dix livres parisis par an que avoit et prenoit icellui maistre Anthoinne et aux autres droiz, honneurs et prérogatives accoustumez tant comme il nous plaira. Si donnons en mandement à nostre bailli et autres noz conseilliers audit lieu de Saint Aumer, que ledit maistre Jehan Coquillan, lequel nous a autresfoiz fait le serement de conseillier, ilz évoquent et appellent pardelà en noz besongnes et affaires et aux consultacions d'icelles doresenavant selon ce que les cas se offreront et dudit office de nostre conseillier le facent, sueffrent et laissent joir et user plainnement et paisiblement, mandons aussi, commandons et expressement enjoingnons à nostre receveur présent et avenir dudit lieu de Saint Aumer que ladite pension de x livres du pris et de la monnoie que dit est il paie, baille et délivre doresenavant par chascun an audit maistre Jehan Coquillan nostre conseillier ou à son certain mandement aux termes et en la forme et manière accoustumez. Et par rapportant ces présentes ou vidimus d'icelles fait soubz séel autentique ou copie collationnée et signée de l'un de noz secrétaires ou en nostre Chambre des Comptes à Lille, pour une foiz seulement et quittance d'un chascun paiement, ladite pension de x livres sera allouée ès comptes et rabatue de la recepte de nostredit receveur présent et avenir, par noz amés et féaulx les gens de nostredite Chambre des Comptes à Lille, ausquelx nous mandons que ainsi le facent sans aucun contredit ou difficulté, non obstant quelxconques mandemens ou deffences à ce contraires. En tesmoing de ce, nous avons fait mettre nostre séel à ces présentes. Donné en nostre ville de Gand, le XIIIIe jour de juing, l'an de grâce mil quatre cens quarante et cinq, ainsi signé, par Monseigneur le Duc, J. Milet.

En tesmoing de ce nous avons mis le séel aux causes de ladite ville à ces présentes, faites et données le XXVIIIe jour d'aoust, l'an mil CCCC et quarante cinq.

(Signé) SUSSAINTLÉGIER.

Collation est faicte.

(*Chambre des Comptes de Lille*, B. 1989, n° 22, pièce en parchemin, sceau perdu.)

3

4 mai 1473

Nomination de Robert Mondrelois, conseiller en remplacement de Denis de Sennerghen. — Mention de son serment entre les mains du bailli.

A tous ceulx qui ces présentes lettres verront, Allart, seigneur de Rabodenghes, de Ferquenes et de Moulle, chevalier, conseillier chambellan de mon très redoubté seigneur, monseigneur le Duc de Bourgogne, conte de Flandres et d'Artois et son bailli de Saint Omer, salut. Savoir faisons nous aujourd'hui avoir veu, leu et dilligaument regardé certaines lettres et mandement de mon très....[1] séellées de son grant séel en double queue et chire vermeille, desquelles qui estoient seines et entières.....[1] si comme par l'inspection d'icelles nous est apparu la teneur s'enssuit :

Charles, par la grâce de Dieu, duc de.....[1] de Brabant, de Lembourg et de Lucembourg, conte de Flandres et d'Arthois, de Bourguigne, palatin de Haynneau.....[1] Zellande et de Namur, marquis du Saint Empire, seigneur de Frise, de Salins et de Malines, à tous.....[1] lettres verront, salut. Savoir faisons que pour le bon et notable rapport que fait nous a esté de la personne Robert Mon.....[1] icellui confians à plain de ses sens, loyaulté, discression, preudommie et bonne diligence, avons retenu et retenons en nostre conseillier du conseil par nous ordonné en nostre ville de Saint Omer. Et ce au lieu de feu Denis de.....[1] son vivant nostre conseillier illec et lequel depuis nagaires est allé de vie à tres-

---

1. Parties déchirées.

pas, comme entendu avons..... [1] cas par ledit Robert Mondreloiz exercer et desservir doresenavant ledit estat de conseillier et en joir et user bien..... [1] loiaulment, aulx gaiges, droiz, prouffis et émolumens acoustumés et y appartenir et telz et samblables que..... [1] et prenoit de nous en son vivant ledit feu Denis de Sennerghen, lui estant de nostredit conseil et ce tant qu'il nous..... [1] donnons en mandement à nostre bailli de Saint Omer ou son lieutenant, que prins et receu par lui dudit Robert le..... [1] il le appelle et évocque doresnavant ès consaulx qu'il tiendra avec nos aultrez conseilliers en ladite ville de..... [1] dudit estat de conseillier, ensamble desdits gaigez, pourffis, drois et émolumens acoustumés et y appartenans il et..... [1] de nostre conseil le faicent, seuffrent et laissent ainsi et par le manière que dit est plainement et paisiblement joir..... [1] sans lui faire ne souffrier estre fait aucun destourbier ou empescement au contraire, mandons en oultre à nostre receveur que a acoustumé de paier lesdits gaiges, qu'il paie, baille et délivre iceulx audit Robert, aux termes et en la manière acoustumée. Et par rapport pour la première fois vidimus auctentique de ces présentes ou coppie collacionnée par l'ung de noz secrétaires et pour tant de fois que mestier sera, quictance souffisant dudit Robert Mondreloiz, Nous vollons desdits gaiges ou ce que paié en sera à rate de temps estre aloué ès comptes de nostredit receveur et rabatu des deniers de sa recepte par noz amés et féaulx les gens de noz comptes qu'il appartiendra sans aulcun contredit ou difficulté, car ainsi nous plaist il. En tesmoing de ce nous avons fait mettre

---

1. Parties déchirées.

notre séel à ces présentes. Donné en nostre ville de Valenciennes, le iiii⁰ jour de may, l'an de grâce mil CCCC soixante treize. Par monseigneur le Duc à vostre relacion, ainsi signé : De Longueville.
Au dos desquelles lettres escript :
Au jour d'hui, xiiie jour de may, l'an mil IIII^c soixante treize, Robert Mondreloiz dénommé au blancq de cestes a ès mains de nous Allard, seigneur de Rabodenghes, de Fercquenes et de Moulle, chevalier, bailli de Saint Omer et en le présence de Hue Quiefdeber, procureur de monseigneur de Bourgoigne, fait le serment de conseillier de mondit seigneur le Duc en ceste ville dont plus à plain est faicte mencion oudit blancq. Et ce fait l'avons receu audit estat de conseillier aux gaiges, drois, pourffis et émolumens déclarés audit blancq. Teismoing nostre saing manuel ci mis l'an et jour dessusdit. Ainsi seigné : De Rabodenghes.

En teismoing de ce nous avons fait mettre le séel dudit bailliage à ces présentes lettres de vidimus, faictes et données le xxviii⁰ jour de may, l'an mil IIII^c soixante treize.

(Signé) J. DARTHE.

Collation faicte.

(*Chambre des Comptes de Lille*, B. 2096, n° 1, pièce en parchemin, sceau perdu.)

4

9 novembre 1473

Nomination de Jehan Bourset, conseiller en remplacement de Nicole de Quendalle. — Mention de son serment entre les mains du lieutenant du bailli.

A tous ceux qui ces présentes lettres verront, Allard, seigneur de Rabodenghes, de Ferquenes et de Moulle, chevalier, conseillier et chambellan de mon très redoubté seigneur, monseigneur le Duc de Bourgoigne, conte de Flandres et d'Artois et son bailli de Saint Omer, salut. Savoir faisons nous au jour d'ui avoir veu, leu et diligamment regardé certaines lettres et mandement de mondit très redouté seigneur, séellées de son grand séel en double queue et chire vermeil, desquelles, qui estoient saingnez et entierez en sécl, saing et escripture, si comme par l'inspection d'icelle nous est apparu, la teneur s'enssuit :

Charles, par la grâce de Dieu, duc de Bourgoigne, de Lothier, de Brabant, de Lembourg et de Luxembourg, conte de Flandres, d'Arthois, de Bourgoigne, palatin de Haynnau, de Hollande, de Zellande et de Namur, marquis du Saint Empire, seigneur de Frise, de Salins et de Malines, à tous ceux qui ces présentes lettres verront, salut. Savoir faisons que pour les sens, discrétion et prudence qui par aucuns noz espéciaulx serviteurs nous ont esté relatez estre en la personne de nostre bien amé Jehan Bourset, de nostre ville de Saint Omer, icellui confians à plain de ses léaulté, preudommie et bonne dilligence, avons au jour d'ui retenu, commis et ordonné, retenons, commettons et ordonnons par ces présentes, en l'office de nostre conseillier ordinaire et à gaiges en nostre conseil par nous ordonné en nostredite ville de Saint Omer, ou lieu de feu maistre Nicole de Quendalle, lequel puis nagaires est allé de vie à trespas, comme entendu avons, pour en icellui office de conseillier ou cas dessusdit nous servir doresenavant par ledit Jehan Bourset et faire bien et deuement toutez et singulières les choses que bon et léal conseillier dessusdit peut et doibt faire et que y compétent et appartiennent, aux gaiges, drois, honneurz, prérogatives, libertés, franchises, prouffis et émolumens acoustumez et qui y appartiennent et telz et samblablez que les avoit et pooit avoir, à ceste cause, ledit feu maistre Nicole De Quendalle. Sur quoy ledit Jehan Bourset sera tenu de faire le serment à ce deu et pertinent ès mains de nostre bailli dudit Saint Omer ou son lieutenant que commectons à ce. Si donnons en mandement à nostredit bailli de Saint Omer ou son lieutenant, que ledit sérement fait par icellui Jehan Bourset comme dict est, il le mette et institue de par nous en possession et saisine dudit office et deslorsenavant il et noz aultres gens de conseil audit Saint Omer le appellent et évocquent à noz consaulx et à la consultacion et expédicion des besoingnez et affaires touchans nous, noz demaine, seignouries et subgetz. Et d'icellui estat de nostre conseillier, ensamble des droix, honneurs, prérogatives, libertez, franchisez, prouffis et émolumens dessusdits, ilz et tous noz aultres justiciers et officiers présens et à venir, cui ce poeult et pourra touchier et regarder, leurs lieuxtenans et chascun d'eulx endroit soy et si comme à lui appartendra, le facent, seuffrent et laissent plainement et paisiblement joyr et user, cessans tous contredictz et empeschemens au contraire. Mandons en oultre à nostre receveur d'Artois ou quartier dudit Saint Omer ou aultre nostre receveur présent et avenir, qui lesdits gaiges audit office appartenans a acoustumé de payer, que iceulx gaiges il paye, baille et délivre doresenavant chascun an audit Jehan Bourset ou à son certain commandement pour lui tant qu'il tendra ledit office, aux termes et en la manière acoustumés et par rapportant ces présentes, vidimus d'icelles fait sous séel auctentique ou coppie collacionnée et seignée par l'un de noz secrétaires ou en la Chambre de noz Comptes à Lille, pour une et la première fois et pour tant de fois que mestier sera, quictance souffisant d'icellui Jehan Bourset tant seulement. Nous voulons tout ce qui ainsi payé, baillé et délivré lui aura esté desdits gaiges estre alloué ès comptes et rabatu de la recepte de nostredit receveur d'Artois oudit quartier de Saint Omer, ou aultre nostre receveur présent et avenir qui payé l'aura, par noz amés et féaulx les gens de nosdits comptes à Lille, ausquelz nous mandons par ces meismes présentes que ainsi le facent sans aulcune difficulté, car ainsi nous plaist-il. En teismoing de ce nous avons fait mettre nostre séel à ces présentes. Donné en l'abbaye de Saint Maximian, lez la cité de Trèvez, le IXe jour de novembre, l'an de grâce mil IIII^c soixante et treize, ainsi seigné, par monseigneur le Duc, Et. Baradot. Au dos desquellez estoit escript :

Au jour d'ui XXIIIIe jour de novembre l'an mil IIII^c soixante et treize, Jehan Bourset dénommé ou blancq de ces présentes a, ès mains de nous Jacques Deblinghen, lieutenant de monseigneur le Bailli de Saint Omer, pour mon très redoublé seigneur monseigneur le Duc de Bourgoigne, fait le serment de conseillier de mondit seigneur dont mencion est faicte oudit blancq. Et ce fait l'avons receu audit estat de conseillier aux gaiges, droix, honneurs, prérogatives, libertés, franchises, prouffis et émolumens acoustumez et y appartenans. Teismoing le saing de moy Jehennet Darte, clercq dudit bailli cy mis, l'an et jour dessusdit, ainsi seigné J. Darthe.

En teismoing de ce nous avons fait mettre le séel dudit bailli à ces présentes lettres de vidimus, faictes le..... [1] jour de Décembre, l'an mil CCCC soixante et treize.

(Signé) J. Darthe.

Collation faicte.

(*Chambre des Comptes de Lille,* B. 2096, n° 1, pièce en parchemin, sceau perdu.)

5

19 novembre 1473

Nomination d'Aléamet Mondrelois, conseiller en remplacement de Colart Erembault. — Mention de son serment entre les mains du bailli.

A tous ceulx qui ces présentes lettres verront, Allard, seigneur de Rabodenghes, de Ferquenes et de Moulle, chevalier, conseillier et chambellan de mon très redoubté seigneur, monseigneur le Duc de Bourgoigne, conte de Flandres et d'Artois et son bailli de Saint Omer, salut. Savoir faisons, nous au jourd'hui avoir veu, leu et diligamment regardé certaines lettres et mandement patent de mondit très redoubté seigneur, desquelles, qui estoient saignes et entières en séel saing et escripture, si comme par l'inspection d'icelles nous est apparu, la teneur s'enssuit :

Charles, par la grâce de Dieu, duc de Bourgoigne, de Lothier, de Brabant, de Lembourg, de Lucembourg et de Gheldres, conte de Flandres, d'Artois, de Bourgoigne, palatin de Haynnau, de Hollande, de Zellande, de Namur et de Zutphen, marquis du Saint Empire, seigneur de Frise, de Salins et de Malines, à tous ceulx qui ces présentes lettres verront, salut.

---

1. En blanc dans la pièce.

Savoir faisons que pour le notable rapport que fait nous a esté de la personne de Aleamet Mondreloiz, nostre varlet de chambre, icellui confians à plain de ses sens, léaulté, preudommie et bonne dilligence, avons retenu et retenons par ces présentes en nostre conseillier du conseil par nous ordonné en nostre ville et bailliage de Saint Omer. Et ce ou lieu de feu Colart Erembault, en son vivant nostre conseillier illecq et lequel depuis nagaires est allé de vye à trespas, comme entendu avons. Pour oudit cas par ledit Aleamet Mondreloiz exercer et desservir doresenavant ledit estat de conseillier et en joyr et user bien deuement et léalment, aux gaiges, droix, prouffis et émolumens acoustumés et y appartenans et telz et samblabes que les avoit et prenoit de nous en son vivant ledit feu Colart Erembault lui estant de nostredit conseil. Et ce tant qu'il nous plaira. Sy donnons en mandement à nostre bailli de Saint Omer ou son lieutenant que prins et receu par lui dudit Aleamet le serment à ce pertinent il le appelle et évoque deslorsenavant ès consaulx qu'il tiendra avec nos aultres conseilliers en nostre dite ville et dudit estat de conseillier, ensamble desdits gaiges, droix, prouffis et émolumens acoustumez et y appartenans, il et les aultres gens de nostredit conseil le facent, soeuffrent et laissent ainsi et par le manière que dict est plainement et paisiblement joyr et user sans lui faire ne souffrir estre fait aucun destourbier ou empeschement au contraire, mandons en oultre à nostre receveur qui a acoustumé de payer lesdits gaiges qu'il paye, baille et délivre iceulx audit Alleamet aux termes et en la manière acoustumez. Et par rapportant pour le première fois vidimus auctentique de ces présentes ou coppie collationnée et seignée par l'un de noz secrétaires et pour tant de fois que mestier sera, quictance souffisant dudit Aleamet Mondreloiz, nous vollons lesdits gaiges ou ce que payé en sera à rate de temps estre alloué ès comptes de nostredit receveur et rabatu des deniers de sa recepte par nos amés et féaulx les gens de noz comptes qu'il appartendra sans aucun contredict ou difficulté, car ainsi nous plaist-il. En teismoing de ce nous avons faict mettre nostre séel à ces présentes. Données en l'abbaye de Saint Maximin, lez la cité de Trèves, le xixe jour de novembre, l'an de grâce mil quatre cens soixante et treize, ainsi seigné : Par monseigneur le Duc, J. Coulon.

Au dos desquelles avoit escript :

Au jour d'hui, derrain jour de décembre, l'an mil IIIIe soixante et treize, Aleamet Mondreloiz, varlet de chambre de mon très redoubté seigneur, monseigneur le Duc, dénommé au blancq de ces présentes. a ès mains de nous, Ailard, seigneur de Rabodenghes, chevalier, bailli de Saint Omer, fait le serment de conseillier de mondit seigneur le Duc en la ville et bailliage dudit Saint Omer. Et ce fait l'avons receu oudit estat de conseillier, aux droix, gaiges, prouffis et émolumens acoustumez et dont mencion est faicte oudit blancq. Teismoing nostre saing manuel cy mis l'an et jour dessusdit. Ainsi seigné, Rabodenghes.

En teismoing de ce nous avons fait mettre le séel dudit bailliaige à ces présentes lettres de vidimus, faictes et données le xvie jour de juing, l'an mil CCCC soixante et quatorze.

(Signé) J. Darthe.

(*Chambre des Comptes de Lille*, B. 2096, n° 1, pièce en parchemin, sceau perdu.)

6

22 janvier 1405

Quittance de gages par Martin de Wissocq

Je, Martin de Wissocq, conseillier de mon très redoubté seigneur monseigneur l'archiducq d'Austrice etc., conte de Flandres, d'Artois, etc. en sa ville, bailliaige et chastellenie de Saint Omer, confesse avoir receu de Winocq Puessin, aussy conseillier d'icellui seigneur et son receveur d'Artois ou quartier dudit Saint Omer, la somme de six livres tournois, à moy deubz pour ma pencion que mondit seigneur m'a ordonné prendre et avoir ad cause dudit office de conseillier, pour raison de xii livres chascun an sur ladite recette aux termes de Noël et Saint Jehan Baptiste. De laquelle somme de vi livres monnoie dite et pour ledit terme de Noël derrain passé, je me tiens pour content et bien payé, quicte et promets faire tenir quicte mondit seigneur, sondit receveur et tous autres. Tesmoings mon saing manuel cy mis, le xxii° jour de janvier, l'an mil cincq cens et quatre.

(Signé) M. DE WISSOCQ.
(Chambre des Comptes de Lille, B. 2196, n° 4, pièce en parchemin.)

VI

Conseiller rapporteur du point d'honneur

18 *octobre* 1787. — Jacques-Philippe-Bernard PAGART [1].

---

1. N'était point de la même famille que le conseiller Pagart du Buis (1723, 3e office).

VII

Procureurs du roi [1]

18 *février* 1467. — Hugues Quiefdeber, écu écartelé : au 1ᵉʳ brisé d'un lambel et chargé d'une fasce, au 4ᵉ d'un pal et de....... ; aux 2ᵉ et 3ᵉ de quatre bandes ; timbré d'un heaume cimé d'un cygne [2].

11 *mars* 1493 ou 21 *mars* 1510. — Jacques Wallart.

1ᵉʳ *février* 1532. — Jehan de Honvault [3], écuyer.

25 *septembre* 1539. — Jehan Hourdel, de gueules à un chevron fascé d'argent et d'azur de six pièces.

13 *novembre* 1563. — Louis de Thierry.

3 *avril* 1591 ou 1593. — Wallerand de Thierry, licencié ès droit, fils du précédent, de gueules à une fasce d'argent, accompagnée de trois merlettes de ..., deux en chef et une en pointe [4].

1ᵉʳ *février* 1612. — Jehan de Brigodde [5], coupé : au 1ᵉʳ de gueules à trois quintefeuilles d'argent ; au 2ᵉ d'argent au cygne de sinople.

---

1. Les *Ordonnances royaux du bailliage de Saint-Omer* donnent p. 42 et 49 les commissions de Quiefdeber en 1467 et de Honvault en 1532.

2. Sceau de Jean Quiefdeber, échevin des francs-alleux, 24 novembre 1496 (Abbé Bled, *Les Chartes de Saint-Bertin*, t. IV, 3612).

3. Résigna ses fonctions au profit de Jehan Hourdel — avait été procureur de ville en 1502.

4. Anobli moyennant finance le 11 février 1606 par les archiducs Albert et Isabelle (Le Roux, *Recueil de la noblesse de Bourgogne, Limbourg, Flandre, Artois, etc.*, p. 211 et 212).

5. Mort le 8 février 1622.

20 ou 22 *juin* 1622. — Valentin TAFFIN, licencié ès lois,

d'argent à trois têtes de maure de sable, bandées et liées d'argent posées deux et une.

25 *avril* 1639. — Pierre MACHART[1],

d'or à deux lions affrontés de sinople, lampassés de gueules, tenant dans leurs pattes une grive de sinople en longueur.

28 *avril* 1643. — Antoine DE LA FOSSE[2].

12 ou 17 *octobre* 1661. — Jean-Baptiste HELLEMANS[3].

24 ou 29 *mars* 1671. — Maximilien DE PAN, sieur de Montigny,

de sinople au chevron d'or accompagné de trois têtes de paon aussi d'or posées deux en chef et une en pointe.

24 *mai* 1675. — Martin-Ignace WERBIER.

d'azur à trois tulipes d'argent, tigées et feuillées d'or.

26 *avril* 1686. — Jacques DE FOSSE, sʳ d'Antoing.

Vénalité des charges

18 *septembre* 1699. — Jean-Baptiste SARRA, par intérim.

28 *mai* 1702. — Simon MARISSAL, par achat,

d'azur à une fasce vairée d'or et de sable accompagnée de trois besans d'or, deux en chef et un en pointe et chargés d'une étoile de sable.

---

1. Procureur général au Conseil d'Artois séant à Saint-Omer le 6 mars 1643, mort dans cette ville le 17 juin 1646, inhumé dans l'église de Saint-Sépulcre.

2. Conseiller au bailliage (4ᵉ office) en 1633. Nous avons donné ses armoiries.

3. Mêmes armoiries que Henri Hellemans, conseiller au bailliage (2ᵉ office).

10 *novembre* 1718. — Jean-Jacques Petit [1].

18 *juillet* 1750. — Louis-Eugène-Joseph Petit, s' du Cocquel [2].

1786, 1787. — *Charge vacante.*

4 *novembre* 1788. — Nicolas-Fulgence-Claude-Henri Masse, s' de Bouret,

de gueules à deux massues en sautoir, la masse en bas, à quatre étoiles d'or, deux en flanc, une en chef, une en pointe.

---

1. Figure au p. v. de la Coutume revisée en 1739. Mort le 7 février 1750.

2. Mort en 1786.

VIII

Substituts du procureur du roi
depuis l'édit d'avril 1696

15 *février* 1702. — Jean-Baptiste Marissal [1].

1er *décembre* 1719. — (Jean) Jacques Vallour [2].

25 *février* 1739. — Marc-Antoine Lievrebert [3].

14 *mai* 1745. — Philippe Maugrez.

1758 à 1775. — *Charge vacante.*

13 *mars* 1775 [4]. — Jean-François-Louis Buffin (viagèrement).

---

1. Reçu au bailliage le 25 février.
2. Un de ses fils fut le premier petit bailli de l'échevinage lors de la réunion de l'office à la ville en 1759. Deux autres : Charles-Augustin, capitaine au régiment de chasseurs des Vosges et aide-major de la place de Saint-Omer et Charles-Marie-Isidore, capitaine au régiment de chasseurs des Ardennes furent fusillés à Ypres comme émigrés le 19 messidor (27 juillet) 1794 après la prise de cette ville par les Français.
3. Reçu au bailliage le 2 décembre.
4. Reçu au bailliage le 13 juillet.

IX

Sous-Baillis ou Petits Baillis [1]

§ 1

Entre 1302 *et* 1329. — Guillaume YCETS [2].

1448.....

1467. — Gilles DE SENINGHEM « sous-bailli de la « ville » [3].

Vers 1478. — Loys FRUITIER, desservant l'office pour on ne sait quel titulaire.

24 *décembre* 1480. — Jehan DE SAINTE-ALDEGONDE, sʳ de Nortquelmes, dit LE BORGNE [4].

Mêmes armoiries que le bailli de Sainte-Aldegonde en 1532.

4 *juin* 1484. — Jehan DE GRIBOVAL, écuyer (par exercice) [5].

Mêmes armoiries que le bailli de Griboval après 1420.

7 *décembre* 1493. — Guillaume RAWELS, secrétaire du roi des Romains (par exercice).

17 *novembre* 1493. — Leurens CLINCQUEBOULT [6] (par exercice).

---

1. Les *Mss. Deschamps de Pas* et *Des Lyons de Noircarme* ne font commencer les sous-baillis qu'à Loys Fruitier. Nous avons expliqué t. I, p. 379 que si cet office existait antérieurement, il n'y avait sans doute pas été pourvu d'une manière régulière jusqu'alors.
2. Abbé Haigneré, *Cartulaire de Térouanne*, 242. — Giry, *Histoire de Saint-Omer*, p. 127.
3. *Les Chartes de Saint-Bertin*, 3231.
4. Il préta serment à Gand le 21 février et à Saint-Omer le 9 mars 1480.
5. C'est-à-dire exerçant la charge par lui-même.
6. Avait fait partie des conjurés qui en 1488 formèrent une associa-

8 *mars* 1507. — Jehan Clincqueboult, fils du précédent [1].

28 *février* 1511. — Leurens Clincqueboult.

8 *mai* 1514. — Jehan de Bersacques, écuyer.

Mêmes armoiries que Denis de Bersacques, auditeur des comptes en 1515.

13 *janvier* 1518. — Loys de Mortemer, écuyer [2].

24 *juillet* 1520. — Jehan Tartar, archier d'ordonnance de la compagnie du comte de Gavre, s^r de Fiennes.

17 *janvier* 1522. — Pierre Flamencq.

»   — Simon de Fromantel, écuyer [3].

23 *mars* 1528. — Quentin de Cassel.

13 *septembre* 1533. — Antoine de Myèvre.

20 *avril* 1543. — Vallerand de Houdicque [4], écuyer.

14 *mai* 1543. — Pierre Billion, bourgeois de Saint-Omer (par exercice).

24 *décembre* 1544. — Pierre Brussel [5].

29 *avril* 1552. — Jehan Loisel [6].

3 *mars* 1563. — David Darthe [7].

---

tion secrète pour secouer le joug des Français (V. Derheims, *Histoire de Saint-Omer*, p. 303, où il est appelé Laurent Clercqbon).

1. Résigna ses fonctions au profit de son père qui les exerça une seconde fois.

2. Loys de Mortemer fut banni de la ville « sur le hart... par ceux « de la loy de St Omer... pour aulcuns délicts commis par lui. » (*Bull. des Antiq. de la Morinie*, t. IV, p. 79.)

3. Fut lieutenant particulier du bailliage en 1523 et lieutenant général en 1534.

4. Homme d'armes d'une des compagnies d'ordonnance de Charles, roi des Romains, sous la bannière du duc d'Arschodt. Il fut rappelé par son capitaine le s^r de Licques lieutenant du duc, et présenta à sa place Pierre Billion qui fut admis par le Magistrat. Peut-être de Hodicq ?

5. Aide de la panneterie de l'empereur Charles-Quint.

6. Reçu à l'échevinage le 19 mai.

7. Se démit de son office le 11 juin 1597.

11 *juin* 1577. — Antoine LHOSTE [1].
13 *juillet* 1593. — Jacques DESMONS.
7 *mars* 1608. — Charles DE VARGELOT.
5 *octobre* 1636. — Melchior DE LA VIGNE [2], d'argent à trois mâcles de gueules.
15 *février* 1639. — Antoine WICART.
22 *septembre* 1679. — Martin PENANT [3].

Vénalité des charges

9 *mai* 1693. — François CHEVREUIL.
1er *juillet* 1726. — Jean-François CHEVREUL.
9 *juin* 1752. — Pierre-Benoît PENANT.
31 *mars* 1753. — Philippe-Joseph PILLET.

Réunion de l'office à la ville en 1759

27 *octobre* 1759. — Jacques-Joseph VALLOUR [4].
1er *août* 1781. — Louis-Adrien-Joseph BOURDON [5].
1er *août* 1790. — Placide BAILLY [6].

§ 2

24 décembre 1480

Commission de Jean de Sainte-Aldegonde dit le Borgne,

---

1. Serment en halle le 14 juin 1577.
2. « 3 janvier 1637, Merchior la Vigne a reçu ses patentes de l'état « de sous-bailli duquel il avoit esté pourvu au mois d'octobre 1636, « et le lendemain dudit an a presté serment devant le grand bailli et « messrs du Magistrat. » *(Ms. d'Haffringhes, t. I, p. 298, à la Bibl. de Saint-Omer.)*
3. Commission donnée par Louis XIV à Fontainebleau. — Prêta serment le 17 novembre entre les mains du lieutenant général et le même jour à la ville.
4. Fils de Jean-Jacques Vallour, substitut du procureur du roi. — L'échevinage lui donna 800 livres de gages.
5. Il obtint une nouvelle commission le 1er août 1787. — Plus tard il fut employé au district.
6. Devint secrétaire greffier de la municipalité sous la Révolution.

sous-bailli. — Mention de son serment entre les mains du chancelier du comte d'Artois.

Aujourd'hui 9 du mois de mars 1480 Jehan de Nortquelmes, dit Leborgne, escuier, a présenté à MM. maieur et eschevins assemblés en halle deux mandements donné de M. et Madame les ducq et duchesse d'Autriche et de Bourgogne, comte de Flandre et d'Artois, soubs leurs sceaux en cire vermeille à sçavoir l'un à double queūe et l'autre en simple queūe, desquels la teneur s'ensuit :

Maximilien et Marie par la grâce de Dieu ducqs d'Autriche et de Bourgogne, etc., à tous ceux qui ces présentes lettres verront salut. Comme notre bien amé Jehan Leborgne, procureur en cette partie souffisament fondé par lettres de procuration dont nous est apparu de notre bien amé Fruitier Loys servant soubs bailly de notre ville de St Omer a ce jourd'hui, datte de cette, résigné l'office de soubs bailli ès-mains de notre très cher et féal chevalier et chancelier le sieur de Champeaux pour et au proufit de Jehan de Ste Audegonde dit Leborgne moiennant que ce soit notre plaisir, Sçavoir faisons que nous, aiant laditte résignation pour agréable mesment pour les sens et discrétion que nous sont relaté être en la personne dudit Jean, icelui Jehan, confians à plein à ses sens, léauté, preudhommie et bonne diligence, Avons commis, ordonné, institué et établi, commettons, ordonnons, instituons et établissons par ces présentes oudit office de soubs-bailli de notre ditte ville de St Omer au lieu dudit Loys servant, lequel au moien de laditte résignation et de son consentement nous en avons depporté et déchargé, depportons et déchargeons par ces présentes, par lesquelles avons donné et donnons audit Jehan de S¹ᵉ Audegonde pouvoir, authorité et mandement espécial dudit office doresenavant tenir, exercer, deservir, garder nos drois, hauteur, seigneurie, faire et administrer droit, raison, justice à tous qui l'en requerront ès cas et ainsi qu'il appartient, et autrement faire bien et deuement tout ce que audit état compète et appartient et que bon et léal soubs bailli dessus dit peult et doit faire, aus drois, sallaires, franchises, proufis et esmolumens accoutumez et y appartenans, tant que il nous plaira, dont il sera tenu faire le serment pertinent ès mains de notre bailli de S¹ Omer ou de son lieutenant que nous commettons adce, sy donnons [en mandement] à icelui nostre bailli ou son lieutenant que par lui et prins et receu dudit Jehan le serment à ce deu et pertinent, il et tous autres nos justiciers, officiers et subjects présens et à venir cui ce regardera, polra touchier et regarder, ou leur lieutenant et chacun d'eulx en droit soy, et sy comme à lui appartient, le facent sœuffrent et laissent dudit office de soubs bailli ensemble des drois, sallaires, libertés, franchises, proufis et émolumens dessusdits pleinement et paisiblement joir et user, cessans tous contredicts et empêchemens au contraire, car ainsi nous plaît-il. En témoing de ce nous avons fais mettre notre scel à ces présentes données en notre ville de Bruges le 24 décembre 1480. Signé sur le ploy dudit mandement par monseigneur le ducq et sa femme.

Et au dos étoit écrit :

Aujourd'hui 21 février oudit an, Jehan de S¹ᵉ Audegonde, dit Leborgne, escuier, dénommé au blancq de ceste, a fait le serment de soubs bailli de la ville de S¹ Omer, dont mention est faite au blancq de ceste, ès mains de M. de Carondelet, chevalier, chancelier de M. le ducq et de madame la duchesse d'Autriche et de Bourgogne, comte de Flandre et d'Artois, commissaire d'iceulx seigneur et dame, député en cette partie par vertu de leurs lettres patentes en datte du 10 dudit mois et an, et par mondit s^r le chancelier icelui Jehan de Ste Audegonde a été mis en possession et saisinne dudit office, et ordonné à tous les officiers et subjects de mondit seigneur et Dame laisser et souffrir joïr ledit Jehan de Ste Audegonde dudit office avec les drois, libertés, proufis et esmolumens y appartennans, le tout selon le teneur dudit contenu.

Fait à Gand le 21e jour mois et an que dessus moy présent Robert Conte [1].

(Ms. Des Lyons de Noircarme.)

---

[1]. M. de Laplane a publié dans le *Bull. histor. des Antiq. de la Morinie*, t. IV, p. 79, une commission de sous-bailli moins ancienne que celle ci-dessus : c'est celle donnée le 24 juillet 1520 à Jehan Tartar.

X

Greffiers [1]

1393. — T. de Lagaise [2].

. . . .

1473. — J. Darthe [3].

1500 ou 1506. — Pierre ou Robert Darthe, exerçant par bail.

1532. — Pierre de Heghes [4].

1533. — Jehan Darthe.

1535. — Jehan Le Normand,

d'or au chevron d'azur accompagné de trois merlettes de sable.

1553 ou 1554. — Nicaise de Bersacques [5], sʳ d'Arquingoult.

1556 ou 1557. — Louis Berniers.

1558 à 1567. — *Vacance.*

29 *mai* 1567. — Louis Berniers [6].

11 *janvier* 1578. — Mathieu de Wargelot.

20 *juillet* 1585. — Jaspar de Balinghem [7].

1616. — Michel de Balinghem [8].

---

1. Ces charges n'étaient pas toujours exercées par leurs titulaires, elles étaient souvent louées par eux.
2. *Ch. des C. de Lille,* B 1854-58.
3.   *Id.*   B 2096-1.
4. Armoiries dans la liste des auditeurs de comptes en 1539.
5. Conseiller en 1573 (2ᵉ office), lieutenant particulier en 1577. Nous avons donné ses armoiries.
6. Conseiller en 1575 (3ᵉ office).
7. Figure au procès-verbal de vérification de la Coutume de la ville en 1613 comme âgé de 52 ans ; auditeur de comptes de 1600 à 1615. Nous avons donné ses armoiries.
8. Fils du précédent.

17 *février* 1660. — François Girardot[1], d'argent à un chevron de gueules accompagné de trois croisettes pattées de sable, deux en chef, une en pointe.

Vénalité des charges

1694. — Liévin Beudin.

8 *janvier* 1696. — Claude-François Chanvreux, écuyer, s' de Vandaran[2].

7 *juin* 1697. — Liévin Beudin, par exercice.

30 *octobre* 1705. — François-Dominique Mariaval.

12 *août* 1707. — François Deweyre ou de Wevre, par exercice.

1er *août* 1708. — Philippe du Fresne, par exercice.

2 *février* 1719. — Jacques-Marie Lamaury.

26 *novembre* 1721. — Liber-François Delattre, par exercice.

4 *avril* 1729. — Antoine Morel, par exercice.

26 *mars* 1738. — Liber-Guillaume Delattre fils[3].

26 *janvier* 1763. — Dominique-Joseph Allart.

4 *novembre* 1788. — François-Joseph Allart[4].

---

1. Il donna un loyer de 600 florins et fut institué à la place de Michel de Balinghen qui n'en avait offert que 250.
2. M. de Vandaran, commissaire de guerre à Saint-Omer, avait acheté la charge 24,000 livres, il la donna à bail à Liévin Beudin qui exerçait sans doute auparavant à titre provisoire.
3. Figure au procès-verbal de vérification de la Coutume en 1739.
4. Fils du précédent. — Reçu pour 9 ans au lieu de son père.

XI

Conseillers Receveurs des amendes et épices
depuis l'édit de février 1693

25 *février* 1695. — Etienne HOINNAU, s^r du Chesne.

3 *juin* 1707. — Eugène-Joseph CAUCHETEUR [1] s^r de Langle.

15 *février* 1737. — Jean-François DOLLÉ [2].

26 *février* 1748. — Michel-François DECROIX, notaire.

10 *mars* 1751. — Pierre-François VERDEVOYE [3].

21 *octobre* 1784. — Philippe-Antoine DAVERDOING, négociant.

---

1. Mort le 19 juillet 1735.
2. Oncle du précédent.
3. Commandant une des compagnies bourgeoises formées vers 1749 — né en 1713, mort le 2 janvier 1781.

XII

Tiers référendaires Taxateurs de dépens
depuis l'édit du 19 novembre 1689

1694. — Jacques DELARUE.
1706. — Pierre FAYOLLE, rapporteur.
1748. — Augustin LE BUTHON.
1788. — Jean-Joseph DEGRAVE.

XIII

Rapporteurs Vérificateurs des saisies réelles
depuis l'édit d'octobre 1694

Première charge

18 *mars* 1695. — Guillaume FEUTREL.
30 *mars* 1698. — Pierre FAYOLLE.
25 *février* 1702. — Gille BERTOULT.
23 *janvier* 1708. — Jean-François DESPREYS.
28 *septembre* 1753. — Jean-François-Joseph DESPREYS.
20 *avril* 1763. — François-Joseph FAYOLLE.
21 *mai* 1766. — Philippe-Joseph GEOFFROY.
1780. — *Charge vacante*.
1781. — Auguste-Charles-Jean-Rollin GARNIER.

Deuxième charge

8 *octobre* 1697. —   »
1706. — Nicolas-Germain DU CHOCQUEL.
8 *octobre* 1713. — Cosme-Damien DEROO.
6 *avril* 1748. — Auguste LEBRETHON.
1750. — Jean-Louis MARIN.

XIV

Procureurs « ad lites », en titre
depuis l'édit de 1692

Première charge

10 *août* 1692. — François Moreau.
21 *février* 1717. — Robert-Gille Bonvalet.
24 *octobre* 1720. — Jacques Longuenesse.
8 *avril* 1729. — Adrien Frévier.
2 *août* 1769. — Jean-Baptiste Personne.

Deuxième charge

20 *novembre* 1692. — Antoine Crépin.
2 *mai* 1700. — Jacques Marquant.
20 *novembre* 1742. — François Marquant fils.
1788. — André-Louis Frohart.

Troisième charge

1692. — Oudart Laurent.
29 *avril* 1746. — Omer François.
9 *décembre* 1761. — Louis Chipart.

Quatrième charge

9 *décembre* 1692. — Dominique Denis.
9 *août* 1711. — Jacques-Guillaume Liborel.
26 *octobre* 1747. — Ignace-François-Alexandre Liborel.

Cinquième charge

27 *novembre* 1692. — Pierre-Joseph Clem.
6 *janvier* 1746. — François-Joseph Clem.

7 *février* 1750. — François-Philippe LEJOSNE, depuis avocat.

5 *décembre* 1770. — Michel-François VASSEUR.

Sixième charge

11 *décembre* 1692. — Pierre FAYOLLE.
19 *mars* 1697. — Robert DUMONT.
9 *février* 1701. — Jean-Baptiste BERTIN.
2 *décembre* 1723. — Adrien BERTIN.
2 *avril* 1760. — Adrien-Antoine-Joseph BERTIN.

Septième charge

1692. — Jean-Blaise PETREL.
1er *février* 1705. — Jean-François COUVERS.
10 *mai* 1731. — Jean-Charles VISCONTI, depuis avocat.
26 *octobre* 1742. — Jean-Baptiste BOUTILLIER.
7 *avril* 1746. — Norbert ou Robert DUPUICH.
17 *février* 1748. — Augustin-Ignace BECOURT.

Huitième charge

21 *août* 1693. — Jean-Baptiste TERNOUST ou LERNOUST.
27 *mai* 1714. — Charles-François HORION.
2 *décembre* 1739 ou 1734. — Jacques VALLOUR.
10 *mai* 1769. — Pierre-Joseph FAYOLLE.
9 *mars* 1776. — Augustin-Fortuné LICSON.

XV

Sergents à cheval[1]
jusqu'en 1613 et 1615

§ 1

Liste des sergents à cheval dans l'ordre de leurs nominations

~~1358. — Thomas de Renty.~~
~~1358. — Jehan de Baigneux[2].~~
1362. — Clay de Vissoc.
  » — Gilles Lefeuvre.
  » — Staes de Brekelsent dit Boulbeen.
  » — Sandre Marcoel.[3]
1365. — Willaume le Crœcquemacre[4],

écu bandé de six pièces, au franc canton chargé d'un écusson bandé de six pièces en abîme[5].

1367. — Tassart Fernagus[6],

écu à la tête de more[7].

1367. — Tassart du Fresnoy[8],

---

1. Ce n'est qu'à partir de 1539 jusqu'en 1613 qu'on trouve des listes des sergents à cheval. Nous avons recueilli un assez grand nombre de noms avant cette époque, sans prétendre donner une liste complète de ces officiers.

~~2. Ces deux sergents :~~ *Arch. de Saint-Omer*, CXLVI-3.

3. Ces quatre sergents cités par Giry, *Mém. des Antiq. de la Morinie*, t. XV, p. 112.

4. *Inv. som. Pas-de-Calais*, A, 714.

5. Demay, *Artois*, 1683 : Le Croquemacre.

6. *Inv. som. Pas-de-Calais*, A, 725.

7. Demay, *Artois*, 1684 : Fervagus.

8. *Inv. som. Pas-de-Calais*, A, 725, en 1369.

écu portant deux croissants en chef et un oiseau en pointe [1].

1377. — Jehan GALLÉE [2].

1378. — Willaume DE CROHEM [3],

écu fascé de six pièces, au franc canton chargé d'une étoile [4].

1380. — Willaume DE BOUDEWALLE [5].

1381. — Jean DE BILQUE [6].

1382. — Andrien DE CROHEM [7].

» — Jehan BERTHELIN [8].

1412. — Colart DE ROMÉNIE,

écu portant une épée en pal accostée de deux fleurs de lys, et accompagnée d'une étoile en chef à senestre, à la fasce brochant [9].

1416. — Andrien DE CROHEN [10].

1417-1418. — Simon DUFOUR [11].

1444. — Jehan LEBLANC [12].

1444. — Henri MANSIONE [13].

1444. — Clay LEFEUVRE [14].

---

1. Demay, *Artois*, 1685 : en 1369.

2. *Inv. som. Pas-de-Calais*, A. 768 et 778.

3. *Inv. som. du Pas-de-Calais*, A, 768 et A, 778, en 1381. — *Crohem* sur Remilly-Wirquin (Pas-de-Calais).

4. Demay, *Artois*, 1682, en 1380.

5. *Inv. som. du Pas-de-Calais*, A, 780. — *Arch. de Saint-Omer, Reg. au renouv. de la Loy H*, f. XXI r°, en 1381.

6. *Arch. de Saint-Omer, Reg. au renouv. de la Loy H*, f. XXI r°, en 1381. — *Inv. som. du Pas-de-Calais*, A. 803, en 1384.

7. *Les Chartes de Saint-Bertin*, 1923.

8.   id.

9. Demay, *Artois*, n° 1686.

10 *Arch. de Saint-Omer*, Comptes de la ville 1416-1417.

11. *Comptes de la ville 1417-1418*. — *Inv. som. du Nord, Ch. des C. de Lille*, 1965, en 1438. — *Mém. des Antiq. de la Morinie*, t. XIV, p. 41, en 1444.

12. *Mém. des Antiq. de la Morinie*, t. XIV, p. 41.

13.   id.

14. *Histoire du Bailliage*, t. I, p. 145, note 1.

1447. — Jean DE TROUVILLE [1].
1456. — Jeannin DE CORBILLY [2].
1477. — Aliaumet FAILLE.
    » — Clay LE CLUT [3].
1489. — Lambert WALLECHT [4].
1510. — Jacques DE GAUCHIN [5].
1518. — Hector DE LE BECQUE [6].

A partir de 1539 jusqu'en 1613 et 1615, années des inféodations de ces charges, on a la liste du *Ms. Deschamps de Pas* qui suit :

			Cessation du service	Durée du service
	1539.	— Maximilien CLINQUEBOUT,	1540	»
	»	— Guillaume DANTE,	1540	1
	»	— Nicolas CABARET,	1541	2
	»	— Pierre LE BLIECQUE,	1559	20
	»	— Philippe DUBUISSON,	1565	26
	»	— Jehan DE LA HAYE, exerçait encore en 1568.		
2 avril	1540.	— Jehan MECQUIGNONS,	1558	18
30 avril	1540.	— Guillaume VANTIER,	1544	4
2 octobre	1541.	— Jehan POSTEL,	1547	6
» octobre	1544.	— Jehan LE CLOUD ou LECLUD,	1568	14
16 mai	1545.	— Jacques DE BERSACQUES, enfant naturel,	1576	31
9 juillet	1558.	— Jacques DE FIERRE-BRASSE,	1563	5
16 juillet	1559.	— Jehan LEMARTIN,	1569	10
16 avril	1563.	— Augustin WIMEL ou WIMER,	1583	20

1. *Inv. som. du Nord, Ch. des C. de Lille*, 1997.
2.   id.   2024.
3. Faille et Le Clut désignés comme « sergents de la ville, bailliage « et châtellenie de Saint-Omer. » (*Inv. som. du Nord, Ch. des C. de Lille*, 2112.)
4. *Inv. som. du Nord, Ch. des C. de Lille*, 2139.
5.   id.   2217.
6.   id.   2285.

2 février	1565. — Laurent Leprecq,	1583	18
0 septembre	1568. — Robert Dausques¹,	1569	1
3 décembre	1569. — Anselme Moulle,	1604	35
6 février	1569. — Marc Leprecq,	1601	32
3 avril	1573. — Maraud Dieuvard,	1586	13
	1576. — Jean de Bersacques, écuyer²,	1581	5
9 juillet	1581. — Pierre d'Acquembronne,	1587	6
9 septembre	1583. — Claye Brassart,	1605	22
5 septembre	1583. — Jacques Demont, desservant,	1599	19
) juin	1586. — Jehan Leprecq, desservant,	1698	14
1 septembre	1587. — François Leprecq,	1608	21
) septembre	1598. -- Marc Dieuvard,	1616	18
	1599. — Jehan d'Estaples,	1600	1
7 novembre	1600. — Denis de la Fosse³,	1617	17
1 avril	1601. — Nicolas Titelouze⁴,	1616	15
) février	1604. — Pierre Villeron,	1620	16
) septembre	1605. — Nicolas Lay,	1629	24
3 septembre	1607. — Josse Heren,	1610	2
) octobre	1610. — Pierre Ducrocq,	»	»

(Ms. Deschamps de Pas⁵.)

1. Ou d'Ausques. v. armoiries : liste des lieutenants généraux en 1460.
2. Armoiries des de Bersacques : liste des auditeurs de comptes.
3. Armoiries d'Antoine de la Fosse, conseiller (4ᵉ office) en 1633.
4. id. de J.-B. Titelouze, id. en 1681.
5. Après l'inféodation les titulaires des charges ne les exercèrent plus que très rarement eux-mêmes, ils les louaient. « Ces sergents « qui ont succédé aux écuyers, porte le *Ms. Deschamps de Pas*, ont « laissé après eux, une certaine illustration qui a passé à leurs hé- « ritiers, car de cette source viennent plusieurs familles nobles et « honnêtes de Saint-Omer qui étoient encore titulaires de ces offices « lors même de la Révolution. »

§ 2

Sergents à cheval
répartis par charges depuis 1539 jusqu'en 1613 et 1615

Première charge

1539. — Maximilien Clinqueboult.
2 *avril* 1540. — Jehan Mecquignon.
9 *juillet* 1558. — Jacque de Fierrebrasse.
16 *avril* 1563. — Augustin Vimel ou Wimer.
15 *septembre* 1583. — Jacques Demons, par exercice.
27 *novembre* 1600. — Denis de la Fosse.

Seconde charge

»   — Guillaume Dante.
30 *avril* 1540. — Guillaume Vantier.
Octobre 1544. — Jehan Lecloud.
30 *septembre* 1568. — Robert Dausques.
26 *février* 1569. — Marcq Leprecq.
21 *avril* 1601. — Nicolas Titelouze.

Troisième charge

»   — Nicolas Cabaret.
2 *octobre* 1541. — Jehan Postel.
16 *mai* 1545. — Jaque de Bersaques.
1576. — Jehan de Bersaques.
29 *juillet* 1581. — Pierre d'Acquembronne.
11 *septembre* 1587. — François Le Precq.
8 *septembre* 1607. — Josse Heren.
20 *octobre* 1610. — Pierre Ducrocq.

Quatrième charge

»   — Pierre Lebliecq.

16 *juillet* 1559. — Jehan Lemartin.
13 *décembre* 1569. — Anselme Moulle.
9 *septembre* 1605. — Nicolas Lay.

Cinquième charge

»   Philippe du Buisson.
22 *février* 1565. — Laurent Leprecq.
4 *septembre* 1583. — Claye Brassart.
10 *février* 1604. — Pierre Villeron.

Sixième charge

»   — Jean de le Haye.
3 *avril* 1573. — Maraud Dieuvard.
20 *juin* 1586. — Jehan Leprecq (par exercice).
30 *septembre* 1598. — Marc Dieuward.
        (*Ms. Des Lyons de Noircarme* [1].)

---

1. Les charges furent inféodées le 20 août 1613 au profit des titulaires, sauf celle du sr Villeron qui ne fut inféodée que le 15 ou le 22 janvier 1615.

Il manque dans cette répartition Jehan d'Estaples nommé en 1599.

XVI

Huissiers audienciers
depuis l'édit de décembre 1693

1697. — Oudart GOULART, par bail.
1701. — Antoine-Jean DOUDENOT, titulaire.
1712. — Jacques LECAT, par bail.
1714. — François DESPREYS.
1716. — Jean NANCEL.
1730. — Ignace ROBERT.
1738. — Charles PICHON, titulaire.
1743. — Charles-Louis PICHON.
1746. — *Vacance.*
1779. — Antoine-Dominique VALLÉ, titulaire [1].
1787. — Philippe-Antoine-Bernard GEOFFRAY.

---

1. Installé au bailliage le 25 février 1779.

XVII

Mayeurs des francs-alleux[1]

1267. — Gauthier DE RENINGHES,
écu semé de croisettes, à la bande [2].

. . . .

1360. — Jean LE PAPE,
un oiseau essorant [3].

1368. — Etienne DE VAUDRINGHEM [4],
d'argent à la rose de gueules surmontée d'un lambel à trois pendants.

1404. — Guilbert DE LESTORE, écuyer [5].

1407. — Gui POLART [6],
écu à la bande dans un trilobe [7].

1421. — Aléaume D'AUDENFORT, écuyer, chambellan de Saint-Omer,
écartelé aux 1er et 4e d'argent à trois molettes de sable deux et une, aux 2e et 3e d'hermine à ... [8].

1447. — Jean ROBE,
écu parti, fruste, paraissant porter : au 1er trois châ-

---

1. Justice relevant du fief de la châtellenie et du bailliage en appel.
Jusqu'en 1564 les mayeurs exercèrent l'office par eux-mêmes, puis l'office fut presque constamment loué par ceux qui en furent investis.
2. Demay, *Artois*, 1071, en 1269.
3.   id.   1072.
4. Hermand et Deschamps de Pas, *Histoire sigillaire de Saint-Omer*, p. 37.
5. *Inv. som. du Nord, Ch. des C. de Lille*, 1877.
6. *Histoire sigillaire de Saint-Omer*, p. 37.
7. Demay, *Artois*, 1073, en 1411.
8. C'était un usage constant chez les membres de cette famille d'écarteler des blasons de leurs mères ou de leurs femmes (*Histoire sigillaire*, p. 44).

teaux ; au 2ᵉ un écusson accompagné de trois coquilles ¹.

19 *octobre* 1453. — René Le Deverne, écuyer, nommé par Alard de Rabodinghes, bailli,

écartelé aux 1ᵉʳ et 4ᵉ d'or à trois alérions de sable deux et un ; aux 2ᵉ et 3ᵉ vairé d'or et d'azur.

1481. — Jean Tasselin,

écartelé aux 1ᵉʳ et 4ᵉ de trois léopards (?) aux 2ᵉ et 3ᵉ d'une molette accompagnée de trois étoiles deux en chef une en pointe ².

1499. — Jehan de Honvault ³, écuyer.

1513. — Nicolas Guisselin, écuyer.

1516. — Jacques de Fauquembergues, écuyer, d'azur à la fasce d'or.

1520. — Jehan Richelin, écuyer.

1526. — Nicolas L'Hoste, écuyer, d'argent à une bande vivrée de gueules, au chef d'azur.

19 *mars* 1534. — Pierre de Heghes, sʳ de Beaulo, écuyer ⁴.

1538. — Robert Darthe, écuyer.

1541. — Guillaume de Croix, écuyer.

24 ou 29 *septembre* 1546. — Gille Pepin.

1552. — Jacques Dindreman.

1556. — Joachim de Rogierville ⁵.

1562. — *Vacance*.

1564. — Antoine Daens.

1567. — Guillaume de la Haie.

---

1. Demay, *Artois*, 1074, en 1459. — *Histoire sigillaire de Saint-Omer*, planche XII, nº 75, en 1447.

2. Abbé Bled, *Les Chartes de Saint-Bertin*, 3439.

3. Procureur du roi en 1532.

4. Voir les armoiries de Heghes dans la liste des Auditeurs de comptes en 1539. Pierre de Heghes, greffier en 1532.

5. Conseiller au bailliage en 1562 et lieutenant particulier en 1566.

1580. — Louis Théry [1].

15 *août* 1585. — Philippe du Choquel.

16 *janvier* 1587. — Jean Verbier.

1595. — *Vacance*.

1596. — Pierre Taffin, s^r du Hocquet.

1597. — Valentin Taffin [2], licencié ès lois.

1600. — Antoine du Bois, s^r du Vindal.

1604. — Adrien Dreyes, acquéreur [3].

11 *août* 1615. — Pierre de Brigodde, greffier des vierschaires [4].

23 *novembre* 1615. — François Corvette, propriétaire.

1626 ou 1627. — Liévin Bien-aimé, desservant.

9 *décembre* 1628. — Denis Le Clercq, locataire.

1632. — Eustache de Lannoy [5].

1636. — Michel de Raedt.

11 *juillet* 1643. — Marc Vincent.

1657. — *Vacance*.

1659. — Philippe Rottart, Routtart ou Roulard.

1676. — *Vacance*.

1679. — Jean Garat.

1688. — Joachim-François Carlier.

1708. — *Vacance*.

1709. — Louis Delepouve.

1727. — Charles-Joseph Carlier.

7 *octobre* 1729. — Bernard-Joseph Allard, notaire.

19 *décembre* 1750. — Louis Lemaire, notaire.

12 *janvier* 1769. — Nicolas-Joseph Guilbert, arpenteur.

9 *janvier* 1776. — Antoine-Joseph Brasseur.

1. Peut-être de Thierry, procureur du roi en 1563.
2. Procureur du roi en 1622.
3. *Histoire sigillaire*, p. 38 et planche XII, n° 77.
4. Mêmes armoiries que le procureur du roi en 1612.
5. *Histoire sigillaire de Saint-Omer*, planche XII, n° 78.

PIÈCES JUSTIFICATIVES

I

7 mars 1323

Bulle du pape Jean XXII confirmant une sentence d'excommunication fulminée par le chapitre de Saint-Omer contre Pierre de Bouvringhem, bailli.

Johannes episcopus servus servorum Dei Dilecto filio Petro de Collemedio juniori canonico Atrebatensi[1] salutem et apostolicam benedictionem. Sua nobis dilecti filii decanus et capitulum ecclesiæ de Sancto Audomaro Morinensis diocesis petitione monstrarunt quod cùm olim Johannes dictus fierecoc clericus, petrus de Boverchem[2] balivus ville ejusdem loci de Sancto Audomaro, Elnardus dictus du Caltre, Michael dictus faber, Johannes dictus parvus et Johannes Carpentarius, laici dicte dioceses, spiritu diabolico concitati, dilectum filium Johannem dictum Ponghe presbyterum perpetuum capellanum in eadem ecclesia, non absque manuum injectione in eum, dei timore postposito, temere violencia projicientes ad terram ipsum aliquandiu per terram traxissent,

---

1. Pierre de Colombier (Bertrand) devint évêque de Nevers en 1326 et d'Arras en 1329.
2. Pierre de Bouvringhem, bailli de St-Omer en 1321.

et sic prostratum ad terram acriter verberassent et carceri mancipassent, et aliquandiu ipsum captivum in eodem carcere detinere temeritate propria presumpsissent, eaque adeo essent notoria quod nulla poterant tergiversatione celari. Dicti decanus et capitulum, quibus est ab apostolico Sede indultum ut in malefactores eorum ac perpetuorum capellanorum ejusdem ecclesiæ possint interdicti et excomunicationis sententias promulgare, prefatos clericum, ballivum et laicos, prout ratione dicti indulti poterant monere curarunt, ut dicto Capellano ac ecclesie de predictis condignam prestarent emendam, et quia ipsi id efficere contumaciter non curarunt, nullam causam rationabilem allegantes quare hoc facere non deberent, in ipsos, canonica monitione premissa, excomunicationis sententiam exigente justitia promulgarunt.

Quare dicti decanus et capitulum nobis humiliter supplicarunt ut hujusmodi sententiam robur faceremus firmitatis debitum obtinere. Cum antem dicti decanus et capitulum, sicut asserunt, potentiam predictorum clerici et ballivi ac laicorum merito perhorrescentes, eos infra civitatem seu diocesem morinensem nequeant convenire secure, discretioni tue per apostolica scripta mandamus quatinus sententiam ipsam sicut rationabiliter est prolata facias auctoritate nostra usque ad satisfactionem condignam, appellatione remota, inviolabiliter observari.

Datum Avenione VII die marti Pontificatus nostri anno septimo [1].

(Archives du chapitre de Saint-Omer, II G. 579. Original. — Sceau enlevé.)

1. L'année du pape Jean XXII élu en 1316 commence en septembre, cette bulle doit donc être datée de 1323.

II

23 avril 1338

Lettre de Philippe VI, roi de France, au bailli d'Amiens, relative aux clercs mariés et marchands sujets à la juridiction de l'échevinage et non à celle de l'évêque de Térouanne.

Philippe par la grâce de Dieu roys de France au bailli d'Amiens ou à son lieutenant salut. De par notre amé et féal frère le conte d'Artoys et de par les maieurs et eschevins de Saint-Omer nous a esté monstré en complaignant que comme ils soient et leurs prédecesseurs aient esté de ancienneté et par si lonc temps qu'il nest mémoire du contraire de avoir la court et cognoissance des clers mariez et marcheans couchanz et levanz en la dite ville de Saint-Omer et ou conté d'Artoys si comme il dient, neantmoins nostre amé et féal levesque de Thérouane et ses genz se efforcent de avoir la court et cognoissance des diz clers mariez et marcheans en touz cas et de euls contraindre à ce indeuement de jour en jour par la jurisdicion de léglise en troublant et empeschant lesdiz complaignanz en leur dite saisine et possession indeuement et de nouvel en leur grand grief, préjudice et dommage si comme il dient.

Pour quoy nous te mandons que se appellez ceuls qui seront à appeller souverement et de plain il te apparoit les choses dessu dites estre vrayes, requier ledit Evesque que il oste sans délay l'empeschement et nouvelletez dessus diz et que il laisse les dis complaignans user et joir de leur dicte possession et saisine et que touz les procès faiz sur ce par le dit evesque ou de son commandement en la court de l'église, et tout ce qui sen est ensuy il rappelle et mette au néant. Et se ledit Evesque sur ce requis se refuse à faire, contrain le à ce et à faire pour ce amende convenable à nous et à partie par toutes les voyes et remèdes convenable que tu pourras et par la prise et détention de son temporel se mestier est. Et se dit evesque ou ses genz pour luy se opposent au contraire et débaz y nest sur ce en cas de nouvelletté, le débat pris en nostre main comme en main souveraine et par ycelle main faite recréance là ou il appartiendra si comme il sera à faire de rayson, adjourne le dit evesque contre les diz complaignanz aus jours de ta baillie de nostre prochain parlement pour aler avant en la dite opposition si comme il sera à faire de raison, et de ce que tu auras fait des choses dessus dictes certifie nostre court souffissament.

Donné à Paris le xxiii jour davril lan de grâce mil trois cenz trente et huit.

(*Arch. de Saint-Omer*, CLXXII-7. Original. — Sceau de papier.)

III

25 juin 1346

Vidimus des lettres de Philippe VI, roi de France, concernant la juridiction de l'évêque de Térouanne et celle du bailli de St-Omer en matière criminelle.

A tous ceux qui ces lettres verront Guillaume Gormont garde de la prévôté de Paris salut. Scavoir faisons que nous lan mil ccc xlvi le mercredi xxviii° jour de juing veusmes unes lettres scellées du scel du secret du roi nostre sire contenans ceste fourme :

Philippe par la grace de Dieu roys de France Au bailly d'Amiens ou à son lieutenant salut. Les gens de nostre très cher et féal frère le duc de Bourgoigne conte d'Artois, pour eulx, pour la ville de St Omer et pour les autres bonnes villes du pais dartoys, nous ont donné à entendre en eulz griefment complaignant, que pour ce que naguères le bailli de St Omer ou ses gens pristrent et arrestèrent en laditte ville un vallet banni dicelle et ly firent copper la teste pour ce que, si comme lon dit, il estoit venu en la ditte ville pour espier lestat de la ditte ville, la trahir et les gens dicelle, à l'instance du bailli de Cassel, et entendoit à tuer et murtrir Gillebert de Sainte Audegonde eschevin de laditte ville ; si comme len dit, nostre amé et féal conseiller levesque de Téroanne de sa volenté disant ledit banni avoir esté clerc, sans ledit bailli appeler ne sommer souffisamment avant laditte justice faitte, et sans aucun procès ordre de droit non gardé, mist et fist mettre, depuis ladite exécution, cès du service divin par toute laditte ville, dont grans escandales feust avenus se par nostre amé et féal le seigneur de Morueil, mareschal de france [1] estant ou pais et en laditte ville, ny eust esté mis remède et convint par force non contrestant les prières dudit maréchal et d'autruy par les durtés que ledit évesque fist audit bailli que iceluy bailli, présent le peuple, fust par ses sergents rapporter le corps dicelui malfaiteur en laditte ville, mectre ou sarcus [2], porter au

---

1. Bernard de Moreuil.
2. Cercueil.

moustier, faire donner sépulture et que ledit bailli
deist devant le peuple quil ne savoit pas qu'il fust
clerc et se il le eust sceu il ne leust pas fait, et ancore
plus que ledit bailli sen meist du haut et du bas en
lordenance et volenté dudit evesque sans aucune condition ; par quoi plusieurs autres nauvaises personnes
pourroient venir en ladite ville et ès autres bonnes
villes dartoys dont led. bailli ne les autres bailli de
la conté dartoys noseroient faire justice ne exécution,
mais demourroient impuniz les malices, dont grant
inconvéniant sen porroient ensuir se brief remede ny
est mis, lesquelles choses nous desplaisent fortement
sil est ainsi. Pourquoy nous vous mandons et commettons que vous vous transportez par devant ledit
evesque et son official et de par nous leur requerez et
commandez que de mettre cès et faire cesser le divin
office en ladite ville de St Omer et ès autres bonnes
villes de la conté dartoys pour ladite cause ou autre
semblable il se cesse et déporte du tout et oste le dit
cès tout à plain, et leur dittes de par nous que ou
cas que il feroient le contraire il nous en desplairoit
et ne le pourrons souffrir. Et quant à ce que ledit
bailli de Saint Omer sest mis en sa volenté le requerez de par nous quil en délivre du tout li dit bailli et
se dece faire est refusant ou délaiant en aucune partie si le contraingnez à ce faire par la prise et détention de son temporel, et autrement si comme vous
verrez quil sera faire de raison, et pour ce que en ce
temps et tousjours est bon de faire et garder justice
et que les traitres et mauvais murtriers soient punis
nous donnons en mandement dès maintenant à tous
baillis, officiers, maieur et eschevins et autres justiciers de la dite conté dartois que de telz malfaiteurs
comme dit est ils facent brief hastive et deue justice

et exécution chascun en droit soi si comme à lui appartiendra en telle manière que il soit exemple aulx autres.

Donné à Mesi[1] le xxv° jour de juing l'an de grace mil cccxl et vi et sont ainsi signé
par le roi Lorrys.

Et nous en ce transcript avons mis le scel de la prevosté de Paris lan et le jour dessus dit.
Signé : illisible.

Collation faite.

  (Arch. de Saint-Omer, CLXXII-18. — Deux fragments de sceau.)

IV

16 octobre 1348

Lettres de non préjudice données par Enguerrand de Beaulo, bailli de St-Omer, aux échevins de cette ville qui avaient consenti à ce que plusieurs bourgeois pussent se rendre aux Franches vérités en qualité de témoins.

A tous ceulx qui ces présentes verront ou orront. Engherram de Beaulo chevalier Baillieu de Saint Omer salut : Comme à tenir la derraine verité sur le Bruyère laquelle se fist le diemenche prochain devant le Toussains et laquelle on a acoustumé à tenir de sept ans en autre nous requismes à honnerables et discretes personnes Mayeurs et Eschevins de la ville de Saint Aumer que il de grace nous vaussissent prester plusieurs leurs Bourgoys pour produire en cause de

---

1. Mezy, arrond. de Versailles, canton de Melun (Seine-et-Oise).

tesmoingnage, laquelle chose nous fu accordée de grace et sans préjudice comme dessus : Sachent tous que nous recognissons que les choses ainssi faites ne doivent porter préjudice aulxdis Maieurs et Eschevins ne à leur burgage en propriété ne en saisine pour le temps présent ne avenir, ne ne poons ne devons proposer ou maintenir par la grace de che à nous faite que li dit bourgois autrefoys doient aller à le dicte vérité pour déposer ou autrement par notre contrainte. En tesmoing de che nous avons mis le scel de ladicte Baillieue à ces présentes lettres faites et données le diemenche dessusdit l'an de grace mil ccc quarante et wit.

(*Arch. de Saint-Omer,* CXXVIII-6. — Sceau du bailliage sur double queue de parchemin.)

V

1358

Copie sous le scel du chapitre de St-Omer :
1° *D'une lettre du roi écrite de Londres le 30 novembre aux échevins de St-Omer leur ordonnant de coopérer à la destruction du château du s^r de Beaulo*[1], *bailli de St-Omer, convaincu de trahison ;*
2° *D'une lettre du bailli d'Amiens du 2 janvier à Er-*

---

1. Le château de Beaulo, dans la forêt d'Eperlecques, au nord du hameau de Ganspette, quartier de Northout, avait une certaine importance, il était placé dans un endroit alors peu accessible, à égale distance des forts de Watten et de Ruminghem et du château d'Eperlecques. C'est aujourd'hui une ferme dont l'emplacement ainsi que celui des anciens fossés contient environ 3 h. 55 ares.

noul de Créquy, bailli de St-Omer, *contenant vidimus d'une lettre écrite au nom du roi Jean datée de Londres le 6 novembre relative au même objet ;*
3° *Et du procès-verbal de destruction du château le 15 janvier.*

Donné par copie soubs le scel du prévost, doyen et capitre de léglise de Sainct-Aumer le vıı° jour du mois de may lan de grâce mil ccc soissante et sept.

1°

Jehan, par la grace de dieu Roys de france A nos très chers, féauls et bien amés subgies les maieur et eschevins, bourgois, habitans et tout le commun de notre bonne ville de St Aumer salut et dilection. Il est venu à notre congnoissance par la relation et tesmongnage de pluiseurs gens dignes de foy que li sire de Beaulo, nostre homme lige et subgiet et nostre bailli juré du bailliage de nostre dicte ville de Saint Aumer, se est rendu et fait nostre ennemy et mis en rébellion contre nous et nostre royaume, et sest mis et alié en layde, obéissanche et compaingnie du Roy de Navarre et des autres ennemis de nous et de notre royaume, en venant contre sa foy, loyauté et serrement, et en encourant crime de lèse majesté et trayson notoirement contre nous et la couronne de France. Pour quoy nous vous mandons et commettons que sur toute lamour, féaulté et loyauté que vous avez à nous et à ladicte couronne de France vous, avoeqs nostre bailli dAmiens, vous transportés en la maison ou chastel de Beaulo, principal hébergement dudit sire, lequel avoeqs tous ses biens moebles et nomoebles sont confisqués et appliqués à nous pour les causes dessus dictes, et ycelle maison et castel et tous les autres édifices et lieux appartenant audit sire de Beaulo mettez et faites mettre réalment et de fait par terre, fondre, abatre et arraser et mettre en perpétuel ruine en signe de trayson et rébellion faittes par ledit sire de Beaulo contre nous et la couronne de France. De ce faire vous donnons povoir, commandement et auctorité par le teneur de ces présentes, mandons et commandons a tous les boins et loyaus subgiez et bienvuellans de nous et de notre royaume, requérans tous autres que en ce faisant vous donnent conseil, confort et aide de tout leur pooir sur lamour foy et loyauté que ils dovent à nous et à la couronne de France.

Donné à Londres le pénultieme jour de novembre lan de grace mil ccc chincquante et huit. Ainsi signées. Par le roy. J. Royet (?).

2°

Item. Guillaume, sire de Bours, chevalier le roy nostre sire et son baillieu d'Amiens, A nos amés mons. Ernoul de Créqui chevalier, bailli de St Aumer, Thumas de Renti escuier, Jehan de Baigneux sergeant du Roy nostre sire, ou à lun deaux auquel ces lettres venront salut et dilection. Nous avons recheu les lettres du Roy nostre sire contenant le fourme qui sensuit :

De par le Roy, bailli d'Amiens, nous avons entendu que li sires de Beaulo, lequel estoit nostre homme lige et nostre bailli de St Omer, en venant contre sa foy et loyauté, soit et sest mis en rébellion et fait rebelle et annemy de nous et de nostre royaume, et sest mis en lobéissanche et bienvuellance du roy de Navarre, pourquoy il a commis crieme de lèse majesté, et par conséquent sont tous ses biens acquis et confisqués à nous et non à autre, à cause de notre royal majesté. Cy vous mandons et commandons que tantost et sans délay ces lettres veues, vous fachies assambler des bonnes gens de votre bailliage et dailleurs selonc ce que boin vous semblera à faire, et toutes les maisons et hébergemens dudit sire de Beaulo, tant son hébergement appelé Beaulo, comme quelcunques autres à li appartenans, vous faites abatre et mettre par terre et en perpétuelle ruine en signe de trayson, et ce fait si et par telle manière que ce soit exemple à tous autres qui vauroient faire et commettre tels cas de crieme contre nous et nostre majesté royal, et gardez que ceste cose vous fachiés si diligament que vous nen puissiés estre reprins de négligence.

Donné à Londres le vi° jour de novembre, signé de nostre main : Jehan.

Par le vertu desquelles lettres dessus transcriptes et en icelles entérinant, nous vous mandons et commettons que vous vous transportés ou dit castel ou maison de Biaulo, avoec vous tant de ouvriers et de gens expert que vous venrés que boin sera, et icelli abatés ou arrasés, fait abatre ou arraser par telle manière que mauls ou inconvéniens nen puist venir as bonnes villes ou plat pais dentour, ce fait si que dessus ny ait et que li roys nostre sire en ce soit obéis, de ce fait nous donnons pooir commander à tous les subgies dudit bailliage, prions et requérons à tous autres qu'à vous en ce faisant déligament obéissent et entendent et vous prestent force, conseil, confort et ayde, se mestier en avés et vous les en requerés.

Donné soubs le scel de ledicte baillie le penultième jour de décembre l'an mil ccc LVIII. Signé J. Dargion (?).

3°

Item. A tous ceuls qui ces présentes lettres verront ou orront, Thomas de Renty escuier et Jehan de Baingneux sergeant du roy nostre sire ou bailliage d'Amiens salut. Sachent tout que par le virtu de le commission et mandement de noble homme et sage nostre cher seigneur et maistre monsieur le bailli damiens, parmy le quelle..... commission donnée soubs le scel de le bailli damiens notre présente relation est annexée. Nous nous transportâmes en le ville de St Aumer le 11e jour de jenvier lan de grace mil ccc chinquante et wuit, et là trouvasmes Ernoul de Créqui, chevalier, bailli de St Omer, Jehan de Norhoud escuier, qui le castel et maison de Beaulo avoit en warde de par monsieur de Gongnelieu gouverneur dartois si comme il cognut pardevant nous, et ce fait comandasmes audit Jehan de par le roy notre sire que, sur quaques il se poeit meffene envers luy, il nous délivrast ledit castel de Beaulo, par quoy nous peussons entériner le mandement dudit mons. le bailli, et comandasmes audit bailli de St Aumer qu'il nous prestat en ce confort et aide pour ledit mandement entériner et constraindre ad ce le dit Jehan quil nous rendesist ledit castel, li quels Jehan dist quil saviseroit pour faire tout ce quil devroit par raison. Et ce fait, de requieff ledit jour nous transportasmes pardevers ledit bailli et pardevrs mayeurs et eschevins de le ville de St Aumer en leur halle là où assemblé estoient, et là vint ledit Jehan de Norhoud, et encore luy comandasmes en la présence dudit bailli et des dis mayeurs et eschevins, que ledit castel nous rendesist, li quels, après pluiseurs parolles, et lui sur ce advisé, nous dist et respondit que volentiers obéiroit à nos dis commandemens, et que lendemain nous fussons au lieu et ledit bailli de S¹ Aumer, et le dit castel il nous délivroit. Et ledite réponse faite nous commandasmes audit bailli et ausdis mayeurs et eschevins quils nous prestassent confort et aide de gens darmes et de pié, de arbalestiers, darchers, de machons, de carpentiers et de maniouvriers pour deuement entériner ledit mandement et commission à nous adrechié ; adquoy nous respondirent li dit mayeur et eschevins que as dis comandement si que fait leur aviesmes et fait faire par le dit bailli de S¹ Aumer il estoient prest de obéir comme vrays et loyaux subgies, et de nous baillier confort et aide de tout leur pooir pour les mandements du roy notre sire et dudit monsieur le bailli damiens entériner, et telle quantité de gens et douvriers que nous len requerismez il nous baillièrent bien et aimablement, et ce fait, lendemain nous nous transportasmes audit castel de Beaulo, ledit bailli de S¹ Aumer estant avoec nous et ceux de le ville de S¹ Aumer devandicts que requis aviesmes, avoec plusieurs autres du plat pais denviron que à nostre commandement y vindrent pour nous conforter et aidier, et nous là venus, lidit Jehan ouvrit ledit castel et y entrasmes, et nous entrez ens ledit castel et maison feismes abattre et arraser au mieux que nous avons peu pour le service des villes et du plat pais d'environ selonc le fourme et teneur de ledite commission. Toutes les coses dessus dites vous certifions ainsi estre fais par le tesmoing de nos seaulx mis à ceste relation faite le xv⁰ jour de jenvier lan dessus dit.

        (*Arch. de Saint-Omer,* CXLVI·3. — Scel aux
          causes du chapitre entier : empreinte en

cire rouge forme ogivale, S¹ Omer debout bénissant et avec ses insignes épiscopaux, légende : + SIGILL' ECCL'IE SCI AVDOMARI IN CAVSIS.)

VI

13 septembre 1363

Lettres du gouverneur d'Artois au bailli de St-Omer qui, contrairement aux franchises de la ville, était entré en la maison d'un bourgeois et y avait fait exploit de justice sans avoir appelé les échevins.

Tristan du Bos, chevalier, seigneur de Famechon, gouverneur de le conté d'Artois, au bailly de Saint Omer salut et dilection.

Nous avons entendu de la part des mayeur et eschevins de le ville de Saint Omer que vous bailly en alant contre les previlèges, franchises, libertés et juridiction de le ditte ville, vous et votre sergent estes entrés en le maison d'un de leurs bourgois nommé huc Pauls, et y fait ou fait faire exploit de justice, et depuis pris un leurs bourgois nommé Mandemacre en my les rues asés prés de leditte maison sans avoir appellé les eschevins dessus dis, que faire ne poiés si quil dient, requérans que par Nous fuissent en ce pourveu de remède convenable, et pour ce que nous vaulrions tous jours à nostre pooir les dis mayeur, eschevins et le ditte ville conserver et garder en leurs drois, usages, libertés et franchises, premiers gardé le droit et juridiction de madame d'Artois, nous nous sommes accordés avec yaux par tel manière que les dis explois et œuvres par vous faites ou fait faire, se fait sont, seront et sont couté pour nuls et comme non avenus, et que au droit de le juridiction de le dite ville ne faichent ne puissent faire ou porter aucun préjudice. Sy vous mandons que ainsy le faites et accordés avec les dis mayeur et eschevins parmy pour les cas dessusdis il ne demoeurent en riens grevé ou préjudicié en leur loy et jurisdiction ne aussi à leurs previlèges franchises et libertés.

Donné à Saint Omer sous nostre scel le xiiie jour de septembre l'an mil cccLx et troys.

  (Arch. de Saint-Omer, AB. XXI-4. — Sceau de cire vermeille sur bande de parchemin.)

VII

24 décembre 1364

Lettres de Charles V, roi de France, demandant à l'évêque[1] *de Térouanne de ne pas tolérer dans les églises les réunions de malfaiteurs abusant du droit d'asile.*

Charles par la grace de Dieu Roy de France, A nostre amé et féal cousin l'evesque de Thérouenne salut et dilection.

Nous avons entendu par le grief complainte de nos amez les maire et eschevins et communaulté de la ville de Saint Omer disant que comme plusieurs malfaiteurs clercs et lays soient conversans et font plu-

---

1. L'évêque était alors Egidius Aicelin, 1357-1368 *(Gall. Christ.)*

sieurs assemblées ès églises de la dite ville de Saint Omer, et en plusieurs autres lieux de vostre eveschié, aux quels nos officiers nosent mettre la main ne les prenre pour la révérence de sainte Eglise, laquelle chose est en grant péril et dommage de noùs et des diz complaignans sil est ansin. Pourquoy nous vous mandons que ces choses dessus dictes vous pourvéez hastivement de tel et si convenable remède comme il appartient à faire en tel cas, par quoy péril ne se puisse ensuir ou temps à venir, car sachies se défaut y avoit par vous il nous en desplairoit formement, et y pourverriens de remède en vostre défaut.

Donné à Paris le xxiiii° jour de décembre lan de grâce mil ccc soixante et quatre.

es requestes de lostel
Hugo.
(Arch. de Saint-Omer, CLXXII-20. Original. — Sceau de cire blanche brisé.)

VIII

28 janvier 1364

L'official de Térouanne prescrit au doyen de chrétienté de ne pas tolérer les réunions dans les églises de malfaiteurs abusant du droit d'asile.

Officiale Morinense Decano christianitatis Sancti Audomari salutem.

Cum nonnulli malefactores banniti et alii prave conditionis et fame se reposuerint et reponant sepius in ecclesia Sancti Martini in insula apud Sanctum Audomarum et aliis ecclesiis dicte villæ, et in eis latitaverint et latitent de die et de nocte vilia et inhonesta in dictis ecclesiis facientes et ab his cessare non formidant, ymo sepius ab iisdem ecclesiis exeuntes dampna intulerunt et minas prolibet personis, sub spe immunitatis ecclesie habende et dampnis datis et illatis injuriis ad easdem ecclesias redeunt, pro quibus commissis et perpetratis dicti malefactores dicta immunitate gaudere non debent. Quapropter mandamus vobis, quatenus si fit, ita moneatis quoscumque tales malefactores in predictis ecclesiis ubi permittitur latitantes et de quibus ex parte venerabilium et providorum virorum majorum et scabinorum dicte ville Sancti Audomari fueritis requisiti, ut infra triduum post dictam monitionem sibi factam a dictis ecclesiis exeant et recedant de cetero non revertantes ad easdem, eisdem comminando quod nisi dicte monitioni paruerint cum affectu pronunciabitis, vice nostra, eos immunitate ecclesie non debere gaudere. Quibus monitione et comminatione sibi factis, si eis non obtemparerunt, vobisque per legitimam informationem constitent ipsis sub consideratione protectionis hujusmodi talia commississe, dicto triduo elapso, pronuncietis et decernatis loco nostri eos tales omnes malefactores immunitate predicta non debere gaudere, nec impediatis quoscumque justiciarios laicales ad capiendos ipsos in dictis ecclesiis seu aliquibus eorumdem, dum tamen si clerici fuerunt eos vobis reddantur et restituantur ad nos suum judicem ordinarium adducendo dictos justiciarios ad restitutionem dictorum clericorum nobis faciendam per censuram ecclesiasticam si opus fuerit compellentes, vobis enim quantum ad premissa et ea tangentia continuimus vices nostros.

Datum sub sigillo curie morinensis anno domini

milles ccc lxiiii, feria quinta ante festum purificationis beate marie virginis.

(Arch. de Saint-Omer, CLXXII-20. Original. — Fragment de sceau.)

IX

27 mars 1432

Lettres de Philippe le Bon, duc de Bourgogne, comte d'Artois, ordonnant que ses sujets laïques ne soient point soumis pour les causes civiles à la juridiction ecclésiastique.

Philippe, par la grace de Dieu duc de Bourgoingne, de Lotharingie, de Brabant et de Lembourg, conte de Flandres, Dartois, de Bourgoingne palatin et de Namur, marquis du Saint Empire, seigneur de Salins et de Malines. A tous ceulz qui ces présentes lettres verront salut. Savoir faisons que pour ce que tant par nos bailliz et autres officiers comme aultrement sommes deuement informez et acertenez des griefz vexations, travaulx et dommaiges que les official et autres officiers de la court espirituelle de Thérouenne ont long temps jà faiz et font chacun jour à nosd. officiers et subgez, tant en vouloir actribuer à euls en cas civils la cognoissance de nos subgez lays et vivant layement comme autrement en entreprenant sur nous et nostre jurisdiction, et dont pour prières, requestes ne sommacion que leur en aions faittes et fait faire par lettres et de bouche par pluseurs de nostre conseil, que pour ce par diverses foiz avons envoyé devers eulx, ne se sont voluz abstenir ne deporter, ou grant grief, préjudice et dommaige de nous et nosdits subgez, Nous qui voulons garder notre dite seigneurie et nos diz officiers et subgez deffendre des dessusdictes vexations et travaulx desordonnez et desraisonnables comme raison est et tenus y sommes, Avons par bon advis et meure délibéracion de conseil ordonné et ordonnons par ces présentes que doresenavant aucuns de nosdis subgez lais et vivant layamment ne sortiront juridiction pour actions civiles en lad. court spirituelle de Thérouenne, quelque commandement que par citation, monicion ou autrement leur en soit ou puist estre fait en quelque manière que ce soit, sur paine de soixante livres damende à nous à applicquier pour chacune foiz que aucun diceulx nos subgez des condicions dessus dittes fera le contraire. Si donnons en mandement à nos souverain bailli de Flandres, à nos baillis à Gand, Bruges, Ypres, et à tous nos autres baillis justiciers et officiers de nosdis contez et pais de Flandres et Dartois, et à chacun deulx si comme à lui appartiendra, que notre dite ordonnance facent publier solempnelment en tous les lieux acoustumez à faire criz et publicacions ès mettes de leurs dis offices tellement que aucun ne en puist prétendre cause dignorance, et se aucuns après ladicte publicacion faisoient le contraire les contraignent par prinse de corps et de biens à nous paier la dicte amende sans aucune dissimulacion ou déport. En oultre voulons et leur mandons expressement que si aucune citation, monicion, commandement ou deffense se faisoit au contraire par les gens et officiers de ladicte court espirituelle de Thérouenne, que les exécuteurs desdictes citations monicions, commandemens ou deffenses soient prins réalment et de fait et iceulx mis prisonniers soubz bonne et seure garde en lune de nos forteresses sans en faire quelque délivrance sans notre especiale ordonnance et commandement. Car ainsi nous plaist et voulons qu'il soit fait, et leur donnons plain pouvoir auctorité et mandement espécial. En tesmoing de ce nous avons fait mectre notre seel de secret en absence du grant à ces présentes. Au vidimus desquelles fait soubs scel auctentique voulons plaine foy, estre adjoustée comme à ce présent original.

Donné en la ville de Middelbourg le xxviie jour de mars lan de grace mil quatre cent trente et deux. Ainsi signées par Mons. le duc.

(Arch. de Saint-Omer, CLXXIII-13. Original. — Sceau presque entier.)

X [1]

8 février 1500

Ordonnance de Philippe le Beau, archiduc d'Autriche, 14me comte d'Artois, touchant la réformation de la Loy de la ville de Saint-Omer.

Phelippe par la grâce de Dieu Archiducq d'Austrice, Duc de Bourgoingne, de Lothier, de Brabant, de Steyr, de Karinte, de Carniol, de Lembourg, de Luxembourg et de Gheldres, Conte de Flandres, de Hasbourg, de Tirol, d'Artois, de Bourgoingne palatin et de Haynau, Lantgrave d'Elsacce, Marquis de Bourgauw et du St Empire, de Hollande, de Zellande,

---

[1]. Nous avons cru, pour cette pièce et pour quelques-unes des suivantes, qu'il était indispensable d'en numéroter les articles afin de faciliter les recherches et les citations.

de Ferrette, de Tibourg, de Namur et de Zuytphen, Conte seigneur de Frise sur la marche d'Esclavonie, de Portenauw, de Salins et de Malines. A nostre amé et féal conseiller et maistre des requestes ordinaires de nostre hostel, maistre Louis Du Bacq, salut. Comme il soit venu à nostre congnoissance que nostre ville de St Omer, laquelle est une des bonnes et principalles villes de nos païs bas de par deçà située en frontière, au moien des guerres et divisions qui ont régnez en nosdis pays est tellement appauvri, diminué et amoindrie tant de peuples, marchandises et négotiations comme de biens et chevances, que se par bon ordre, règle et pollice elle n'est aydié, secourue et addreschié, fait à doubter que à travers le temps elle pourra tumber en grande ruyne et désolation, sçavoir vous faisons que Nous, ces choses considérées, désirant pourveoir au bien relièfvement et ressource de nostred. ville de St Omer, et éviter le mal, ruyne et désolation d'icelle, avons, à bonne et meure délibération de conseil, advisé, ordonné et conclud les points, articles et provisions qui s'ensuivent :

I

Premièrement que le Loy de nostred^{te} ville de St Omer que l'en a accoustumé renouveller chacun an en la veille des Roys sera doresenavant crée et renouvellée en la manière cy après déclairiée :

Assavoir que les quatre premiers des douze eschevins seront pour cette foies par vous fais et crées en nostre nom, appellé avecq vous nostre Bailli dudit St Omer, et les aultres huit eschevins serront fais et crées selon l'ordonnauce sur ce faicte par feu nostre très chier Seigneur et Bisayeul le Duc Philippe, que Dieu absoille, en l'an quarante sept.

II

Et les autres années ensuivans ladᵉ Loy se renouvellera chacun an ladᵉ veille des Roys, et serront les quatre premiers eschevins fais et crées par nostre dit Bailly de Sᵗ Omer présent et advenir ou son lieutenant et les autres huyt selon ladᵉ ordonnance faicte aud. an quarante sept.

III

Item que le Mayeur de nostredᵉ ville de Sᵗ Omer se fera et eslira chacun an de l'ung desd. douze eschevins en la maniere accoustumée par l'advis toutes foies de nostred. Bailly.

IV

Item que tous lesdis eschevins sy tost quils seront créés et esleus se nommeront et prononcheront par ordre et serront assis au bancq durant leur eschevinaige selon qu'ils serront nommés et prononchiés.

V

Et led. Mayeur ainsy esleu fera son lieutenant de l'ung desd. eschevins tel que bon lui semblera, lequel lieutenant aura et tiendra son rang accoustumé.

VI

Et sil advenoit que led. Mayeur fust malade ou absent pour ses affaires ou pour ceulx de la ville, en ces cas sond. lieutenant tiendra son lieu et précèdera les autres eschevins durant la maladie ou absence dudit Mayeur.

VII

Item que nostred. Bailly de Sᵗ Omer, en prenant le serment desd. Mayeur et eschevins, leur fera entre aultres choses solempnellement jurer que pour parvenir à l'estat auquel chacun d'eulx sera promeu et ordonné ils n'auront fais ou fais faire directement ou indirectement aulcunes requestes, poursuites, dons ou promesses en manière quelconque.

VIII

Item et pour soulaigier et relever nostred. ville de St Omer des charges esquelles est elle présentement accablé, avons ordonné et ordonnons comme dessus que led. Mayeur n'aura ne prendra que quatre vingts livres de quarante gros de gaiges par an au lieu de six vingts livres, son lieutenant vingt livres au lieu de quarante, et chacun des eschevins douze livres au lieu de quatorze qu'ils en solloient avoir par cy-devant.

IX

Item arront lesd. Mayeur et eschevins doresenavant le tierch moins de cyre qu'ils ne ont eu par cy devant : assavoir lesd. Mayeur trente deux livres au lieu de quarante huyt, et chascun desd. eschevins seize livres au lieu de vingt quatre.

X

Et quant au vin, le Mayeur en porra prendre et avoir chacun an pour sa provision huyt muids et chacun eschevin quatre muys en cercle seulement sy avant quils soient despensés en leurs maisons sans les vendre ou en prendre argent ou aultre chose plus avant à la cherge de ladite ville ou d'aultre.

XI

Item que l'argentier de nostre dite ville aura et prendra doresnavant quatre vingt livres de gaiges par an lieu de soixante, pourveu quil ne tiendra aucun clercq à la cherge de ladite ville, laquelle cherge ensemble les gaiges y appartenans nous avons aboly et abolissons par cesd. présentes.

XII

Item que les sergens à verghe de lad^e ville arront et prendront doresenavant chacun quinze livres parisis par an seullement au lieu de vingt qu'ils en ont eu jusques olres.

XIII

Et quant aux gaiges d'aultres officiers, tant de greffier, portier que aultres, nous les avons remis et remettons à la discrétion et ordonnance de nosd. Bailly Mayeur et Eschevins de S₁ Omer pour par eulz estre diminué et en ordonner selon qu'ilz verront estre utile et prouffitable pour ladite ville.

XIV

Item s'il advenoit que pour aulcunes affaires qui porroient survenir à nostre ville, fust pour nous furnir aulcuns deniers ou pour employer à la réparation et fortiffication d'icelle ville ou à la conduite des procès quelle porroit avoir ou aultrement, leur convenoit desbourser aulcuns deniers, que lesd. Mayeur et Eschevins ne le porront entreprendre ne faire aucune despense à lad^e ville pour quelque affaire que ce soit que de la somme de cent livres pour une foies sans le sceu et consentement de nostred. Bailly, des Eschevins de l'année derraiue et aultres notables de lad. ville.

XV

Lesquels Bailly, Eschevins et notables seront tenus eulz trouver en la halle de ladit^e ville toutes et quantesffoies que pour les affaires de lad^e ville requis en serront, à peine de dix livres pour touttes les foies qu'ilz en en serroient défaillans, s'en est touteffoies qu'ilz monstrent et facent promptement apparoir densonne legitisme.

XVI

Et sera laditte paine applicquié assavoir les deux pars à nostre pourffit et l'aultre tierch au pourffit de nostred. ville.

XVII

Et ce que par lesd, Bailly Eschevins et notables sera advisé et conclud pour le bien de lad. ville sera incontinent accomply et exécuté.

XVIII

Item que après le bail des fermes de nostred. ville de S¹ Omer lesd. Mayeur et Eschevins ne aultres officiers ne porront faire aulcuns édits, statuts, ordonnances ou deffences au préjudice desd. fermes sans cause raisonnable.

XIX

Item que doresenavant lesd. Bailly, Mayeur et Eschevins pourverront à la garde des clefs des portes allencontre du capitaine d'icelle ville, de gens de bien soit en loy ou non, lesquelz arront pour leurs paines et labeurs tels gaiges que par notred. capitaine et lesdis de la loy leur seront pour ce tauxés et ordonnés, en diminuant touteffoies les gaiges qui y sont aprésent.

XX

Item que tous les poincts et articles contenus en lad⁰ ordonnance faicte audict an quarante sept touchant la police de nostre dite ville de S¹ Omer dont cy dessus est faicte mention et ausquelz par ceste présente ordonnance n'est contrevenu ou derroghé demourront en leur force et vigheur, et serront doresenavant entretenus et observés selon leur forme et teneur tout ainsy quils ont esté jusques olres, le tout par manière de provision et jusques à nostre rappel ou que par nous en sera aultrement ordonné.

Sy vous mandons et commettons par cesdites présentes que, incontinent et sans délay, vous vous transportés en nostred. ville de S¹ Omer, et illecq appellé nostred. Bailly ou son lieutenant, vous procédés au renouvellement de la loy d'icelle ville pour ceste foies selon que dessus est déclairé, et au sourplus mettés ou faites mettre à exécution les autres poincts et articles dessusd., et icculz faites publier par nosd. Bailly et aultres officiers de St Omer, en manière quils soient gardés, observés et entretenus selon leur forme et teneur et que nul ne puist prétendre cause d'ignorance ; ausquels nos Bailly et officiers mandons aussy par les présentes que ainsy le faicent sans aulcun contredict ou difficulté, car ainsy nous plaist-il, et de ce faire vous donnons pooir, auctorité et mandement espécial. Mandons et commandons à tous nos justiciers, officiers et subgcctz que avons en ce faisant ils obéisser et entendent dilligeamment.

Donné en nostre ville de Gand le viiie jour de febvrier l'an de grace mil chincq cens.

Ainsi signé par Monseigneur l'archiduc.

Haneton.

(*Archives de Saint-Omer*, CXXI-7. Copie. — L'original n'existe pas.)

XI

1er septembre 1506 [1]

Ordonnance de Philippe Ier le Beau, roi d'Espagne, portant révocation de l'ordonnance précédente.

Phelippe par la grâce de Dieu Roy de Castille, de

---

1. Suivant M. Giry, *Mém. des Antiq. de la Morinie,* t. XIV, p. 285), l'ordonnance de 1506 qui rendit à la ville de St-Omer la liberté de ses élections, est un « acte fort curieux qui mériterait une publication intégrale. »

Léon, de Grenade, de Tolledo, de Galice, de Séville, de Cordua, de Murcia, de Jahem, de Algarbes, de Algezira, de Gribaltar, des isles de Canarie, des Indes et isles de la terre ferme et de la mer occéane, Prince d'Arragon, des deux Secilles et de Jérusalem, Archiduc d'Austrice, Duc de Bourgongne, de Lothier, de Brabant, de Styer, de Karinte, de Carniole, de Lembourg, de Luxembourg et de Gheldres, Conte de Flandres, de Habsbourg, de Tirol, d'Artois, de Bourgongne palatin, et de Haynnau, Lantgrave d'Elsacce, Marquiz de Burgauw et du Saint Empire, de Hollande, de Zéellande, de Ferrette, de Tiburg, de Namur et de Zuytphem, Comte Seigneur de Frise sur la marche d'Esclavonie, de Portenauw, de Salins et de Malines. A tous ceulx qui ces présentes lettres verront salut.

De la part de noz bien amez les Mayeur et Eschevins de nostre ville de St Omer, tant pour eulx que pour tous les bourgeois, manans et habitans de icelle, nous a esté humblement exposé que feu nostre très chier seigneur et bisayeul le bon duc Philippe, que Dieu absoille, en l'an mil IIII^c XLVII, pour pourveoir au pollice et bien publique de lad^e ville, à grand et solempnel advis et délibération de conseil, après plusieurs informacions sur ce faictes par l'espace de deux à trois mois, et ce par pluisieurs bons, grands et notables personnages, feist certaine ordonnance sur le fait du renouvellement de la loy de lad^e ville qui se feroit par chacun an la veille des rois mesmement des Eschevins nouveaulx, desquels l'ung seroit Mayeur et qui, l'an ensuivant, seroient commis à régir et gouverner lad^e ville et faire droit et loy à ung chacun, par laquelle ordonnance fust dit et déclairé quelles personnes deveroient estre électeurs desdis Eschevins, et le serement quils feroient qui estoit très estroit, assavoir quilz esliroient selon leur entendement douze personnes légitimes et de léal mariage des plus notables et souffisans preudhommes de lad' ville de leage de xxviii ans pour le moins et au dessus, pour estre Mayeur et Eschevins de lad^e ville, sans avoir regard s'ils auroient autreffoies esté de la Loy ou non, et quils ne esliroient aucuns qui les en eussent requis ou fait requerre, que pour faire lad^e élection ils n'auroient prins ou prenderoient don ou courtoisie directement ne indirectement; fust aussi déclairé le serement que devoient faire les Eschevins qui seroient par eulx esleus, conforme au serement desd. Electeurs, et entre autres fust dist que père, fils, beau fils, beau frères, et cousins germains, oncles et nepveulx ne porroient estre Eschevins ensemble, et a esté ceste ordonnance estroitement observée jusques en l'an xve dernier ; et combien que durant icelle nostre ville de St Omer ait esté régie et gouvernée en bon ordre et pollice, et au moyen d'icelle ordonnance ont esté maintenus et entretenus les manans et inhabitans d'icelle en bonne paix, union, amitié et bonne intelligence par ensemble, qui estoit le bien de nous et de nos pays, ce néantmoins, audit an xve, au pourchas de feu lors Bailly de nostred. ville messire Denis de Morbecke, et sur ce quil nous remonstra que luy ne autres nos officiers, au moyen de lad^e ordonnance et manière de faire, ne avoient aucune auctorité ne telle obéissance quils deussent en lad^e ville et sur autre soit donné à entendre, nous, sans information précédente et lesdis exposans non oys, lesquelz de doubte d'escheoir en nostre indignation ny voussirent contredire, ce que autrement ils eussent pour le bien de nostred. ville volontiers fais, desrogasmes à icelle ordonnance, et entre autres choses, au lieu de ce que les douze Eschevins de nostred. ville par ladite ancienne ordonnance se eslisoient par grand nombre de bonnes personnes non suspectes et favorables fors au bien de lad° ville, nous ordonnasmes que, pour le temps dès lors à venir, ledit feu bailly et ses successeurs ou teurs lieutenans créeroient par chacun an les premiers quatre Eschevins de nostred. ville, en délaissant la création des huit autres Eschevins à la ditte ancienne ordonnance, ce toutesvoies par manière de provision et jusques à notre rappel seullement ; depuis lequel changement et nouvelle ordonnance pluisieurs envies, discordes, et malveillances se sont engendrées en nostred. ville tant entre les notables que autres manans et inhabitans d'icelle, et ny a esté le pollice tel ne si bon que paravant, et par icelle nouvelle ordonnance peut et porra le Bailly de S* Omer tousjours empeschier, se bon luy semble, que les plus notables de lad° ville soient en loy, assavoir par créer seullement l'ung des quatre premiers Eschevins parent ou affinis en ung des degrés dessus dit ausdis plus notables ou à l'ung d'eulx jà ne soit le premier Eschevin crée par led. bailly si souffisant que autres, qui tourne et plus tournera au préjudice et finallement à la désolation et ruine de lad. ville et desdis exposans, n'est moyennant notre provision si quils dient ; de laquelle attendu ce que dit est et en ayant regard que lad° ville, qui est située sur la frontière de France et d'Engleterre et à l'entrée de nostre pays et conté de Flandres et est, comme principal boluvart d'icelluy pays, de grande importance, et mesmement de les vouloir restituer au faict du renouvellement de lad. Loy à la bonne ordonnance de l'an xlvii, ils nous ont très humblement suplié et requis; Savoir faisons que Nous, ces choses considérées, après que sur icelles nous avons amplement et deuement fait informer, et désirans de tout nostre povoir pourveoir au pollice, ordre et bien publique de nostre dite ville de S‍t Omer, auxd. suplians, inclinans à leurd. suplication, avons, par l'advis de nos très chiers et féaux le sieur de Chierves, nostre cousin et lieutenanr général, du sire de Maigny, chevalier, nostre chancelier, et des gens de nostre grand conseil, à bonne et meure délibération, octroié, consenti, accordé et ordonné, ottroyons, consentons, accordons et ordonnons par ces présentes, que doresenavant, d'an en an, la veille des Roix, l'on se conduira et règlera au faict du renouvellement de la loy de nostred. ville de S‍t Omer selon l'ordonnance de l'an quarante sept de feu nostre très chier seigneur et bisayeul le bon Duc Philippe, et la forme et teneur de ses lettres quant au fait dudit renouvellement, et ainsi que auparavant l'an xv^c dernier et nostre dite nouvelle ordonnance l'on faisoit, laquelle nouvelle ordonnance au faict dudit renouvellement de loy nous avons par cesd. présentes cassé et aboly, cassons et abolissons, le tout tant qu'il nous plaira et jusques à nostre rappel. Si, donnons en mandement à nosdis lieutenant, chancelier, président et gens de notre grand conseil, Bailly de S‍t Omer et autres nos justiciers et officiers, leurs lieutenans et chacun d'eulx cui ce regardera, que de notre présens ottroy, consent et accord ils souffrent, faicent et laissent lesd. de S‍t Omer suplians joyr et user pleinement, paisiblement et sans difficulté. Car ainsy nous plaist-il. En tesmoing de ce nous avons fait mettre nostre scel ausdites présentes.

Donné en nostre ville de Malines le premier jour

de septembre l'an de grace mil cincq cens et six et de nostre règne le second.

Sur le replis : par le Roy.

Monsieur de Chierves lientenant général vous l'Evesque d'Arras et autres présens.

Signé du Blioul avec paraphe.
(*Arch. de Saint-Omer*, CXXI-7. — Scean entier.)

XII

18 novembre 1540

Décision de l'empereur Charles-Quint portant que le bailli de St-Omer pourra nommer quatre échevins au renouvellement de la Loy, donner sa voix à l'élection du mayeur, et réglant ses privilèges comme capitaine [1].

. . . .
. . . .

Sa Majesté, désirant lesd. parties [le grand bailli et le Magistrat] tenir en bonne amitié et union et obvier à tous débatz et questions, à grande et meure délibération de conseil, par l'advis de la reyne douayrière de Hongrie, de Bohème, notre régente et gouvernante des païs de pardeçà, des chevaliers de l'Ordre et de ceulx du conseil d'Estat, a ordonné et ordonne que doresenavant au renouvellement de la Loy de la dite ville de St Omer le bailli de St Omer pourra nom-

---

1. Le commencement de ce texte rappelle les contestations survenues entre le sr de Licques, bailli et les échevins, à propos des points qu'il décide.

mer, s'il est présent en icelle ville, ou absent envoyer par escript signé de sa main quatre personnes ydoines et qualifiez selon ladite ordonnance de l'an xiiie xlii pour estre eschevins d'icelle ville pour l'année advenir, et lesquelz seront tenuz d'accepter ledit estat à paine de soixante livres d'amende s'ilz n'ont excuses légitimes ou cause raisonnable au contraire.

Pourra aussi ledit bailli donner voix à l'élection du maieur et estre présent à l'élection des huit autres eschevins et jurez de lad^e année, pourveu qu'il ne pourra donner voix en lad. élection ni empescher la libre élection des autres, mais les admonester de choisir les plus gens de bien ; pourveu aussi que led. bailli sera tenu de faire serment d'eslire gens de bien légitismes et de léal mariage, de plus notables preud'hommes de lad^e ville comme font les autres esliseurs et de tenir secret ce qui sera dit et besoigné par lesd. esliseurs quant ilz procéderont à lad^e élection.

Et quant aux droiz de capitaine, Ordonne que en temps de paix le mot du guet se donnera par le maieur d'icelle ville qui ordonnera du guet et gardes des portes selon l'ordonnance que Sa Majesté en fera, sans que led. capitaine s'en puist entremettre ou en soit empeschié plus avant que luy sera permis par lad^e ordonnance ; mais en temps de guerre ou suspect, ou que Sa Majesté ou le gouverneur d'Artois l'ordonne, led. capitaine donnera le mot de guet et l'envoyera par sergeant sermenté au maieur d'icelle ville pour le distribuer comme il appartient ; aura aussi led. capitaine, principallement en tel temps, regard sur le guet et garde de ladite ville, des portes et clefz d'icelle, lesquelles portes ne pourront estre ouvertes sans présence ou consentement dudit capitaine ou son lieutenant, et se conduira ledit capitaine selon que par l'ordonnance luy sera permit et mandé, le tout sans préjudice de l'ordonnance de l'an xlvii, laquelle Sa Majesté veult en tous autres poincts estre gardée et observée, réservant à Sa Majesté pouvoir et auctorité de pouvoir changier et altérer ce que dit est à son bon plaisir et selon que pour le bien, tranquillité et seureté de lad^e ville il trouvera raisonablement convenir.

Ainsi fait et ordonné aud^t St Omer le dix huitieme jour de novembre l'an xv^c et quarante.
   Signé Charles.
et plus bas : moi présent Verreghen.
 (*Arch. de Saint-Omer,* CXXI-2. — Pas de sceau.)

XIII

21 octobre 1541

Ordonnance de la reine douairière, gouvernante des Pays-Bas, interprétant l'ordonnance de 1540 relativement aux droits et prééminences du bailli et capitaine, pour le mot d'ordre, les clefs des portes, la construction des nouvelles fortifications, etc.

Comme sur le différent cydevant meu entre le seigneur de Licques bailli et capitaine de la ville et bailliage de St Omer d'une part, et les maieur, eschevins et jurés d'icelle d'autre, pour raison et à cause des droictz, prééminences et prérogatives prétendues par ledict bailly et capitaine, etc..... La dite dame royne, aiant sur ce oy premiers les dits maieur et eschevins et en après le comte du Rœux, gouverneur de Flandres et Artois, désirant satisfaire à l'ordonnance de Sa Majesté impérialle, et par conséquent pourveoir à la garde et seureté de la ville de S¹ Omer, a, par meure advis et délibération des chevaliers de l'Ordre, des chiefs et gens du conseil d'Estat estans lez elle, au nom et de la part de Sa Majesté impérialle ordonné et ordonne par cestes, que en la dicte ville de S¹ Omer y aura ung coffre souffisans pour y metre les clefs des portes d'icelle ville, lequel coffre reposera en la maison eschevinalle, ayant ung enclastre et entrefens dont à chascun costé d'iceluy enclastre et entrefens seront mises lesdites clefs : à sçavoir, en l'ung où il y aura trois serrures et fermetures diverses des clefs des portes du Brûle, S¹ᵉ-Croix, Boullizienne et Arbostadt : et en l'autre lez dudict entrefens où il y aura seullement deux clefs pour l'ouvrir seront mises les clefs des portes du Haut-pont, Lizelle et l'Abbé : et pour ouvrir toutes lesd. portes seront commises dix personnes partie prinses desd. eschevins et l'autre desdits eschevins ou jurés au conseil, lesquels alternativement yront à l'ouvertures d'icelles portes, toutteffoies ne pourront entrer audict coffre qu'il n'y ait tousjours deux eschevins ou jurez audit conseil pour le moins à l'ouverture de chascun entrefens, et en tems de guerre ou suspect, outre les fermetures que dessus, sera mis aud. coffre une barre de fer où il y aura fermeture à chascun coté, dont d'icelle ledit capitaine et maieur auront chascun une clef sans lesquelles lesd. eschevins ou jurez ayans les aultres clefs ne pourront advenir audit coffre, bien entendu que en nuls temps on ne pourra faire ouverture des portes d'icelle ville de nuit et hors d'heure sans advertir et consentement dudit capitaine s'il est en la ville ; aussi les dits dénommés ne pourront faire nouveaux ouvrages ou autres d'importance pour fortification de la ville sans prendre et avoir d'advis du gouverneur d'Arthoys et dudict capitaine, et en outre ladicte dame reyne a ordonné et ordonne que le temps sera tenu et réputé pour suspect quand Sa Majesté ou le gouverneur d'Arthois le déclarera, aussi que le lieutenant de bailli ne se pourra mesler du guet ou garde qui se fera et continuera selon l'ordre jusques olres observé et l'appointement de l'empereur ci-dessus mentionné [1].

Fait à Bruges le vingtième jour d'octobre l'an quinze cens quarante ung. Au-dessous signé : Marie et au boult d'en bas estoit escript : par ordonnance de Sa Majesté et signé Verreghen. Enregistré par Mathieu de Vargelot, greffier principal.

(*G^d registre en parchemin*, fos 231 v° et 232).

XIV

13 novembre 1587

Ordonnance de Philippe II, roi d'Espagne. — Interprétation et règlement de la loy de la ville de Saint-Omer.

Phelippe, par la grace de Dieu roi de Castille, d'Arragon, de Léon, des deux Sicilles, de Hierusalem, de Portugal, de Navarre, de Grenade, de Tolède, de Valence, de Galicie, des Maillorcques, de Séville, de Sardaine, de Cordube, de Corsicque, de Murcie, de

---

[1]. Celui de 1540.

Jean, des Algarbes, de Algézire, de Gibraltar, des isles de Canarie et des Indes tant orientales que occidentales, des isles et terres fermes de la mer Océane, Archiduc d'Autrice, Duc de Bourgoingne, de Lothier, de Brabant, de Limbourg, de Luxembourg, de Gueldres et de Milan, Comte de Hasbourg, de Flandres, d'Arthois, de Bourgoingne, de Thirol, palatin et de Haynnau, de Hollande, de Zéelande, de Namur et de Zutphen, Prince de Suave, Marquis du S‍t Empire de Rome, Seigneur de Frize, de Salins, de Malines, des citez, villes et pays d'Utrecht, d'Overissel et de Groeninghe et Dominateur en Asie et en Afrique.

A tous ceux qui ces présentes verront salut.

Comme ainsi soit que cy devant avoit esté remarqué que ceux qui en nostre ville de Saint-Omer avoient esté faits et créez maieur et eschevins demeuroient en office alternativement et an après aultre leur vie durant, cuidans plusieurs que ce fut leur héritaige, dont seroient procédez divers abuz, le bon duc Philippe de Bourgoingne nostre prédecesseur, pour y rémédier et redresser aulcuns aultres poinctz au faict de la police, auroit par ses lettres patentes en date du dixième de décembre 1447 donné quelques réglemens que l'on debvoit dès lors en avant tenir, si sommes nous deuement informez mesmes par les rolles ou listes de ceulx y aians esté mis en loy de plusieurs années, que l'on soit retombé au mesme inconvénient, aiant esté semblable succession alternative pratiquée et continuée jà plusieurs années, du moings avecq bien peu de changement, venant bien à présumer que les esliseurs et aultres entremis au renouvellement de loix, comme se tenans astraintz à ladite continuation, souvent ont eu plus de regard à icelle que au vray et légitime choix des plus capables et zéleux au service de Dieu et le nostre, à laquelle succession l'on a tant favorisé que ceulx qui une fois sont descheuz d'icelle, si après que l'on les y remect, ordinairement l'on les colloque au dernier rang comme nouveaux et si oncques ils ne fussent été en loy et sans prendre considération à l'auctorité et respect que souvent méritent leurs eaiges, longue expérience et précédens services, par où est grandement restraincte et préjudiciée la liberté de ceulx qui créent le Magistrat, qui souvent pourroient choisir personnes plus ydoines que ceulx de la loy précédente, pour le subject que aultrement ils auroient de tous bourgeois de qualité et de zèle universellement par toute la ville ; ayans aussy aulcune fois esté choisis des esliseurs trop jeusnes et non assez qualifiez pour avoir deue cognoissance et expérience de ceulx qui y sont le plus idoines ; Pour à quoi remédier et pourveoir qu'en nostre dite bonne ville de St Omer soyent créez Magistrat dont puissions avoir toute confidence, et espérer avancement de ce que concerne nostre service avec le bien et repos d'icelle, suivant l'exemple dudit bon duc Philippe et aultres nos prédécesseurs, par forme d'interprétation et réglement, Avons ordonné et statué, ordonnons et statuons par ceste :

I

Que pour ceste première fois, au regard des quatre que nostre bailli est accoustumé nommer de nostre part il suivra l'ordre que sur ce lui donnerous.

II

Et quant aux aultres huict, les eschevins et jurez de la communauté servant avecq les neuf esliseurs qu'ilz assigneront avec eulx qualifiez comme cy dessoubz quinze jours devant le temps du renouvellement de la loi prochain, nous dénomerons seize personnes les plus capables et zéleux à la religion catholicque romaine et nostre service qu'ilz pouront adviser, en y comprendant seulement quatre de l'an xv^c octante six, faisant de nouveau serment à ce pertinent ès mains de nostre dit bailli, pour desd. seize personnes estre pour ceste fois choisiz ceulx que bon nous semblera, mais deslorsenavant Voulons et ordonnons que soit ensuyvie la forme que s'ensuyt :

III

Premièrement, Que nostredit bailly, à chascune année quinze jours devant le renouvellement, nous advertira ou à nostre lieutenant gouverneur général de nos pays d'en bas, les personnes qu'il entend dénommer pour lad^e loy avec attestation de l'evesque ou son vicaire qu'ils sont tous asseurez et zéleux de la religion catolicque romaine.

IV

Et quant aux aultres eschevins, Voulons et ordonnons que les eschevins et jurez servans pour le temps, auparavant procéder au choix des esliseurs, facent serment pertinent de choisir iceulx en nombre accoustumé aians leaige de quarante ans pour le moings et par la longue et continuelle demeure en nostredite ville la meilleure cognoissance des personnes que l'on pouroit entremettre, et ce des plus notables et mieux renommés que en chascun estat se reconureront.

V

Veuillans que pour l'ung des curés y soit toujours emploié leur pasteur principal l'evesque dudit St Omer ou son vicaire.

VI

Lesquels esliseurs seront tenus avec lesd. eschevins et jurez servans, après nouveaux serment à ce pertinent, de faire le choix des plus idoines qualifiez expertz et de ceulx qu'ilz tiendront le plus zéleux et affectionnez à la religion catholicque romaine et nostre service, sans y faire quelque différence des officiers d'aultre jurisdiction ou de drappiers jusques à ce que sur requeste par nous soit ordonné ce que de raison.

VII

Saulf qu'ilz ne pourront dénomer de ceulx qui seront esté au Magistrat ayans servy devant eulx immédiatement que quatre personnes.

VIII

Et que soyent bien observées les précédentes ordonnances sur l'incompatibilité pour les degrez de consanguinité et affinité, veuillans et ordonnans aussy que les voix données par eulx qui seront à ladite élection tant du Magistrat que des esliseurs à leurs parens en degré si proches aussy bien d'affinité que consanguinité qu'ilz ne pourroient ensemble estre en loy, ne soient tenues de valeur.

Si Voulons et ordonnons bien expressément que les promuz audit Magistrat soyent collocquez selon le rang que ung chascun d'iceulx pour sa qualité, expérience et précédens services sera trouver mériter.

X

Procédant en oultre à l'élection du maieur, des eschevins et de son lieutenant, ensemble du maieur des jurez en présence de nostre dit bailly et se réglans selon les précédentes ordonnances, sans en faire ou suyvre aulcune interprétation ou nouvelle introduction que premièrement ils n'ayent sur ce obtenu nostre octroy et permission.

Si donnons en mandement à nos très chers et féaux les chief présidens et gens de nos privé et grand consaulx, présidens et gens de nostre conseil en Artois, bailly de nostredite ville de S* Omer, et tous aultres nos justiciers et officiers qu'il appartiendra, que ceste nostre présente ordonnance et statut ils facent ponctuellement, perpétuellement et inviolablement garder, entretenir et observer selon sa forme et teneur, car ainsy nous plaist il.

En tesmoing de ce, nous avons fait mectre nostre scel à ces présentes.

Données en nostre ville de Bruxelles le treizième jour de novembre l'an de grace mil cinq cens octante sept, de nos régnes assavoir de Naples et Hierusalem le xxxiiiie, de Castille, Arragon, Sicile et des aultres le xxxiie et de Portugal le viij^e.

Paraphé : Pamele.
Signé sur le replis : Par le Roy en son conseil,
D'inghien.
(Arch. de Saint-Omer, CXXI-12. Original. — Sceau royal en cire rouge pendant sur double queue de parchemin.)

XV

1634

Extrait des comptes du domaine de la châtellenie de St-Omer touchant les droits du châtelain.

Du compte du Domaine de la chastellenie de St Omer rendu pour le terme d'un an finy à la St Jean Baptiste 1634, étant en la chambre des comptes de Lille a été extrait ce qui suit :

f° cIIII^{xx}xIIIj

« Haulteurs et Seigneuries,

« Audit chastelain compète un Echevinage duquel

les Echevins doivent estre chevaliers, qui ont connoissance de tous francs alleux dont les héritages sont submis aux plaids généraux trois fois par an qui se tiennent au bourg dudit chastelain assavoir le xxe jour après le Noel sur l'amende de quatre sols parisis, le vendredy après le Quasimodo six sols parisis et le vendredy après le St Sacrement sur l'amende de soixante sols parisis, et ny a chevaliers qui se poewent excuser destre eschevin.

Luy appartient le tiers de toutes les amendes adjugées en laditte ville de St Omer par Mayeur et Eschevins de laditte ville, de toutes compositions faittes à cause dicelles, les rentrées des bannis dont mention est faite en son lieu.

Item, lui appartient le vent ès ville, bailliage et chatellenie dudit St Omer que nul ne poeult ériger molin sans le congé dudit chastelain.

Item, lui appartient la garenne des cignes que nul ne poeult avoir ny tenir cignes en icelle, sauf assavoir le s^r de Ste Aldegonde, le s^r du Vrolant, Louis de Rebecque, Mre Guillaume de Croix chacun une paire seulement ; le s^r de Morquinnes quatre paires et le prouffit de l'année par lettres patentes données en la ville de Bruges de Monsieur le bon ducq Philippes lan mil quatre cens vingt huit.

« Du rendaige de laquelle est répondu cy après.

« Et en plusieurs fiefs et autres ténemens de son bourcq et motte chastelaine dont lon ne sçait le nombre par faute de registre et enseignemens. »

Collationné sur ledit compte par nous Directeur et garde des chartes de ladicte Chambre des comptes de Lille le 23 décembre 1712.

Signé : Godefroy.
(*Arch. de Saint-Omer,* AB. VIII-37.)

XVI

10 février 1746

Concordat entre le lieutenant général et les conseillers du bailliage de Saint-Omer.

Messire Christophe Louis de Beauffort, chevalier, comte de Beauffort et de Croix, vicomte d'Houlle, seigneur de Moulle et autres lieux, grand Bailli du Bailliage et ville de Saint Omer, et Monsieur Jacques François Macau, lieutenant général, Philippe Ignace Pagart, Philippe André de Raismes, Jean-Baptiste Defrance et Charles Guillaume Bontamps, conseillers audit Bailliage [1], Etant assemblés à l'hôtel dudit sieur comte de Beauffort en cette ville de St Omer, où étoit aussi Jean Jacques Petit, procureur du Roi, à l'effet d'examiner amiablement ce qui faisoit la matière d'un procès pendant au Parlement de Paris entre led. s^r lieutenant général demandeur, d'une part, et lesdits sieurs conseillers deffendeurs, d'autre, à l'occasion des fonctions des charges de lieutenant général et de conseillers, dans lequel procès led. s^r lieutenant général a pris des conclusions au nombre de trente sept chefs, et voulant prévenir la suite dud. procès et toutes contestations ultérieures et vivre en bonne union.

Ont arrêté ce qui suit :

1

Que les audiences dudit Bailliage se tiendront les

---

[1]. Lieutenant général : Macau d'Hervart. Conseillers : Pagart du Buis, (3e office) ; de Raismes, (5e office) ; Defrance de Hélican, (1er office) ; Bontemps de Biennes, (4e office) ; le deuxième office de conseiller était vacant.

jours ordinaires et accoutumés, sçavoir, depuis la Toussaint jusqu'à Pâques depuis neuf heures du matin jusqu'à onze, et depuis Pâques jusqu'à la Toussaint à huit heures et demie jusqu'à dix heures et demie, et pourra celui qui présidera à l'audience la continuer pour terminer les causes commencées.

2

Le lieutenant général et les conseillers devront se trouver aux audiences aux jours et heures cidessus dits, ausquelles audiences présidera le grand Bailli, lorsqu'il sera présent, en son absence le lieutenant général, et en l'absence du grand Bailli et du lieutenant général le plus ancien conseiller suivant l'ordre du tableau.

3

Les causes seront appelées à l'audience à tour de rolle, le rolle demeurera déposé au greffe et les causes y seront inscrites dans l'ordre que les procureurs des parties se présenteront pour le faire.

4

Celui qui présidera aux audiences ne pourra être interrompu par personne, les interrogations et interpellations qui devront être faites aux avocats, procureurs, huissiers ou parties se feront par le grand Bailli ou le lieutenant général et en leur absence par le plus ancien conseiller, ce qui sera pareillement observé en la chambre du conseil si le cas s'en présentait.

5[1] et 6

Le grand Bailli, et en son absence le lieutenant général, et en l'absence de l'un et de l'autre le plus

---

1. L'article 5 a été rayé, voir la mention approuvant la rature à la fin du concordat.

ancien conseiller, recevront les serments et affirmations des parties.

7

Les jugements seront rendus par les officiers du siège conformément à l'arrêt du conseil d'Etat du premier août mil sept cent deux, rendu pour ce bailliage.

8

Le lieutenant général et officiers du bailliage devront être en habits décens et en robbe, soit aux audiences, soit en la chambre du conseil, et en l'absence du grand Bailly sa place ne pourra être occupée que par le lieutenant général comme faisant les fonctions de lieutenant de Bailly.

9

Les conseillers, soit en rapportant ou opinant, addresseront la parole, ou en terme singulier à celui qui présidera, ou au pluriel à la Compagnie.

10

Lorsqu'un procès n'aura pu être jugé à la séance dans laquelle l'examen en aura été commencé le rapport en sera continué le même jour et autres jours suivants.

11

Les distributions de procès se feront conformément à l'arrêt du conseil d'Etat du Roi du deux novembre 1700 et le lieutenant général n'y aura point de préciput.

12

Les procédures pour l'exécution des commissions émanées du Conseil, du Parlement et autres cours ou sièges supérieurs seront faites par le lieutenant général conformément aud. arrêt ; les distributions de deniers lorsqu'il n'y aura point de contestations seront faites, ou en sa chambre pardevant le grand Bailly, lieutenant général et officiers du siège, ou par devant le grand Bailly et deux commissaires qui seront nommés à tour de rolle suivant l'arrêt du deux novembre 1700.

13

Dans le cas qu'un procès aurait été distribué à un officier qui dût se récuser, le dit procès sera remis à la première distribution, et sera distribué un autre procès audit officier.

14

Lorsqu'après une sentence qui renvoye un défendeur quant à présent, il y aura une nouvelle instance sur la même matière, elle entrera en distribution ordinaire.

15

Les procès distribués, dans le cas de décès de celui à qui la distribution auroit été faite, seront remis au greffier pour être distribués à l'ordinaire.

16[1] et 17

Attendu qu'il y a un nombre de juges plus que suffisans dans led. Bailliage, on laissera à l'honneur et à la conscience des officiers du siège de voir par eux-mêmes s'il y a des causes portées audit Bailliage où ils peuvent se récuser pour y travailler comme avocats.

18

Les causes privilégiées et qui requièrent célérité pourront être portées à l'audience et plaidées sur les placets qui seront répondus par le grand Bailly, le lieutenant général, ou celui qui présidera en leur absence, et ce avant l'heure fixée pour l'appel des

---

1. Même observation que pour l'article 5.

causes du rolle, sans préjudice néanmoins d'établir des audiences particulières conformément à l'article 7 du titre 17 de l'ordonnance de 1667 pour toutes matières sommaires.

19

Les ordonnances qui seront rendues à l'audience se feront à la pluralité des voix, et lorsque le grand Bailly ne sera point gradué, le lieutenant général et en son absence le plus ancien conseiller opinera le dernier et signera le plumitif.

20

Lorsque l'heure de l'audience sera finie, elle ne pourra être continuée que par celui qui y présidera, seront néammoins les délibérés, s'il y en a, jugés après l'audience par ceux de la compagnie qui se trouveront présents.

21

Les requêtes seront répondues en la chambre du conseil, conformément à l'arrêt du deux novembre 1700.

22

Les adjudications, ventes et baux judiciaires se feront pardevant les grand Bailly, lieutenant général et conseillers, conformément audit arrêt.

23

Les commissions pour l'instruction des causes civiles non distribuées seront remplies suivant l'ordre du tableau par le lieutenant général et les conseillers conformément au susdit arrêt.

24

Les enquêtes seront faites aussy suivant l'ordre du tableau conformément audit arrêt.

25

Il en sera de même des descentes sur les lieux,

en se conformant à l'ordonnance de 1667 suivant laquelle le rapporteur ne peut y être commis.

26

La police du greffe et du siège appartient à la compagnie ; pourra néanmoins le grand Bailly, et en son absence le plus ancien conseiller ou celui qui est en fonctions, disposer et ordonner dans les matières urgentes et dans les cas où la compagnie ne peut être d'abord assemblée.

27

Les officiers du siège auront de la déférence les uns pour les autres en observant d'en avoir plus particulièrement pour celui qui préside et de lui porter l'honneur qui est dû au chef.

28

Les épices et vacations seront taxées par celui qui présidera.

29

Tous les procès par écrit seront rapportés en la chambre du conseil aux jours et heures ordinaires, et s'il s'en trouve plusieurs à rapporter le lieutenant général ou le plus ancien conseiller aura la préférence.

30

La nomination des commissaires appartient au grand Bailly et en son absence au lieutenant général qui peut se nommer lui-même, suivant néanmoins l'ordre du tableau dans les matières où cet ordre est requis ; peut néantmoins, en l'absence du grand Bailly et du lieutenant général, le plus ancien conseiller nommer les commissaires et se nommer soi-même suivant l'ordre du tableau.

31

Les assemblées extraordinaires doivent être convoquées par le grand Bailly, en son absence par le lieutenant général, et en l'absence de l'un et de l'autre, par le plus ancien conseiller.

32

Sera au surplus l'arrêt du conseil d'Etat du deux novembre 1700 exécuté, et le procès d'entre led. sieur lieutenant général et lesdits sieurs conseillers éteint et fini, dépens compensés.

Ainsy fait, convenu et arrêté aud. lieu ci-dessus dit en la ville de S¹ Omer ce 10 février mil sept cent quarante six.

Etoit signé :
    Le comte de Beauffort. J. F. Macau.

Et plus bas se trouve écrit :
    Approuvant la rature des articles 5 et 16.

Etoit signé :
    Le comte de Beauffort, J. F. Macan, Pagart, Deraismes, J. B. Defrance, Bontamps de Biennes et J. J. Petit.

Collation faite au Registre aux Mémoriaux du Bailliage de S¹ Omer, et trouvé l'extrait ci dessus conforme par le greffier dud. Bailliage soussigné.

    Signé : Lanose.
    (Arch. du bailliage.)

XVII

5 juillet 1748

Conclusions du procureur général du Parlement de Paris dans le procès de juridiction entre le Bailliage et l'échevinage de Saint-Omer [1].

1. Ces conclusions ne portent pas de signature, mais sur le registre

Vu l'instance appointée au conseil par arrêt des premier aoust 1682 et 9 juin 1731 entre les mayeur et Echevins de la ville de Saint-Omer demandeurs en requête par eux présentée à la cour le 13ᵉ juin 1682 à ce qu'acte leur fût donné de ce que pour moien d'opposition à l'exécution de l'arrêt aux présentations le 26 may 1682 signifié le cinq juin suivant ils employoient leur requête ; ce faisant la procédure fût déclarée nulle, ils fussent reçus opposans à l'exécution d'iceluy, ordonné que sur l'appel les parties se pourvoyeroient en la manière accoutumée et condamnés aux dépens, d'une part ; et les lieutenant général civil et criminel et hommes féodaux du bailliage de Saint-Omer deffendeurs et demandeurs en requête du 9 juillet 1682.

Je n'empêche pour le Roi.

Faisant droit sur le tout les appellations respectivement interjettées par les parties et ce dont a été appellé être mis au néant ; Emendant,

I

Lesdits mayeur et échevins maintenus et gardés dans le droit et possession de la justice ordinaire et de police dans l'étendue de la ville et banlieue de Saint-Omer, et de connaître de toutes causes personnelles, réelles et mixtes, tant civiles que criminelles, des bourgeois, manans et habitans de laditte ville et banlieue, sauf néantmoins les cas qui seront ci-après expliqués.

II

Lesdits officiers du bailliage de Sᵗ Omer pareille-

XIA 9006 des Archives nationales, on lit à la fin en marge : « M. de Gravelle, trois cents écus ». Ce doit être le rapporteur Levesque de Gravelle, conseiller au parlement. Le procureur général du parlement en 1748 était M. Joly de Fleury.

ment maintenus et gardés dans l'exercice de la juridiction dans l'étendue de leur ressort, ensemble dans la ville et banlieue de Saint-Omer pour les cas seulement qui peuvent leur appartenir; ce faisant ordonné que la provision accordée auxd. officiers du Bailliage par led. arrêt du vingt neuf novembre mil sept cent vingt neuf demeurera définitive, et en conséquence ils continueront d'exercer la justice ordinaire sur les fiefs, immeubles et héritages nobles situés dans la ville et banlieue de Saint Omer tenus et relevans directement du Roi à cause de son château de Saint-Omer, de donner la possession et investiture desd. fiefs et héritages, de vérifier les aveux et dénombremens, de connoître et juger des combats de fiefs et des contestations qui naîtront au sujet des blâmes formés contre lesd. aveux et dénombremens par mon substitut ou autres parties interessées, de convocquer le ban et l'arrière ban et génerallement de connoître en première instance de toutes actions personnelles, réelles et mixtes des bourgeois et habitans domiciliés sur lesd. fiefs, immeubles et héritages nobles tenus et relevans directement du Roi à cause de son château de St Omer.

III

Comme aussi lesd. officiers du bailliage maintenus et gardés dans le droit de juridiction sur la châtellenie de Saint-Omer, ses appartenances et dépendances, et de ressort sur les mayeur et Echevins des francs alleux dépendans de ladite châtellenie.

IV

Lesd. Mayeur et échevins de la ville de Saint Omer maintenus et gardés dans le droit de jurisdiction et de ressort sur le siège des vierschaires de laditte ville de Saint-Omer [1].

V

Seront les main assises, mises de fait, mises en possession et hypotecques, faites et accordées par lesd. officiers du bailliage, sans néantmoins que lesdits actes puissent leur attribuer jurisdiction pour les contestations qui pourroient naître.

VI

Connoîtront tant [2] lesd. officiers du bailliage que

1. Nous donnons les articles 3 et 4 d'après les copies diverses existant aux archives de St-Omer AB et dans le ms. 873 de la bibliothèque de cette ville. Mais le texte du registre XIA 9006 aux Archives nationales porte ceci :

« Comme aussi lesd. officiers du bailliage maintenus et gardés
« dans le droit de jurisdiction sur la châtellenie de Saint-Omer, ses
« appartenances et dépendances, et de ressort sur les mayeur et
« échevins de la ville de S¹ Omer pareillement maintenus et gardés
« dans le droit de juridiction et de ressort sur le siège des viers-
« chaires de laditte ville de S¹ Omer. »

On voit la différence : il n'y a pas de décision en ce qui concerne le ressort sur les francs alleux. Or le conseiller au Conseil d'Artois, Bultel (Notice de la province d'Artois, 1748, p. 452) affirme en ces termes que les conclusions du procureur général avaient trait aux francs alleux : « Il y a, dit-il, un gros procès ouvert en la grande
« chambre du Parlement de Paris entre le Bailliage et l'échevinage
« de Saint-Omer..... et IL Y A *des conclusions données par M. le pro-*
« *cureur général du roi à ce que le..... ressort des Francs-Alleux*
« *soit aussi accordé à tous égards au Bailliage.* »

De plus, d'après le texte de Paris, le bailliage devrait avoir le ressort sur les mayeur et échevins de St-Omer, or cette dernière décision serait tellement contraire à tous les privilèges de la ville, dont l'échevinage était immédiatement sujet au ressort du conseil provincial d'Artois comme l'indiquent tous les auteurs, qu'il n'est pas vraisemblable qu'elle ait été proposée par le procureur général. Au surplus les conclusions inscrites au registre des Archives nationales ne portent pas de signature, elles peuvent très bien être une copie inexacte faite par le greffier du Parlement, la rédaction peu nette de la seconde partie de cet article aide encore à cette supposition. Nous avons donc préféré le texte des copies existant aux archives de St-Omer, bien qu'elles ne soient pas signées non plus.

2. Dans le texte des Archives nationales il y a *tous*, mais le sens

lesd. mayeur et échevins, chacun dans leur district, de l'exécution des contrats passés devant les notaires royaux d'Artois et autres personnes publiques, ensemble des retraits, douaires, donations et testamens.

VII

Et à l'égard des contestations qui pourront naître sur des substitutions et de la publication et enregistrement desdittes substitutions, sera l'ordonnance du mois d'août mil sept cent quarante sept exécutée selon sa forme et teneur.

VIII

Les saisies réelles, criées, ventes et adjudications par décret forcé ou volontaire de tous immeubles, terres, héritages et maisons situés dans la ville et banlieue, autres que les fiefs tenus et relevans directement du Roy à cause de son château de Saint Omer et des francs alleux dépendans de la châtellenie de laditte ville, continueront d'être portées devant les mayeur et échevins, qui connoîtront pareillement des matières de tutelle, curatelle, vente des biens de mineurs et avis de parens.

IX

Connoîtront lesd. officiers du bailliage en première instance des causes et contestations des abbayes, chapitres, églises et maisons qui ne sont point de fondation royalle ou qui n'ont pas de lettres de garde gardienne ou ne sont point privilégiées ou d'amortissement royal, ensemble des réparations des maisons pastorales et presbitérales.

X

Défense à eux faittes de connaître des oppositions aux mariages, des contraintes en matiere bénéficiale,

veut *tant*, qui est le mot employé sur les copies existant à St-Omer. Cela prouve encore l'irrégularité du texte de Paris.

ni des autres matières ecclésiastiques dont la connoissance est attribuée par les ordonnances aux juges des cas royaux.

XI

Lesd. mayeur et échevins continueront de connoître de toutes les causes civiles et criminelles des nobles, juges, officiers du bailliage, et autres ayant provision du roi dans ladite ville et banlieue.

XII

Sauf néanmoins les crimes et délits qui seroient commis par aucun desd. officiers du bailliage et autres ayant provision du roi dans les fonctions de leurs offices, desquels la connoissance appartiendra aud. bailliage en exécution du concordat homologué par arrêt de la cour du 20 décembre mil trois cent soixante dix-huit [1].

XIII

Connoîtront aussi tant lesd. officiers du bailliage que lesd. mayeur et échevins des complaintes en matière civile, des réintégrandes, de l'entérinement des lettres de rescision, de bénéfice d'inventaire et autres semblables, chacun dans les cas de leur compétence.

XIV

Lesd. officiers du bailliage maintenus et gardés dans le droit d'accorder les permissions de bâtir, de donner les allignemens sur rues et places publiques, de permettre de faire des ouvertures de caves sur les rues et de toucher au pavé, pour par eux en user comme ils en ont joui ou dû jouir jusqu'à présent.

XV

Les pareatis nécessaires pour mettre à exécution dans la ville et banlieue de S¹ Omer les sentences,

---

1. Arrêt du Parlement du 20 décembre 1378. *Recueil des Chartes de la ville*, p. 32.

jugemens et commissions rendues par d'autres juges, même par les officiers du bailliage, contre les bourgeois et habitans de ladite ville et banlieue seront accordés par lesdits mayeur et échevins, comme juges ordinaires de laditte ville et banlieue. Deffenses faites à tous huissiers et sergens de mettre à exécution aucune sentence et commission, et de faire aucun exploit de justice sous l'autorité du siège du bailliage et autres juges dans l'étendue de la juridiction des mayeur et échevins sans clause rogatoire et permission desd. mayeur et échevins, à peine de nullité et de trois livres parisis d'amende pour chaque contravention conformément à l'art. 13 de la Coutume générale d'Artois. Deffenses respectivement faites aux parties de se troubler directement ny indirectement dans la possession et exercice de tous les droits à peine de tous dépens dommages et interest.

XVI

Sans s'arrêter à l'opposition formée par led. Jean Jacques Petit par acte du 28 mai mil sept cent trente et un à l'enregistrement desd. lettres patentes obtenues le même jour par lesd. mayeur et échevins, dont il sera débouté, ordonné qu'il sera passé outre, si faire se doit, à l'enregistrement desdites lettres patentes ; sur le surplus des demandes, fins et conclusions les parties mises hors de cour et de procès, ordonné au surplus que les lettres patentes du 13 décembre mil sept cent vingt huit et l'arrêt d'enregistrement d'icelles du 5 septembre mil sept cent trente seront exécutées selon leur forme et teneur.

(*Arch. de Saint-Omer*, AB. — Deux copies.)

TABLE DES MATIÈRES

LIVRE IV

Juridiction ou Ressort de la Cour du Bailliage de Saint-Omer.

CHAPITRE I
Etendue de la juridiction de la Cour du Bailliage.

	Pages
Localités comprises dans l'étendue du bailliage de Saint-Omer à diverses époques :	
1659	2
1679	3
1741	5
1787	6

CHAPITRE II
Juridiction sur les fiefs.

Les diverses natures de tenures dans l'étendue du bailliage de Saint-Omer.	16
Différentes justices attachées à ces possessions.	16
Les officiers du bailliage n'ont le plus souvent que la justice d'appel sur les fiefs.	17
Compétence des diverses justices.	17
Obligations des propriétaires de fiefs. Droits de relief, cambellage, aide, franc-fief	18
Les fiefs relevant du château de Saint-Omer en 1474.	20
Analyse du registre aux fiefs dressé de 1623 à 1631 :	21
Possesseurs de fiefs ayant la haute justice.	23
Possesseurs de fiefs ayant la moyenne justice ou la basse	28
Gens de mainmorte.	54
Offices inféodés.	58
Indication des fiefs en 1728	59
Ceux de la ville et de la banlieue en 1739	60
Principaux fiefs en dehors de ces limites	64

Autres fiefs tenus du château et non soumis à la justice du bailliage	65
Inconvénients des justices seigneuriales.	67
Prévention.	69
Installation des baillis et des lieutenants des justices seigneuriales.	71
Installation de ceux des justices royales dépendant du bailliage.	73
Installation des seigneurs ayant acquis à titre d'engagement des droits de haute justice	75

CHAPITRE III
Juridiction sur la ville et la banlieue.

Exposé du procés commencé en 1680 relativement à la juridiction générale de l'échevinage sur la ville et la banlieue et conclusions du procureur général du Parlement de Paris du 5 juillet 1748.	77
L'échevinage a en matière personnelle et réelle la justice dans la ville et la banlieue sur les bourgeois.	83
Le bailliage exerce la sienne sur les fiefs, immeubles et héritages nobles situés dans la ville et la banlieue tenus du roi à cause de son château de Saint-Omer et sur les bourgeois domiciliés sur ces fiefs	86
Les officiers du bailliage n'ont point à accorder de permission pour l'exécution des jugements de l'échevinage dans l'étendue de sa juridiction	87

CHAPITRE IV
Le siège des Vierschaires.

Seigneuries foncières et vicomtières dans la ville. Un officier appelé *aman* y administre la justice avec des échevins, d'où leurs noms d'*amanies*	90
Leurs cours de justice s'appellent *vierschaires*	91
Leur énumération	92
Leur composition.	95
Le Magistrat réunit en 1424 toutes ces justices en un seul siège, en y adjoignant les seigneuries foncières et vicomtières qui ont leur chef-lieu ou des mouvances féodales dans la banlieue	97
Les échevins en sont nommés par le corps municipal, chaque seigneur y conserve son aman.	98

Compétence spéciale de ces échevins, leur serment...	99
Devoirs des amans	100
Profits leur appartenant en général et spécialement dans quelques amanies.	101
Procédure. Audiences.	105
Serment du greffier en 1589.	106
Empiétements de l'échevinage urbain.	106
Le greffe des vierschaires est réuni à la ville en 1693.	107
Aliénation des amanies royales du Marché et du Haut-Pont au profit de la ville en 1700.	107
Contestations entre les officiers des vierschaires et les notaires à propos des ventes de meubles et des inventaires	110
Contestations avec les échevins à propos des saisines et dessaisines et des hypothèques.	112
Le privilège d'arrêt.	115
Le ressort sur le siège des vierschaires appartient en droit à l'échevinage, mais en fait l'appel des affaires relatives aux fiefs et mouvances féodales est porté devant le bailliage.	121
Composition du siège des vierschaires en 1790.	123
Destruction d'une partie de ses archives en 1794.	124

CHAPITRE V

Le fief de la châtellenie ou de la Motte. — Les Francs-Alleux.

Le fief de la châtellenie ou de la Motte	125
L'officier châtelain ou bourgrâve	126
Ses attributions au bailliage, à l'échevinage et dans le fief de la châtellenie	127
Son serment au XVI° siècle	128
L'office est adjugé à titre de bail au XVII° siècle.	129
Prétentions de l'échevinage	129
La justice directe sur ce fief est attribuée au bailliage.	131
Les Francs-Alleux.	132
Echevinage spécial	133
Il est modifié en 1546	136
La mairie en est donnée à bail, puis engagée en 1603.	137
Compétence des officiers des francs-alleux.	137
Amoindrissement de cette seigneurie	138
Son étendue en 1688	139
Son étendue en 1730	141

Diminution successive des baux 143
Le bailliage n'a que le ressort sur cet échevinage . . . 145
Cahier des doléances du bailliage en 1789. 146

CHAPITRE VI
Les juridictions ecclésiastiques.

La salle abbatiale de Saint-Bertin, elle est sous le ressort
    du bailliage de Saint-Omer 147
Salle décanale, appel 149
Salle épiscopale, appel 151

Conclusions du livre IV 153

LIVRE V

Compétence de la Cour du Bailliage de Saint-Omer.

CHAPITRE I
Rivalité entre les grands bailliages de la province et le Conseil d'Artois.

La compétence en première instance de la cour du bail-
    liage est étendue par le droit de prévention 155
D'autre part elle est diminuée par les droits des officiers
    du Conseil d'Artois 156
Droit de prévention. Droit d'être acceptés à juges . . . 158
Contestations entre les bailliages et le Conseil. — Arrêts
    du Conseil d'Etat du 25 mars 1726, du 13 décembre
    1728 et du Parlement du 5 septembre 1730 158
L'action judiciaire des officiers du bailliage est aussi res-
    treinte par les droits de justice de l'échevinage de
    Saint-Omer 159

CHAPITRE II
Cas royaux.

L'attribution des cas royaux dépendait de la question de
    souveraineté. Ils sont attribués aux juges des rois de
    France tant que l'Artois est entre les mains de princes
    feudataires de la couronne. 161
Les officiers du bailliage étaient seulement juges ordi-
    naires de la province 162

De 1521 à 1531 Charles-Quint ajoute momentanément à leur compétence celle des cas royaux 162
Ce Conseil n'a le droit de décider que de ceux qui lui ont été spécialement attribués. — Les officiers des bailliages d'Artois, bien que n'ayant que la qualité d'officiers royaux et non celle de juges royaux, ont le droit de juger les cas royaux qui ne sont pas attribués en termes exprès au Conseil provincial. 165
Substitutions 166
De 1771 à 1774, pendant l'existence du Conseil supérieur d'Artois, qui avait momentanément remplacé l'ancien Conseil, le bailliage de Saint-Omer connaît des cas royaux 166
Ce droit lui est enlevé lors du rétablissement du Conseil d'Artois 167
Vœux des cahiers de doléances en 1789 167

CHAPITRE III
Compétence civile.

En matière féodale : 168
Causes des nobles, des officiers de l'état-major, des officiers du bailliage. 169
En matière domaniale 171
Compétence générale en matière civile : 171
Décisions diverses relatives aux mains assises, mises de fait, mises en possession, concessions d'hypothèques. 172
Exécution des contrats passés devant notaires royaux. . 173
Retraits, douaires, donations et testaments 173
Saisies réelles, criées, ventes et adjudications forcées des immeubles, terres, héritages et maisons situés dans la ville et la banlieue. 176
Complaintes en matière civile, réintégrandes, entérinement des lettres de rescision, de bénéfice d'inventaire et autres semblables 177
Tutelles et curatelles 177

CHAPITRE IV
Compétence criminelle.

Cas de haute justice. 180
Crimes divers 183
Condamnations prononcées par la cour du bailliage . . 184

Entérinement des lettres de rémission, pardon et abolition	186
Crimes commis par les nobles	186
Crimes commis par les officiers du bailliage, contre eux, dans l'enceinte de leur hôtel	187
Bourreau, gibet, potence, pilori, prisons.	187
Frais de procédure payés en commun par les propriétaires de fiefs relevant du château.	188
Les Franches Vérités. Leur origine, leur utilité	190
Vérités annuelles tenues par les seigneurs dans leurs fiefs.	192
— par le bailli dans les justices subalternes.	197
Vérités générales tenues tous les sept ans à Edequines par le bailli de Saint-Omer	201
Priviléges des bourgeois.	203

CHAPITRE V
Compétence en matière de police.

En dehors de la ville et de la banlieue, la police appartient en général aux seigneurs vicomtiers	209
Inspection des chemins, flots, flégards, rivières, etc., par les officiers du bailliage.	210
Difficultés entre le bailliage et l'échevinage au sujet de la police dans la ville et la banlieue.	211
Les foires.	213
La garenne des cygnes	213
Les incendies	214
Les blessés par suite de rixe.	214
Permissions de bâtir dans les rues et places publiques	215
Police des métiers. — Médecins et chirurgiens, perruquiers.	218
Arpenteurs	220
Rôle effacé des officiers du bailliage ; leur droit de recours au Conseil d'Artois	220

CHAPITRE VI
Compétence en matière ecclésiastique.

La compétence des officiers du bailliage en cette matière est presque nulle, et appartient au Conseil d'Artois	222
Difficulté à raison des causes des églises et établissements de fondation royale ou ayant des lettres de garde gardienne	222

Autres matières ecclésiastiques. 224
Garde des registres de catholicité ; leur cote et paraphe. 224

Conclusions du livre V 227

LIVRE VI

Appel des jugements du Bailliage. — Suppression de cette Cour en 1790.

CHAPITRE I
Appel des jugements du Bailliage

Constitution du comté d'Artois ; les appels de ses tribunaux vont au Conseil du roi de France, puis au Parlement de Paris. 233
Efforts des comtes de Flandre et des ducs de Bourgogne pour soustraire leurs sujets à ces appels 235
Le Conseil privé. — Philippe-le-Bon est déchargé en 1435, sa vie durant, de toute sujétion envers le roi. . 237
Le Conseil de Flandres en 1446. 237
Le Parlement puis le grand Conseil de Malines en 1473. 239
La souveraineté de l'Artois passe à Charles-Quint en 1525. — Les appels des jugements vont au Conseil de Malines puis au Conseil d'Artois 240
Retour de Saint-Omer à la France en 1677 ; les appels vont au Conseil d'Artois, et de là au Parlement de Paris. 242
Cahiers des doléances en 1789 246

CHAPITRE II
Suppression de la cour du Bailliage en 1790. 247

TABLE DES LISTES
DES OFFICIERS DU BAILLIAGE
ET DE LEURS COMMISSIONS

	Pages
I. Baillis	251
§ 1. Noms des baillis :	
Sous les rois de France 1193-1237. . . .	251
Sous les comtes d'Artois de la famille de Robert I, 1237 à 1381	253
Sous les comtes de Flandre.	263
Sous les ducs de Bourgogne.	264
Sous les princes de la maison d'Autriche .	266
Sous Maximilien, roi des Romains et empereur d'Allemagne	267
Sous Charles-Quint roi d'Espagne en 1516, puis empereur d'Allemagne en 1519 . .	269
Sous Philippe II, roi d'Espagne	270
Sous Philippe III, id.	271
Sous Philippe IV, id.	271
Sous Louis XIV	273
Sous Louis XV et Louis XVI.	273
§ 2. Nominations diverses de baillis, leur installation et leurs serments à l'échevinage.	275
28 août 1320. Pierron de la Marlière. . .	275
29 novembre 1370. Willaume de Wailly .	276
12 décembre 1370. Willaume de Wailly .	277
5 mars 1372. Henri le Maisier, s^r de Biaussart.	278
28 avril 1381. Installation à l'échevinage de Gilles de Bilke, garde de la baillie de Saint Omer	279

15 et 19 mai 1404. Nomination d'Aléaume de Longpré. — Son serment à l'échevinage. — Il accorde les franchises de la chambre et nomme son lieutenant. . . 280

II. Auditeurs de comptes.
§ 1. Noms des auditeurs de comptes. 284
§ 2. 10 mai 1651. Commission de Denis de la Porte. 285

III. Lieutenants généraux 288
IV. Lieutenants particuliers. 297
V. Conseillers au Bailliage. 302

§ 1. Antérieurement à la création des cinq offices :
Noms des conseillers. 302

§ 2. Postérieurement à la création des cinq offices :
Premier office créé en 1404. 302
Deuxième office créé en 1419 305
Troisième office créé en 1421. 307
Quatrième office créé en 1428. 310
Cinquième office créé en 1437. 312

§ 3. Nominations diverses de conseillers au bailliage :
27 août 1393. Guy Ponthe en remplacement de Jehan de Nyelles. 314
24 juin 1445. Jehan Coquillan en remplacement d'Antoine de Wissocq. 316
4 mai 1473. Robert Mondrelois en remplacement de Denis de Sennerghem. Mention de son serment entre les mains du bailli 319
9 novembre 1473. Jehan Bourset en remcement de Nicole de Quendalle. Mention de son serment entre les mains du lieutenant du bailli 321
19 novembre 1473. Nomination d'Aléaumet Mondrelois en remplacement de Colart Erembault. Mention de son serment entre les mains du bailli 325
22 janvier 1405. Quittance de gages de Martin de Wissocq. 328

VI. Conseiller rapporteur du point d'honneur en 1787.	328
VII. Procureurs du roi	329
VIII. Substituts du procureur du roi depuis l'édit d'avril 1696.	332
IX. Sous-Baillis ou Petits Baillis.	
§ 1. Noms des sous-baillis ou petits baillis. .	333
§ 2. 24 décembre 1480. Commission de Jean de Sainte-Aldegonde dit le Borgne, sous-bailli. Mention de son serment entre les mains du chancelier du comte d'Artois	335
X. Greffiers.	339
XI. Conseillers receveurs des amendes et épices depuis 1693.	341
XII. Tiers référendaires Taxateurs de dépens depuis 1689.	342
XIII. Rapporteurs vérificateurs des saisies réelles depuis 1694.	343
XIV. Procureurs *ad lites* depuis 1692.	344
XV. Sergents a cheval jusqu'en 1613 et 1615	346
§ 1. Liste des sergents à cheval dans l'ordre de leurs nominations.	346
§ 2. Sergents à cheval répartis par charges. .	350
XVI. Huissiers audienciers depuis 1693.	352
XVII. Mayeurs des francs-alleux.	353

TABLE DES PIÈCES JUSTIFICATIVES

                                                            Pages

I. 7 mars 1323. — Bulle du pape Jean XXII confirmant une sentence d'excommunication fulminée par le chapitre de Saint-Omer contre Pierre de Bouvringhem, bailli de Saint-Omer. 357

II. 23 avril 1338. — Lettre de Philippe VI, roi de France, au bailli d'Amiens relative aux clercs mariés et marchands sujets à la juridiction de l'échevinage de Saint-Omer et non à celle de l'évêque de Térouanne 359

III. 25 juin 1346. — Vidimus des lettres de Philippe VI, roi de France, concernant la juridiction de l'évêque de Térouanne et celle du bailli de Saint-Omer en matière criminelle 360

IV. 26 octobre 1348. — Lettres de non préjudice d'Enguerrand de Beaulo, bailli de Saint-Omer, accordées aux échevins de cette ville qui avaient consenti à ce que plusieurs bourgeois pussent se rendre aux Franches vérités en qualité de témoins 363

V. 1358. — Copie sous le scel du chapitre :
1° d'une lettre du roi Jean écrite de Londres le 30 novembre aux échevins de Saint-Omer leur ordonnant de coopérer à la destruction du château du s' de Beaulo, bailli de Saint-Omer, convaincu de trahison. 364

2° de lettres du bailli d'Amiens du 2 janvier à Ernoul de Créquy, bailli de Saint-Omer, contenant vidimus d'une lettre écrite au nom du roi Jean datée de Londres le 6 novembre relative au même objet 366

3° et du procès-verbal de la destruction du château le 15 janvier 368

VI. 13 septembre 1363. — Lettres du gouuerneur d'Artois au bailli de Saint-Omer qui, contrairement aux franchises de la ville, était entré dans la maison d'un bourgeois et y avait fait exploit de justice sans avoir appelé les échevins . . . 370

VII. 24 décembre 1364. — Lettres de Charles V, roi de France, demandant à l'évêque de Térouanne de ne pas tolérer dans les églises les réunions de malfaiteurs abusant du droit d'asile. 371

VIII. 28 janvier 1364. — L'official de Térouanne prescrit au Doyen de chrétienté de ne pas tolérer ces réunjons. 372

IX. 27 mars 1432. — Lettres de Philippe-le-Bon, ordonnant que ses sujets laïques ne soient pas soumis pour les causes civiles à la juridiction ecclésiastique 374

X. 8 février 1500. — Ordonnance de Philippe-le-Beau, archiduc d'Autriche, 14ᵉ comte d'Artois, touchant la réformation de la loy de la ville de Saint-Omer 376

XI. 1ᵉʳ septembre 1506. — Ordonnance de Philippe Iᵉʳ le Beau, roi d'Espagne, portant révocation de l'ordonnance précédente. 382

XII. 18 novembre 1540. — Décision de l'empereur Charles-Quint portant que le bailli de Saint-Omer pourra nommer quatre échevins au renouvellement de la Loy, donner sa voix à l'élection du mayeur, et réglant ses privilèges comme capitaine 387

XIII. 20 octobre 1541. — Ordonnance de la reine douairière, gouvernante des Pays-Bas, interprétant l'ordonnance de 1540, relativement aux droits et prééminences du bailli et capitaine, pour le mot d'ordre, les clefs des portes, la construction de nouvelles fortifications, etc. 389

XIV. 13 novembre 1587. — Ordonnance de Philippe II, roi d'Espagne. — Interprétation et règlement de la loy de la ville de Saint-Omer. 391

XV. 1634. — Extrait des comptes du domaine de la châtellenie de Saint-Omer touchant les droits du châtelain 396

XVI. 10 février 1746. — Concordat entre le lieutenant général et les conseillers au bailliage 398
XVII. 5 juillet 1748. — Conclusions du procureur général du Parlement de Paris dans le procès entre le bailliage et l'échevinage de Saint-Omer. . . . 404

TABLE DES NOMS DES OFFICIERS DU BAILLIAGE

CITÉS DANS L'OUVRAGE[1]

A

AIRE (Allard d'), receveur, I, 91 note 2.
AIRE, v. RENAUD (d').
AMOURS (Jean), officier châtelain ou bourgrave, II, 126 note 3.
ARDRES (Jean d'), conseiller, I, 126, 204.
ALLART (Dominique - Joseph), greffier, II, 74 note 2.
ARRAS (Pierre d'), bailli, I, 34.
ARQUINGOULT (Sʳ d'), v. WALLEHEY.
AUBIGNY (Sʳ d'), v. RUBEMPRÉ.
AUDENFORT (Aléaume d'), officier châtelain ou bourgrave, II, 126 note 3, 204.
AUDENFORT (Guillaume d'), receveur, I, 62.
AYNNE (Allard d'), bailli, v. DANNE.

B

BALINGHEM (Gaspard de), auditeur de comptes, I, 258.
BALINGHEM (Michel de), greffier, I, 392.
BARAFFLE (de), lieutenant général, I, 234.

BARBIEUR (Jehan le), aman du Haut-Pont, II, 93 note 1.
BARON (Jehan), officier châtelain ou bourgrave, I, 217.
BAUCAURROY, v. BEAUCAUROI.
BEAUCAUROI, BEAUCAURROY (Pierre de), bailli, I, 36, 107 note 4, 110, 208, 443.
BEAUFORT ou mieux BEAUFFORT (Christophe-Louis de), bailli, I, 227, 235, 466 note 1 ; II, 398, 404.
BEAUFORT ou mieux BEAUFFORT (Louis - Eugène - Marie de), bailli, 227, 228, 235, 237, 280, 281, 442, 466 note 1.
BEAUFORT ou mieux BEAUFFORT (Renom de), bailli, I, 227, 235, 278, 442, 466 note 1 ; II, 275 note 1.
BEAULO (Enguerrand de), bailli, I, 16, 32, 37, 87, 93, 107 note 8, 135 note 3, 201 ; II, 203, 363, 365, 366, 367.
BEC (Jehan), lieutenant, I, 212.
BECOUD (Sʳ de), v. BÉCOURT.
BÉCOURT (Warin ou Varin, sire de Bécourt et d'Enquin), bailli, I, 16, 28, 44, 47, 59, 121 note 2, 213.
BELCK (Gilles du), v. BILKE.

---

1. Cette table ne renvoie pas seulement aux pages où se trouvent mentionnés les divers officiers du bailliage, elle a aussi pour objet, ainsi que les listes, l'identification de leurs noms écrits de différentes manières dans les textes cités.

BERKAIN (Aliaume de), bailli, I, 135 note 3.
BERNIER (Louis), conseiller, I, 449.
BERSACQUES (Denis de), auditeur de comptes, I. 257 ; lieutenant général, 342, 343, 364.
BERSACQUES (Jean de), sous-bailli, I, 231 ; conseiller au bailliage, I, 433.
BERSACQUES (Nicaise de), conseiller, I, 244, 248 ; auditeur de comptes, I, 257.
BEUDIN (Liévin), greffier, I, 392.
BIAUKAISNE (Jean de), bailli, I, 27, 33 note 2. 88 note 5, 89 note 2, 207, 441 note 2 ; II, 275 note 1
BIAUSSART (S^r de), v. MAISIER (le).
BIEKENES (de), v. BIAUKAISNE.
BIÉMONT (Guillaume de), bailli, I, 212 note 1.
BILKE (Gilles de), bailli, I, 17, 25, 41, 44 ; châtelain, I, 133 ; II, 279 ; receveur, I, 59, 61 ; lieutenant, I, 214.
BLANDECQUES (S^r de), v. LENS (Robert de).
BLÉQUIN (Aliaume de), v. BERKAIN.
BLONDEL (Julien), lieutenant du bourgrave, II, 126 note 3.
BOISDINGHEM (S^r de), v. HOUSSOYE (de la).
BOISTEL dit du PAN (Jacques de), lieutenant général, I, 217.
BONNIÈRES, BONNIÈRE, s^r de SOUASTRE (Charles de), bailli, I, 233, 275, 300, 434, 448, 450.
BONTEMPS DE BIENNES (Charles-Guillaume), conseiller, I, 361 ; II. 398, 404.
BORELET (Pierre), officier châtelain ou bourgrave, II, 126 note 3.
Bos (Jehan du), bailli, I, 17, 24, 30, 41, 103, 108.

BOURET, v. MASSE (de).
BOURNONVILLE (Eustache de), lieutenant particulier, I, 217.
BOURSET (Jean), conseiller, I, 127 ; II, 321 ; auditeur de comptes, I, 256 note 4.
BOUTRY, s^r de MÉLINGHE (Antoine de), lieutenant général, I, 243.
BOUVERINGHEM, v. BOUVRINGHEM.
BOUVRINGHEM (Pierre de), bailli, I, 25, 120, 141, 208 ; II, 357.
BRESMES (Eustache de), officier châtelain ou bourgrave ; II, 126 note 3.
BREUCQ ou BRUEC (Pierre du), bailli, I, 31, 137.
BRIMEU (Jean de), bailli, I, 17, 44, 213.
BRUEC (du), v. BRŒUCQ.
BRUNEL (Adrien), officier châtelain ou bourgrave, I, 217.
BUCAILLE (de la), lieutenant général, I, 234 ; II, 213.
BUFFIN (Jean-François-Louis), substitut, I, 371, 372, 453 ; II, 144, 145.

C

CAMMACRE (Laurens Le), aman du Haut-Pont, II, 93 note 1.
CAMPION (Antoine), lieutenant particulier, I, 234, 248.
CARANT (Jean de), officier châtelain ou bourgrave, II, 126 note 3.
CARLIER (Joachim), mayeur des francs-alleux, II, 139.
CARRÉ (Jose), conseiller, I, 449 ; II, 32.
CAUCHETEUR (Jean-Albert-Dominique), conseiller, I, 359, 445.
CAUCHY (Pierre de), bailli, I, 61 ; II, 198.
CAUDRIÉS, locataire de l'office de châtelain ou bourgrave, II, 128, 131.
CAUDRON (François), bourgrave de la châtellenie, I, 450,

Chanvreux (Claude-François), acquéreur du greffe, I, 392, 394, 395.
Charleville (Jacques de), bailli, I, 40, 190 note 3.
Chavannes (Sʳ de), v. Munier de Marigna.
Chevreul (Jean-François), sous-bailli, I, 384, 385, 390.
Clinquebont (Jean), sous-bailli, I, 379.
Clinquebont (Laurens), sous-bailli, I, 378 note 4.
Cloet (Jacques), aman du Haut-Pont, II, 93 note 1.
Cocemare (Jehan Le), aman du Brûle, II, 93 note 2.
Cohem (Jean de), officier châtelain ou bourgrave, II, 126 note 3.
Coppehem (Jean de), lieutenant particulier, I, 248.
Coppehem (Pierre de), notaire héréditaire, II, 32.
Coquillan (Hugues), receveur, I, 62, 128, 444.
Coquillan (Jehan), conseiller, II, 316.
Cornaille, v. Bucaille (de la).
Corvette (François), mayeur des francs-alleux, II, 137.
Couкove (Wittasse de), bailli, I, 31, 34, 36.
Crépin (Antoine-Joseph), conseiller, I, 439.
Créquy (Arnoud de), bailli, I, 24, 37, 59, 93, 201, 212, 441 note 2 ; II, 282 note, 366, 368.
Créquy (Jean de), bailli, I, 133 note 2, 143, 147, 166 note 4 ; II, 198, 203.
Creuse (Charles de le), lieutenant général, I, 212 note 1.
Crocq (Pierre du), sergent à cheval (inféodation), I, 409 ; II, 58.
Croix (Jacques de), lieutenant général, I, 434 ; II, 34.
Croy, sʳ de Beaurains (Adrien de), bailli, I, 231, 232, 247, 268, 269, 293, 294, 318.
Croy, sʳ de Ruminghem (Eustache de), bailli, I, 232, 244, 257 note 1, 273, 293 note 1, 298, 319.
Croy, sʳ du Rœux (Ferry de), bailli, I, 17, 30, 216 note 2, 231, 268, 292, 293 note 2, 294, 342.
Cupère (François Le), (le même que Le Cuvelier), lieutenant général, I, 213, 214, 215.
Cuvelier (François Le), v. Cupère (Le)

D

Danne (Allard), bailli, I, 17, 21, 25, 29, 43, 44, 109 note 4, 215, receveur, I, 61.
Darthe (Jean), conseiller, I, 128.
Datte (Jean), v. Darthe.
Deblinghem, v. Ebblinghem (d').
Decrocq (Nicolas), sergent à cheval, I, 328.
Decroix (Jacques), v. Croix (de).
Deffosses (François-Joseph), conseiller honoraire, I, 361.
Defrance de Hélican (Charles-Auguste), conseiller, I, 453, 466 note 1.
Defrance de Hélican (Jean-Baptiste), conseiller, I, 466 note 1 ; II, 398 note, 404.
Delattre, locataire des amanies du Marché et du Haut-Pont, II, 108.
Delattre (Libert-Guillaume), greffier, I, 236 note 2.
Delevoye (Lambert), lieutenant général, I, 213.
Denis, conseiller, I, 435, 436, 437, 438, 439.
Denovart (Marc), v. Dieuvart.
Descamps d'Inglebert, lieutenant général, I, 219 note 2 ; II, 288 note 1.
Deschamps de Pas, conseiller, I, 451, 453.
Desmons (Jacques), sous-bailli

ou petit bailli, I, 234, 381, 446.
DEULE (Jean), lieutenant général, I, 212 note 1.
DEVERNE (Le), mayeur des francs-alleux, II, 136.
DICLEBECQUE (Gérard), conseiller, I, 126, 129, 431.
DIENOVART (Marc), v. DIEUVART.
DIEUVART, DREUVART, DENOVART ou DIENOVART (Marc), sergent à cheval (inféodation), I, 409, 449 ; II, 58.
DOLRE (van), v. VANDOLRE.
DORESMIEUX (Flour), conseiller, I, 449 ; II, 37.
DREUVART, v. DIEUVART.
DRETS (Adrien), mayeur des francs-alleux, II, 137.
DRINCQBIER (Denis-François), conseiller, I, 359.
DUFOUR (Simon), sergent à cheval, I, 71, 145 note 1.

E

EBBLINGHEM (Jacques d'), lieutenant de bailli, II, 324.
ECLUSE (Renier de l'), bailli, I, 23, 27, 31, 34 ; II, 275 note 1.
EECKOUT DU HAILLY (van), conseiller, I, 453.
ENLART (Joseph-Ignace), conseiller intérimaire, I, 359.
EREMBAULT (Colart), conseiller, I, 128 ; II, 326.

F

FAMPOUX (de), v. HORRIBLE (l').
FEBVRE (Jean Le), lieutenant particulier, I, 243, 248, 344, 432 ; II, 297 note 1.
FLOREKE (Jean de), bailli, I, 443.
FONTAINES (Jean de), officier châtelain ou bourgrave, II, 126 note 3.
FONTAINE (Jehan de), lieutenant particulier, I, 217.
FOSSE (Antoine de le), procureur du roi, I, 245, 435, 457.
FOSSE (Denis de la), sergent à cheval (inféodation), I, 409, 449 ; II, 58.
FRANCE (Jean de), conseiller, I, 126, 129, 431.
FRESNE (Guilbert du), bailli, I, 17, 26, 29, 30 note 2, 34 note 3, 41, 42, 44, 121 note 2, 133 note 3, 215 ; lieutenant général, I, 215 ; II, 283.
FRESNE (Tassart du), lieutenant général, I, 213.
FRESNOY dit NOISEUR (Jehan du), receveur, I, 61 ; lieutenant particulier, I, 213.
FRESNOY (Rasse ou Tassart du), lieutenant particulier, I, 47, 61, 213, 214 note 7.
FROMENTEL (Simon de), lieutenant particulier, I, 247.
FRUTIER (Loys), sous-bailli, I, 378 ; II, 336.

G

GALÉE (Jehan), lieutenant particulier, I, 213, 214.
GARDIN (Mathieu du), lieutenant particulier, I, 217.
GIRARDOT (François), greffier, I, 392.
GOULART (Oudart), huissier audiencier, I, 412.
GRIBOVAL (Julien de), sous-bailli, I, 378 note 4.
GUARDIN (Mathieu du), v. GARDIN.
GUILBERT (Nicolas-Joseph), mayeur des francs-alleux, II, 143 note 1.
GUISNES (Jean de), lieutenant général, I, 243.

H

HAFFRINGHES (Grégoire-Justin d'), conseiller, I, 359, 457.
HANIÉRÉ (Jehan), bailli, I, 17, 29, 441.

Hanon (Antoine), lieutenant particulier, I, 248.
Helle (de le), conseiller, I, 244.
Helle (Jean de le), aman du Brûle, II, 93 note 2.
Hellemans (Henri), lieutenant particulier, I, 248; conseiller, I, 271 note 1, 457.
Héronval (Jean de), bailli, I, 34.
Hondecoustre (S^r d'), v. Morbecque.
Honvault (Jean de), procureur du roi, I, 364; II, 329 note 1.
Horrible (Pierre l'), bailli, I, 34, 121.
Houdicque (Wallerand de), sous-bailli, I, 380 note 2.
Hourdel (Jean), procureur du roi, I, 415.
Houssoye, Houssoie, s^r de Boisdinghem (Antoine de la), lieutenant général, I, 303, 339.
Humières (Jean de), bailli, I, 142 note 3.

I

Ivregny (Guillaume Percheval de), bailli, I, 17, 25, 29, 44, 48, 144, 215; II, 275 note 1.

J

Joscelin, bailli, I, 3, 22.

K

Kelmes (Simon de), lieutenant, I, 215.

L

Laben, s^r de Bréhour (Louis de), lieutenant général, I, 247.
Lambrecht (Laurent), lieutenant particulier, I, 432.
Lannoy (Hue de), officier châtelain ou bourgrave, II, 126 note 3.
Lannoy (Pierre de), bailli, I, 17, 24, 30, 41.
Lay (Nicolas), sergent à cheval (inféodation), I, 409, 449; II, 58.
Leblanc (Jean), sergent à cheval, I, 145 note 1.
Lefeuvre (Clais), sergent à cheval, I, 145 note 1.
Legrand de Castelle, conseiller, I, 453, 466 note 1.
Legrand de Lières, conseiller, I, 466 note 1.
Lemaire de Bellerive, lieutenant général, I, 247.
Lencquesaing (Dominique-Jean-Jacques de), bailli, I, 228, 236, 237, 238, 239, 263, 281, 283, 284, 286, 287, 464, 466 note 1.
Lencquesaing (Louis-Dominique-Eustache de), I, 228, 240, 288, 428, 466 note 1.
Lens (Antoine-Joseph de), lieutenant général, I, 246.
Lens, s^r de Blendecques (Robert de), bailli, I, 225, 275, 435; II, 275 note 1.
Leroy du Prey, v. Roy.
Lestore (Guilbert de), officier châtelain ou bourgrave, II, 126 note 3.
Létendart (Guillaume), lieutenant général, I, 217.
Lhoste (Antoine), châtelain ou bourgrave, I, 234; sous-bailli, I, 381.
Lianne (Jean de), conseiller, I, 244, 432, 433, 434.
Licques (baron de), v. Recourt.
Lières (Gilles, vicomte de), bailli, I, 225, 234, 271 note 1, 275, 276, 302, 304, 305, 307, 308, 435, 461; II, 275 note 1, 287.
Lières, baron du Val et comte de Saint-Venant (Maximilien de), bailli, I, 225, 234, 245, 275, 308, 309, 310, 311, 312, 313, 314, 315, 316, 459.
Lille (Laurent de), officier

châtelain ou bourgrave, II, 126 note 3.
Liot (Louis), notaire héréditaire et greffier du gros, II, 45.
Loisel (Jehan), sous-bailli, I, 380.
Longpré (Aléaume de), bailli, I, 17, 30, 32, 43, 44, 48, 54 note 2, 62 note 2, 71, 94, 102, 128 note 3, 134, 154, 169 note 2, 171, 186, 191 note 3, 203, 215 ; II, 204, 280, 281 note.
Longueville, s^r d'Ostrove (François de), lieutenant général, I, 243, 271, 273, 343 ; II, 288 note 1.

M

Macau, s^r d'Hervart (Jacques-François), conseiller, I, 359, 425 ; II, 398 note, 404.
Machart (Pierre), procureur du roi, I, 457.
Maisier, s^r de Biaussart (Henri le), bailli, I, 17, 28, 148, 149, 151, 191 note 4, 200, 213, 408 note 1 ; II, 278.
Manneville (Robert de), bailli, I, 110, 379.
Mansone (Henri), sergent à cheval, I, 145 note 1.
Marigna, v. Munier (de).
Marissal (Jean-Baptiste), substitut, I, 371.
Marissal (Simon), conseiller intérimaire, I, 359 ; procureur du roi, I, 359, 370.
Marlière (Pierre de la), bailli, I, 34, 40 ; II, 275.
Marquant (Joseph), tiers référendaire taxateur de dépens, I, 394, 395, 396.
Marselot (Jean), adjudicataire des amanies royales du Marché et du Haut-Pont, II, 107, 108.
Masse de Bouret, procureur du roi, I, 369.

Maugrez, substitut, I, 371.
Meusnes (Le), v. Muisne.
Michiels, conseiller, I, 457.
Mœusnier dit Marigna, v. Munier de Marigna.
Moine (Le), v. Muisne.
Mondrelois (Aléaume), conseiller, I, 128 ; II, 325.
Mondrelois (Robert), conseiller, I, 127 ; II, 319.
Montmorency, s^r de Wismes (Robert de), bailli, I, 232, 243, 271, 343.
Moraige (Charles), engagiste de l'amanie du Haut Pont, II, 93.
Morbecque, s^r de Hondecoustre (Denis de), bailli, I, 30, 41, 109, 151, 230, 231, 266 ; II, 205, 384.
Motte (Jehan de la), dit Clapsien, lieutenant, I, 215.
Moustier (Hubert de), auditeur de comptes, I, 258.
Muisne ou Moine, Meusnes (Jacques le), bailli, 34, 36, 58, 107 note 2, 137 note 4, 192 ; II, 197.
Munier de Marigna, s^r de Chavannes, lieutenant général, I, 245, 246, 418, 455.

N

Nédonchel (Guilbert de), bailli, I, 20, 32, 52 note 5, 53 note 8, 61, 90, 107 notes 6 et 7, 110, 120 note 3, 135 note 1, 138, 142, 165, 188, 191 note 4 ; II, 198, 206 note 2.
Nesse (Pierre de le), conseiller, I, 128.
Nieles (de), v. Nyelles.
Noircarme (S^r de), v. Sainte-Aldegonde (Philippe de).
Nortquelmes (Jean dit le Borgne de), sous-bailli, I, 378 ; II, 335.
Nyelles (Jehan de), conseiller, I, 125 ; II, 315.

O

Obigny (S' d'), v. Rubempré.
Oderne (Hugues), conseiller, I, 128.
Odise (Jehan), lieutenant, I, 213.
Ogier (François), lieutenant particulier, I, 248.
Oisy (Jehan d'), bailli, II, 275 note 1.
Orrible (Pierre l'), voyez l'Horrible.

P

Pagart du Buis, conseiller, II, 398 note, 404.
Pape (Pierre le), aman du Marché, II, 92 note 3.
Pelletier (Jacques-François), conseiller, I, 359.
Personne (Jean de la), conseiller, I, 33, 126, 128 note 3, 129.
Petit (Jean-Jacques), lieutenant général intérimaire, I, 246 ; procureur du roi, I, 466 note 1 ; II, 398.
Petit du Cocquel (Louis-Eugène-Joseph), procureur du roi, I, 236 note 2, 466 note 1 ; II, 74 note 2.
Piennes (Charles de), bailli provisoire, I, 292.
Pierlat, locataire de l'office de châtelain ou bourgrave, II, 128.
Pillet, sous-bailli, I, 386, 388, 389.
Poignant (Le), bailli, I, 206, 207.
Poingnant (Le), v. Poignant.
Pollart (Guy), châtelain, I, 150.
Ponche, v. Ponthes.
Ponthes (Guy), conseiller, I, 126, 129, 444 ; II, 314.
Porte, s' de Carecque (Denis de la), auditeur des comptes, II, 285.
Portier (Martel le), officier châtelain ou bourgrave, II, 126 note 3.
Praïelle, Praïielle (Robert de), bailli, I, 31.
Precq (François Le), sergent à cheval, I, 449.

Q

Quendalle (Nicole de), conseiller, I, 127 ; II, 322, 323.
Quiefdeber (Hugues), procureur du roi, I, 363, 364, 370 ; II, 162 note 1, 329 note 1, 321.

R

Rabodenghes, v. Rabodinghes.
Rabodinghes, Rabodinghe (Alard de), bailli, I, 21, 103, 127, 182, 191 note 3 ; II, 136, 321, 327.
Rabodinghes, Rabodinghe (Guillaume de), bailli, I, 21, 103, 126, 145, 176, 181 note 1, 182, 190 note 2, 203, 216 ; II, 70 note 4, 204 ; lieutenant de bailli, I, 204.
Raismes (de), conseiller, II, 398 note, 404.
Rawels (Williame), sous-bailli, I, 378 note 4.
Recourt, baron de Licques (Jacques de), bailli, I, 232, 269, 272, 294, 296, 318 ; II, 275 note 1.
Renaud d'Aire, bailli, I, 3, 4, 22.
Renenghes (Gauthier de), maire des francs-alleux, II, 134.
Renty (Augustin de), lieutenant général, I, 216 note 2, 292.
Reverse (Hercule le), conseiller, I, 244, 433.
Retmalcre (Robert), conseiller, I, 433.
Robes (Jean), officier châtelain ou bourgrave, II, 126 note 3.

Rœux, Roeulx (S^r du), v. Croy (Ferry de).
Rogierville (Joachim de), conseiller, I, 244, 248.
Roy du Prey (Le ou Leroy) du Prey, conseiller, I, 453.
Rubempré, s^r d'Aubigny (Antoine de), bailli, I, 224, 234, 275 ; II, 213
Ruffin, sergent à cheval, I, 339.
Ruminghem, Rumenghem (de), v. Croy (Eustache de).

S

Sainte-Aldegonde (Jehan de), bailli, I, 232, 243, 269, 294, 432.
Sainte-Aldegonde (Jehan de Nortkelmes dit le Borgne), v. Nortkelmes.
Sainte-Aldegonde, seigneur de Noircarme (Philippe de), bailli, I, 272, 273, 318, 319 ; II, 275 note 1.
Saint-Omer (de), v. Morbecque.
Saint-Venant (Comte de), v. Liéres (Maximilien de).
Salperwick (Emon de), lieutenant particulier, I, 217.
Sangatte (Pandoin de), bailli, I, 43, 44, 45, 46, 147, 212, 229, 441.
Saveuse (Charles de), bailli, I, 33, 108, 313 ; II, 275 note 1.
Scantio (Etienne), bailli, I, 31 note 2, 191 note 1, 192, 193.
Seninghem (Aléaume de), officier châtelain ou bourgrave, II, 126 note 3.
Seninghen (Gilles de), lieutenant, I, 94, 194, 215, 216 ; II, 204.
Sennerghem (Denis de), conseiller, I, 127 ; II, 320.
Singes (Pierre des), receveur, I, 62, 71.
Souastre (S^r de), v. Bonniéres (de).

T

Taffin (Pierre), lieutenant particulier, I, 248.
Taffin (Valentin), procureur du roi, I, 303, 367 ; II, 20.
Tannerie (Jacques de la), receveur, I, 62.
Tartar (Jean), sous-bailli, I, 380.
Tertre (Jean du), conseiller, I, 433.
Théry (Vallerand de, et Loys de), voyez Thierry.
Thierry (Loys de), procureur du roi, I, 244.
Thierry (Vallerand de), procureur du roi, I, 449, 456.
Tilly (Vallerand de), lieutenant général, I, 273.
Titelouze (Nicolas), sergent à cheval (inféodation), I, 409, 449 ; II, 58.
Tristan, bailli, I, 31, 50.

V

Val (Baron du), v. Liéres (Maximilien de).
Val (Jacques du), conseiller, I, 433.
Valhuon (Willaume de), bailli, I, 36, 207 ; II, 197.
Vallé (Antoine - Dominique), huissier audiencier, I, 412.
Vandclre (Guillaume), conseiller, I, 449.
Vaneckout du Haly, v. Eeckout du Hailly (van).
Vargelot (Charles de), petit bailli, I, 234.
Vargelot (Mathieu de), greffier, I, 234.
Vasseur de la Thieuloy (le), lieutenant général, I, 236 note 2.
Vasselin (Jehan), officier châtelain ou bourgrave, I, 217.
Vaudringhem, Vaudringhehem (Jean de), bailli, I, 17, 36 ; II, 102 note 4, 197.

Vaux (Pierre de), bailli, I, 43, 47, 92, 143, 147, 191 note 4, 212.
Vaye (Guillaume), conseiller, I, 128.
Verdevoye (Pierre-François), receveur des amendes et épices, I, 393.
Villeron (Pierre), sergent à cheval (inféodation), I, 409, 449 ; II, 58.
Villers (Simon de), bailli, I, 192, 206.

W

Waignart (Gervais), bailli, I, 4, 22.
Wailly (Enguerrand de), bailli, I, 102, 141 ; II, 197.
Wailly (Guillaume de), bailli, I, 17, 25, 28, 61, 88, 148, 168, 194, 200 ; II, 276, 277 ; receveur, I, 58, 59, 60 note 2.
Wallart (Jacques), procureur du roi, I, 231, 364 ; II, 107.
Wallehet, s^r d'Arquingoult (Jacques de), lieutenant général, I, 434, 435.
Wavrin dit Anieux du Peu (Pierre de), officier châtelain ou bourgrave, II, 126 note 3.
Werbier, procureur du roi, I, 368 note 1.
Wicart (Antoine), petit bailli, I, 447.

Wilde (Christian Le), aman du Haut-Pont, II, 93 note 1.
Wismes (S^r de), v. Montmorency (Robert de).
Wissocq (Antoine de), conseiller, I, 126, 431 ; II, 317.
Wissocq (Coppin de), officier châtelain ou bourgrave, II, 126 note 3.
Wissocq (Daniel de), officier châtelain ou bourgrave, II, 126 note 3.
Wissoc (Jacques de), officier châtelain ou bourgrave, II, 126 note 3.
Wissocq (Martin de), receveur, I, 62 ; conseiller, I, 444 ; II, 328.
Wistasse (Loys de), lieutenant, I, 213.

Y

Ycets (Guillaume), sous-bailli, I, 378.
Yerouck (William), lieutenant général, I, 214, 215, v. Yoeds.
Yoeds (William), lieutenant général, I, 213, 214 notes 6 et 7, 215, v. Yerouck.
Yvregny (Louis de), officier châtelain ou bourgrave, II, 126 note 3.
Yvregny (Percheval d'), v. Ivregny (d').

CORRECTIONS & ADDITIONS

Supplément au Tome I

Rétablir le mot baillieu là où il a été imprimé baillien.

Pages.	Lignes.	
21	1	*au lieu de :* 1387, *lisez :* 1385.
216	note 2	*au lieu de :* Ferry de Croix, *lisez :* Ferry de Croy.
232	19	*au lieu de :* mars, *lisez :* mai.
	25	*au lieu de :* 5 janvier 1555, *lisez :* 3 janvier 1556.
	27	*au lieu de :* 1554, *lisez :* 1555.
243	6	*au lieu de :* 1534, *lisez :* 1537.
272	6	*au lieu de :* mars 1554, *lisez :* mai 1555.
272	7	*au lieu de :* 5 janvier 1556, *lisez :* 3 janvier 1556.
392	16	*au lieu de :* francs, *lisez :* florins.
434	15	*au lieu de :* Decroix, *lisez :* de Croix.

Tome II

1 titre : LOCALITÉS COMPRISES, etc... *rétablir ainsi les dates :* 1659, 1679, 1741 et 1787.

21 note 1, ligne 3, *ajouter :* O. 10 de l'inventaire alphabétique dressé par Poret.

24 dernière ligne, *au lieu de :* Evin, *lisez :* Erin.

25 20 *au lieu de :* Conteuille, *lisez :* Conteville.

30 12 *au lieu de :* Serques, *lisez :* Recques.

31 29 *au lieu de :* Le Becgue, *orthographiez :* Le Becque.

36 21 *au lieu de :* Robecque, le *registre aux fiefs devait porter :* Rebecq. Il résulte de cette erreur que la note de la même page doit être remplacée par celle-ci : « Rebecq, canton d'Aire ; la seigneurie « de Rebecq appartenait au xvie siècle à la mai- « son de Thiennes, et elle passa ensuite dans

« celle de Croy par le mariage d'Eléonore de
« Thiennes avec Jean de Croy, seigneur de
« Crecques. La terre de Robecq, que le texte
« du registre nous a fait indiquer par erreur,
« appartenait aux Montmorency, elle était située
« dans le canton de Lillers ».

37	24	*au lieu de :* Vendeuille, *lisez :* Vendeville.
38	18	*au lieu de :* Brouxelles, *lisez :* Brouxolles.
44	7	*au lieu de :* Hautgrue, *lisez :* Hautegrève.
50	17	*après :* l'Escotterie, *ajoutez* quelques points... .
51	12	*au lieu de :* Piers, *lisez :* Pieus.
52	4	*au lieu de :* Drincquem, *il vaut mieux lire :* Denghien.
52	16	*au lieu de :* Bilques, *lisez :* Wisques.
52	17	*avant :* Zudausques, *ajoutez :* seigneur de.
53	14	*au lieu de :* Van Outhoven, *il vaut mieux lire :* Van Outshoorn.
83	14	*au lieu de :* déjà, *lisez :* alors.
83	18	*après ces mots :* par la cour, *ajoutez :* du Parlement.
122	dernière ligne, *au lieu de :* ce Magistrat, *écrire :* ce magistrat.	
135	19	*mettre une virgule après :* francs-alleux.
137	5	*au lieu de :* 1617, *lisez :* 1615.
146	note 2 *supprimer :* p. 228.	
150	12	*au lieu de :* apposés par eux dans leur enclos, *rétablir ainsi le texte :* à propos de scellés apposés par les officiers de cette cour dans l'enclos des chanoines.
169	note 3, 2ᵉ ligne, *au lieu de :* leur, *lisez :* lui.	
197	2	*au lieu de :* n'avaient pas plus droit, *lisez :* n'avaient pas plus de droits.
201	dernière ligne, *au lieu de :* haut-justiciers, *lisez :* hauts justiciers.	
203	19 et 20, *au lieu de :* lettres non préjudice, *lisez :* lettres de non préjudice.	
210	15	*au lieu de :* ils allaient, *lisez :* ils devaient aller.
233	15	*au lieu de :* 1529, *lisez :* 1525.
240	30	*au lieu de :* 1529, *lisez :* 1519.
244	20	*au lieu de :* ou un autre, *lisez :* ou une autre.
268	note 3 *au lieu de :* Ferry de Croix, *lisez :* Ferry de Croy.	
269	1, 2 et 3, *lire :* écartelé aux 1 et 4 d'argent à trois fasces de gueules, qui est DE CROY ; aux 2 et 3 d'ar-	

gent à trois doloires de gueules, les deux en chef adossées, qui est DE RENTY.

269 5 au titre, *au lieu de :* roi d'Allemagne en 1520, *lisez :* EMPEREUR D'ALLEMAGNE EN 1519.

272 note 4 *lisez :* le 5 novembre 1640 et le 5 mai 1641.

273 17 au titre, *ajoutez :* ET LOUIS XVI.

275 13 de la note, *au lieu de :* Recques, *lisez :* Licques.

346 *Supprimez de la liste des sergents :* Thomas de Renty et Jehan de Baigneux, qui étaient sergents au bailliage d'Amiens. — *Supprimez la note 2.*

357 note 1 *au lieu de :* Colembier, *lisez :* Colombier.

361 note 1 ceocueil, *lire :* cercueil.

363 Pièce IV *dater cette pièce du* 26 OCTOBRE 1348 (dimanche avant la Toussaint).

367 19 *au lieu de :* celles, *lisez :* icelles.

367 29 *au lieu de :* deligament, *lisez :* diligament.

368 26 par devrs, *lisez :* par devers mayeurs.

OUVRAGES DE M. PAGART D'HERMANSART [1]

Licencié en droit, correspondant du Ministère de l'Instruction publique, membre de la Société des Antiquaires de la Morinie, associé correspondant national de la Société des Antiquaires de France, membre correspondant de la Société des Études historiques de Paris, de la Société française d'archéologie, de l'Académie d'Arras, de la Société Académique de Boulogne, du Conseil héraldique de France, de la Société royale héraldique italienne à Bari, membre honoraire de l'Institut héraldique italien à Rome.

---

§ I. — Sociétés Savantes ou Revues.

Mémoires des Antiquaires de la Morinie

Les anciennes Communautés d'arts et métiers à Saint-Omer. 2 vol. in-8° V-744 et 405 p. avec planches. 1879 et 1881, t. XVI et XVII. (Cet ouvrage a mérité une mention honorable au concours des Antiquités nationales de l'Académie des Inscriptions et Belles-Lettres en 1882.)

Convocation du Tiers-État de Saint-Omer aux États généraux de France ou des Pays-Bas en 1308, 1346, 1420, 1427, 1555 et 1789. 1883, t. XVIII, p. 165 à 189.

L'Artois réservé, son Conseil, ses Etats, son Election à Saint-Omer de 1640 à 1677. 1883, t. XVIII, p. 455 à 488.

La Ghisle ou Coutume de Merville, 1451. 1884, t. XIX, p. 61 à 142. Ce travail a été lu au Congrès des Sociétés savantes tenu à la Sorbonne en 1883.

La Maison de Laurétan issue des Lorédan de Venise en Allemagne, dans les Pays-Bas et en Artois. 1886, t. XX, p. 215 à 293. (Tirage à part épuisé.)

---

1. Il a été fait des tirés à part de ces ouvrages et brochures.

Le Siège de Saint-Omer en 1677. Réunion de l'Artois réservé à la France. 1888, t. XXI, p. 1 à 96.

Notice sur la Vie et les Travaux de M. Louis Deschamps de Pas, membre correspondant de l'Institut. 1891, t. XXII, p. 1 à 61.

Les Conseillers pensionnaires de la ville de Saint-Omer avec la description de leurs sceaux et armoiries, 1317 à 1764. 1892, t. XXII, p. 87 à 142.

Les Grands Baillis d'Audruicq et du Pays de Brédenarde sous la domination française, 1692 à 1790. 1893, t. XXIII, p. 127 à 160.

Les Procureurs de ville à Saint-Omer avec la description de leurs sceaux et armoiries, 1302 à 1790. 1894, t. XXIII, p. 161 à 281.

Histoire du Bailliage de Saint-Omer, 1193 à 1790. 1897 et 1898, t. XXIV et XXV, VII-480 et 435 pp.

Bulletin historique des Antiquaires de la Morinie

Seninghem. Foire établie en 1333. Baudoin de Renty, seigneur de Seninghem. 1875, t. V, p. 349 à 353 (Non tiré à part).

Lettres royales de confiscation du XVe siècle. Philippe de Croy, seigneur de Seninghem. Philippe de Crèvecœur, maréchal d'Esquerdes. 1885, t. V, p. 355 à 358 (Non tiré à part).

Statistique de Saint-Omer en 1730. 1880, t. VI, p. 529 à 552.

Les Montgolfières à Saint-Omer en 1784. 1882, t. VII, p. 131 à 133.

L'ancienne Chapelle de saint Omer dans l'église N^e-D^e de Saint-Omer et le Chanoine Guilluy. 1883, t. VII, p. 205 à 216.

Note sur les anciennes Archives du Greffe criminel, de police et des vierschaires à Saint-Omer. 1883, t. VI, p. 192 à 194 (Non tiré à part).

Les Lieutenants généraux au bailliage d'Ardres, 1568 à 1790. 1885, t VII, p. 481 à 496.

Le Sol de Thérouanne de 1553 à 1776. 1885, t. VII, p. 525 à 528.

Hospices de Blessy et de Liettres dans l'ancien Bailliage d'Aire-sur-la-Lys. 1886, t. VII, p. 676 à 681.

Les Cygnes de Saint-Omer. Fiefs et Hommages. La Garenne du Roi. 1887, t. VIII, p. 16 à 34.

Documents inédits sur l'Artois réservé (Fait suite à l'*Artois réservé, son Conseil, etc.*). 1887, t. VIII, p. 91 à 105.

L'Amanie de Saint-Bertin à Saint-Omer en 1753. 1888, t. VIII, p. 236 à 242.

L'Original de la Capitulation civile de Saint-Omer en 1677 et les Archives municipales. 1890, t. VIII, p. 491 à 496.

Le Biguet d'Houdain, mesure de capacité en usage dans quelques communes du Bailliage de Saint-Omer. 1890, t. VIII, p. 529 à 531.

Saint Antoine, ermite, patron des Corroyeurs, honoré dans l'église du Saint-Sépulchre à Saint-Omer. 1891, t. VIII, p. 606 à 607.

Le Paratonnerre de Saint-Omer en 1780. Le Testament de M. de Vissery. La Revanche des Echevins. 1891, t. VIII, p. 657 à 668.

Le Maître des Hautes Œuvres ou Bourreau de Saint-Omer. 1892, t. VIII, p. 727 à 751.

Mesurage des Terrains occupés par les Eglises et Couvents de la ville de Saint-Omer et de ses faubourgs, 21 mars 1569. 1892, t. IX, p. 27 à 34.

Les Frais du Pas d'armes de la Croix Pèlerine, 1449. 1892, t. IX, p. 126 à 134.

Organisation du Service des Pestiférés à Saint-Omer en 1625. 1893, t. IX, p. 218 à 237.

Un Plan des fortifications de Saint-Omer en 1677 (Fait suite au *Siège de Saint-Omer en 1677*). 1895, t. IX, p. 464 à 467.

Le Registre aux Fiefs du Bailliage de Saint-Omer, 1623-1631. 1898, t. X, p. 207 à 213.

Bulletin de la Société Académique de Boulogne-sur-Mer

Note sur la Valeur pécuniaire de la charge de Président-Lieutenant général de la Sénéchaussée du Boulonnais. 1884, t. III, p. 384 à 387 (Non tiré à part).

Le dernier Président-Lieutenant général de la Sénéchaussée du Boulonnais, 1770 à 1790. 1885, t. IV, p. 64 à 73 (Tirage à part épuisé).

Revue de la Société des Sciences et Arts de l'arrondissement de Valenciennes

Le Siège de Valenciennes en 1656 (Extrait des Archives du Dépôt de la Guerre). 1888, t. XL, 4 p.

Revue des Études historiques de Paris

Les Maisons d'éducation d'Ecouen et de Saint-Denis et les Vassaux de Coppenbrugge en 1811. Paris, Thorin, année 1885, p. 578 à 583.

Revue de la Révolution

Un Magistrat municipal en 1790. Paris, Sauton, 1886, t. 8, p 38 à 45 et 108 à 120.

Journal de la Société héraldique italienne

Les Cygnes de Saint-Omer. Fiefs et Hommages. La Garenne du Roi. Pise. Février 1887, p. 132 (Reproduction de l'article du *Bulletin historique* des Antiq. de la Morinie).

§ II. — Ouvrage autre que ceux parus dans les Recueils des Sociétés Savantes ou dans les Revues.

Saint-Omer en 1789 et la Convocation du Tiers-État aux États généraux. D'Homont, 1888, in-12, 41 p.

§ III. — Comité des travaux historiques et scientifiques du Ministère de l'Instruction publique.

Bulletin archéologique

Inventaire des Reliquaires, Joyaulx et Ornements de la Chapelle de Notre-Dame des Miracles à Saint-Omer en 1559. 1891, p. 379 à 392.

BULLETIN HISTORIQUE ET PHILOLOGIQUE

Documents inédits contenus dans les Archives de Saint-Omer :

Certificat d'accomplissement de pèlerinage pour homicide en 1333. 1892, p. 371 à 373.

Deux lettres de princes français aux Échevins de Saint-Omer après la mort de Louis X, dit le Hutin, pendant la vacance du trône, 1316. 1894, p. 20 à 24.

Lettres de Philippe V aux Échevins de Saint-Omer pendant la révolte de la Noblesse d'Artois contre la Comtesse Mahaut, 1317-1319. 1894, p. 574 à 588.

Lettres de Philippe-le-Hardi sur les Lombards établis à Saint-Omer, 1277. 1896, p. 25 à 27.

Ambassade de Raoul de Brienne, comte d'Eu et de Guines, connétable de France, en Angleterre, 1330. 1896, p. 165 à 168.

Lettres du Magistrat de Saint-Omer refusant d'obéir à Robert, prétendant au Comté d'Artois, 1314. — Ordonnances « pour le warde et sauvement » de la ville de Saint-Omer au commencement de la guerre de cent ans, 1338 et 1339. — Lettre d'Eudes IV, duc de Bourgogne, comte d'Artois, du 28 avril 1340. 1896, p. 692 à 703.

ADAM DE MILLY
bailli de Saint-Omer en 1216
SES ARMOIRIES *

M. de Laplane donne comme bailli de Saint-Omer en 1216 « Adam de Nuelli, Neuilly ou « Nuilly[1] », et nous avons reproduit ce nom dans les listes des Baillis qui terminent notre « Histoire du Bailliage de Saint-Omer »[2]. Un savant généalogiste, M. le vicomte de Poli, président du Conseil Héraldique de France, en examinant cette liste dans l'Annuaire de cette Société pour l'année 1899, pense qu'il faut lire « Adam de « Milly », de 1223 à 1228 bailli d'Artois, puis lieu-« tenant du roi en Albigeois, dont le sceau (1225) « porte un sautoir denché, ou (1232) un fascé de « 6 pièces (Poli, *Milly*, 325-439 pass.)[3] ».

Il est très probable, en effet, que le bailli que M. de Laplane signale en 1312 s'appelait Milly.

---

1. *Bull. des Antiq. de la Morinie*, t. II, p. 1009.
2. T. II, p. 1216.
3. *Annuaire du Conseil héraldique de France*, Paris, 1899, p. 372. Ce bailli d'Artois est bien connu, il est cité en 1223 par Du Chesne, *Histoire de Chastillon*, p. 68 ; — par A. Teulet, *Layettes du Trésor des Chartes* II, p. 26 ; — par Demay, *Sceaux de Flandre*, n° 4941 ; — dans le *Cartul. de l'église d'Arras*, lat. 17737, f° 58 v°, ainsi que l'a signalé le vicomte de Poli dans son *Inventaire des titres de la Maison de Milly*, Paris, 1888, n°s 325, 327, 332, 346, 420. D'après cet auteur le père d'Adam était Robert de Milly, et Geoffroy, fils d'Adam, fut bailli d'Amiens en 1224 (Id. 250). La Maison de Milly était originaire du Beauvoisis. Son nom a brillé dans les Croisades.

* Extrait du *Bulletin historique* des Antiq. de la Morinie, t° X, p. 405-406, année 1899.

Ce n'est pas, ~~en effet~~, un nom inconnu à Saint-Omer. En mai 1254 « Dreux, sire de Milly, cheva-« lier, donne au prieuré de Milly, pour le repos « de l'âme de Mathilde, sa femme, 10 livres tour-« nois de rente, à prendre sur 20 livres qu'il te-« nait en fief de Wagon de Milly sur le travers de « St Omer (Dom Villevieille, *Trésor généalogique* « LVIII, p. 64, au Cab. des titres de la B. N.)[1] » D'autre part, M. Deschamps de Pas a publié des lettres du mois de juin 1268, écrites sur parchemin, par lesquelles « Guillaume de Milly, cheva-« lier et Marie, sa femme, renoncent à tout droit « sur la halle aux chausses de St Omer, vendue à « la ville par G. de Boulogne, dont le frère, Jean « de Boulogne, avait épousé Marguerite, sœur de « la dite Marie ». A ces lettres pend un sceau en cire recouverte de papier représentant ce chevalier. « Ces armes, dont les émaux, dit M. Des-« champs de Pas, ne sont pas appréciables, sont « fascées de six pièces à sept losanges de.... en « bande brochant sur le tout »[2]. Ce sont évidemment les mêmes que celles signalées par M. de Poli, comme portées en 1232 par Adam de Milly et elles paraissent avoir été celles du bailli de Saint-Omer en 1216[3].

PAGART D'HERMANSART
Corresp^t hon^{re} du Min^{re} de l'Inst^{on} publique.

1. Poli, *loc. cit.*, p. 151, n° 451.
2. *Mém. des Antiq. de la Morinie*, t. IV, p. 358. — Wauters, *Dipl. Belg.* V. 409. — Poli, *loc. cit.*, n° 493.
3. Le vicomte de Poli a relevé pour les armoiries d'Adam de Milly : un sautoir denché, d'après Demay, cité ci-dessus, et un fascé de six pièces, d'après Douët d'Arcq, sceaux n°s 2837, 2838 (*loc. cit.*, 332 et 375).

www.ingramcontent.com/pod-product-compliance
Lightning Source LLC
Chambersburg PA
CBHW071101230426
43666CB00009B/1781